U0454118

THiNKr
新思

新 一 代 人 的 思 想

GREEK

THOUGHT and CULTURE

希腊
思想与文化

吴晓群

著

中信出版集团｜北京

图书在版编目（CIP）数据

希腊思想与文化 / 吴晓群著. -- 北京 : 中信出版
社, 2021.9
　ISBN 978-7-5217-2340-3

　Ⅰ. ①希… Ⅱ. ①吴… Ⅲ. ①古希腊罗马哲学—哲学
史—研究　②文化史—研究—古希腊 Ⅳ. ①B502 ②K125

　中国版本图书馆CIP数据核字(2020)第196380号

希腊思想与文化

著　　者：吴晓群
出版发行：中信出版集团股份有限公司
　　　　　（北京市朝阳区惠新东街甲4号富盛大厦2座　邮编　100029）
承 印 者：北京尚唐印刷包装有限公司

开　本：900mm×1000mm　1/16　　印　张：37　　字　数：380千字
版　次：2021年9月第1版　　　　　印　次：2021年9月第1次印刷
书　号：ISBN 978-7-5217-2340-3
定　价：128.00元

版权所有·侵权必究
如有印刷、装订问题，本公司负责调换。
服务热线：400-600-8099
投稿邮箱：author@citicpub.com

目录
CONTENTS

前言

人神共存的世界

诸神和人类有同一个起源。

——赫西俄德

　　希腊是欧洲最早进入文明的地区，是欧洲文明的发源地。但是，我们这里所要讲述的古代希腊，并不是一个现代意义上的国家概念，事实上，古代希腊人也没有关于统一国家的概念，古代的希腊在更大程度上是一个文化地理上的概念，如同今天的"阿拉伯"一样。古希腊的范围要比今天的希腊共和国广阔得多，它位于欧洲巴尔干半岛南端的欧、亚、非三洲交会处，三面临海——东临爱琴海，与西亚的波斯帝国相对；西濒爱奥尼亚海；南隔地中海与北非的埃及相望——主要包括巴尔干半岛南部、小亚细亚半岛西部、意大利半岛南部、西西里岛及爱琴海诸岛屿等地区。

　　希腊地处欧、亚、非三洲交会之所，三面临海，而且爱琴海、地中海以及爱奥尼亚海中岛屿密布，许多小岛相距不远，可以隔海相望，不会使人产生太大的畏惧感。这里的居民从旧石器时代晚期就开始了航海活动，进入文明以后更见兴盛。铜器时代以后，爱琴海已变成希腊人与东方先进文明建立联系的主要通道，他们向东航行，经叙利亚接触巴比伦文明，从爱琴海南边最大的岛屿克里特往南或往东，也很容易到达埃及。通海的便利确实使希腊人与外部有着更多的交流，而大海在为他们提供了多种生活可能性的同时，也提供了思想上的多重可能性。在海上贸易的过程中，在与异邦民族的交往

爱琴海，卫星图片

中，他们受到多种多样的刺激，并尝试着将学来的东西按照自己的方式加以理解、发展，最终创造出自己独特而辉煌的思想与文化成就。

希腊本土分为北希腊、中希腊和南希腊三部分，北希腊是多山的地区，文明发展的起步相对较晚，不过后起的马其顿却最终成就了希腊的帝国之梦。中希腊的雅典从古到今都是希腊最大的政治、经济、文化中心。南希腊在地理上又被称作伯罗奔尼撒半岛，其东北端的迈锡尼是爱琴文明后期的重镇，地位非常重要。而半岛南端的拉科尼亚平原上的斯巴达则是城邦时代与雅典齐名的另一个重要的希腊城邦。总的说来，希腊本土虽有一些肥沃的山谷，但大部分是不毛之地，而且彼此间的陆地交通为群山所阻隔。在这些山谷里，各自分立的小小的区域社会成长起来，它们以农业为生，除了北部希腊以外通常都有一个靠近海边的城市。在这些狭小的生存空间里，当任何区域因人口增加使得国内资源出现匮乏时，在陆地上无法谋生的人们就会出海去谋求新发展。于是，希腊人在地中海沿岸建立了许多殖民城邦，而且往往比本国更为富饶。

这种多山、临海、多岛屿的地理环境与阳光灿烂、冬无严寒夏无酷暑的地中海气候对希腊人的精神特性产生了深刻的影响。在他们被群山所阻隔的狭小生活空间里，土地并不十分富裕，大多只能种植葡萄和橄榄。虽有少量的粮食作物种植，他们却也无须终日面朝黄土、背朝天地辛苦耕耘。陆地上的交通因为山脉的阻隔而显得不便，但他们的国土通向广阔的大海。从远古时代走向城邦文明时期，古代希腊的历史大致经历了五个阶段：（1）爱琴文明或克里特-迈锡尼文明时代（公元前 20 世纪—公元前 12 世纪）；（2）荷马时代（The Age of Homer，公元前 11 世纪—公元前 9 世纪）；（3）古风时代（The Archaic Period，公元前 8 世纪—公元前 6 世纪）；（4）古典时代（The Classical Period，公元前 5 世纪—公元前 4 世纪中期）；（5）希腊化时代（The Hellenistic Period，公元前 4 世纪晚期—公元前 2 世纪）。

经由考古发掘得以再现的克里特-迈锡尼时期辉煌的青铜文明，证实了当时的希腊已进入早期国家的阶段，其王权统治的形式与古代巴比伦、埃及的统治形式相似。我们从克诺索斯王宫遗址，迈锡尼的竖井墓、圆顶墓以及泥版文书的记载中可以看到，当时的国王、贵族们为自己建造大型宫殿及陵墓，占有大片土地，拥有数量不等的奴隶，他们生前享尽荣华，死后还有数不清的金、银等器皿陪葬。这些考古发掘与神话中所描述的克里特的强大及迈锡尼的富有大致吻合。

有学者认为，由于处在军事民主制阶段的多利亚人（Dorians）南下，迈锡尼各国最终被毁灭。但是南下的征服者并未建立自己的国家，且因为他们没有文字，又缺乏艺术、手工艺方面的才能，从而未能给后世留下可供解读其自身文明的文字、绘画及实物材料。因此在历史上，公元前 1200 年至公元前 800 年这段时间曾被称为"黑暗时代"（The Dark Age）。然而，荷马的两部史诗为我们提供了关于"黑暗时代"中希腊人的许多风俗习惯、政治制度以及思想观念的丰富资料。这是希腊最早的文学作品，也是西方历史上最伟大的英雄史诗。它是我们解读"黑暗时代"最重要的依据，因此，本书更愿意将"黑暗时代"称作"荷马时代"。同时，因为史诗描述的是"英雄"的故事，所以这个时代也被称作"英雄时代"。

从公元前 8 世纪开始，希腊世界逐渐走出"黑暗时代"。一批印欧语系的民族从北部南下，在希腊半岛及其周边地区定居下来，创造了自己的文明，形成了自己的风格，发展成为我们今天所说的"希腊人"。当时，从希腊本土到爱琴海诸岛屿，从小亚细亚到黑海沿岸，涌现出许多自治自给的蕞尔小邦。自此，古代希腊进入了城邦时代。一般说来，公元前 8 世纪至公元前 6 世纪，是城邦兴起并最终定型的时期，史称古风时代。从许多方面看，古风时代都是希腊文明发展中的一个高潮。这是一个探索与创新的时代，在许多方面都创造出了新的观念以及与之相应的时代精神。

公元前 5 世纪至公元前 4 世纪中期是希腊城邦兴旺发达的时期，史称古典时代。这是一个文明高度发展、伟大人物和伟大作品层出不穷的时代，希腊人留给后世的许多思想与文化精品都产生于这一时期。同时，这也是一个动荡不安的时代，两次为希腊世界带来重大影响的战争都发生在这一时期。这是希腊古典文明最成熟的时代，城邦文明中各种被后人称赞不已的成就得以充分展示，同时其弱点和不足之处也开始暴露出来。总之，这是一个辉煌的时代，也是一个光荣背后隐含着危机的时代。

公元前 8 世纪至公元前 4 世纪，古代希腊历史的显著特点是希腊本土、爱琴诸岛以及小亚细亚沿岸、意大利半岛等地区先后存在数以百计的城邦小国。其中著名的城邦有雅典、斯巴达、麦加拉、底比斯（又译"忒拜"）、科林斯、以弗所、米利都等。城邦的政体形式主要有贵族政治、民主政治、寡头政治、僭主政治等。古代希腊的城邦一般都没有职业官吏组成的官僚机构，以及向公民征收直接税的常设财政机构。大体说来，每个城邦都有三种政治机构：由成年男子构成的公民大会、议事会（如斯巴达的长老会议、雅典的五百人议事会）和经选举产生的（或至少须得到公民大会确认的）公职人员，首先是负责军事指挥的公职人员，等等。这三种政治机构的权力大小视不同城邦、不同政体而定，但这三重机构总是存在的。在希腊城邦的历史上曾有过君主制，也有过具有个人独裁色彩的僭主政治，但在城邦制度发达时期，还是以贵族政治和民主政治居多。这种小国寡民的城邦最本质的特征，就是公民的参政、议政活动能获得较为充分的发展。

古典时代后期，连绵不断的长期战争使希腊各城邦困顿不堪。而这一混乱阶段使北方的强国得以通过暴力征服统一了希腊。公元前 338 年，马其顿国王腓力二世在喀罗尼亚大败底比斯与雅典联军，进而剥夺了希腊各城邦的大部分自治权。公元前 324 年，亚历山大大帝东征以后建立起一个地跨欧亚非三洲的帝国。亚历山大大帝于公元前 323 年去世后，往昔繁荣昌盛的希腊古典文明便宣告彻底结束，一种混合着希腊和东方因素的新文明诞生了，希腊历史进入希腊化时代。

罗马于公元前 168 年征服马其顿王国，公元前 30 年，罗马灭亡了最后一个希腊化国家——统治埃及的托勒密王朝，古代希腊的历史随之结束。

然而，古代希腊历史的终结并不意味着文明的断裂。古希腊人创造的辉煌文明经过罗马人的发展，得到了进一步的延续，并成为现代西方主流文明的主要源泉之一。在现代人的眼中，希腊文明意味着哲学与艺术的成就，意味着一种清明之理性精神的确立。然而，这只是诸多现象中的一个方面而已。事实上，对希腊文明的解读离不开另外一种面向，那就是神圣的面向。希腊的世界是世俗的，但同时也是神圣的，在这个世界中，人并不是孤立的存在，还有如影随形的众多神灵。但是，由于文艺复兴打着"复兴"古典文化的旗号反对教权、张扬人性，启蒙运动以后，西方世界又进一步强调希腊文明中的人本主义精神，而将其神性因素完全剔除。五四运动以后，国人在极弱极愤的困境中图强，对西方启蒙思想照单全收，自然也接受了对希腊精神的这种近代式理解。然而，当我们仔细考察希腊人的生活世界时却发现，若不能理解神的因素在希腊人生活中的影响，就不能真正理解希腊文明。

希腊的宗教是典型的多神教。"泛神"的世界观，使希腊人感到神性存在于整个宇宙之中，并充满宇宙。每一座山、每一条河都有一个对应的主宰神祇，每个季节、每项与人们日常生活有关的事也都有神灵在守护。这些多神教的信仰者并不是在诸神中择其一而敬之，而是对所有的神灵都给予崇拜和信仰。若是忽视了其中任何一位，就意味着对当时人们某种经验的否定。"面对一个诸神充斥的宇宙，希腊人并没有把作为两个对立领域的自然与超自然分离开。二者始终内在地互相联系着。"[1] 既然世间的一切都由众神分管，那么人就不可避免地要与神灵发生联系，出于"神人同形同性"

1　（法）让-皮埃尔·韦尔南：《古希腊的神话与宗教》，杜小真译，生活·读书·新知三联书店，2001 年，第 5 页。

（anthropomorphism）的观念，在希腊人的眼中，诸神并不是一种高高在上的超验神秘的存在，而是一群可亲近、可感知的神灵。这不仅使得希腊人的诸般言行有了种种依据甚或是借口，同时也使得希腊人可以按自己的想象去塑造神的形象。神的生活似乎也成为人的生活的另一种状态，即更好的生活：它既不神秘也不遥远，它虽是理想的，然而同时也是现实的，是在人身边、可以直接感受到的。由此，希腊人生活在一个让人可以从容理解的形象化力量统治的世界里，希腊人的神是具有人性的神。神所体现的只不过是更完善的人的形象，因此，神所反映的就是人的习惯和思想，神的世界所投射的也是当时的社会结构与社会条件。

从荷马时代，人神之间往来频繁而显见，到城邦时代，希腊人通过神谕或先知的话来感受神灵的存在，奥林波斯[1]诸神都以其无限的神力影响着希腊人的生活。在希腊人看来，神灵在为人的生活带来希望和满足的同时，也能带来灾难和不幸。不过，这种幸与不幸都不是来世的，不是局限于天堂或地狱的，而是当下的、现实生活中的。希腊人遇到困难时就会向神灵祈求帮助，而神也会回应人。但神佑并不是无原则的，不是任人予取予求的。诸神自有其原则和立场。人们要学习的便是如何获得神的宠爱，从而得到神的庇佑。

在希腊，宗教并不是一个与社会生活脱离的孤立领域，它渗透到了城邦生活的各个层面，希腊人从事的几乎每项活动——从哲学思想到文学艺术，从政治经济到文化教育，从道德伦理到惯例习俗，从科学理论到音乐美术——都以某种方式与宗教相联系。无论是社会的价值取向与共同素质，还是个人的心态结构和行为模式，都与宗教紧密相关：从起初的相互渗透到最

---

1 长期以来，国内一些读物对奥林波斯（Olympus）与奥林匹亚（Olympia）两词多有混淆，使人误以为是同一个地方。实际上，奥林波斯山是一座位于希腊北部海拔约 3 000 米的山峰，古代希腊人认为众神居住于此；而奥林匹亚则位于南希腊伯罗奔尼撒半岛西部的伊利斯地区，距雅典 370 公里，是古代希腊四年一度的奥运会的举办地。

终浑然一体。法国古典学家韦尔南说："宗教并不局限在一个与众不同的区域里；它在所有的社会机制中，在所有私人和公共的实践中，它构成它们的一维。所以，在神圣与世俗之间，并不存在一种截然的、简单的对立，反倒是一种无处不在的神圣披上了各种各样的外表形式。"[1] 整个社会、所有家庭、一切个人都处于这个宗教体系之中。对希腊人而言，不仅神的存在可以为自身经验所感知，而且生活中的种种无不与神相关。于是，希腊人的神圣生活与世俗生活交织在一起，神的世界与人的世界不是截然分开，而是息息相关的。

在本书具体论述展开之前，我们先举两个例子加以说明：

例一：梭伦改革后，庇西特拉图通过三次政变最终夺取政权，在雅典建立了僭主政治。他的初次和末次政变采取的方式都是武装暴动，大多数后世作者都有论及。而庇西特拉图第二次政变，因其行动方式背后的良苦用心不为现代人所理解，又貌似一出闹剧，故只为希罗多德等古典作家所记载：第二次政变时，庇西特拉图从阿提卡的乡间找来一名身材高大且相貌秀美的女子，让她站在车上，然后他自己亲驾马车，冲入雅典城，一边冲一边高喊："雅典娜女神来啦！"据希罗多德记载：

> 人们都说雅典娜女神正带庇西特拉图回来。城里的人也深信那个妇人是真正的女神，便向她这个凡人膜拜并且欢迎了庇西特拉图。
>
> 　　　　　　　　　　　　　　　　　　　（《历史》I. 60）*

雅典人惊见庇西特拉图与女神同在，于是立即将政权拱手交予这位得到神灵庇佑的人物。当然，当雅典人很快发现此女非神时，他们再次赶走了庇

1　（法）让-皮埃尔·韦尔南：《神话与政治之间》，余中先译，生活·读书·新知三联书店，2001 年，第 272 页。
*　本书中来自希腊原典的引文，按惯例仅在正文引段后标注原书名及章节序号。——编者注

西特拉图。

　　然而，问题的关键并不在于此次政变的成功与否，而在于庇西特拉图为何采用这种今天看来如同儿戏的方式？雅典人又为何能够立马让出政权？试想，一个想要夺权的人，他会以一种滑稽、不为人们所认可，甚至会被视为愚蠢表现的荒唐闹剧来实施自己的计划吗？我们不用费心进行复杂的理论证明，就可知晓他在这种关乎性命的事情上，若自认没有胜算，是不敢轻举妄动的。那么，庇西特拉图第二次政变时，他自以为的胜算又是什么呢？答案便是希腊人心中对神灵的虔信。首先，因为在希腊人看来，再没有谁比一个蒙神恩、得神助的人更适合管理人民的了。退一步讲，即使民众有所不满，也应服从神意的安排。其次，在一个神人共存的世界里，希腊人相信，他们在生活中随时都有可能与神相遇，因此，眼见雅典娜女神出现在庇西特拉图的战车上也不是不可能的事情。正是基于这样的民众心理，庇西特拉图才会采取这种政变方式。

　　例二：伯里克利时代，雅典政府在公共庆节上演戏剧的时候向每个观戏的公民发放两奥波尔（obols）的戏剧津贴，以此鼓励群众观看戏剧。对于这一举措，以往的观点所强调的多是它表明了当时雅典城邦财政的充裕，同时也显现出民主政治的兴盛景象。然而，如果我们想一想当今中国有什么影片是能够免费对观众放映的，我们就会进一步明白其深层用意何在。像《开国大典》这样弘扬主旋律的影片，是大中学校、各党政事业机关会组织人们观看的类型，组织观看这类影片就是在对观众进行爱国、爱党、爱人民的正面教育。政府希望人民能够以影片中的人物为榜样，将其精神运用于各自的社会实践之中。此外，当今世界上几乎所有国家都对儿童实行义务教育，因为这种教育是为了培养国家未来公民所必备的基本素质，是国之根本所在，自然是由国家提供经费。理解了这一点，我们也就懂得了雅典在伯里克利时代发放戏剧津贴，实际上就是在国力充裕的情况下，通过免费观剧的方式进行义务性的国民教育。只是这种教育的主题是关于神灵的，因为希腊戏剧（特别是悲剧）所展现的都是神与人的关系、神与人的交往，通过观看戏剧，那些神的话语、神的故事、人神相处的原则等内容生动形象地一一呈现在希腊人的面前，这就是希腊人所接受的国民素质教育。戏剧演出作为一种教化的手段，不仅是人们生活中不可或缺的事情，也成为实施公民义务教育的一种方式。

这样的例子还有很多。透过古代希腊人的眼睛，我们看到的诸神是与希腊人外貌相似、脾性相类，并与希腊人拥有同样语言与习俗的众神。他们与希腊人同在。希腊人对于这些与之共存的神灵所抱有的态度既有相当实用的一面——他们取悦神，为的是获得保佑，免除灾祸；又有庄严神圣的一面——神的意旨不容违背，以及由此而来的道德规范，即古老的风俗不应触犯，否则就是渎神；或许最后还存在一点矛盾的心态——既将神意作为一切行为的合法性来源，同时又用自己的思考理解作为行动方针。

总之，古代希腊人的世界实际上是一个人神共存的世界。神灵无处不在，他们似乎就是人类社群的一部分，这使得希腊人的生活中充满了对预兆、神谕的笃信和对诸神的尊崇。于是，献祭神、取悦神、模仿神，构成了古代希腊文明的主题之一。这不仅仅是由希腊宗教的特性所决定的，更是由希腊人的思维方式和生活方式所决定的，这也是我们理解希腊人、希腊人的生活世界以及希腊思想与文化的关键所在。

第一章

失落的文明：希腊远古文明探源

有一处国土克里特，在酒色的大海中央，美丽而肥沃，波浪环抱，居民众多，多得难以胜计……有座伟大的城市克诺索斯，米诺斯在那里。

—— 荷马

今天的希腊，因其舒适的地中海气候和美丽的岛屿为众多旅游者所喜爱。为了保持爱琴海亘古以来的蔚蓝，希腊政府和民众都十分注意维护海水的清洁，以至于在爱琴海上的任何一个港口，不管涌入多少游人和船只，码头的水质依旧清澈透明，人们肉眼就能看到在船底洄游的鱼群。

其实自古以来，大海不仅是希腊最大的经济资源，也是孕育其文化的摇篮。在那里，神话与现实就交融在一片蓝色的海洋之中，其中高潮迭起，引人注目。

虽然，昔日光芒璀璨的文明，如今只剩下残垣断壁供人们凭吊，但它仍超越时空，对后世的文明，以及今天的人类产生了难以磨灭的影响，且让我们从头说起。

一、从神话到史实

古代希腊一直流传着关于迷宫和阿伽门农王的种种神话传说，这些传说对米诺斯王宫的壮丽、迈锡尼的强大有许多引人入胜的描绘。千百年来，荷马的两部史诗《伊利亚特》和《奥德赛》中的叙述更是给人们带来了无数的追思和遐想。但是直到19世纪，荷马的记述仍然被视为没有任何历史根据的神话。基托（H.D.F.Kitto）说："对这一文明，历史上的希腊人只有些模糊的记忆，而对我们的祖父辈而言，它则纯粹是幻想。"[1]特别是18世纪启蒙运动兴起以来，科学主义和理性精神逐渐主导了整个欧洲学术界。在古典学的研究中，冷静的史学家们对那些广为流传的神话的历史真实性大多持怀疑与批判的态度，神话中的一切都被归为传说，基本上不被视为信史。

然而，从19世纪20年代起，海因利希·谢里曼（Heinrich Schliemann，1822—1890）、阿瑟·伊文思（Arthur Evans，1851—1941）等人在迈锡尼、克里特及爱琴海其他岛屿上进行的考古发掘，使得神话传说中的希腊远古文明——克里特-迈锡尼文明重见天日。由此，希腊的远古文明终于走出神话，变成了史实。

在这一过程中，德国人谢里曼的功绩最为卓著，其故事也最具传奇色彩。谢里曼出生在德国北部的一个小村庄里，父亲是一位穷苦的牧师，他经常给孩子们讲各种童话和传说，对小小年纪的谢里曼而言，印象最深的莫过于特洛伊战争中的那些英雄及其事迹了，他以为那一切都是真实发生过的，他梦想着有一天能亲自将那座消失了几千年的城市重新挖掘出来。长大后，历经世事的谢里曼仍无法忘怀童年时的梦想。他利用业余时间学习各种语言和他认为有用的知识。46岁时，已从一个小小的学徒变成百万富翁的谢里曼抱

1　（英）基托：《希腊人》，徐卫翔、黄韬译，上海人民出版社，1998年，第18页。

印有谢里曼头像的德国纪念邮票（©Stauf）　　　　　挖掘中的特洛伊遗址（©C. W. Ceram）

着对荷马的坚定信念，带着他新婚的希腊妻子索菲亚，起程奔赴阿该亚人（Achaeans，后来希腊人的祖先，又译作阿凯亚人）的王国。谢里曼的想法与当时的学者不同，他更愿意接受古人的判断。他按照荷马的叙述，几经周折，终于发现了古老的遗迹。他一共挖出了9座古代城市，使迈锡尼文明得以重见天日。《奥德赛》中许多家喻户晓的场面，如英雄的凯旋、求婚者的狂饮、血染宫廷的惨剧，都在谢里曼的铁锹下成为现实中的场景。

　　真正向全世界展示米诺斯文明的人则是英国人阿瑟·伊文思。谢里曼去世时他年满39岁。与谢里曼一样，伊文思也是根据古老的传说和民间故事来寻觅古迹的，并且也像谢里曼一样挖出了古代的王宫和宝藏。不过，他的工作却比谢里曼的发掘更加专业、系统，他从 1900 年开始在克里特岛上集中发掘，[1] 终于发现了规模宏大的宫殿遗址以及大批珍贵文物。伊文思将他发掘出来的每一块石头和墙面、每一个陶罐和神像都认真地加以编号，做出详细说明，并努力试图恢复其原貌。最后，他将 1900 年至 1932 年数十年考古发掘留下的大量图片、照片、考古记录、年度报告等汇编成共计 3 000 多页、包含 3 400 多幅插图（且多为彩图）的四卷本《克诺索斯的米诺斯王宫》（*The Palace of Minos at Knossos*），于 1921 年至 1935 年间分卷出版，此书至今仍然是我们了解、研究克里特文明最基础的第一手资料。

1. 克里特文明

在古代作家笔下，克里特岛是"伟大、富有、衣食充足"的有福之人居住的岛屿。荷马在《奥德赛》中总是将它称作"辽阔的克里特"。克里特岛位于地中海东部中心，处于希腊半岛与西亚、埃及之间的交通枢纽上。它东西长约 250 公里，南北则较为短狭，长度范围仅为 12—60 公里。公元前 3 千纪中期，克里特岛进入金石并用时期，开始步入文明时代。因为有米诺斯王的传说，所以克里特文明又被称为米诺斯文明（Minoan Civilization），这是一种青铜时代的文明。

克里特岛特殊的地理位置，使它的文明具有水陆双重性。岛上土壤肥沃，以盛产水果、橄榄油而闻名。岛屿周围的海面风平浪静，气候条件宜于航行，因而有利于商业贸易。从克里特岛向北可达希腊大陆与黑海，东接地中海东

1　1900 年 3 月 23 日上午 11 时，克诺索斯遗址的发掘正式开始，发掘工作主要集中在 1900—1904 年，在第一次世界大战期间被迫中断，战后重启。对遗址的修复工作，则主要集中在 1922—1930 年。

部沿岸及诸岛屿，南抵埃及，西至地中海中、西部的岛屿及沿海地区，人们不管朝哪个方向航行，几乎都可以看见陆地，克里特岛也由此成了地中海的贸易中心。克里特人驾着单桅海船，满载着埃及的粮食、象牙和玻璃，叙利亚的马匹和木材，爱琴海诸岛的金银、陶器和大理石，塞浦路斯的铜器，本土产的橄榄油和陶器，往返于地中海各岛屿之间和沿岸地区。这样的地理位置不仅有利于商业发展，对于文化交流而言也十分理想。克里特人与外部世界的距离很近，近到可以接受来自美索不达米亚和埃及的各种东方文明影响；然而这距离又是遥远的，因为大海的阻隔，克里特文明可以无忧无虑地保持自己的特点，表现自己的个性，而不会受到外敌的频繁侵扰。

最能体现克里特文明特点的是它的宫廷建筑，在公元前 2000 年左右，克里特的王宫建设达到鼎盛时期，著名的王宫有克诺索斯、玛里亚和法埃斯特等，其中以克诺索斯王宫的规模最大。各地的王宫建设，延续了大约 600 年。克里特岛上的早期国家大都是围绕着王宫形成的，宫廷是国家经济、政治和文化的中心。

希腊神话中说，米诺斯王修建了一个非常复杂的庞大迷宫，堪称"易进难出"。长久以来，人们只当这是神话传说，然而 1900 年，英国考古学家阿瑟·伊文思发掘出了这座宫殿，证明在希腊的克里特岛上的确有这样一座迷宫——克诺索斯王宫。目前关于克里特文明的所有考古资料，一半以上都来自这座王宫。这座王宫曾多次遭到破坏，但每次破坏后都被修复得更为宏伟富丽。

这座王宫以当地盛产的石头建成，克里特人没有用砖的习惯。王宫是一组以中央庭院为核心的多层楼房建筑群，规模宏大、结构复杂。宫殿内厅房间总数超过 1 500 间，楼道走廊曲折相通，厅堂错落有致，设计奇特，布局不求对称。"迷宫"的神话或许就源于其宫殿内部没有明确的房间排列主线和层次感。现在，王宫遗址已得到充分发掘和部分复原，其建筑总面积达 2.2 万平方

克诺索斯王宫模拟图（©Tanya Dedyukhina）

米，王宫呈长方形，四周不设围墙和瞭望楼，整个宫殿长 60 米、宽 30 米，倚山而建，地势西高东低，因此庭院以西的楼房有两三层，以东的楼房则有四五层，从东麓远望王宫，但见层楼高耸，门窗敞廊参差罗列，其景观为古代王宫所罕见。庭院西面楼房主要用于集会、祭祀和库存财物，宫中的仓库里面排列着一行行存放谷物、油和酒的大缸巨瓮，还有一排排花瓶式样的大罐子，罐体上还饰有花纹。东面楼房则是寝宫、客厅、学校与作坊。各层各处都有楼梯相连，尤以庭院东面的中央大楼梯最为宏伟，它有天井取光，三面构成柱廊，梯道宽阔，彩绘艳丽，被誉为王宫建筑最杰出的纪念物。旁边的双斧大厅分内外两室，以折叠门扇相隔，冬可保暖，夏可通风，充分显示了米诺斯建筑的灵巧设计。大厅一侧的王后寝宫则是一套典型的米诺斯豪华住房。此外，还有令人称赞的取水和排水系统，这套系统的设计复杂而精妙，每逢雨

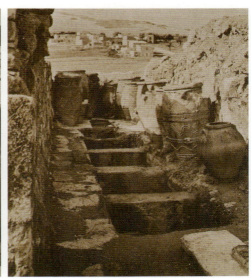

克里特王宫（©Frederic Boissonnas）

天，雨水都会把下水道冲刷得干干净净，工匠还可以进入管道检查、维修。近代以前，这种卫生设备在欧洲仍然无可匹敌，在古代世界更是独一无二。

相对于建筑的高水平，王宫各处的壁画也是古代艺术的上乘之作，显示了克里特文明注重灵巧秀逸的特色。壁画内容丰富，有娱乐和日常生活的场景，有自然界的花草树木、鸟兽鱼虫，还有公共仪式、祭礼的场面。《驯牛图》就是其中一例：这幅克诺索斯王宫的壁画，描绘了一头呈跳跃状的公牛，一个女子站在公牛的前面，双手紧握牛角，一位青年男子在牛背上腾跃，牛身后的女子则伸出双手，仿佛想要接住他。据学者们考证，这幅壁画表现的是人们取悦牛神的祭祀场面。

此外，克诺索斯的宫殿中还有多幅形象生动、富有生活气息的彩色壁画。比如《巴黎的贵妇》：妇女们身着色泽鲜亮的衣裙，衣服在前面开口，乳房高

《驯牛图》（©Heraklion Archaeological Museum）

克诺索斯王宫壁画《巴黎的贵妇》（上）及其局部图（左下、右下）（©Heraklion Archaeological Museum）

耸并裸露在外,上衣连着高而硬的衣领,下身是皱褶式长裙,上面点缀着花纹。整个画面非常动人,画面上的妇女从发型到服饰都十分优雅、时尚,犹如巴黎社交聚会中的贵妇一般,故而得名。

克里特人遗留下来的雕像,显示出对神的信仰在当时的社会中已经占有非常重要的地位。比如在克诺索斯王宫中发现的蛇女神像,她双手持蛇,头上有一尊鸟形的饰物。

实际上,神像伴以动物,是古代希腊宗教艺术的特征之一,希腊人以此来显示神性,动物形象除了蛇、鸟以外,还有狮、牛等。这种习俗一直沿袭

克诺索斯王宫的蛇女神像 (©Heraklion Archaeological Museum)

到希腊古典时代。从考古发掘出的陶俑、浮雕、印章及指环上，人们发现，女神崇拜在克里特岛上十分流行。当时，米诺斯人还敬奉一些半人半兽的神怪，有半牛半人的、羊头人身的，还有长翅膀穿短裤的，最常见的是集马、驴、狮于一身的怪物，它们直立行走，背上披着鳄鱼式的鳞，在祭祀中扮演神的仆役。此外，双斧和牛角也是祭祀场面中经常出现的物品，它们是米诺斯宗教的象征。

米诺斯人使用的是一种线形文字，为了与后期迈锡尼的线形文字相区别，人们将之称为线形文字 A（Linear A）。遗憾的是，这种文字至今尚未被成功释读，因而我们对其政治历史和社会结构的了解还不够充分。换言之，迄今为止，我们关于米诺斯文明的全部知识几乎都来自考古学。

从考古发掘来看，估计当时克里特岛上的克诺索斯城中大约有 8 万人口，加上海港的人数，整个克诺索斯城的人口数量当在 10 万以上，堪称地中海上最大的城市。它的王宫是克里特文明最伟大的创造，这里不仅是米诺斯王朝的政治、宗教和文化中心，也是经济中心。除了克诺索斯王宫以外，人们在岛上的玛里亚、法埃斯特和扎克罗斯等地也都发现了宏伟的宫廷建筑。这些都表明当时克里特岛上可能已有若干个具备一定规模的独立国家形式的政权。公元前 17 世纪至公元前 16 世纪，在米诺斯王朝鼎盛时期，它不仅称霸于克里特岛，而且依靠海上武力，控制了爱琴海上的一些岛屿和中希腊的雅典等地，成为爱琴海地区的霸主。古希腊史家希罗多德在《历史》中称米诺斯为海上统治者，他说：

米诺斯是一个征服了许多土地，并且在战争中经常取得战功的国王。

(《历史》I. 171)

修昔底德也说：

伊拉克利翁博物馆的牛角和双斧（©Heraklion Archaeological Museum）

克里特出土石棺墓彩绘，祭祀场景中的双斧与牛角（©Heraklion Archaeological Museum）

　　根据传说，米诺斯是第一个组织海军的人，他控制现在希腊海的大部分地区；他统治着西克拉底斯群岛。在这些大部分的岛屿上，他建立了最早的殖民地；他驱逐了开利阿人之后，封他的儿子们为这些岛屿上的总督。我们很有理由料想，他必尽力镇压海盗，以保障他自己的税收。

（《伯罗奔尼撒战争史》I. 4）

　　总之，从整体上来看，"缺乏堡垒防护说明它在政治上是以海上力量为基础的，广阔的宫殿则证明了它的财富"。[1]

　　克里特文明的极盛时期是在公元前 1700 年前后。令人费解的是，公元前 1600 年、公元前 1500 年和公元前 1400 年，克里特岛上的主要地区经历了三次大破坏，岛上所有的城市，几乎突然在同一时间内全部被毁，原因至今不详。1967 年，美国考古学家的一次发现为这一古老文明的灭亡提供了一种说法：在克里特岛以北约 130 公里，有一座桑托林火山岛（今锡拉岛）。火山的海拔仅 566 米，20 世纪曾有过 3 次小规模的喷发，但都不足以威胁人们的生命安全，它的宁静使岛上世世代代的居民从未感受到它的可怕之处。然而，当美国人在岛上 60 多米厚的火山灰下挖出了一座古代商业城市时，世人才改变了对它的看法。研究证明，这是人类历史上最猛烈的一次火山爆发，大约发生在公元前 1500 年。桑托林火山喷出的火山灰渣覆盖了 62.5 平方公里的地区，岛上的城市几乎在一瞬间就被埋在厚厚的火山灰下。直冲天际的火山灰弥漫在空中，久久无法散去。火山爆发还引起了巨大的海啸，滔天的巨浪滚滚南下，直扑克里特岛，旋即摧毁了岛上的城市、村庄和沃土良田，船只被狂涛击碎，米诺斯无敌的舰队也在顷刻间化为乌有。

　　总之，不论其灭亡原因是这里地震多发的地理环境、火山爆发，还是异

1　（英）基托：《希腊人》，第 19 页。

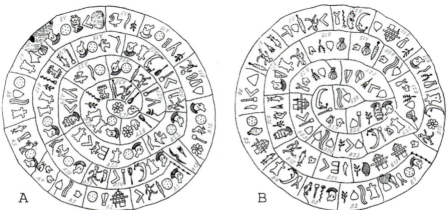

腓斯特斯发现的克里特文字画板 A 面（上）（©Heraklion Archaeological Museum）
伊文思手绘的克里特文字画板线图（左下、右下）（©Sir Arthur Evans）

族的入侵，那曾经辉煌的文明，在顷刻间消失得无影无踪了，其后，城市虽经重建，但规模大不如前。不久，这个古老的海上霸国便从地球上永远地消失了，依稀保留下来的只有让人心向往之却又真假参半的神话与传说。可以说，克里特文明的兴亡，至今仍是考古学、历史学中令人费解的难题之一，它的神秘面纱还远远未被完全揭开。

2. 迈锡尼文明

克里特岛上的文明大约在公元前 1400 年被毁灭，是什么力量摧毁了这个文明？是火山爆发与地震，还是遭受了外来者的入侵？答案可能是多重的综合因素所致。在克里特文明出现之后，一支希腊人——属印欧语系的阿该亚人来到希腊，在公元前 2000 年前后定居于伯罗奔尼撒半岛，以迈锡尼地区的希腊人最为强盛。此时克里特岛上已建立起米诺斯文明，希腊本土的迈锡尼人则比较落后，虽已进入铜器时代，但尚未建立国家，因此他们是在克里特的直接影响下逐渐向文明过渡的，到公元前 1600 年才称王立国。随后迈锡尼人进入克里特岛，从此，迈锡尼文化渐渐取代了克里特文化。从被他们取代的米诺斯人那里，迈锡尼人借鉴了许多内容，在吸收了克里特文明原有成果的基础上，也发展起了自己的生活方式，建立了自己的文明，这种大陆文明就是迈锡尼文明（Mycenaean Civilization，属青铜时代晚期）。

不过，我们今天所说的迈锡尼文明并不是指一个统一的王国，它是由诸多王国组成的。作为迈锡尼文明中心的迈锡尼城，位于伯罗奔尼撒半岛的东北部。迈锡尼王国，在希腊诸国中最为强大。其他有名的王国还有伯罗奔尼撒中部的斯巴达和西部的派罗斯，以及中希腊的雅典、底比斯，它们有时组成一个军事同盟，联合作战，奉迈锡尼为盟主。从公元前 1400 年到公元前 1200 年，迈锡尼达到其文明的盛期。迈锡尼文明的象征是至今仍然耸立在伯罗奔尼撒半岛东北部的巨大的狮子门，它是传说中阿伽门农王的城堡——迈锡尼的入口。

考古发现的迈锡尼遗址主要是国王居住的城堡，它的城墙用巨石环山建成，厚达 5 米，高约 8 米，和克里特王宫建筑全无防御设施的风格迥然有别。迈锡尼的城堡有坚固的城墙和堡垒，宏伟壮观的"狮子门"就是通往迈锡尼国王堡垒的入口，因石门的上方刻有两头雄狮拱卫着一根石柱的浮雕而得名。城堡的围墙用大石头砌成，十分雄伟，敌人一旦侵入，便仿佛进入了一个隧道的入口，立即会被冰雹般落下的矛、箭围困其中，进退两难。城内则建有豪华的王宫。

城堡下面的平坦地带有广阔的市区，富商大贾和百业工匠居住其间，其繁荣富庶的程度不亚于克里特岛上的克诺索斯城。在海外贸易方面，迈锡尼较克里特也是有过之而无不及。特别是在公元前 1450 年以后，迈锡尼人入主克里特岛，这是迈锡尼文明发展的关键一步。之后，他们既承袭了原先克里特人所掌握的爱琴海商业贸易网的控制权，也全面吸收了克里特文明的遗产。如在迈锡尼、梯林斯、派罗斯等地出土的精美手工艺品、青铜武器、金器和陶器中，都可看出克里特文明风格的强烈影响，尤其以迈锡尼文明早期的器物最为明显。不过，迈锡尼文明时期的物品形制和纹饰也有着自己鲜明的特色。今天，在埃及、叙利亚、腓尼基、塞浦路斯以及意大利南部、巴利阿里群岛等地都有迈锡尼的陶器出土，数量超过了各地发现的克里特陶器。在爱琴海地区和希腊本土，迈锡尼文明的分布也较克里特文明更为广泛，现在发现的大大小小的迈锡尼文明遗址已经超过 1 000 个。

据考古发掘，迈锡尼文明中有两种墓葬形式，早期为竖井式坑墓，约持续百余年，竖井墓发现于迈锡尼城堡内外的两座墓园。园内有众多王族墓葬，内藏丰富的金银陪葬品，其数量之多举世罕见（仅其中一座墓穴即有 870 件之多），工艺水平也很高，其中大多数为克里特产品，也有一些来自埃及、小

迈锡尼城堡 狮子门（©William Neuheisel）

亚细亚及叙利亚等地。随着与海外先进文明地区的交往日益密切，迈锡尼的经济与文化迅速发展起来，国力日强。到公元前 1500 年后，迈锡尼便从跟随于克里特之后的一般国家，转变为可与之抗衡的强国了。

从 1876 年到 1957 年间，谢里曼和希腊考古学家 [1] 分别在迈锡尼城堡中发掘出了两座圆顶墓葬，这两座圆顶墓中的随葬品都非常丰富，有大量的黄金饰品、宝剑和其他一些武士用品，这说明墓中的死者位居社会的统治阶级，且这个阶级是一个武士阶层。这与荷马史诗中有关迈锡尼战车的记载相吻合。这种圆顶墓不像竖井墓那样只在地下构筑简单的竖穴墓室，而是在地面凿岩、砌石，筑成圆形墓室，前有墓道，上覆高冢，室内以叠涩法砌成圆锥状屋顶，形如蜂巢，故又称蜂巢墓。构筑这类陵墓需要较高的石砌工程技术，其形制虽源自克里特，其规模却是在迈锡尼时期日趋宏大。现存最大的一座圆顶墓内高 13.2 米，墓门高 10 米，门内过道以一块重达 120 吨的巨石为盖，可见其工程的艰巨。

迈锡尼人还在克里特原有的线形文字 A 的基础上，创制了线形文字 B（Linear B）。后文可见克里特–迈锡尼文字的集合图，左为象形文字，中为线形文字 A，右为线形文字 B。该文字的画板来自派罗斯城堡。[2]

1952 年，英国年轻的工程师兼语言学家迈克尔·文特里斯（Michael Ventris, 1922—1956）与其合作者约翰·查德威克（John Chadwick, 1920—1998）成功释读了线形文字 B，他们联名出版了《迈锡尼希腊语文献》

1　具体的发掘时间和主持人分别是：1884—1902 年，希腊考古学家克里斯托斯·特桑塔斯 (Christos Tsountas)；1918—1923 年、1939 年、1951—1957 年，英国考古学家阿兰·瓦斯 (Alan Watts)。
2　克里特岛的克诺索斯宫殿出土了约 3 000 块刻有线形文字 B 的泥版，希腊本土派罗斯的"涅斯托尔王宫"出土了约 1 200 块线形文字 B 泥版。这些泥版文书大多出自公元前 13 世纪，每块泥版上的文字，少则三四个，多则百余个，以简短者居多。线形文字 B 由三种符号组成，即表音符号、表意符号和计数符号。文书的内容基本上可以归结为财产目录，涉及劳动者的人数、牲畜和农产品的数量、土地的数量、祭品的多寡、武器数量等。这些材料在一定程度上有助于人们了解当时的经济、政治、宗教和社会结构，表明当时已存在奴隶制国家，自由民有贫富之别。

克里特-迈锡尼文字集合图（©Heraklion Archaeological Museum、National Archaeological Museum of Athens）

（*Documents in Mycenaean Greek*）一书。线形文字 B 的破译被视为 20 世纪最伟大的语言学成就，也代表了希腊考古学的发展巅峰，它为我们了解迈锡尼文明提供了第一手的文献材料。从语言学的角度来说，线形文字 B 被证明是用音节标写的希腊语，在迈锡尼时代已被广泛使用，这证明了迈锡尼人与后世希腊人在语言和种族上的连续性。

然而，线形文字 B 仿佛是一种因经济需要而诞生的文字，因为现存的线形文字 B 的材料绝大多数都是王室经济文书，虽为后世提供了有关经济方面的珍贵信息，但主要是一些财产清单，记载了纳税的数量等信息，对当时政治、文化方面的情况揭示不多。不过，这些材料充分说明迈锡尼社会已是奴隶制社会。线形文字 B 中已经出现专门指称男奴女奴的名词，比如在派罗斯发现的泥版文书中，有关奴隶数目的类别中计有妇女 631 人，女童 376 人，男童 261 人；另一类则计有女奴 370 人，男女童奴分别为 149 人、190 人。此处虽未提及成年的男性奴隶，但从其他材料看，男奴也不在少数。按派罗斯小国的规模和文书反映的个案情况，可知当时奴隶的数量已有很多。此外，文书中还反映了国王、贵族占地甚多、农民占地很少的情况，意味着农民也受到统治者的残酷剥削。这些情况说明迈锡尼社会和克里特一样，近似于东

迈锡尼贵族圆顶墓的门（©Marie-Lan Nguyen）　　迈锡尼圆顶墓示意图（©Wilhelm Lübke、Max Semrau）

方的奴隶制王国。值得注意的是，大量的经济文字中也零星透露出当时的宗教情况，比如后世奥林波斯诸神的一些名字已经在线形文字 B 中出现，甚至包括被认为是从东方传入的外来神祇狄奥尼索斯的名字。

　　从公元前 1400 年至公元前 1200 年，迈锡尼达到其文明的鼎盛时期，公元前 1200 年以后渐呈衰败之势。古希腊的神话传说曾模糊提及公元前 1200年左右，迈锡尼地区王朝更迭频繁，战乱不断。考古材料也反映出此时的陶器质量下降、生产萎缩，而"海上民族"的骚扰更使国际贸易大受打击。经济的衰落可能迫使统治者依靠武力进行掠夺，于是各国各城之间的战争也愈演愈烈，其中最著名的一次大战便是希腊同盟与小亚细亚富裕的特洛伊王国之间的战争。此次战争在荷马史诗以及其他希腊传说中都有所记载，战争持续了十年之久，希腊联军最终虽然攻下了特洛伊城，但实际的结果却是两败俱伤。以迈锡尼为首的希腊各国，虽然表面上是胜利者，但也元气大伤，疲惫不堪。之后，希腊各国一直未能恢复如初，迈锡尼文明渐趋衰落。这为北方的多利亚人提供了可乘之机，他们纷纷南下，攻城略地，逐步征服了中希腊和伯罗奔尼撒各国，从而宣告了迈锡尼文明的灭亡。

　　或许迈锡尼文明在公元前 1250 年至公元前 1190 年间遭遇的灾难性崩溃，

并非单一因素所致，而是由众多事件造成的。学者们提出了几个可能的原因——内战、革命和外来侵略，迈锡尼文明的灭亡也可能是多种原因共同作用的结果。总之，迈锡尼人消失了，宫殿、文字、国家——这些代表着文明的东西也相继湮没于历史的尘埃之中，随后，一个大约持续了 400 年、所谓的"黑暗时代"降临希腊世界。

二、爱琴文明发现的意义

谢里曼于 1870 年进行考察与挖掘的遗址位于今天的土耳其西北部，一个被称作希萨里克（Hissarlik）的小山丘。他花了 3 年时间，一共挖掘出 9 座城市，一层一层的废墟一座压着一座，一共有 45 英尺[1] 深！每一层都是一座城市——在前一座城市的废墟基础上建造的城市。虽然他一味地深挖，导致上面的建筑层受到无可挽回的破坏，但他最终的确找到一座被焚毁的古城，有雄伟的城墙和塔楼、铺砌的街道、焚烧过的瓦砾堆等。最重要的发现当数 1873 年 5 月底发现的举世闻名的"普里阿摩斯的宝藏"[2]。

1876 年 9 月，谢里曼又前往迈锡尼发掘，试图找到希腊英雄阿伽门农的陵墓，以证实荷马史诗的真实性。他果然在"狮子门"内发现了一座"王室墓地"，这是一个直径 90 英尺、由石板围成的圆圈，圈内有 5 座竖井墓，其中发掘出大量财宝，甚至包括传说中阿伽门农的金面具，还有 19 具成人骸

1　1 英尺约等于 0.3 米。——编者注

2　后经学者考证，现藏于俄罗斯普希金博物馆的"普里阿摩斯的宝藏"所属地层应是特洛伊遗址上九座城池中的第二座，即"特洛伊 II 城"，存在的年代约为公元前 2600 年到公元前 2300 年，比特洛伊战争可能发生的年代（公元前 13 世纪）早了 1 000 多年。

骨、2 具孩童遗骨。这证实了荷马史诗中有关迈锡尼"多金"的描述。

为此，谢里曼激动不已，他在致希腊国王乔治一世的信中写道："我怀着极度的兴奋向陛下报告我找到了传说中提到的阿伽门农、卡桑德拉、优吕美东及其伙伴的坟墓。在这些坟墓中，我发现了实际上由古代的纯金器物构成的巨大宝藏。仅仅这些宝藏本身就能占满一个巨大的博物馆，而这座博物馆将成为世界上最伟大的奇观。"[1] 谢里曼立即向学术界和公众展示了他的重大发现——一个直到那时还不为人知的文明所拥有的非同寻常的宝藏：丧葬用的金面具、黄金和青铜的杯子、金银丝嵌花匕首、带有最古老浮雕的墓石，等等。

这一切都被迅速地公布于世，可以说，谢里曼很懂得运用人们今天称之为"媒体"的力量：他使用欧洲所有的语言组织展览、召开研讨会、出版著作。于是，几乎是在一夜之间，全世界都知道了他和他的发现。不过，遗憾的是谢里曼认错了人，那并不是阿伽门农的墓！那副金面具也并不属于阿伽门农！但是，实际上他的发现更为惊人，因为这个遗址比阿伽门农的时代还要早几百年。

1900 年由英国人伊文思在克里特岛上开始的另一次考古发掘，则发现了岛上宏大的宫殿遗址以及大批珍贵文物，揭开了一个不同于希腊城邦时代古典文明的远古希腊文明的面纱。

可以说，谢里曼与伊文思等人的考古发掘不仅找到了早已消失的古代遗址，对希腊本土的迈锡尼、派罗斯等城市和地中海中克里特岛的发掘，更是为后世找到了在地下埋藏数千年的希腊远古文明——克里特-迈锡尼文明。他们的考古发掘再现了克里特、迈锡尼时期辉煌的青铜文明，证实了当时的希腊已进入早期国家的阶段，其王权统治的形式与古代巴比伦、埃及的统治形

---

1 （法）罗朗·艾蒂安、（法）弗朗索瓦兹·艾蒂安：《古代希腊——考古发现之旅》，徐晓旭译，上海教育出版社，2004 年，第 101 页。

阿伽门农的金面具（©National Archeaological Museum of Athens）

式相似。这是它们与日后奉行共和政治的希腊城邦的最大差别。我们从克诺索斯王宫遗址，迈锡尼的竖井墓、圆顶墓，以及泥版文书的记载中可以看到，当时的国王、贵族们为自己建造大型宫殿及陵墓，占有大片土地，拥有数量不等的奴隶，他们生前享尽荣华，死后还有数不清的金银器皿陪葬。

　　这些考古发掘与神话中描述的克里特的强大及迈锡尼的富有大致吻合。在荷马史诗里，许多事物的描写都同克里特-迈锡尼文化的实物基本相符，如

《奥德赛》里所说的墨涅拉奥斯的宫殿和费埃克斯人的王阿尔基诺奥斯的宫殿中，有各种青铜和金银装饰，宫里储存着大量粮食、美酒和果实，随同酒宴一同展开的还有各种竞技娱乐和音乐舞蹈，这些都可以说明荷马史诗的内容是以古代历史传说为依据的。当然，史诗中也有一些描写与克里特-迈锡尼时代的实物不同，但这并不难理解，当克里特-迈锡尼文明消失在历史的长河之中以后，史诗在具体描绘过去文明的繁荣景象时，不免会利用日后实际生活中的一些事物。对史诗内容真实性的考察，我们在接下来的一章中将进一步论及。

总之，不管怎样，他们的发现都是意义非凡的。事实上，自 20 世纪以来，古代史研究中的考古热潮，确实对我们重新认识人类远古的历史具有革命性的意义。具体到爱琴文明的发现，谢里曼作为一名业余的考古爱好者，他的事迹告诉我们：在考古发掘的过程中，仅凭学院式教育所提供的那些条条框框是不够的，我们还需要激情、想象力甚至一颗童心，以及对理念的执着。谢里曼和特洛伊城的故事，是考古史上伟大传奇中最动人心弦的一个。曾有史学家认为特洛伊城的发现，其意义和价值并不逊色于哥伦布发现美洲大陆。"这是海因利希·谢里曼的胜利，也是荷马的胜利。作为热情的业余考古学家，谢里曼证实了那些原来公认不过是传说、神话或诗人幻想的境界，却是千真万确的事实……谢里曼揭开了希腊远古的历史……他用铁锹解开了特洛伊之谜。他从狭隘的古典文字的局限中迈出一大步，进入了远古的实际生活，在客观上为考古学丰富了内容，扩大了眼界。"[1] 由此，他也成为世界上所有梦想家中最幸运、最成功的杰出代表。今天，在雅典，我们可以看到谢里曼所留下的两座具有 19 世纪末现代希腊仿古风格的建筑杰作——他的住宅和他的坟墓。

---

1 （德）C. W. 西拉姆：《神祇·坟墓·学者》，刘迺元译，生活·读书·新知三联书店，2001 年，第 41、55 页。

谢里曼的仿古住宅（© Cmessier）

　　然而，更重要的是，这一发现彻底改变了人们看待古代传说和神话的态度，证实了神话和传说对于民族的记忆而言是多么重要，使得学者们开始认真地对待并分析其中保留下来的真实信息。于是，人们以往从格罗特、摩尔根等人那里所了解到的希腊史有了进一步修正的必要性。英国著名希腊史家乔治·格罗特（George Grote，1794—1871）曾在他的巨著《希腊史》（共十二卷）中，将神话与历史严格地区分开来，并以第一次有记载的、公元前776 年所举行的奥林匹亚赛会作为希腊真正历史的开端。不过作为一个认真严谨的学者，他并未完全否认神话在反映史前希腊社会生活方面的价值。而将格罗特的观点发挥到极致的是美国史家路易斯·亨利·摩尔根（Lewis H. Morgen，1818—1881），在他颇具影响的《古代社会》一书中，摩尔根为了证明西方的自由民主精神古已有之，竟然断言："原始的希腊政治基本上是民主政治，它的基础是建立在氏族、胞族、部落这些自治团体上的，并且是建立在自由、平等、博爱的原则上的。"[1] 显然，他的这段主观臆想与谢里曼、伊文思等人的考古发掘所揭示的实际情况大相径庭。可以说，爱琴文明的发现不仅对古史研究者意义重大，同时它也在提醒人们，不要盲目地以后世的观念和心态去想象古人，更不可为了给今天的现实找寻一个久远的根据而人为地虚构古代社会。

三、"黑色雅典娜"：希腊远古文明中的东方因素

考古学的成就不仅向我们揭示了希腊远古文明具有的王权特征，还向我们展示了东西方远古文明之间的相互交流。

实际上，远古时代，东西方文明的交流并没有我们想象的那么艰难、稀少，希腊独特的地理环境、便捷的海上交通更使这种交流成为现实。由于埃及与爱琴文明隔海相望，两地之间的联系集中表现在海上贸易和外交往来上。我们从考古发掘中得知，大约在公元前 3000 年以后，克里特岛就开始与埃及有了时断时续的贸易往来，与此同时，来自希腊本土的商人也开始与埃及以及近东其他地区进行远程海上贸易，从埃及进口蓝釉陶珠、彩瓶、象牙和装饰品。克里特则以其农、工业产品和地中海各地广泛开展贸易，其与埃及的联系尤为密切，此地所用的黄金、象牙、皂石印章和高级奢侈品大都来自埃及。米诺斯文明和迈锡尼文明时期，爱琴海诸岛与埃及以及近东其他地区更是连续不断地开展大宗贸易。

1　(美) 路易斯·亨利·摩尔根：《古代社会》(上册)，杨东莼等译，商务印书馆，1977 年，第 247 页。

近几十年的考古发掘进一步证实了这一点，我们可以略举几例：考古学家在巴勒斯坦的泰尔卡布瑞（Teil Kaburi）遗址和埃及的泰尔艾尔-达巴（Teil el-Dàba）遗址发现了爱琴文明风格或是与爱琴文明风格极其相似的壁画。[1]来自泰尔卡布瑞的壁画有两幅，一幅实际上是一块典型爱琴文明风格的石膏棋盘，另一幅是一系列的壁画残片，这些残片上绘有公牛和斗牛者、其他动植物，以及建筑、河流等。尽管只有一小部分壁画保留下来，但画面上的这些景物都带有浓厚的爱琴文明的色彩。

埃及人对迈锡尼人的描绘则多出现于坟墓中，从埃及第 18 王朝的法老哈特谢普苏特（Hatshepsut，公元前 1473 年—公元前 1458 年在位）到埃赫那吞（Akhenaton，公元前 1353 年—公元前 1335 年在位）期间，大约 50 座绘有外国人图像的壁画墓中，有 10 座都描绘了迈锡尼人的形象。最早绘有迈锡尼人形象的壁画出现在哈特谢普苏特统治时期的大臣森姆特（Senemut）的坟墓中。其他拥有明确迈锡尼人形象的坟墓还有乌塞-阿蒙（Use-amen）和拉赫米拉（Rakhmir）的坟墓。在以后几代埃及国王统治时期，迈锡尼人的形象也偶尔出现于埃及人的壁画和浮雕中。同时，考古学家们也在迈锡尼发现了大量带有埃及王室铭文的物品，属阿蒙霍特普三世（Amenhotep Ⅲ，公元前 1391 年—公元前 1353 年在位）统治时期。这些器物可能是阿蒙霍特普三世与迈锡尼文明结盟时交换的礼物，[2]表明这一时期埃及与迈锡尼文明之间有着频繁的外交活动。

随着迈锡尼文明的衰落，早期希腊与近东的这种联系才逐渐结束。之后，东方的影响在希腊历史上仍周期性地出现。对此，我们在以后的篇幅中还会不断论及，并以具体实例加以说明。应该说，对于希腊文明与东方的交流及

1　D. B. Redford, *Egypt, Canaan and Israel in Ancient Times*, Princeton, 1992, p. 121.
2　参见郭丹彤：《论古代埃及和爱琴文明的联系》，载《东北师范大学学报》（哲学社会科学版）2005 年第 6 期。

其向东方的学习，古代希腊人从未否认，也从未回避。古希腊人承认，他们文化中的许多重要因素都是从近东诸文明，尤其是从埃及文明中借鉴而来的。比如，米利都的赫卡泰乌斯就认为，希腊人长期以来都是埃及文明的子孙；希罗多德指出，希腊的许多神名都来自埃及；古希腊人自己宣称，有众多的希腊哲人和艺术家——不管是传说人物还是真正的历史人物（如代达罗斯、荷马、吕库古、柏拉图、梭伦、毕达哥拉斯）都曾在埃及学习过。当代学者很少认为这些人都到过埃及，但也很少有人全然宣称他们没有去过埃及。文艺复兴时期，法国古典学者约瑟夫·斯卡利杰（J J.Scaliger，1540—1609）提出了一种被称为"古代模式"（Ancient Model）的理论，即肯定希腊人曾受益于非希腊人的成就。自古代一直到启蒙时代，几乎所有的西方学者都接受此种观点。这种观点既为当时的神话传说及有限的文献资料所记载，也为后世的考古发掘所证实。

但是，到了19世纪30、40年代，西方人突然否定了这种"古代模式"的看法，取而代之的是所谓"雅利安模式"（Aryan Model），即强调来自北方、说印欧语言的入侵者对希腊文化的形成起了决定性的作用，这种观点一经出现便在西方受到普遍欢迎，从学界到大众都将其视作理所当然，至今仍在很大程度上为西方人所接受。这主要是因为，在那些对欧洲文化抱有优越感的西方学者看来，"古代模式"的观点突出了"东方"尤其是埃及对古代希腊的影响，这是他们绝对无法容忍的。于是，他们便提出了只强调希腊语中印欧特征的"雅利安模式"，甚至有人把工业革命后的欧洲政治、经济、法律、文化、教育制度，都直接归结为希腊罗马文明"固有本质"的衍化，即认为"西方世界"自古希腊、罗马以来就自成一个文明传统。

然而，时光斗转，到了20世纪20、30年代，这种观点开始从根本上遭到质疑。科学史专家乔治-萨顿（George Sarton）说："希腊科学的基础完全是东方的，不论希腊的天才多么深刻，没有这些基础，它并不一定能够创立任何可与其实际成就相比的东西……我们没有权利无视希腊天才的埃及父亲和美索不达米亚母亲。"[1] 20 世纪 60 年代晚期，亚述学家戈登（C. Gordon）、阿斯特（M. Astour）以及古典学家韦伯斯特（T. B .L. Webster）开始尝试探寻古代希腊和古代近东之间的重要联系。但那个时代的人们对这一类观点普遍抱有敌意。

20 世纪 80 年代以来，一些西方学者开始抛弃欧洲中心论，认为"西方"文明实际上"起源"于非西方——更确切说是古代东方诸文明。1980 年，英国学者奥斯文·默里（Oswyn Murray）首次以"东方化时代"（The Orientalizing Period）的名称来概括从公元前 750 年到公元前 650 年一个世纪中的希腊艺术风格，这个概念很快就为人们所普遍接受，他的这种提法从本质上肯定了东方文化对希腊文化的影响。1984 年，德国古典学家沃尔特·伯克特（Walter Burket）的《东方化革命：远古时代近东对希腊文化的影响》[2] 不仅较全面地论述了东方文学与古希腊文学的关系，还清楚地追溯出东方、西方概念区分的语源学与神话学背景。而影响最大的，当数 1987 年美国学者伯纳尔（Martin Bernal）出版的《黑色雅典娜》（*Black Athena*）一书。该书荣获了 1990 年度全美图书奖。《黑色雅典娜》一书的核心就是重新确立曾为西方人所抛弃的"古代模式"，我们或可将其理解为一种"修正的古代模式"（Modified Ancient Model）。

该书认为，西方文明的真正起源不是古希腊，而是古埃及。古希腊的诸多成就（包括哲学、科学、建筑、美术、文学）都是从古埃及和近东古文明中学习而来。而古埃及人很有可能是黑皮肤的（虽然现在考古学界对古埃及人的种族还有争议），所以西方文明的真正开创者是黑人。此书一经出版，立即引起了轩然大波，成为西方近几十年来发表的有关古代历史最有争议的著作，其

1　（美）乔治·萨顿：《科学史和新人文主义》，陈恒、刘兵、仲维光译，华夏出版社，1989 年，第 64 页。
2　参见 Walter Burket, *The Qrientalizing Revolution, Near Eastern Influence on Greek Culture in the Early Archaic Age*, translated by Margaret E. Pinder and Walt Burket, Harvard University Press, 1995.

目的、方法、逻辑、假设都成为人们关注的焦点，欧美主要学术机构都对此展开了热烈的讨论。争论很快就不只局限于古典学者和埃及学者之中，各大媒体都加入了这场大讨论，并发表了大量研究文章和评论，赞成者有之，反对者有之，以至于有人把这场论辩称为"文化战争"（Culture Wars）。

客观地说，论及希腊远古文明乃至整个古代希腊文明中的东方因素，目的并不是要厚此薄彼，只是在澄清一个文化交流及相互影响的事实，追溯其发生、发展及其变化的根源。鉴于种种史实，我们可以肯定地说，在古代地中海世界，希腊文化并非一种纯粹的单一文化，其精神内核是一种希腊因素与东方因素相融合的文化。当然，这种融合并不是简单的"合并"，双方的关系是互动，而不是一方对另一方始终施加一边倒的强势影响，究竟是谁对谁的影响更为深刻，是由不同时期各种具体、复杂的因素决定的。因此，西方学术界大可不必对伯纳尔的著作如此紧张，也不必为他们的祖先曾"从埃及人和巴比伦人那里借用科学知识和技术的事实感到困惑，因为他们已经改进了它们，人们完全可以放弃那种沙文主义和自卫心理。同样重要的是，受者文化的价值不仅是由它们所借用的外来文化决定的，更是由新文化的背景决定的"。[1]

事实正是如此，克里特-迈锡尼文明从一开始就不是对外来文化的一味复制和模仿，而是在学习、吸收的基础上加以改造，逐步形成自己的风格，这种创造在希腊古典文明中得到进一步的发展。这种既能学习又能超越的特性正是希腊文明为后世所称道的重要原因之一。其实，文明间的相互交流、借鉴、融合、改造自古有之，今天仍在进行着，我们应以一种开放、包容的心态对待，切忌戴着意识形态或自我文化优越感的有色眼镜将之扩大成一场"文化战争"或"文明冲突"。

1　陈恒：《黑色雅典娜的挑战》，载《中华读书报》2001 年 5 月 9 日。

第二章

荷马时代的文化断层与承接

荷马教育了整个希腊。

——柏拉图

自古以来，文化的继承与发展从来都不是如时光一般自然延绵而不会发生间断。公元前 1200 年至公元前 800 年曾被称作希腊的"黑暗时代"，这一时期的文化与远古时代以及城邦时代的文化之间并不是一种简单的前后继承关系，它们之间有联系，也有差异；有承接，也有创新。在其中，荷马的两部史诗扮演了文化承接的重要作用，史诗中保留的有关过去的记忆成为我们了解那个时代的重要依据，荷马通过求助于女神缪斯，把对过去的鲜活记忆呈现在我们的面前。因此，我们更愿意将这个时代称作"荷马时代"。

一、所谓"黑暗时代"

1. 何为"黑暗时代"？

今天仍有许多学者认为，公元前 1200 年左右，是南下的多利亚人烧毁了迈锡尼的宫殿，攻陷了城堡，摧毁了繁荣一时的迈锡尼文明。希腊本土上的这些新民族，虽然拥有铁器，却没有文字，又缺乏艺术、手工艺方面的才能，从而没有为后世留下能够解读他们文明的文字、绘画及实物材料。因此，相较于远古文明的辉煌与城邦时代的壮丽，有学者将公元前 1200 年至公元前 800 年这段时间称作希腊的"黑暗时代"。然而，在这漫漫 400 年的时间里，虽然多利亚人没有为后世留下解读他们文明的材料，但这并不意味着文明的完全毁灭，所谓的"黑暗"，或许只是对今人而言罢了。而且，在这一片看似"黑暗"当中，仍有伟大的荷马为我们投射了一线光亮。荷马的两部史诗《伊利亚特》和《奥德赛》极其生动地为我们提供了解读"黑暗时代"希腊人的种种风俗习惯、政治制度以及思想观念的丰富资料。正是在这一意义上，"黑暗时代"更适合被称作"荷马时代"。

2. 解读"黑暗时代"的方式

尽管荷马的两部史诗中保存了许多神话与传说，但我们仍然可以把它们视为解读这个时代的重要文献。因为在古代，史诗的创作不是为了满足审美的需求，它也非单纯的文学作品，而是更多建基于先民对宇宙和人生的整体体验与考察之上。就此而言，史诗并不是现代意义上的文学创作，它更应被视为一种历史的创作活动。史诗中往往蕴含着一个民族的精神、思想、观念、习俗等，特别是在古代社会，在人们生产的文化产品较少的情况下，史诗的作用则更大。因此，它既有对世界、人类诞生的诸多解释，又有对人类早期文化的描绘，同时还包括对种种政治、经济与军事活动的追忆。史诗中的神"话"、神"事"在我们今天看来或许不真实乃至荒诞无稽，然而对于古人而言，"神"更可能是一种不证自明的真实存在，是理解一切事物的基础和根据。对我们现代读者来说，这种"真实"或许只能说是一种神话的真实，但它是建立在先民所能理解、接受的逻辑范畴之内的。而这种"真实"的史诗对于当时听者的深刻影响，又必将反映在他们自己的历史行动之中，由此，史诗便成了保持文化连贯性的重要工具。正如美国宗教学家邓尼丝·卡莫迪（D. L. Carmody）所说："神话以讲故事的方式来解释所发生的事。因此，'历史'开始于人们讲述诸如他们如何来到这个世界以及他们又是怎样的存在等故事的倾向中。"[1]

通过史诗，先民以神话的方式历史地思维着。这种思维方式被 18 世纪意大利思想家维柯（Giambattista Vico）创造性地概括为"诗性智慧"（sapienza poetica）。在维柯看来，这种智慧将环境以隐喻、象征的方式反映出来，再用"诗的词句"予以表达，这就是人类最早的神话，亦即史诗。"在世界的童年时期，人们按照本性就是些崇高的诗人"，[2] 拥有"诗性智慧"。在这一意义上，维柯宣称他发现了真正的荷马。他认为，荷马并不是古代希腊的某一个具体的人，而是古代希腊民间神话传说吟诵者的总代表，是原始诗人的典型，他的两部史诗正是"诗性智慧"的结晶，是希腊最早的历史记录。

与所有处于人类童年时代的古代民族一样，希腊人想象力旺盛而推理能力薄弱，富于形象思维而贫于理性思维，他们往往只会凭借个别具体人物来表现共性。因此，诚如维柯所说："希腊人把英雄所有的一切勇敢属性以及这些属性所产生的一切情感和习俗……都归结到阿喀琉斯一人身上……希腊人也把来自英雄智慧的一切情感和习俗……都归结到尤利西斯（奥德修斯）一人身上。"[3] 荷马正是根据这种思维特点创造出各种"诗性人物"（英雄）的性格。也正是从这种诗性的虚构和扩张中，维柯发现了神话故事中蕴含的"历史的真实性"。这种所谓的历史真实未必是指叙述与真实发生的事实完全吻

---

1 （美）D.L. 卡莫迪：《妇女与世界宗教》，徐钧尧、宋立道译，四川人民出版社，1995 年，第 16 页。

2 （意）维柯：《新科学》，朱光潜译，商务印书馆，1989 年，第 115 页。

3 （意）维柯：《新科学》，第 452 页。

合，史诗的历史真实性更主要地表现在根据当时全民族的思维方式，去创造英雄们的诗性性格和生活环境，以此再现其民族精神和民族习俗。

维柯从神话传说"可信的不可能"中肯定史诗所包含的历史意义，即认为一切民族的历史都起源于神话传说，最早的历史都是用诗的体裁表现的。我们认为，维柯的这种历史起源说有助于古史研究者们重视古人的精神世界并能神游其中，而不至于过多地把今人的思想认识强加于古人。由此，他从宏观理论上论证了荷马史诗的历史真实性，而民俗学、人类学、地理学以及考古学等种种现代社会科学的研究成果，则从微观的层面印证了史诗的真实性。

两部荷马史诗中提到了许多地方，除了希腊大陆之外，还包括很多爱琴海中的岛屿、海峡、港口以及小亚细亚地区等。荷马对这些地方地理风物的描述，从地理学的角度来说，是相当客观的。如果我们进行实地考察的话，史诗中所涉及的绝大多数地方，基本上都可以在泛希腊地区找到对应之处。尽管荷马在史诗中描述了许多不可思议的超自然的东西，但在另一方面，他对日常生活、妇女的家务劳动、航海、战争等场面都有十分详细的描述，对住宅、服饰、庄稼、珍宝及艺术品等也予以细致而逼真的描写。其中的若干细节，不大可能都是诗人向壁虚构的，因为全凭想象是很难将叙述刻画得如此逼真传神的。更重要的是，荷马这些逼真细致的描写在考古学家的铁锹下也不断得到证实。例如《伊利亚特》中有多处对一种奇特的大盾牌的描写，如：

> 埃阿斯向他逼近，提着一块像望楼、
> 有七层牛皮的铜盾
>
> （《伊利亚特》VII. 219-220）

以及：

黄金装饰匕首上的猎狮人盾牌（©National Archaeological Museum of Athens）

猎狮人盾牌细节图

头盔闪亮的赫克托尔说完就动身回城，

有黑色盾皮和圆形浮雕的盾牌的周缘

上下撞着他的后颈和他的脚后跟。

（《伊利亚特》VI. 116-118）

　　史诗中对这种几乎能遮盖住自头部以下整个身体的大盾牌的描写，曾经
使好几代学者困惑不已。此前人们一般认为，古典型的盾牌是小而圆的，而
在古风、古典时代，甚至在荷马所处的公元前 9 世纪至公元前 8 世纪，也没
有发现过与此类似的大而笨重的皮制盾牌。然而在谢里曼的发掘中，我们终

于看到了在镶嵌着黄金的匕首刀片上，猎狮人拿着的正是形同 8 字、遮护全身的盾牌。一枚金质印章上有一幅描绘战斗场面的图案，"那第三个战士像在逃跑，身子的其余部分被一个样式奇特的大盾牌遮挡着，一个人如果笔直站着，这盾牌可以从头到脚把全身遮挡起来"。[1]

可见，虽然史诗不可能每句话都真实可信，但可以说它在很大程度上反映了古代希腊人的传统、观念及社会习俗，史诗对社会生活各方面的细节性描写也多来源于现实生活。

那么，史诗所反映的究竟是古希腊哪一个历史阶段的社会风貌呢？对于这一问题，国内外学者们至今仍然议论纷纷，莫衷一是。在我们看来，荷马史诗作为古希腊人在远古时代所创作的一部文化作品，经过口耳相传，代代相承，其间应该不断地被后人加工润色，所以几乎没有办法准确地判断其产生及其反映的确切时代了。[2] 事实上，除了专治这一时段历史的学者外，对大多数读者而言，也没有进行这样一种判断的必要性。因为，作为当时保持文化连贯性的重要工具，史诗不可能只是对某个特定时期的专门描述，而是诸多因素的混杂——如迈锡尼时代遗留下来的文明与观念、多利亚人自身的习俗与传统、诗人生活时期的社会状况，等等——从而不可避免地使史诗成为一个内容庞杂的混合体。但总的说来，《伊利亚特》中对物质文明的描写，如对战斗场面、武器及日常用品的描写，基本上反映了迈锡尼时代的社会现实，这一点已为考古发掘所证实。对社会关系和风俗的描写则较多地吸收了后来的因素。而那些看似想象、虚构的部分，则可以认为是诗人运用其特有的"诗性智慧"，按照当时人们所能理解、接受的方式来表达某种特有的观念。

基于以上的论述，荷马史诗不仅体现了古代世界的人们对战争与和平、

1　（英）列昂纳德·柯特勒尔：《爱琴文明探源》，卢剑波译，四川人民出版社，1985 年，第 255 页。
2　关于荷马史诗的创作过程，可参考阿尔伯特·贝茨·洛德：《故事的歌手》，尹虎彬译，中华书局，2004 年。

人与自然之间的关系的思考，而且可以成为我们考察古代希腊从远古时代经所谓"黑暗时代"直至城邦时代初期，其社会生活、文化习俗及其信仰的重要依据。

3. 荷马时代的政治生活

《伊利亚特》重点描写的是特洛伊之战，因此史诗的大部分篇幅也都留给了战争。不过，其中的一些段落还是让我们得以一瞥当时希腊人的政治生活情况。

"荷马时代"的希腊仍然处于氏族公社的晚期，氏族公社的权力属于全体成年男子参加的全体大会，但军事首长的权力日见增长。每逢重大事情（最多的情况是战争问题），军事首长（古希腊语称 *basileus*[1]，"巴赛勒斯"）即召开全体大会加以讨论。但在之前首先召开的是由年龄大、资历深的人（即氏族中大家族的长老）所组成的长老会议，他们提出议案，然后再召开全体士兵大会进行表决。请看，在《伊利亚特》中阿伽门农——

> 先请那个由心高志大的长老们组成的
> 议事团坐在派罗斯国王涅斯托尔的船只边……
>
> （《伊利亚特》II. 53-54）

再看《奥德赛》中奥德修斯的儿子忒勒马科斯（Telemachus）代他父亲开会时的场景：

> 他在父亲的位置上就座，长老们退让。

1　本书中出现的希腊文均采用拉丁字母转写，元音字母后加"o"以表示长音。

> 英雄艾吉普提奥斯这时首先发言，
>
> 他业已年迈伛偻，深谙万千世态。
>
> （《奥德赛》II. 14—16）

长老会议之后便举行全体士兵大会，在《伊利亚特》中有一段相关的描写：

> 他们集合了，麇集的人群一片纷乱，
>
> 将士坐下时，大地在他们的脚下呻吟，
>
> 会场上喧嚷阵阵。九个传令官大声
>
> 制止他们喧哗，要他们安静地聆听
>
> 宙斯养育的国王们讲话。士兵坐好，
>
> 在座位上面控制自己，不再叫嚣。
>
> 阿伽门农站起来，手里拿着权杖……
>
> （《伊利亚特》II. 94—100）

可见，参加大会的人虽然多，却不是人人都能发言，否则在这么喧闹杂乱的情况下讨论是难有结果的，普通士兵主要是通过齐声叫喊的方式来表现其情绪。不过，作为当时一般希腊人政治生活的主要形式，在这种全体大会（战时便是士兵大会）上若有话要说，个人也可以表达自己的意见，从史诗中我们看到，这也是阿伽门农做出决策的依据之一。在氏族公社的晚期，巴赛勒斯在召开全体大会时主要仍是听取意见，而发言者即使说了让巴赛勒斯不高兴的话，他也不能就此处罚那人。比如在《伊利亚特》第二卷中的士兵大会上，一个士兵就当众责骂阿伽门农：

阿特柔斯的儿子啊，你又有什么不满意，

或缺少什么？你的营帐里装满了青铜

还有许多妇女，那是阿开奥斯人

攻下敌城时我们首先赠你的战利品。

你是否缺少黄金，希望驯马的特洛伊人

把黄金从特洛伊给你带来赎取儿子，

那个儿子可能是被我或别的阿开奥斯人

捆住带来。你是否还想要一个少女，

你好同她在恋爱上结合，远地藏娇？

你身为统帅，不该让阿开奥斯人遭灾难。

（《伊利亚特》II. 225-234）

虽然此人受到奥德修斯的训斥和杖击，但他敢于公开指责联军的统帅，这至少表明，当时的军事首长并未拥有至高无上的个人权威，当时的希腊社会中政治生活具有某种公开性。

概括而言，当时希腊的政治体制由军事首长、长老议事会和全体大会这三个机构所组成：（1）军事首长：由选举产生，但实际上往往为某一贵族家族（王族）世袭。其主要职责是统率军队作战，也掌管宗教祭祀。但此时尚无专制君主的权力。史诗中的著名英雄都是属于军事首长这种性质的，除了阿伽门农以外，还有阿喀琉斯、奥德修斯等人。（2）长老议事会：原本由氏族酋长组成，后来成为氏族贵族和上层分子的会议。参加者相对固定，相当于一个咨询机构，发言相对自由。对于当时的贵族来说，在会场上发言的本领与战斗技能同样重要，人们认为这种言语的技能是能为人"赢得荣誉的"。议事会拥有广泛的权力，内务外交大事皆须由它讨论并提出议案。它还是一个常设机构，成员终身任职。（3）全体大会：由全体成年男子（同时也是全

体战士）参与，与会者皆可进行发言并表决，但它不能提交任何议案。全体
大会的权力有限，受到贵族将领的操纵。这应该还不是后来雅典民主时期的
公民大会，但从中可看出其萌芽。在战争的紧要关头，希腊人常常召开这种
大会以动员全体战士。

4. 荷马时代的社会生活

　　史诗中同样也反映了荷马时代的社会生活情形，从日常生活、农业生产，
到手工业的种类都有比较详细的描述。比如，《伊利亚特》中提到铜制武器共
278 次，铁制武器仅 7 次，《奥德赛》中提到铜制武器 72 次，铁制武器 14 次。
可见，史诗呈现的时代是青铜器向铁器过渡的时代。当时的冶炼技术已有了很
大的进步，史诗中不仅提到冶铁用的鼓风箱，还有铁砧、铁锤和铁钳等工具。

　　荷马史诗中提到的手工业者职业种类有木匠、石匠、皮革匠、铁匠、兵
器匠、金银匠，还有织工、陶工等。手工业主要以家庭手工业的形式出现，
意味着当时的手工业还没有从家庭及农业中完全脱离出来。荷马史诗中没有
提到钱币，我们已经知道当时的贸易主要是以物易物，商业贸易不是很发达。
但是，《奥德赛》中还是经常提到商人、市场、商港和贸易旅行，可见，当时
的手工业和商业应该已有了一定的发展。

　　不过，荷马时代的经济主要还是以农业和畜牧业为主，史诗中提到的农
具有木犁、锄头、镰刀、铲子，等等。一般播种前通常都要深耕两遍，用牛
或骡子拉犁，播种完了再用锄头平整一下土地，收割工具多为镰刀。《伊利亚
特》中阿喀琉斯盾牌上描绘的丰收景象十分生动：

　　　　　他又在盾面刻上一块王家田地，
　　　　　割麦人手握锋利的镰刀正在收割。

割下的麦秆不断一束束躺倒地上，

捆麦人用草绳迅速把它们一束束捆起。

（《伊利亚特》XVIII. 550—553）

《奥德赛》中还时常提及牧猪奴、山羊饲养者、牧牛人和牧羊人等，并将牲畜的数量作为衡量一个人财富的标准之一，比如奥德修斯的财富首先就是以畜群来计算的。凡此种种，若没有实际的生活经验，全凭想象是很难刻画得如此逼真传神的。

此外，从史诗的描述中我们还可以看出，当时的奴隶主贵族并没有完全脱离生产劳动，比如奥德修斯就以自己农活干得好而自豪，他对一个求婚者说：

欧律马科斯，要是我们比赛干活，

在那春天的时日里，那时白昼变长，

不妨割草，我取一把优美的弯镰，

你也取同样的一把，让我们比试耐力，

空着肚子到黄昏，只要青草足够多。

或者我们比赛赶牛，赶最好的牛，

橙黄、魁梧，那牛双双喂饱草料，

同样年龄，同样力量，同样能干活，

给我四单位田地，犁铧进得去土里，

那时你可看到我开的垄沟是否连贯。

（《奥德赛》XVIII. 366—375）

他还向人炫耀他自己打造的那张婚床是多么结实、精美，在《奥德赛》中，诗人用了 15 行诗句详细描写了奥德修斯打造婚床的全过程：

吟游诗人与荷马史诗（©Philadelphia Museum of Art）

截去那棵叶片细长的橄榄树的

婆娑枝叶，再从近根部修整树干，

用铜刃仔细修削，按照平直的墨线，

做成床柱，再用钻孔器一一钻孔。

由此制作卧床，做成床榻一张，

精巧地镶上黄金、白银和珍贵的象牙，

穿上牛皮条绷紧，闪烁着紫色的光辉。

（《奥德赛》XXIII. 195–201）

　　史诗所表现的这些生活场景为我们了解当时希腊人的社会生活情况提供了生动的素材。

二、荷马及其史诗

　　荷马史诗包括《伊利亚特》（*Iliad*，又译作《伊利昂纪》）和《奥德赛》（*Odyssey*，又译作《奥德修纪》）两部。相传是盲诗人荷马所著，两部史诗经数代吟游诗人（aoidos）[1] 口耳相传，在他们从希腊世界的一个地区到另一个地区的漫游途中经反复吟唱、加工润色，最后在公元前 6 世纪庇西特拉图僭主统治时期被汇编成册，并规定吟游诗人必须从头至尾地演唱史诗，这对荷马

1　这些吟游诗人作为神话故事的改编者，在古希腊人的心目中具有特殊的神圣地位。他们被认为拥有超自然的禀赋，能够与诸神沟通，并由此获得神的旨意。人们相信，他们凭借缪斯女神所赋予的灵感，主要讲述远古的历史，以及诸神和英雄的丰功伟绩。因此，他们所讲述的故事是神圣的、真实的、有权威性的。

史诗的定型起到了相当大的作用。从公元前 5 世纪起，雅典 4 年一次的泛雅典娜节（The Panathenaia）上都有朗诵荷马史诗的节目。从这项制度实行之后，史诗的内容和形式就基本上固定下来了。

1. 所谓"荷马问题"

所谓"荷马问题"（The Homeric Question），指的是学术界对于历史上究竟有无荷马其人、两部史诗是否是同一位诗人的作品、史诗是如何形成的等问题的讨论。这些都是近两百年来西方学者研究荷马及其史诗时热烈争论的问题。

但这只是一个近代的问题，对于古代希腊人而言，关于荷马是否真实存在这一问题的回答从来都是肯定的。希腊人相信，荷马确有其人，只是他的出生地存在争议。对于古代希腊人而言，"荷马的故乡"代表着一种极大的荣誉，因此在古代至少有七个地方争夺"荷马故乡"的头衔。据多数古代记载，荷马很有可能出生在爱奥尼亚（Ionia）的希俄斯（Chios）或是埃俄利斯（Aeolis）的斯慕耳纳（Smurna），这两个地方都在爱琴海的东边。根据现有史料，古希腊作家中最早提到荷马的是公元前 7 世纪的哀歌诗人卡利诺斯（Callinos），在他的诗篇里已经有关于荷马的记载，所以"荷马"这个名字应该早在公元前 8 世纪至公元前 7 世纪就已经为希腊人所共知。现在多数学者认为史诗创作于公元前 750 年到公元前 680 年，这一时期相当于中国的《诗经》时代。古典作家如公元前 5 世纪的希罗多德、略晚的修昔底德，以及公元前 4 世纪的柏拉图和亚里士多德等人，也都肯定这两部史诗是荷马的作品。只是到了古典时代晚期，由于两部史诗在主题思想、用词造句、表现手法等方面的差异，人们对两部史诗是否出自一人之手开始有所怀疑。17 世纪末 18 世纪初，有人进一步对荷马其人的历史真实性提出质疑，进而引发了诸多的讨论，争论至今仍未平息。[1]

　　关于"荷马"这个名字，西方学者们也有过不少考证：有人说这个字是"人质"的意思，也就是说荷马可能是俘虏出身；也有人说这个名字含有"组合在一起"的意思，就是说荷马这个名字本来就是附会而来的，因为史诗原本是由许多散篇传说组合而成；等等。有人认为，两部史诗在内容描写上有些不同，似乎并非同一时代作者的作品；也有人认为，两部史诗文字风格上的相同之处大于不同之处。现在，多数西方学者认为这两部史诗是荷马的作品，荷马也确有其人。因为他们认为，如此天才的作品是不可能集体创作完成的，只能是来自天才的个人。当然，荷马本人有可能也是根据口头流传的篇章将史诗整理出来的。

　　在古代传说中，荷马是个盲乐师，因为古代的职业乐师往往都是盲人，这些传播神话故事的人同时又都是集歌手与诗人于一身的吟游诗人，他们从一个地方到另一个地方，四处吟诵古代英雄的业绩，赫西俄德说：

　　　　一个歌手唱起古代人的光荣业绩和居住在奥林波斯的快乐神灵，他就会立刻忘了一切忧伤，忘了一切苦恼。缪斯神女的礼物就会把他的痛苦抹去。

（《神谱》100-104）

　　荷马也在史诗中多次提到他们，请看《奥德赛》中对他们的描写：

　　　　传令官回来，带来令人敬爱的歌人，

1　对于这个困扰历代学者的"荷马问题"，近三十年来最具新意和代表性的研究成果当数哈佛大学弗朗西斯·琼斯古希腊文学教授、希腊研究中心主任格雷戈里·纳吉（Gregory Nagy）的《荷马诸问题》（*Homeric Questions*, 1996；中译本：巴莫曲布嫫译，广西师范大学出版社，2008年），在书中，纳吉通过比较语言学和人类学的视野，指出荷马史诗的书面文本及其口述传统之间存在着难分难解的关联。

> 缪斯宠爱他，给他幸福，也给他不幸，
>
> 夺去了他的视力，却让他甜美地歌唱。
>
> 潘托诺奥斯给他端来镶银的宽椅，
>
> 放在饮宴人中间，依靠高大的立柱。
>
> 传令官把音色优美的弦琴挂在木橛上，
>
> 在他的头上方，告诉他如何伸手摘取。
>
> 再给他提来精美的食篮，摆下餐桌，
>
> 端来酒一杯，可随时消释欲望饮一口。
>
> 人们伸手享用面前摆放的肴馔。
>
> 在他们满足了饮酒吃肉的欲望之后，
>
> 缪斯便鼓动歌人演唱英雄们的业绩，
>
> 演唱那光辉的业绩已传扬广阔的天宇。

（《奥德赛》VIII. 62~74）

荷马或许就是这些歌手兼诗人中的一个。荷马死后获得了极高的荣誉，他被葬在伊奥岛（Ios），据说荷马的墓志铭上刻着这样的诗句：

> 在这里，一张神圣的嘴被黄土掩没，那是诗人荷马，古代英雄们的
> 非凡整理者。

究竟是否真有这样一位诗人写过这两部史诗？诗人是否存在？两部史诗是否出于同一诗人之手？又是在何时创作的？这些学者争论了一个多世纪的著名的"荷马问题"，读者不要指望在本书中能得到一个明确的答案，因为学者们还没有找到更确凿的证据来支撑他们各自的论点，所以讨论还在继续。而实际上，对于非专业的一般读者而言，其实也没有去追问的必要，因为无

论结果如何，都不会使荷马及其史诗黯然失色。

2. 史诗简介

有不少荷马两部史诗的手抄本保存至今，不过内容大体上相同，因为它们的底本基本上都是公元前 3 世纪到公元前 2 世纪亚历山大里亚的几位学者的校订本。只是由于当时朗诵史诗的艺人或根据自己的"话本"或凭记忆进行抄录，有些抄本会在文字和行数上有所变动，但也只是繁简不同而已，没有结构上的差异。西方对于荷马史诗的翻译研究，从古代开始一直延续到现在。罗马时期，《奥德赛》就被译成了拉丁文。文艺复兴以后，两部史诗被先后译成欧洲各国文字，后又传出欧洲。今天，在西方，洛布古典丛书（Loeb Classical Library）中收录的两部史诗是比较通俗且通用的译本，是英语与希腊文相对照的。

我国对荷马史诗的翻译、介绍及研究工作始于 20 世纪 20 年代。早期主要是从英文版本转译或介绍过来，如郑振铎对荷马的介绍（1924），王希和的百科小丛书《荷马》（1924），高歌译述的《伊里亚特》（1929），谢云逸译述的《伊利亚特的故事》（1929），徐迟译的《依利阿德选译》（1943），傅东华译的《奥德赛》（韵文译本，1943）、《伊利亚特》（散文体，1958）。1979 年杨宪益由古希腊文翻译而来的散文本《奥德修纪》出版，1994 年又有罗念生和王焕生从古希腊文翻译而来的两部史诗。

荷马史诗是一种韵律诗，采用六音步扬抑抑格诗体写成，具有很强的节奏感。这种诗体是为朗诵或歌吟而创造出来的，在歌吟时，还伴有七弦竖琴的弹奏，以加强其节奏效果。史诗通常是在贵族宴会或公众宗教集会上吟唱。由于这种叙事长诗是由艺人说唱，为了能够在听众面前主动或应邀吟唱英雄业绩或神的传说，吟游诗人必须具备卓越超群的记忆力。同时，他们也借助于一些"表达方式"，即在诗中采用一整套固定或相对比较固定的词句、短语，甚至整段重复，一字不改。于是，我们总是看到诗人们用同样的诗句来描写一些典型的场景，如准备饭菜和供品、船只泊岸、英雄出征前的准备等等。相当数量的定语、形容词也在诗中极为频繁地反复出现。显然，这种方式有助于诗人的记忆、吟诵及临时的发挥。而那些程式化的用语，如"捷足的阿喀琉斯""牛眼睛的可敬的赫拉""掷雷的宙斯""足智多谋的奥德修斯""头盔闪亮的赫克托尔""胫甲坚固的阿该亚人"，这种套语的频繁出现不仅可以点出被修饰者的某些特点或属性，还有益于渲染史诗凝重、宏大、肃穆的诗性特征。这些重复词句的一再出现，就仿佛交响乐里反复回响的旋律，能给人一种更深的印象及更美的感受。当然，有时一些形容词的重复使用只是为了音节上的需要，并不一定会对文本的意义有多少加强的效果。

　　《伊利亚特》和《奥德赛》每一部的诗句都超过万行，后人都将它们分为24 卷。其中《伊利亚特》有 15 693 行，《奥德赛》也有 12 110 行。两部史诗的题材都与特洛伊战争有关。事实上，古代关于攻打特洛伊城的战争和英雄返乡的神话传说很多，今天仍散见于古代希腊作家的著作。希腊有一个漫长而丰富的英雄史诗传统，而荷马史诗则是这一史诗诗系（epic cycle）中的巅峰作品。据考证，荷马史诗出现时，同时至少还存在 8 部吟唱特洛伊战争的史诗，[1] 但只有这两部史诗比较完整地保留了下来。这也许是历史的偶然，也可能是因为它们更加感人、更具艺术性、主题更加鲜明。不过，这两部史诗都没有完整地讲述战争的经过，《伊利亚特》只选择了特洛伊城战争第 10 年中的51 天，集中叙述了阿喀琉斯的愤怒及由此而来的一系列结果。《奥德赛》则描述了奥德修斯在海上漂游 10 年之后终于回到故乡的曲折经历。两部史诗都没

1　与特洛伊战争有关的史诗有：《库普里亚》《伊利亚特》《埃塞俄比斯》《小伊利昂》《伊利昂的毁灭》《返乡》《奥德赛》《特勒哥尼亚》。

有流水账式的平铺直叙，也摈弃了一盘散沙式的整体布局，而是用描写几十天的文字描绘了长达 10 年的战争全貌，用精微的细节描写反映了整个社会时代的风貌，这样的处理显然是独具匠心的。下面就让我们来具体地欣赏一下两部史诗。

3. 《伊利亚特》

《伊利亚特》意为"关于伊利昂的故事"，作为史诗的名字最早见于希罗多德的《历史》。故事的背景是这样的：从前，在小亚细亚西部沿海有定都伊利昂的特洛伊人，他们是东方许多部族的霸主。

当时，在希腊半岛的强大部族统称为阿该亚人，在史诗中，有时也将他们称为阿尔戈斯人、阿开奥斯人或达那亚人；阿该亚人以迈锡尼王阿伽门农为首。早先，伊利昂城的王子帕里斯乘船到希腊，受到斯巴达王墨涅拉奥斯的盛情款待，但他却骗走了墨涅拉奥斯美貌的妻子海伦，将其带回伊利昂城。阿该亚人非常气愤，经由墨涅拉奥斯的哥哥迈锡尼王阿伽门农倡议，召集各部族的首领，共同讨伐特洛伊人。他们调集 1 000 多艘船只，渡过爱琴海去攻打伊利昂城，历时 9 年都没有把这座城市攻下来。到了第 10 个年头，阿伽门农和阿该亚部族中最勇猛的首领阿喀琉斯开始争夺一个在战争中被俘获的女子布里塞伊斯（Briseis）。

阿伽门农最终从阿喀琉斯手里抢走了那个女俘，阿喀琉斯认为自己受到了羞辱，愤而退出战斗。《伊利亚特》的故事就以阿喀琉斯的愤怒为开端：

> 女神啊，请歌唱佩琉斯之子阿喀琉斯的
> 致命的愤怒，那一怒给阿开奥斯人带来
> 无数的苦难，把战士的许多健壮英魂
> 送往冥府，使他们的尸体成为野狗

特洛伊遗址（©David Spendor）

> 和各种飞禽的肉食，从阿特柔斯之子、
>
> 人民的国王同神样的阿喀琉斯最初在争吵中
>
> 分离时开始吧……
>
> （《伊利亚特》I. 1—7）

　　史诗既没有详细描述长达 10 年的战争情景，也没有表现战争的最后结果，只集中描写了第 10 年里 51 天中的事情。阿该亚人失去了最勇猛的将领，节节败退，一直退到了海边，仍抵挡不住特洛伊主将赫克托尔（帕里斯的哥哥）的凌厉攻势。阿伽门农想与阿喀琉斯和解，请他出战，但遭到拒绝：

捷足的阿喀琉斯回答埃阿斯这样说：

······

我想起这件事，我的心就膨胀，阿伽门农

是怎样在阿尔戈斯人当中将我侮辱，

把我当作一个不受人尊重的流浪汉。

你们现在回去传达我的信息，

在英勇的普里阿摩斯的儿子、神样的赫克托尔

杀死阿尔戈斯人，放火烧毁船只，

攻到米耳弥冬人的营帐和船只以前，

我不会准备参加这场流血的战争。

（《伊利亚特》IX. 643-653）

　　阿喀琉斯的密友帕特罗克洛斯（Patroclus）看到阿该亚人将要全军覆灭，便身披阿喀琉斯的盔甲去战斗，打退了特洛伊人的进攻，但自己却被赫克托尔所杀。阿喀琉斯感到十分悲痛，决心重新出战，为亡友复仇。他终于杀死赫克托尔，并把赫克托尔的尸首带走：

阿喀琉斯一枪戳中赫克托尔的喉部，

枪尖笔直穿进颈脖的柔软嫩肉里。

沉重的梣木铜枪尚未能戳断气管，

赫克托尔还能言语，和阿喀琉斯答话。

阿喀琉斯见赫克托尔倒下这样夸说：

"赫克托尔，你杀死帕特罗克洛斯无忧虑，

见我长时间罢战无惊无恐心安然，

愚蠢啊，那里还有一个比帕特罗克洛斯

阿喀琉斯与受伤的帕特罗克洛斯（©State Collections of Antiquities, Munich）

　　强很多的人在，我还留在空心船前，

　　现在我杀了你，恶狗飞禽将把你践踏，

　　阿开奥斯人却将为帕特罗克洛斯行葬礼。"

（《伊利亚特》XXII. 326-336）

　　伊利昂的老国王（赫克托尔的父亲）普里阿摩斯（Priam）到阿喀琉斯的营帐去赎取赫克托尔的尸首，双方暂时休战，史诗在特洛伊人为赫克托尔举行的隆重葬礼中结束：

　　当初升的有玫瑰色手指的曙光呈现时，

　　人们拥到闻名的赫克托尔的火葬堆周围。

　　在他们聚在一起，集合停当的时候，

　　他们先用晶莹的酒把火葬堆上

　　火力到达地方的余烬全部浇灭，

　　然后死者的弟兄和伴侣收集白骨，

　　大声哀悼痛哭，流下满脸的眼泪。

　　他们把骨殖捡起来，放在黄金的坛里，

　　用柔软的紫色料子把它们遮盖起来。

　　他们很快把坛子放进一个墓穴，

　　用大块大块的石头密密层层地盖起来，

　　迅速垒上坟堆，同时四面放哨，

　　防备那些戴胫甲的阿开奥斯人攻击。

　　坟堆垒好以后，他们就回到城里，

　　集合起来，在宙斯养育的特洛伊国王

　　普里阿摩斯的宫殿里吃一顿丰盛筵席。

他们是这样为驯马的赫克托尔举行葬礼。

（《伊利亚特》XXIV. 788-804）

至此，史诗《伊利亚特》便结束了。可是，围绕伊利昂城的战争还继续打了很久。后来阿喀琉斯被帕里斯用箭射死，阿该亚人之中最勇猛的首领埃阿斯和最有智谋的首领奥德修斯争夺阿喀琉斯的盔甲，奥德修斯用巧计战胜了勇力超过他的埃阿斯，使得后者气愤自杀。最后奥德修斯献计造了一只大木马，内藏伏兵，特洛伊人把木马拖进城，而阿该亚人里应外合，终于攻下了特洛伊城，这才结束了这场历经 10 年的战争。

4.《奥德赛》

战争结束后，离开故土很长时间的希腊英雄们纷纷回归故里，其遭遇各不相同。《奥德赛》意为"关于奥德修斯的故事"，讲述的是希腊联军中智勇双全的英雄奥德修斯战后带着他的伙伴，乘船向他的故乡伊塔卡进发，然而却历经艰险，在海上漂泊十年才得以回家。与《伊利亚特》通篇的战争主题不同，这是一部以英雄的海上历险为中心的史诗。史诗一开始就直奔主题：

请为我叙说，缪斯啊，那位机敏的英雄，

在摧毁行洛亚的神圣城堡后又到处漂泊，

见识过不少种族的城邦和他们的思想；

他在广阔的大海上身受无数的苦难……

（《奥德赛》I. 1-4）

因为触怒了海神波塞冬，奥德修斯回乡的旅程很不顺利，他的航船遭到

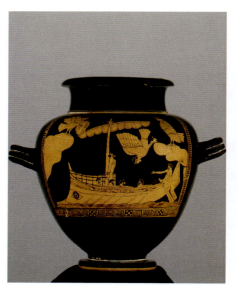

《奥德修斯和塞壬海妖》陶瓶（©British Museum）   瓶画示意图

风暴，在海上漂流了 10 年，屡遭险阻，受尽千辛万苦：独目巨人吃掉了他的
同伴，神女喀尔刻用巫术把他的同伴变成猪，又要把他留在海岛上；他又到
了环绕大地的瀛海边缘，看到许多过去的鬼魂；他躲过女妖塞壬的迷惑人的
歌声，逃过怪物卡律布狄斯和斯库拉，最后女神卡吕普索在留了奥德修斯好
几年之后，同意让他回去。他到了费埃克斯人的国土，向国王阿尔基诺奥斯
（Alcinous）重述了过去 9 年间的海上历险，阿尔基诺奥斯对他的遭遇十分同
情，派船送他回故乡：

　　　　阿尔基诺奥斯回答奥德修斯这样说：
　　　　尊敬的客人……
　　　　现在你放心，我决定明天就让你归返，
　　　　那时你可以躺在船上安心地睡眠，

自有人平稳地为你划桨，让你回到

故土家园，或其他你心向往的去处，

即使那地方甚至比优卑亚岛更遥远。

（《奥德赛》VII. 308-321）

最后，在雅典娜女神的帮助下，奥德修斯以其超凡出众的智能和英勇，克服了种种困难，回到家里，杀死了那些向其妻子求爱的无礼的求婚者，与妻儿团聚。

从总体上看，《奥德赛》的故事整体性更为显著。不过，与《伊利亚特》一样，《奥德赛》也是采取中途倒叙的方法，故事从接近高潮处开始，集中讲述奥德修斯漂泊 10 年中最后 40 天发生的事情，此前的事件则采取追述的手法。史诗先讲在奥德修斯已经漂游海上近 10 年之后，天神们决定让他返回故乡伊塔卡

岁月不断流逝，时限已经来临，

神明们终于决定让他返回家乡，

回到伊塔卡……

（《奥德赛》I. 16-18）

这时，奥德修斯在家中的儿子忒勒马科斯已经长大成人，出去打听他长期失踪的父亲的消息。伊塔卡的许多人都认为他 10 年不归，一定已经死去。当地的许多贵族都在追求他的妻子佩涅洛佩（Perelope），佩涅洛佩则千方百计地拒绝他们，盼望着丈夫能够生还。正当那些追求他妻子的求婚人占据着他的王宫，大吃大喝之时，奥德修斯装作乞丐，进入王宫，设法同儿子一起杀死了那伙横暴的贵族，和妻子重新团聚：

奥德修斯在厅内张望，看是否有人

仍然活着暗隐藏，躲避黑色的死亡。

他看见所有的求婚人都已纵横陈尸，

倒在血泊和尘埃里，有如一群鱼儿，

渔人们用多孔的渔网把它们从灰色的大海

捞到宽阔的海滩上，它们热切渴望

大海翻腾的波涛，却全被撒在沙岸上，

赫利奥斯的光芒夺走了它们的生命；

求婚的人们也这样互相倒在一起。

（《奥德赛》XXII. 381–389）

最后，在雅典娜的倡议下，奥德修斯和那些被他杀死的求婚者的家属之间建立了和平：

目光炯炯的雅典娜对奥德修斯这样说：

"拉埃尔特斯之子，机敏的神裔奥德修斯，

住手吧，让这场战斗的双方不分胜负，

免得克洛诺斯之子、鸣雷的宙斯动怒。"

雅典娜这样说，奥德修斯听从心欢悦。

战斗的双方重又为未来立下了盟誓。

（《奥德赛》XXIV. 541–546）

有趣的是，2005 年 10 月，一名英国业余考古爱好者宣布，他找到了荷马史诗《奥德赛》主人公奥德修斯的王国伊塔卡岛——今天希腊西部的帕里基半岛。英国剑桥大学希腊语和拉丁语教授詹姆斯·迪格尔认为，此推测很有道理，英国爱丁堡大学地层学教授约翰·昂德希尔也有所保留地认同这一推测。其实，姑且不论这次发现的真假，它至少表明，时隔 2 000 多年以后，只诗的魅力依旧，希腊英雄的故事仍然是人们乐意谈论的话题。

三、荷马史诗对希腊人及其文化的影响

　　荷马史诗作为集古希腊口述文学之大成的作品，是公认的文学楷模，2 000 多年来，西方人一直认为它是古代欧洲最伟大的史诗，在西方古典文学中享有最高地位。而且，更重要的是，史诗集中反映与保存了古代希腊人的原初宗教、艺术、神话传说以及文明的其他原初成果，充分地体现了古人的聪明与智慧，对该民族产生了极为深刻与广泛的影响。

　　公元前 8 世纪是史诗诞生的时代，也是希腊古典文明的奠基时期。这一时期在诸多方面都出现了文明的突破，荷马史诗以整个希腊及其四周的汪洋大海为主要背景，展现了希腊早期英雄时代的全景，并为日后希腊人的道德观念确立了典范。史诗中的英雄既追求一种自我实现的成就感，其中又包含着一种人神同性的宗教观念，史诗中对人神关系的处理成为后世希腊人的神圣依据，因此，有人将荷马史诗称作"希腊的圣经"。在古代，之所以有许多城邦争夺"荷马故乡"的荣誉，不只是由于荷马是一个著名的吟游诗人，恐怕更主要的是因为"荷马是流传到现在的整个异教世界的最早的历史家"，也就是说，他是希腊古典文化的创始人。

1　维柯：《新科学》，第 478 页。维柯将所有的非犹太民族称为异教民族，将非基督教世界称为异教世界。

1. 神圣的背景

在今人看来，荷马史诗通篇呈现出一种天真的叙事风格，在荷马的世界里，我们看到，诸神可以在任何他们想到的时间里来到人间，与他们想要交谈的对象讨论任何事务，其中没有任何障碍。英雄们则通过祈祷的方式与之沟通，并得到神灵的帮助。而神的旨意最终总是会被遵从。可以说，神与人的交往是直接而具体的，神对人间事务的参与贯穿始终。比如，在《伊利亚特》中，诸神时常化身为某人或某种动物出现在人们的身边，给予帮助或是带来灾难：神会救助命不该绝的人脱离死亡的险境，如波塞冬对埃涅阿斯（Aeneas）的救助（XX. 302）；神也会引诱人走向命运，就像特勒波勒摩斯被摩伊拉鼓励去与萨尔佩冬作战，终于死亡（V. 627—662）；有时神会直接指导作战，如宙斯派伊里斯指导赫克托尔（XI. 181—194）；有时神则是赐下征兆显明的旨意（XI. 200—207）；宙斯也亲自督战，使双方战斗均衡，各有死伤（XI. 337）；诸神还分作两派各自帮助自己喜爱的英雄，甚至为此而大打出手。

再比如在《奥德赛》中，奥德修斯的归途也充满了神意的阻挡和指点：奥德修斯因得罪了海神波塞冬而在回家的途中受到他的百般刁难，漂泊多年，无法返乡。但雅典娜女神却喜爱机智的奥德修斯，她离开众神，从奥林波斯山飞下，来到伊塔卡岛，扮作达菲人的首领曼提的模样，鼓励奥德修斯的儿子忒勒马科斯不要放弃希望。而后，当看到雅典娜像飞鸟一样穿云而去时，忒勒马科斯明白这是一位天神显灵，从而精神振奋。最终，奥德修斯得以重返故乡更是得益于雅典娜一次又一次的帮助。

这种看似幼稚的叙事风格在史诗中比比皆是，它实际上是向我们揭示了另外一种不同于现代的思维方式。也就是说，希腊人不仅深信神是可以被感知的，他们还相信人是可能真实地与神相遇的。而且，更为关键的是，神明的意志及其行为才是人类一切活动的真正背景和原因所在。

让我们具体地看一看这一神圣的背景是如何对凡人产生作用的：

宙斯从峡谷密布的奥林波斯山顶

命令特弥斯去召请众神前来开会，

女神到各处把众神招来宙斯的宫廷。

……

众神就这样全聚集到宙斯的宫廷，

震地神也听从女神的召唤，从海中前来，

坐在正中央，询问宙斯开会的原因：

"闪电神，你为什么召集众神来开会，

特洛伊人和阿开奥斯人即将进行

激烈的战斗，是不是关于他们的事情？"

集云之神宙斯回答波塞冬这样说：

"震地之神，你猜中了，我正是为他们，

我的心牵挂着那些即将遭毁灭的人。

我自己将留下在奥林波斯山谷高坐，

观赏战斗场面，你们其他神都可以

前往特洛伊人和阿开奥斯人军中，

帮助他们任何一方，凭你们喜欢。"

……

克洛诺斯之子这样说，激起一场恶战，

众神纷纷奔赴战场，倾向不一样。

（《伊利亚特》XX. 4-32）

在此，众神的参战不仅是为即将到来的阿喀琉斯与赫克托尔的决斗渲染
气氛，同时也扩大了希腊人与特洛伊人之间大战的规模，使之几乎成了一场
宇宙间的大战。请看：

> 当奥林波斯众神一出现在人间战场，
> 强大的埃里斯便立即鼓动人们作战。
> 雅典娜或是站在壁垒外的堑壕上吼叫，
> 或是沿着喧嚣的海岸大声呐喊。
> 阿瑞斯如黑色风暴，也在另一边喧呼，
> 召唤特洛伊人，或是从高耸的城头，
> 或是从西摩埃斯河畔卡利科洛涅山坡。
> 受福的神明就这样激励双方厮杀，
> 同时也激起他们自己的战斗欲望。
> 天神和凡人之父在上天可怕地鸣雷，
> 震地神波塞冬在下面抖动广阔无垠的
> 丰饶大地和所有高耸险峻的峰峦。
> 一切都颤动不止：泉源丰富的伊达山的
> 峰脊和根基，特洛伊城郭和阿开奥斯船舶。
> 下界的冥魂之王哈得斯惊恐不已，
> 惶悚地大叫一声迅速从宝座上跳起，
> 唯恐波塞冬把他上面的地层震裂，
> 在天神和凡人面前暴露他的居地：
> 那可怕、死气沉沉、神明都憎恶的去处。
> 这就是神明们参战时引起的巨大纷乱。

（《伊利亚特》XX. 47—66）

诸神甚至捉对厮杀：

> 与著名的震地之王波塞冬交战的是
>
> 手持带翼箭的射神福波斯·阿波罗，
>
> 与目光炯炯的雅典娜对阵的是战神阿瑞斯，
>
> 赫拉受到喜好呼喊的金箭女射神、
>
> 射神的妹妹阿耳忒弥斯的猛烈进攻，
>
> 勒托受到分送幸运的赫尔墨斯的攻击，
>
> 与赫菲斯托斯抗争的是人间称作斯卡曼得罗斯，
>
> 神间称作克珊托斯的那条多旋涡的大河神。
>
> 神明们当时就这样互相交战起来。

（《伊利亚特》XX. 67-75）

众神大战的结果是支持希腊人一方的神明获胜了。这一结果使得特洛伊人的保护神渐渐地离开，回到了奥林波斯山上。这一象征意义十分明显，可以说，人间战争的胜负实际上取决于诸神之间的争斗。

在阿喀琉斯与赫克托尔的决战中，雅典娜更是主导了这场战斗，她先是欺骗赫克托尔：

> 雅典娜离开他赶上神样的赫克托尔，
>
> 模仿得伊福波斯的外貌和洪亮的嗓音，
>
> "亲爱的兄弟，捷足的阿喀琉斯如此快步，
>
> 绕着普里阿摩斯的都城把你追赶，
>
> 现在让我们停下来就在这里迎战。"

（《伊利亚特》XXII. 226-231）

继而在赫克托尔与阿喀琉斯决战时，她又明显地偏向后者：

> 阿喀琉斯说完，举起长杆枪投了出去。
> 光辉的赫克托尔临面看见，把枪躲过。
> 他见枪飞来，蹲下身让铜枪从上面飞过，
> 插进泥土，但帕拉斯·雅典娜把它拔起，
> 还给阿喀琉斯，把士兵的牧者赫克托尔瞒过。
>
> （《伊利亚特》XXII. 273-277）

最后，赫克托尔终于明白这场战斗的结局早已由神决定：

> 赫克托尔懊恼长杆枪白白从手里飞去，
> 又不禁愕然，因为没有第二支桦木枪。
> 他大声叫喊手持白盾的得伊福波斯，
> 要他递过来长杆枪，但已匿迹无踪影。
> 赫克托尔明白了事情真相，心中自语：
> "天哪，显然是神明命令我来受死，
> 我以为英雄得伊福波斯在我身边，
> 其实他在城里，雅典娜把我蒙骗。
> 现在死亡已距离不远就在近前，
> 我无法逃脱……"
>
> （《伊利亚特》XXII. 292-301）

可见，神的参与使双方在不公平的情况下决斗，其结局自然也是显而易见的。在《奥德赛》中，我们发现主人公奥德修斯回乡之途顺利与否，实际上

被拖走的赫克托尔遗体（©Museum of Fine Arts, Boston）

取决于各位神灵之间达成的相互妥协，而非仅仅是出于人为的努力。请听宙斯与波塞冬之间的对话：

> 震地神却没有忘记他当初对神样勇敢的
> 奥德修斯发出的威胁，便询问宙斯的意图：
> "天父宙斯，我在不死的神明中间
> 不再会受尊敬，既然凡人毫不敬重我，
> 譬如费埃克斯人，他们虽与我同宗。
> 我曾说过奥德修斯须经历许多苦难，

才能返家园，我当然并非要他永远
不得归返，当时你也曾点头示允诺。
现在他们竟让他酣睡快船渡大海，
送达伊塔卡，送给他无法胜计的礼品，
有铜器、黄金和许多精心纺织的衣袍，
奥德修斯若能从特洛伊安全归返，
随身带着他那份战利品，也没有那么多。"

集云神宙斯开言回答震地神这样说：
"哎呀，威力巨大的震地神，你说什么话！
神明们丝毫没有轻慢你，对你这一位
年高显贵的神明不敬重是严重的罪孽。
要是有凡人的力量和权力竟与你相比，
对你不敬重，你永远可以让他受报应。
现在你如愿地去做你想做的事情。"

（《奥德赛》XIII. 126-145）

　　史诗中的众神还经常充当保护神、预言者、指引者、调解人的角色。比如，雅典娜在《奥德赛》中就始终扮演着奥德修斯保护神的角色，如果没有雅典娜的庇护，相信奥德修斯仅凭一己之力是很难重返故土的。请看：

宙斯的女儿雅典娜这时却另有打算。
她阻止所有其他方向的狂风的道路，
要它们都停止逞能，安静下来，
只激励迅捷的北风，劈开前面的波澜，

让神明养育的奥德修斯抵达喜好航海的

费埃克斯人那里，逃脱灾难和死亡。

（《奥德赛》V. 382-38▪）

最后，当奥德修斯终于重返故里时，雅典娜女神向他显形：

目光炯炯的女神雅典娜

微笑着把他抚拍，恢复了女神形象，

美丽、高大，精通各种光辉的技能，

对他开言，说出有翼飞翔的话语：

……

我本就是帕拉斯·雅典娜，宙斯的女儿，

在各种艰险中一直站在你身边保护你……

（《奥德赛》XIII. 287-30▪）

　　总之，我们可以说荷马史诗中的世界是一个神人混居的世界，充满了神圣的色彩。而神灵的随时出现并非只是一种诗意的表达，在荷马的世界中，神意就是一切合法性的来源，所谓的道德其实意味着行为的正当性，即符合神的意愿。人间的力量和习俗是取得权威的标准。而力量和习俗又都是建立在神意的基础之上，因此，英雄的力量来源总是可以追溯到神那里。在现代人看来，依靠神的眷顾而取胜或生还，多少有些胜之不武的感觉，不够光明正大，但在古代希腊人的心中，世上一切都是由神决定的，成功者必然是受到神的青睐的。因此，对于希腊人来说，他们的英雄从神那里获得力量，或凭借神的帮助做出明智的决定、取得重大的胜利，这丝毫无损于英雄的伟大，并且，能够在战场上与神同在，这本身就是对英雄能力的最大认可。另外神助也是对英雄之所以能成就伟业的一种说明。

正是因为在希腊人看来，诸神是一切事情发生的原因，特别是那些看来明显不合常规的事情得以发生的终极原因。所以，《伊利亚特》一开头就说，尸横遍野的特洛伊战争"实现了宙斯的意愿"，可见神灵的意志远远大于人的意志。

相比之下，2004 年，由美国好莱坞推出的大片《特洛伊》却刻意表现出一副去神话化的意图，想要呈现所谓真实的历史。这种用今人的想象来"解释"古代、用十足的现代观念去删改希腊人故事的做法，实际上是一种现代人思维方式的典型表现。它将古人眼中不可更改的必然和神意换成了凭个人的勇敢或运气便能改变的偶然，这是古今思维的巨大不同之处。的确，在《伊利亚特》中，我们没有看到特洛伊的城墙、希腊联军的营帐，也没有看到特洛伊王宫中的任何军事会议，但我们却看到了奥林波斯山上诸神所召开的调停会议，我们还看到了诸神干涉战争的种种言行以及他们为各自所喜爱的英雄所发生的争吵。甚至在英雄与英雄的搏击中，神也会不时穿插进来。《奥德赛》中虽然也表现了奥德修斯的机智和谋略，但更关键的是神意的指引和神明的具体帮助，一切的艰辛和最后的胜利都来自神的意志。

总之，诸神似乎能控制和引导人的活动，这才是我们在荷马史诗中所看到的事件的真正背景。"对于希腊而言，这背景却不是装饰，它反倒是某种视角——这视角不仅是空间上的，而且是意义上的。它让我们避免把个别活动视作孤立、偶然、独一无二的事件，而是置入宇宙的道理与哲学框架的关系之中……人们看到个别活动是符合这个框架的。史诗的神圣背景最终意味着个别的活动既是独特的又是普遍的。"[1]

脱离了这一神圣的背景，人们站在现代思想的立场上想要重现古人的观念和行为，最终只能发现，由于现代思想的塑形，我们离真正的古代思想已

1 （英）基托：《希腊人》，第64—65页。

经很遥远了。

2. 荷马式的英雄

　　荷马史诗，特别是《伊利亚特》以英雄伟绩为中心，用大量篇幅描写英雄们战斗、冒险的经历，歌颂他们的勇敢、他们的荣誉，充满了英雄主义气息。比如《伊利亚特》的主人公阿喀琉斯威猛、勇武，是希腊联军中最勇敢的大将，他像神明一样高大俊美，他原本可以选择回归故里、安享晚年，却决心以死来赢得不朽的荣誉，这是一个典型的个人主义英雄。《伊利亚特》中的另一位主人公赫克托尔则是集体主义英雄的典型。他对自己的国家怀有深厚的感情，对集体的利益有着高度的责任感。他预感到自己的国家将要陷落，知道自己会战死沙场，但为了全城人的生死存亡，为了国家的利益，他毅然出战，直到阵亡。

　　可以说，荷马时代是一个崇尚英雄的时代，荷马笔下的英雄们都"高大""魁伟""英俊"，他们力大无比、英勇善战、敢作敢为，暴怒时"恶狠狠地盯着"对手，阵亡倒地时"轰然一声，铠甲在身上铿锵作响"。战斗时，他们先是驾着战车冲向战场，然后跳下战车，与对手互骂一通，旋即展开厮杀，撂倒几个敌人，随后自己也可能受挫负伤，于是举手求告神灵，重新获得勇气和力量，再次投入战斗。最后两军围着双方将士的尸体展开恶战，终于凭借神的庇佑，救出阵亡者的尸骨。

　　同时，英雄们也知道他们的使命、他们的归宿，明白战争是无情的，生命是短暂的，但他们并没有因此而悲观消极，也没有贪生怕死。他们醉心于荣誉，因为这种荣誉将使他们被后人颂扬、为诗人所歌唱。因此，当赫克托尔感到自己将死于阿喀琉斯之手时，他说：

　　　　我不能束手待毙，暗无光彩地死去，

我还要大杀一场，给后代留下英名。

(《伊利亚特》XXII. 304-305)

阿喀琉斯则表达得更加清楚：

> 我随时愿意迎接死亡，只要宙斯
> 和其他不死神明决定让它实现。
> 强大的赫拉克勒斯也未能躲过死亡，
> 尽管克洛诺斯之子宙斯对他很怜悯，
> 但他还是被命运和赫拉的嫉恨征服。
> 如果命运对我也这样安排，我愿意
> 倒下死去，但现在我要去争取荣誉。

(《伊利亚特》XVIII. 115-121)

由此，我们明白了，阿喀琉斯的愤怒并不仅仅是因为阿伽门农夺走了他的姑娘，更因为这个姑娘是阿喀琉斯夺取的"一件战利品"，这件战利品中包含着他的荣誉。因此，我们可以说，阿喀琉斯是因为荣誉被剥夺才愤怒的。帕特罗克洛斯披着他的战袍出征，却被敌方杀死，这更是对他荣誉的亵渎，所以说阿喀琉斯的再次出战，乃是为荣誉而战。实际上，这种英雄为荣誉而战的观念贯穿了整部史诗。

英雄证明了他的勇气和力量，赢得了属于他的荣誉，然而这一切却可能是建立在死亡之上的。这是他需要付出的代价，也是生之为人的必然。换言之，无论多么显赫的英雄，他们也都仍是"有死的"凡人，而非"不死的"神明。即便是作为大英雄的阿喀琉斯也同样无法跨越死亡，他的母亲女神忒提斯（Thetis）也无法阻止死亡降临到阿喀琉斯身上。她哭诉道：

我的孩儿啊，不幸的我为什么生下你？

但愿你能待在船边，不流泪，不忧愁，

因为你的命运短促，活不了很多岁月，

你注定要早死，受苦受难超过众凡人。

（《伊利亚特》I. 414–417）

因此，死亡是人注定的命运。在整个由奥林波斯诸神统治的世界中，动物、植物和人一样都固有一死，在这一点上，人和动物草木是平等的，并无区别。而神之为神的神圣性则体现在对死亡的超越之上。

虽然英雄同凡人一样必须经历死亡，不过他们却更为强大、丰美，拥有凡人所没有的超自然的力量，并因功绩而获得荣誉。可以说，相对于凡人，英雄们又具有某种神性。当然，这种神性同样来自神。英雄们知道，人最终的命运是死亡和毁灭，尽管如此，他们仍然要做"世上最杰出的人"。因此，对于英雄而言，生与死之间的差别就在于：

是我们把荣誉给别人，或别人给我们荣誉。

（《伊利亚特》XII. 328）

他们的宿命就是获取荣誉。正是这种以生命的代价、以"漂亮的死"来获取荣誉的行为升华了史诗中的英雄形象。这种荣誉也将永远跟他们的名字连在一起，诗人的歌颂为英雄们赢得了未来人们记忆中的永恒光荣和持续赞美。

无法选择是否死去，英雄就选择如何死去——光彩夺目地离开，留下万世英名。因此，贪生怕死对英雄来说就是最大的耻辱。请听希腊英雄狄奥墨得斯（Diomedes）对此的回答：

不要对我说逃跑的话，你劝不动我。

我的血统不容我在作战的时候逃跑，

或是退缩，我的力量依然充沛。

我无心登车，就是这样去面对他们；

帕拉斯·雅典娜女神不容我临阵逃遁。

（《伊利亚特》V. 252－256）

  所以，他的选择仍是走上战场，获取荣誉，接受命运的挑战。史诗中，特洛伊人的英雄赫克托尔的回答也是一样的。在《伊利亚特》第六卷中赫克托尔要再次离家奔赴战场，他的妻子哀求他不要上阵，因为如果他不幸牺牲，自己就会成为寡妇，他钟爱的儿子就会成为孤儿。然而，赫克托尔说：

夫人，这一切我也很关心，但是我羞于见

特洛伊人和那些穿拖地长袍的妇女，

要是我像个胆怯的人逃避战争。

我的心也不容我逃避，我一向习惯于

勇敢杀敌，同特洛伊人并肩打头阵，

为父亲和我自己赢得莫大的荣誉。

······

夫人，我劝你心里不要过于悲伤，

谁也不能违反命运女神的安排，

把我提前杀死，送到冥土哈得斯。

人一生下来，不论是懦夫还是勇士，

我认为，都逃不过他注定的命运。

（《伊利亚特》VI. 441－446，486－490）

可见，古代希腊人宁愿荣耀地死，不愿苟且地活。人的生命本身是有限的，所以荣誉成了人唯一可以追寻的无限的东西。为了把握这仅有的一点，希腊英雄宁愿舍弃自己的生命。也正因为这一点执着，《伊利亚特》读起来让人有一种悲壮的感动。正如陈中梅先生所说："《伊利亚特》所触及的一个最根本的问题是人生的有限和在这一有限的人生中人对生命和存在价值的索取。"[1]

荷马让我们看到了英雄在神明给定的命运、在短暂的生命中最大限度地展现出的人的价值。我们看到，史诗中英雄的命运并不因为必死而失色。当脆弱的肉体生命和绝对的神灵意志碰撞在一起时，擦撞出的火光照亮的却是终有一死的英雄。于是，希腊英雄在让人扼腕叹息之余，更多的是使人心生钦佩，荷马并不想让读者为英雄悲伤，即便他们无一例外地死于其他英雄之手。在荷马史诗的描绘中，英雄之死丝毫没有我们现代人熟悉的那些阴郁和伤感。这种抗争的主题在后世的希腊悲剧诗人，特别是索福克勒斯的悲剧中得到了更加淋漓尽致的展现。

3. 荷马教育了整个希腊

荷马史诗描述的是一个神人共处的世界，其中事实与想象并存，过去与现实交融，史诗评价人在战争中的得与失，探索驱使人们行动的内外因素，通过形象而具体地描绘一系列影响人的生活、决定人的思想、导致人的行为的重大问题，审视了人的属性和价值，阐释了人与神的关系。因此，对于希腊人来说，荷马史诗不仅仅是一部文学作品，同时也是他们早期历史的最权威记载，更是他们的宗教经典。我们当然不是在说，希腊宗教是由荷马始创的。但是，他对奥林波斯诸神及其传说做了系统的修订，讲述了众神之间的

1　陈中梅：《伊利亚特·前言》，载（古希腊）荷马：《伊利亚特》，陈中梅译，花城出版社，1994年，第3页。

关系，以及他们的婚姻、争吵等故事，向人们表明神也不是完美无缺的，他们有着人类所有的缺陷和弱点，只是他们的力量更为强大。从这个意义上来说，英雄们就是从神到人的过渡。而人间最伟大的英雄和美人则都是神的子女，比如赫拉克勒斯、阿喀琉斯、海伦等都是神明与凡人的后代。因此，英雄之间的战争也就使众神不得不牵涉其中，特洛伊战争的开始和结局，都是由神来决定的。众神观看着人间的万事万物，他们并没有远离人间，而是直接进入人的世界，干预人的生活。荷马对神的这种看法，深深地影响了后世的希腊人，并被他们普遍接受。荷马史诗中所描述的人神关系，更是为希腊人处理人与神之间的关系制定了准则，并对整个希腊民族精神的塑造产生了不可低估的作用。基托说过，荷马史诗"不是某种幸运的灵感启发，不仅是'艺术'价值，它深植于一种希腊式而非仅仅荷马式心灵的习性之中。"。[1] 可以说，历史上没有哪一位诗人能像荷马那样，对一个民族的心理及其文化产生那么深远的影响。

　　《伊利亚特》和《奥德赛》作为希腊人的"圣经"，在数百年的时间里都是希腊教育的基础，无论是正规的公民教育还是普通人的文化生活都离不开荷马史诗。无论是对受过教育还是未受教育的希腊人来说，荷马也都是一个耳熟能详的名字，以至于他们只是简单而满怀敬意地称他为"诗人"。希腊人相信人们应该听从荷马的教导，以荷马所描绘的生活方式去生活。因此，在现实生活中，从荷马史诗中摘章引句，用以解答人们有关道德与行为的问题，对于希腊人来说是一种再自然不过的方式。他们甚至在城邦纠纷中也会引用荷马的某一诗句作为支撑某项领土要求的有力证据。

　　总之，对于希腊人而言，荷马史诗仿佛蕴含了全部的智慧和知识。而事实是，荷马史诗确实为希腊人所共知、喜爱，也深深影响了一代又一代的希

1　（英）基托：《希腊人》，第 53 页。

腊人，可以说，荷马哺育了希腊人的心灵和想象。人们在对史诗的复述和代代相传中本身就包含着对其中价值的认同和传承。因此，有学者说："希腊人以荷马作为青年的教育内容、成年人的爱好与行为指导，他们所采纳的并不仅仅是古老的遗产、爱国主义的历史崇拜或充满魅力的童话故事，而是这样一些诗篇，它们已经包含了将希腊文明塑造成这般面貌的优异素质。"[1] 换言之，荷马史诗对其后的希腊历史和文化都产生了极其深远的影响。因此，在《理想国》中，柏拉图虽认为荷马在史诗中描绘了神明诸多不雅之事和陋习，对其颇有微词，但仍借苏格拉底之口提及，当时有不少希腊人认为：

> 荷马是希腊的教育者，在管理人们生活和教育方面，我们应该学习他，我们应当按照他的教导来安排我们的全部生活。
>
> （《理想国》606E）[2]

对于后世西方而言，自古以来，荷马史诗都是思想家、作家和艺术家们进行创作的重要借鉴来源之一，马克思曾经指出，荷马史诗"就某方面说还是一种规范和高不可及的范本"。它是整个欧洲文学的源头，它不可能被重新创造，也不可能被遗忘。对历史学家而言，它是认识和研究古希腊必不可少的重要参考，我们可以大胆地援引荷马史诗中的诗句，作为反映古希腊人信念的重要依据。而对普通人来说，通晓荷马史诗则是知识和素养的标志之一。总之，荷马史诗有着很高的审美价值和认识价值。人们阅读史诗得到的不仅是审美上的愉悦，还能从中获得对古代希腊人的深入理解。因为，"荷马"已不再只是某个人的名字，它已成为一个文化的象征。

---

1 （英）基托：《希腊人》，第 65 页。

2 （古希腊）柏拉图：《理想国》，郭斌和、张竹明译，商务印书馆，1995 年，第 406—407 页。

第三章

希腊的政治文化

人是趋向于城邦生活的动物。

——亚里士多德

一、城邦的基本情况

1. 城邦时代的到来

从公元前 8 世纪开始，希腊世界逐渐走出"荷马时代"，从希腊本土到爱琴海诸岛屿、从小亚细亚到黑海沿岸，各地纷纷涌现出许多自治自给的蕞尔小邦。这是一种完全不同于希腊远古文明的发展模式。自此，古代希腊进入了城邦时代。一般说来，公元前 8 世纪至公元前 6 世纪，是城邦兴起直至最终确立的时期，史称古风时代；公元前 5 世纪至公元前 4 世纪是城邦兴旺发达的时期，史称古典时代。

城邦制度的确立，固然是古代希腊历史演变的结果，也是希腊古典文明得以展开、繁荣并且有别于其他古代文明的关键所在。法国著名学者丰尔南指出："城邦在公元前 8 世纪至公元前 7 世纪的出现本身，就标志着一个开端，一个真正的创举：它使社会生活和人际关系呈现出新的形态，后来的希腊人将充分体会到这种形态的独特性。"[1]英国学者基托在他著名的《希腊人》一书中，论及城邦制度时，称赞希腊人是"找到了最佳的生活方式"。[2]的确如此，通观古代希腊史，城邦的建立及其特征正是希腊古典文明得以产生、兴盛，又终至衰落的根源所在。不过，在对希腊城邦产生原因的探讨中，中外学者莫衷一是，意见纷呈。此外，在对城邦的经济基础、政体形式、内部结构、基本特征和存在范围等问题的研究中，学者们也各有见解、争论颇多。由于这些不是本书讨论的重点，我们且将其搁置一旁，留待学者们去讨论。

然而，为什么当时的希腊人没有承袭爱琴文明时期的王国制，却新发展出了一种所谓的城邦制呢？这是一个意义重大的命题。原因除了当时特定的政治、经济、文化以及地理环境之外，应该还有来自民族气质、集体潜意识和其他众多偶然因素的影响。而我们今天能做的，大多只是对事实的陈述。

本章将要讨论的是几组与城邦政治文化相关的概念，并借此为之后叙述的全面展开作铺垫。

2. 城邦类型及概况

公元前 8 世纪至公元前 4 世纪，古代希腊历史的显著特点是各地区经济、政治、文化发展不平衡，数百个城邦并存。一般情况下，一个城邦包括城市和乡村两部分。所有希腊城邦都是小国寡民的形态。其中著名的城邦有雅典、斯巴达、麦加拉、底比斯、科林斯、以弗所、米利都等。

希腊城邦的居民按照政治地位可以分为三大类：（1）拥有公民权因而能

1　（法）让-皮埃尔·韦尔南：《希腊思想的起源》，秦海鹰译，生活·读书·新知三联书店，1996 年，第 37 页。
2　（英）基托：《希腊人》，第 5 页。

够参加政治活动的自由人。（2）没有公民权的自由人，他们或是来自外邦的移民（又称"异邦人"），或是由于特定的历史原因与当权的公民集本处于不平等地位者，因贫困而失去公民资格者，因违法而被剥夺了公民权者，以及被释放了的奴隶。（3）处于被剥削、被奴役地位的奴隶。奴隶大多是非希腊人，但也有一部分是希腊人。每个城邦的公民作为一个整体构成统治集团，与没有公民权的自由人和奴隶相对立。这是城邦这种早期国家的特点之一。

所有城邦在形成时期，农业都是最主要的生产部门，作为主要生产资料的土地只有公民才有权占有。在城邦的繁盛时期，工商业虽然有了很大发展，但仍然是小规模的和局部的，"贸易一般规模较小，并且在短距离内进行······商人和工业者罕有成功，而当他们获得成功的时候，也热衷于将钱财投资于土地。"[1] 关于这一点，著名的古史研究专家琼斯（A. H. M. Jones）和芬利（M. I. Finley）等人早在 20 世纪 60 年代至 70 年代前期，就以富有影响力的著作，[2] 对古代罗马和希腊的商人、经济模式、古代城市的地位与作用等领域的诸多论争定下了基调。他们的核心理论是：农业在古代是占主导地位的生产方式。因此，发展工业性产品的利润极低或几乎没有。在当时不存在谋求最大利润或技术进步的观念，国家的经济政策目标是保证公民集团的消费，而不是发展生产或创造有利于工商业发展的环境，因而二商业在古代并不是优势产业。用芬利的话来说："古代世界的绝大部分人通过不同的方式以土地为生，而且他们自己认识到，土地是所有善的源头，无论是物质的善还是道德的善。"[3] 换

1　（美）伊恩·莫里斯：《摩西·芬利〈古代经济〉修订版序》，载（美）M. I. 芬利：《古代经济》，黄洋译，商务印书馆，2020 年，第 12 页。

2　参见：A. H. M. Jones, *The Roman Economy: Studies in Ancient Economic and Administrative History*, Edited by P. A. Brunt, Oxford: Blackwell, 1974; M. I. Finley, *The Ancient Economy*, Berkeley: University of California Press, 1974.

3　（美）M. I. 芬利：《古代经济》，第 108 页。

言之，在古代希腊，并不存在什么商业强国。

城邦的重要任务是保卫国家的独立和内部安全。在城邦中，全体成年男性公民组成一个军人团体，每个公民都有随时应征参战的义务，而且在一般情况下，军需和武器装备由应征者自行负担。除僭主当政时期外，一般城邦内部不存在脱离公民集体、凌驾于公民集体之上的常备军。城邦后期，公民兵制的瓦解和雇佣兵制的发展正是城邦衰落的重要标志之一。

古代希腊的城邦一般都没有职业官吏组成的官僚机构或是向公民征收直接税的常设财政机构。概括而言，每个城邦都有三种政治机构：由成年男子构成的公民大会、议事会（如斯巴达的长老会议、雅典的五百人议事会）和经选举产生的（或至少需得到公民大会确认的）公职人员，其中首先是负责军事指挥的公职人员，其次才是担任各种行政工作的公职人员。这种小国寡民形式的城邦最本质的特征之一就是公民的参政获得了较充分的发展。事实上，虽然在希腊城邦的历史上有过君主制，也有过具有个人独裁色彩的僭主政治，但是在城邦制度发达时期，仍然以贵族政体和民主政体居多，我们会在后面专门论及这两种政体。

二、作为公共空间的城邦

1. 城邦的精神要素

"城邦"（polis）一词就其字面意义来说，原先指的是"堡垒或卫城"，与"乡郊"相对。堡垒周围的市区被称为"阿斯托"。后来人们把卫城、市区、乡郊统称为一个"波里"。但我们对兴起于古风时代、繁盛于古典时代的希腊城邦，不能只从字面上去理解。城邦绝非仅仅指卫城、市区及乡郊结合而成的一片地区。

亚里士多德告诉我们：

"波里"（城邦）这一名称是具有多种命意的。

（《政治学》1276a24）

他解释说：

城邦不仅是许多人的数量的组合……城邦不同于军事联盟……城邦也不同于民族（部落）……

（《政治学》1261a23—29）

一个城邦不只是在同一地区的居留团体，也不只是便利交换并防止互相损害的群众经济和军事团体。这些确实是城邦所由存在的必要条件；然而所有这些条件还不足以构成一个城邦。城邦是若干生活良好的家庭或部族为了追求自足而且至善的生活，才行结合而构成的。

（《政治学》1281a30—34）

可见，政治、经济、军事的功能，不同类型的人们所组成的集体，一定的领土范围，等等，都是构成城邦的必要条件，然而所有这些还不能形成一个真正意义上的城邦。不过，现代学者大多注意的是城邦的政治、经济与军事等方面的功能，而忽略了（至少是轻视了）"城邦"内在所蕴含着的精神要素。然而，正是这些精神要素赋予了城邦存在的最终合法性及其神圣性。这种精神要素，在古代希腊，是宗教的理念、神的允诺，而这些又是通过在公共空间里举行的各种活动得以具体表达的。

　　所谓"公共空间"，就是指公民共同生活得以展开的一个"场所"。这不仅仅是一个几何学意义上的空间，更重要的是一种理念上的空间。所谓的"共同生活"，正如法国学者韦尔南所认为的，是"社会生活中最重要的活动都被赋予了完全的公开性"。[1]

　　在古代希腊，"城"是一个公共活动的场所，每当有重大事情需要决定，或是在军队将要出征之前，公民们就会从各自居住的乡村赶到城中。我们知道，"城"（即后来的卫城）并非民众的居住之所，而是神庙、祭坛，以及公众聚会的场所。这个并非居住之所的"城"之所以能将人民召集于此，是因为这里有圣火、祭坛与神庙。对于一个新建的城邦而言，建立神庙是其首要任务；而一个城邦的灭亡，也以其神庙被毁为标志。这里需要特别指出的是坛火，它由专人照管，日夜燃烧，永不熄灭，它是城邦生命的象征。若某人因故遭到放逐，不得不离开本邦、舍其坛火，则被视为是仅次于死刑的极重的惩罚。而在创建殖民城邦时，人们则必须带上母邦的坛火及精通建城仪式的人。阿里斯托芬曾为我们描述了这样一个城邦建立的过程：人们在城邦中央设立祭坛，祭司点燃坛火，人们唱起赞美神灵的歌曲，占卜者说着关于城邦未来的预言。

　　法国学者古朗士（Fustel de Coulanges）说："古代的城市绝不是以人数或房屋数量的逐渐增加形成的。他们一旦建城，所有的东西便都在其中了。而构成城市的要素则须事先准备，这是最难，通常也是最大的工作。家庭、胞族和部落一旦同意联合并祭祀同一个神灵，便立即建城作为他们共同祭祀的

1　（法）韦尔南：《希腊思想的起源》，第 38 页。

约公元前 1500 年，克里特岛上表现祭祀活动的陶土模型（©Heraklion Archaeological Museum）

神庙，因此，城市的创建总是一种宗教性行为。"[1] 可见，城邦存在的合法性及其神圣性就从这些在神庙前围绕祭坛与坛火所举行的公共活动中确立起来。所有的公共活动都是从某种对神表示敬意及虔诚的仪式中得以展开的，可以

---

1 （法）古朗士：《古代城市——希腊罗马宗教、法律及制度研究》，吴晓群译，上海世纪出版集团，2006 年，第 162 页。

说，没有一次公共活动不是在神的关注下举行的。

我们可以以雅典为例，当公民们为商讨某项城邦要事而举行大会之前，多由祭司（或某位拥有宗教职权的官员）用水洒出一个圆圈，将所有的参与者围在其中，以表示净化、圣洁之意，在向诸神祈祷之后，再行开会；演说台亦被视为神圣之处，演说者登台时要头戴花冠，以示其言论权利为神所保障，并在演说前先做祷告；雅典的九位执政官就职前都要在广场上宙斯的神坛前宣誓，保证他们将公正、依法从政；而所有的司法审判都是在祭坛旁举行的，并必须先行祭祀之仪；至于抽签、投石以选举官员或放逐某人，都有相关的仪式性的规定；城邦对官员的选择，也以虔诚、敬神为首要标准，比如雅典政治家，提洛同盟的创始人阿里斯提得斯（Aristides），雅典军人、政治家尼基亚斯（Nicias）等人都以敬神而闻名。

每逢战事，不论是出征前、胜利后，抑或是每次具体的战役前，祭神仪式都是必须举行的活动，因为神的赞许乃是胜利的根本保证。这方面的例证很多，我们将在第五章中用一些具体例子加以说明。

而希腊众多的节日庆典、体育竞技和戏剧表演等也都源自宗教仪式，并保留了大量的仪式化活动及程序。在这些活动中，由仪式带来的共同的敬畏和共同的希望，通过人们共同的关注，将团体中的不同个人紧密地联系在了一起，从而形成一种社会伦理的控制巨大力量。

由此可见，从某种意义上说，城邦首先是一个宗教活动的场所。它为公民以敬神的名义所举行的各种公开活动提供了一个充分展开的空间。这一空间"不是无限的物理空间中的一个片段，而是一个规定，一个论说，是人之为人理所渗透的'居所'……是唯一的，在城邦之外无所谓空间"。[1] 这种充满神性的公共空间的充分展开正是使公民获得"优良的生活"的最大保障。

1 洪涛：《逻各斯与空间——古代希腊政治哲学研究》，上海人民出版社，1998年，第18页。

因此，"为诸神执役的执事"——祭祀神灵，不仅是城邦赖以存在的诸条件之一，而且，"就其品德而言，应放在第一位"。[1] 而城邦在为希腊宗教的展开提供基本构架的同时，也使公民经由共同的信仰和崇拜仪式产生了一种精神上的团结与统一，城邦的稳固性由此得以增强。

总之，"城邦的整个生活，渗透着神性，希腊人是与神生活在一起的。我们只有理解'神'的因素在希腊人生活中的作用，才可理解希腊人的城邦"。[2]

2. 公民与公民共同体意识

在上文中，我们讨论了城邦所包含的精神要素，接下来，我们再看一看那些有权参与城邦各种公共活动的公民是一个怎样的集体。

希腊文的"公民"（Polites）一词就由城邦（Polis）一词衍生而来，意即"属于城邦的人"。也就是说，获得公民资格，就意味着成了城邦的一分子。而没有公民资格的居民虽然生活于城邦中，但并不属于城邦，只有公民才拥有属于城邦的身份。当古代希腊人称呼"雅典人""斯巴达人"时，他们指的仅仅是雅典的公民或斯巴达的公民，而不包含其他居民。换言之，希腊人的公民身份只是一种少数人的特权，在与其他无公民权居民的对照中，公民的身份和地位才鲜明地凸现出来。而在古代希腊，"公民"这一概念是不包括侨民与奴隶的，亚里士多德认为甚至老年人和儿童也不是完全意义上的公民。他说：

> 未及登籍年龄的儿童和已过免役年龄的老人，作为一个公民，可说是不够充分资格的。以偏称名义把老少当作公民固然未尝不可，任他们

1　（古希腊）亚里士多德：《政治学》1328b12—13。
2　洪涛：《逻各斯与空间——古代希腊政治哲学研究》，第 107 页。

总不是全称的公民，或者说儿童是未长成的公民，或者说老人是超龄的
公民，随便怎么说都无关紧要，总须给他们加上些保留字样。

(《政治学》1275a11-20)

严格意义上的公民，是指那些祖籍本邦，且有权参与城邦的司法、议政
及祭神仪式等活动的成年男子。当然，希腊各邦在不同时期对公民权的具体
规定也有所不同，有时也会允许在本邦居住多年或有一技之长或父亲为本邦
公民母亲为侨民者成为公民。但雅典仍规定，外侨入籍公民者，不得担任执
政和祭司之职。[1]可见，城邦明显被分为不同的群体，各群体的权利远非同等
一致。唯有公民才是充分享有权益的成员，他们拥有政治、司法和宗教特权。
女人被排除在政治圈子之外，只能参加一些宗教庆典。居住在城邦之中的外
国侨民部分地被隔离在社团之外。至于奴隶们，则被完全排除在城邦之外，
根本不能参加任何集体活动。

公民集团的狭小、封闭性及其排外性，造就了城邦内部紧密的生活，这
无疑又强化了公民内部一体化的心态。他们把城邦视为一个有机整体，自己
是其中的一个组成部分。个人没有独立的价值，他的价值依赖于整体。他的
财产、家庭、利益、荣誉、希望，乃至他的肉体生命与精神生命、他整个的
生活都是属于城邦，系之于城邦的。在城邦中，有他的一切，失去城邦，他
便失去一切。所以公民要誓死维护城邦的独立和自主，与城邦共存亡。

对于公民而言，与本邦内的其他居民相比，他们觉得自己属于城邦。与
外邦公民相比，也只有这个城邦属于他们。这种感觉十分真实。他们个人的
安危荣辱，都取决于城邦的命运。当城邦灭亡时，首要的受害者是他们。因
为，奴隶依然是奴隶，外邦人依然是外邦人，而他们失去了公民身份，不得

1　参见亚里士多德：《政治学》，吴寿彭译，商务印书馆，1995 年，第 110 页，注释（2）。

不沦为奴隶或外邦人，有时甚至还会遭到集体屠杀。反之，城邦强盛，首先得益的也是他们。所以，有关公民的观念首先是一种特权观念。这与近代的公民观念有很大的不同，西方近代的公民观念源于社会契约理论。根据这种理论，国家是平等独立的个人的集合，公民权是受法律保障的个人权利。然而希腊公民却是"属于城邦的人"，他们从来就没有与城邦分离的意识和要求。在他们的心目中，"公民资格不是拥有什么，而是分享什么"。[1] 在希腊，所谓的公民权，仅仅是指公民资格或身份，而不是一种个人权利。

此外，在古代希腊，公民的权利与义务紧密联系在一起，二者不可分离。作为一个公民，他既是政治统治者、土地占有者，同时也应该是城邦的保卫者、共同神灵的信奉者。这几重角色既包含了权利，也包含了义务。实际上，希腊人并没有明确区分权利与义务。他们出席公民大会、参加陪审法庭、充任官职、举行祭神的仪式、从军作战，等等，这些既是权利，又是义务，且都是伴随公民身份而来的——要享有权利，就要承担相应的义务。孤立的个人是不存在的，一个人必定属于一个公民团体。这个共同体即是一个公民社会。而在古代希腊，城邦与社会又是一体的，个人与团体的不可分割，就是公民与城邦的不可分割。所以，亚里士多德说：

> 凡隔离而自外于城邦的人——或是为世俗鄙弃而无法获得人类社会组合的便利或因为高傲自满而鄙弃世俗的组合的人——他如果不是一只野兽，那就是一位神祇。
>
> （《政治学》1253a25-29）

因为自足的神灵自然无须依赖于城邦；而兽（在亚里士多德的话语中

---

1 （美）G. 萨拜因：《政治学说史》，商务印书馆，1986 年，第 2 页

也包括野蛮人及奴隶）之为"兽"就在于他们虽然拥有生存的物质手段和条件，却缺乏以"善德"为目的的生存目标，得不到神的庇佑，因而无法成为本质意义上的"人"。而被隔离或被安置在城邦之外，也正是他们"非人"的结果。因此，人必须过城邦生活，并融于城邦之中。今日，西文中的"白痴"（idiot）一词，即源于希腊人对那些不负担任何公共事务、只顾个人利益者的称呼。这就是伯里克利说的：

> 一个不关心政治的人，我们不说他是一个注意自己事务的人，而说他根本没有事务。

（《伯罗奔尼撒战争史》II. 40）

这句话最简明地表达了公民的共同体意识。

亚里士多德进一步指出：

> 作为团体中的一员，公民之于城邦恰如水手之于船舶……各司其职的全船水手实际上齐心合力于共同的目的，即航行的安全。与此相似，公民们的职司虽然各有分别，而保证社会全体的安全恰好是大家一致的目的。

（《政治学》1276b24-29）

因此，在希腊城邦中，选举出来的官员与普通公民实际上并没有什么不同。作为组成城邦的公民，他们共同参政、议政，共同祭祀神祇，轮流管理城邦，人人都是有权者，"从某种意义上讲都是同类人。这种相同性是统一的基础……后来又以更抽象的方式被定义为'平等人'"。[1]在希腊，公民与公

1　（法）韦尔南：《希腊思想的起源》，第47页。

民之间并不存在着近代集权国家中官吏与平民的区别——有权与无权的区别。亚里士多德说：

> 城邦不论是何种类型，其最高权力属于公民集体，公民集体实际上就是城邦制度。

（《政治学》1278b9-11）

可见，古希腊人早已认为公民集体是城邦的核心。"公民集体"的形成和发展也正是城邦的本质所在。

通过以上的讨论，我们可以明了，城邦并非只是一个地域性的概念。公民也不是在一个地域范围内的所有人的简单集合。只有当一个公共空间形成时，城邦才可能在希腊人的心目中成为一个理想的空间，成为人之为人的家园。对古希腊人来说，城邦意味着一种共同的生活，它不仅是一个生活共同体，也是实现人类自我完善的道德共同体。公民便是这个共同体的成员，他们因对某些神灵的共同信奉、对城邦事务的共同参与、对祖制圣法的共同遵循、对同一片土地的共同热爱和保卫而结成一个共享者的团体，孤立的个人是不存在的，一个人必定属于一个公民团体。城邦在为公民共同生活的展开提供充分空间的同时，也在相当长的一段时日内，被希腊人视为唯一适宜的国家组织形式。而神的允诺、仪式的举行则为城邦的存在提供了合法性及神圣性的依据。

"城邦""公共空间""公民""公民团体"等概念的形成及其实际运用，标志着希腊城邦时代的到来。这些概念中所包含的精神要素为希腊古典文明所特有，它们是希腊古典文明各个方面得以展开的根据，也是我们理解希腊精神的根本出发点。

三、城邦政体的三种类型

1. 僭主政治

据史家考证，僭主政治有可能起源于小亚细亚的吕底亚。所谓"僭主"是指那些未经合法程序、以不正当手段夺取政权、自立为城邦统治者的人。他们大多以武力方式夺取政权，把民众大会抛在一边，实行终身独裁，并将统治权直接传于儿孙，因此有僭越之嫌。希腊文"tyranos"（僭主）一词在英文中的对应词是"tyrant"，意指"暴君"，是个贬义词，但实际上在古风时代的希腊人眼中，僭主是一个中性词，并无褒贬之意。

应该说，僭主的出现是希腊社会政治、经济及各种矛盾共同作用的结果。公元前 8 世纪到公元前 7 世纪是城邦兴起的时期，在逐渐形成一种新的政体形式的过程中，一些地方出现了短暂的混乱。这种混乱局面的出现一方面是由于早期王权的衰落，国家权力出现了分化，而此时的贵族集团尚不稳定，内部不统一且没有组织性，因此缺乏政治权威，这为僭主的出现提供了政治契机。另一方面，公元前 8 世纪至公元前 7 世纪，随着海外大殖民运动的兴起，希腊的经济获得了长足的发展。而经济的发展又推动着私有制和奴隶制的大力发展，由此，社会面貌也发生了巨大的变化。社会阶级的分化日益严重，平民与贵族的斗争也越来越激烈。平民为了获得生存条件以及相应的社会、政治和经济地位，努力打破传统势力的束缚，与贵族集团展开了激烈的斗争。在此形势下，一些有足够的经济实力又拥有军权的少数野心家，往往利用自己的财富，玩弄权术，博得民众的支持和信任，抓住贵族内讧之机，使用不符合当时习惯和传统的非常手段，用暴力方式夺取政权，实行独裁统治。

可见，当政治和经济发生动荡时，整个社会难免会期待一个强有力的集权政府的出现。从公元前 7 世纪中期到公元前 6 世纪中期，是早期僭主政治比较盛行的时期。当时，建立了僭主统治并且国力有所增强的城邦有雅典、阿尔戈斯、科林斯、麦加拉、西息温、那克索斯和萨莫斯，等等。

这些僭主为了维持政权、巩固统治，采取了一系列的措施，在一定程度上给当时的社会带来了积极的影响。首先，在政治上，他们往往奉行打击贵族、争取平民的政策。对一些贵族予以放逐，并没收他们的土地；用地域部落取代原来的血缘部落，打破了贵族内部的血缘联系；修订和颁布法律，设立巡回法庭，削弱贵族在乡村的势力；等等。这些措施缓和了贵族与平民的矛盾，使小农经济得到了一定的发展，平民的力量有所壮大，公民团体内部的团结也得到了加强和巩固。其次，在经济上，他们采取了积极发展工商业的举措。比如，科林斯的僭主佩里安德积极发展手工业和航海业，开拓新的殖民地，并建立海上舰队，壮大海上力量。雅典的僭主庇西特拉图则发放低息贷款，为平民提供生活上的保障，稳定社会秩序，实行梭伦改革时期所颁布的各项措施，从而为雅典民主政治的形成奠定了基础。此外，僭主们还广建庙宇，举办各种文化和艺术活动，以加强城邦公民团体在精神上的一致性。

通过以上论述，我们不难看出，早期僭主统治作为时代的产物，顺应了古风时期希腊历史发展的趋势；又由于早期的僭主采取了一系列有利于政治、经济、军事和文化发展的措施，僭主政治在历史上确实发挥了一定的积极作用，在一定程度上推动了希腊历史的发展进程。但是，随着社会经济的进一步发展以及社会政治环境的变化，社会各阶层对于僭主的专权统治越发不满。再加上僭主政治本身获取政权的不合法性，矛盾更加激烈、尖锐。因此，各地的僭主政体陆续被推翻，代之以贵族政体或民主政体。

公元前 4 世纪以后，由于伯罗奔尼撒战争的影响，希腊世界城邦的危机频现，城邦制逐渐瓦解，民主政治进一步衰退，政权难以得到有效的控制。这样的政局又为僭主的再次出现提供了可能性，比如西西里的僭主狄奥尼修斯。

但是，通观希腊政治史，僭主政治作为一些希腊城邦为缓和阶级矛盾、解决城邦内部问题所采取的一种过渡性政体，它的作用只是暂时的，始终未能成为希腊政治发展的主流。

不过，不同的僭主之间的差别有时是很大的，一些出色的僭主还能得到民众忠诚的拥戴，对此，我们应当视具体情况来分析。以古代希腊的"七贤"[1]为例，七人中间就有皮塔库斯、佩里安德两位僭主。他们的许多事迹都为后人所景仰。皮塔库斯曾劝说过吕底亚王克诺索斯不要进攻爱奥尼亚人。他还宽恕了自己的政敌——著名诗人阿尔凯奥斯，并留下一句名言："宽恕比报复更好。"尽管人民服从他的统治，但皮塔库斯在做了 10 年的僭主之后就弃位归隐了，也没有使他的儿子继承僭主之位。

而佩里安德在政治上则更为有名。他大力发展了科林斯的手工业，使科林斯风格的陶器成为当时爱琴海上最有名的商品，从而大大增强了科林斯的实力和影响力，科林斯作为希腊第一商业城邦的地位直到 100 多年后才被雅典取代。经济的发展又带来了文化的繁荣。古希腊建筑艺术中著名的"多利亚"柱式最先出现的地方就是佩里安德治下的科林斯。据说，琴声能够吸引海豚的著名抒情诗人——列斯堡人阿里昂——也是他的座上宾。更难能可贵的是，在推动经济文化繁荣的同时，他又严禁奢侈。

这两个人以及比他们稍晚的雅典人庇西特拉图、米利都人塞拉绪布罗、萨摩斯人波吕克拉底都是当时有名的贤明僭主。他们发展民生、修缮神庙、鼓励教化。比如，塞拉绪布罗就是希腊的哲学之父泰勒斯的保护人。再比如，著名的爱情诗人开俄斯人阿那克瑞翁就生活在波吕克拉底的宫廷中，就连对雅典民主制度大加赞赏的西方历史学之父希罗多德也对身为僭主的波吕克拉

---

1 "七贤"究竟指的是哪七个人，这在古代就有很多争议。流传得最广的说法是：米利都人泰勒斯、雅典人梭伦、普林尼人比亚斯、密提林人皮塔库斯、斯巴达人基隆、林都斯人克里奥布卢斯、科林斯人佩里安德。

底之死表示非常惋惜。亚里士多德也对庇西特拉图多有褒奖之词，他说：

> 庇西特拉图处理国政是温和的，而且是具宪法形式的，而不是僭主的；他每事仁慈温厚，对待犯法的人尤其宽大……并且常常亲自下乡巡视，调查争执，解决纠纷，以免人们进城，荒废农事……对于别的一切事情，在他统治时期，他也不与大众为难。总是致力和平，保持安靖。
>
> （《雅典政制》第 19—20 页）

　　而且，往往是第一代僭主较为贤明且受民众欢迎，许多第二、第三代僭主则会逐渐变得贪婪和残暴。这让希腊人感到，世袭的权力必然会产生腐败。应该说这种"创业之君贤明，守业之君昏庸"的情况在历史上其实很常见。但为什么只有希腊人极力从根本上反对僭主制呢？这是一个十分复杂的历史问题，很难在较短的篇幅内予以透彻讨论。在此，我们只能简单地提及一点：我们知道，在希腊，所有的城邦都是"小国寡民"式的，狭小的领土范围之内公民们互相熟悉、彼此了解其政见，最适合采取非个人统治的制度，这恐怕是僭主政治不能长期存在的重要原因。而在一个幅员辽阔的国家里，各集团的利益分歧很大，一个地区的人们对另一个地区的人们了解不多，想法也不一致，要在这样的国家里实行直接民主几乎是不可能的事情。所以，我们看到，在古代，要有效地统治一个领土庞大、人口众多的国家，专制统治似乎是难以避免的。

2. 民主制的雅典

　　在古典作家所保留下来的资料中，对雅典城邦的记载是最多的，它不仅在哲学、艺术、文学方面取得了许多卓越的成就，同时在政治体制上也代表了希腊世界中两种主要政治形态之一的民主政体。而这种政体正是为后世西方所推崇备至的，甚至不惜夸大、溢美的政治体制，那么就让我们来具体地看一看这种古代民主政治是如何建立起来的吧。

雅典坐落于地中海北部希腊半岛东南部的阿提卡半岛，东、北、西三面群山环绕，南临蔚蓝色的爱琴海，地球的北纬38度线正好东西横贯其中，这赋予了雅典温和的北地中海气候特征。阿提卡半岛上的雅典，基本上没有受到过外来武力的入侵，内部也没有发生过对立民族间的斗争。雅典最初也实行君主政体，后让位于由九个执政官主持的寡头政治，最终逐步建立起民主政体，其间还经历过僭主政治。可以说，雅典民主政治的形成经历了一个动态发展的过程，其中有一些事件是值得我们注意的：

首先是公元前8世纪左右，出现了传说中的忒修斯（Theseus）改革，修昔底德说：

> 到了忒修斯做国王的时候，他表现得既明智又强大。在他改革国家的计划中，最重要的就是取消各市镇的议事会和政府，使他们都团结在雅典的下面，创造一个共有而详慎的民众会议和一个政府机构……忒修斯只许他们成立一个政治中心，那就是雅典。

（《伯罗奔尼撒战争史》II. 15）

普鲁塔克说：

> 他（忒修斯）首先把市民分为三个等级：贵族、农民和手工业者。

（《希腊罗马名人传·忒修斯传》25）

这两段古典作家的记载告诉我们，忒修斯改革的内容主要涉及两个方面：

一是实行部落联盟，联合境内各村社，并建立起义事会和行政机构；二是划分出了等级制，将社会各阶层分为贵族、农民和手工业者三个等级，并规定只有贵族可以充任官职、执行法律，农民和手工业者在公民大会中可以拥有一席之地，但不能担任官职。这实际上是雅典部落向国家过渡的重要一步，忒修斯也因此被视作雅典国家的奠基者。

其次是基伦（Gelon）暴动（公元前 630 年），这是平民与贵族斗争激化的产物，基伦企图乘乱夺取政权建立僭主政治，却因缺乏下层民众的广泛支持，很快便被镇压。但平民反抗贵族的斗争并没有结束。

在雅典，贵族慑于平民的压力于公元前 621 年颁布了《德拉古法典》（The Law of Drakon）。这是雅典的第一部成文法，虽然它不过是将原先的习惯法用文字形式记载下来，其量刑仍然十分严苛，但是，它对贵族随意解释法律、为己谋利的行为多少有了约束和限制，因此乃具有划时代的意义。

而在雅典民主道路上迈出重要一步的当数梭伦的改革。梭伦出身贵族，早年曾兼营贸易，与商旅为伍，并且周游海外，成为饱学之士，被时人誉为"七贤"之一。他还曾在雅典与邻邦麦加拉的战斗中勇立军功，率众攻克了本应属于雅典的萨拉米斯岛，因此在民众中有很高的威望。这样的背景和经历使他能被社会各阶层所接受。在梭伦生活的时代，雅典的阶级矛盾异常尖锐，政局动荡不安。贵族统治阶级依然顽固不化，不满的平民则已准备铤而走险，武装起义一触即发。梭伦在一首哀歌中写道：

> 我注目凝视，而悲哀充溢着我的心，
> 这爱奥尼亚最古老的地方竟至陷于绝境。

（《雅典政制》5）

与此同时，社会上还有一批靠经营工商业致富的奴隶主，他们多出身平民，有钱而无势，也对贵族统治不满，但又不愿看到内战爆发。面对当时的危机，梭伦既痛恨贵族的顽劣，也不愿引发平民的暴动。他认为，凡事必须以整个城邦的利益为重，只有站在不偏不倚的立场上，采用改革的方式，才能解决平民备受压迫以及随之而来的各类问题。公元前594年，梭伦当选为雅典的首席执政官，他随即以立法者的身份进行了一场著名的改革。

梭伦改革的第一个重大措施是颁布"解负令"，即解除雅典人的一切债务及其因负债而遭受的奴役。根据这个法令，平民所欠下的公私债务一律被废除，沦为债务奴隶的雅典公民也一律被释放，同时永远禁止放债时以债务人的人身作为担保。这意味着在公民中取消了债务奴隶制。不仅国内因负债被奴役的公民立即获得自由，国家还负责赎回那些被卖到国外的人。"解负令"不仅使雅典公民中的贫苦大众解除了最沉重的负担，而且由于它取消了债务奴隶制，还对雅典社会产生了极其深远的影响。从此以后，雅典的奴隶便全部由外邦人充当。公民不再遭受债务奴役，公民团体得到了巩固，雅典的奴隶制经济由此走向繁荣，民主政治也随之发展起来。不过，债务奴隶制的取消只是针对本邦公民而言，并不是要反对奴隶制本身，因而不会阻碍奴隶制的发展。

改革的第二项重大措施是主要按土地收入的多少划分公民等级，取消了以前的贵族、农民、手工业者三级之分。具体细则是：第一等级的财产资格为每年收入按谷物、油、酒等总计达500麦斗以上（每麦斗约合52公升）；第二等级是收入300麦斗以上者；第三等级的标准则是200麦斗以上；其余收入不足200麦斗者统统归入第四等级。这一措施自然使工商业奴隶主得利，因为按财产来划分，他们必然位居第一等级和第二等级。同时，改革对贵族虽有所打击但相对温和，因为贵族以其财产同样可以名列第一和第二等级，只是他们的特权受到削弱，不能再独占政权了。相应地，各等级有各自的政治权利和兵役义务：第一级可任执政、司库及其他一切官职；第二级与第一级相同，惟不得任司库，前两个等级在战时须提供骑兵；第三级可担任低级官职，但不能担任执政官等高级官职，他们需要在战时提供重装步兵 第四级则不得担任一切官职，但可和其他等级一样充当陪审法庭的陪审员 他们必须在战时提供轻装步兵或在海军服役。由此可见，梭伦的这项改革使工商业奴隶主进入第一和第二等级，从而获得了掌握政权的机会，上升为统治阶级。

　　第三项重大改革是设立新的政权机构：四百人议事会（the council of 400）和陪审法庭（jury-court）。四百人议事会由 4 个部落各选 100 人组成，除第四等级外，其他等级的公民都可当选。四百人议事会获得原属贵族会议的众多权力，如为公民大会拟订议程、提出议案等，从而成为公民大会的常设机构。贵族会议虽然被保留下来，却失去了原先的实权。而公民大会则成为城邦实际上的最高权力机构，因为各项改革法令都必须在公民大会上通过。公民群众参加大会的积极性因此空前提高。梭伦建立的另一新机构是陪审法庭，它不仅参与例行审判，还接受上诉案件，相当于雅典的最高法院。梭伦规定，每一位公民都有上诉的权利，而陪审法庭由陪审员担任法官，人数从数十名至上百名不等，各级公民都可通过抽签任职，审案时通过投票做出判决。因此相对民主，打破了传统贵族垄断司法的积弊。第四项改革措施是制定新的法典，以代替《德拉古法典》，如规定除犯下杀人罪外，其他罪犯不得被处死；任何公民皆有权提出控告；禁止买卖婚姻；保护孤寡妇孺；等等。此外，还有一些促进工商业的法规，例如奖励国外技工迁居雅典，对携眷移民给予公民权；雅典公民必须让儿子学一门手艺，否则儿子可拒绝赡养父亲；禁止除橄榄油以外的其他粮食出口；对度量衡和币制进行改革，使雅典可以更好地开展对外贸易；等等。

　　综观梭伦的各项改革，可以看出，改革在解救民众疾苦、消除贵族特权方面迈出了很大的一步，同时也为工商业奴隶主掌握政权奠定了基础，从而把雅典引上了在奴隶制基础上建立民主政治、发展工商业的道路。可以说，梭伦在试图解决雅典的社会与经济问题时，对城邦的政治与社会制度进行了根本性的改革，奠定了古典城邦的基础。梭伦的改革标志着雅典古典城邦制度的确立。

梭伦的改革出现于各阶层激烈斗争之时，他试图以一种中立的立场调解冲突，缓和各方的矛盾，他曾以诗明志：

> 我所给予人民的适可而止，
> 他们的荣誉不减损，也不加多；
> 即使是那些有势有财之人，
> 也一样，我不使他们遭受不当的损失；
> 我拿着一只大盾，保护两方，
> 不让任何一方不公正地占据优势。

（《雅典政制》12）

然而，他这种力图不偏不倚的立场，让贵族认为他偏离了本阶级的立场，而平民也并未得到充分的满足，于是他遭到了来自双方的反对。据说有人建议他实行僭主政治，以专权的方式推行其措施，但被梭伦婉言拒绝。最终，梭伦在执政一年后离任，出国远游，此后再也没有踏入政坛，直到公元前560年去世。

梭伦以后，雅典公民内部派别斗争又趋激烈，出现了平原派、山地派、海岸派三派相持不下的局面。从阶级背景看，大体上可以说平原派代表贵族，山地派代表农民，海岸派则代表工商业者。按照希腊城邦的惯例，派别斗争激烈时，往往有利于执政者加强自身的权力，从而走上僭主政治的道路。一般说来，僭主政治具有反贵族的倾向，况且，在雅典，梭伦的改革也已为反贵族阵营奠定了基础。因此，长期斗争的结果是山地派的领袖、曾为梭伦之友的庇西特拉图在雅典成功地建立了僭主统治。他依靠农民的支持以武力夺取政权，从公元前 541 年开始统治雅典。公元前 527 年，庇西特拉图去世，其子又继续统治了 18 年，直到公元前 510 年被人民推翻。将近半个世纪的庇西特拉图僭主政治在雅典历史中留下了重要的篇章。庇西特拉图执政期间，继续执行梭伦的各项改革措施，使雅典仍然按照梭伦改革确定的路线发展，增强了雅典的国力。

在结束了几十年的僭主政治后，雅典平民与贵族的矛盾又趋激化。在此情况下，出现了另一位平民改革家克利斯提尼（Cleisthenes）。与梭伦一样，克利斯提尼是出身贵族却支持平民的民主政治家。公元前 508 年（或公元前 509 年），他针对梭伦改革尚未深入触及的雅典选举体制和血缘团体做了较为彻底的改革。

其内容之一是废除传统的 4 个血缘部落，取而代之的是 10 个新的地区部落，并按新的部落体制进行选举。每一地区部落都包括城区、沿海和内地三大区域，三者合成一个"三一区"。整个雅典城邦共有 30 个"三一区"，每个"三一区"又包括若干村庄，作为雅典公民社会、政治及宗教活动的基本单位。正是通过彻底地按地区组织社会基本单位，克利斯提尼改革沉重打击了氏族贵族，使他们无法依靠旧的氏族血缘关系影响选举，雅典的国家组织也因摆脱氏族关系的残余影响而得以完全形成。

在组成新的选区之后，克利斯提尼便以 10 个部落各选出 50 人组成的新五百人议事会（the council of 500），取代了梭伦时期的四百人议事会，会议规定所有公民不分等级皆可担任其成员。这样一来，每个身体健康并关心城邦政治的雅典公民，原则上都有当选五百人议事会成员的权利，实际上每个公民在他的一生中也总会有一两次获选的机会。五百人议事会的权力也得到扩大，除了为公民大会准备议案、讨论议题并主持公民大会外，它还在公民大会闭会期间负责处理国家日常政务，五百名成员按部落分为 10 组，在一年内轮流值班，被称为"主席团"（the Presidency），每组 50 人，内部也轮流抽签值班，在某个人值班的那天，他便是雅典国家地位最高的公职人员，有权主持公民大会、接见外国使团。

克利斯提尼还创立了十将军委员会，由军事执政官担任主席。将军之职延续公民自费服役的传统，不仅没有薪饷，还要由个人出资承担装备费用（包括勤务兵），因此只有家产丰厚的人才有能力和意愿担当。所以，它始终不以抽签选出，而是由选举产生，并可连选连任（但也可以被随时罢免），后来这一职务便成为奴隶主上层掌握的要职，对雅典政局影响较大。

克利斯提尼改革的最后一项措施是实行陶片放逐法（陶片是指选票），它是按公民投票来决定是否对某一公民实行政治放逐，因投票时把定罪人的名字写在陶片上而得名。每年由五百人议事会提请公民大会讨论是否执行此法，若大会同意，就召开全体公民大会进行投票，只要出席人数达到 6 000 且多数人投放逐票，被控者就要被流放国外 10 年，但不动其财产，也不株连家人。这个放逐法对那些不受群众欢迎的头面人物（往往是贵族）构成很大的威胁，不失为民主政治的一个重要工具。但有时也有滥用的情况，比如对一些民望很高的公众人物也采用这一办法，普鲁塔克在评价雅典人放逐地米斯托克利（Themistocles）时说：

　　　　他们就像经常对待一切施行暴虐，与真正的民主、平等相悖逆的人那样，对他施用贝壳放逐法来剥夺他的尊严和杰出的声望。因为贝壳放逐法并不是一种刑罚，只是用来贬黜显要人物以平息妒意，以剥夺公民权的方式来发泄怨气。

　　　　　　　　　　　　　　（《希腊罗马名人传·地米斯托克利传》25）

普鲁塔克不认为被放逐是一种刑罚，他的批评还算是比较温和的。但是，我们知道，公民权在古代希腊几乎是人之真正为人的一个重要标志，公民权的丧失对于一个公民来说意味着现实中与精神上双重的重大打击，其结果是政治生命的完结和故国家园、神圣祭坛的丧失，这不能不说是一种严重的惩罚。而且，这种对法律的滥用体现了大众对精英的排斥，势必会对城邦政治的正常运转带来影响，甚至产生一些不良的后果，这在古典时代后期表现得更为明显。

综上所述，如果说梭伦改革初步创立了雅典民主政治的机构，那么，克利斯提尼改革则确立和巩固了雅典的民主政治。后者是一次相对彻底的社会改革，基本肃清了氏族制的残余。至此，雅典平民与贵族一百多年来的斗争终于以平民的胜利而宣告结束。雅典民主制的国家形态也最终得以形成。

希波战争之后，雅典民主政治的发展尤为显著。伯里克利从公元前 461 年开始从政，直到公元前 429 年，这三十余年是雅典民主政治的极盛时期，即所谓的黄金时代，也称"伯里克利时代"。

104 页图伯里克利像的大理石复制品高 48 厘米，现收藏于伦敦大英博物馆，原作为青铜制品，由克雷西勒斯制作于公元前 430 年。在这尊雕像中，伯里克利是一个中年人的形象，头盔代表着他军事家的身份，头盔下露出的卷发和络腮胡，让他显得庄重老成。他的目光深沉而安详，仿佛正处于沉思之中，流露出自信的嘴角，使人能感到他的胸有成竹和沉着冷静。

在伯里克利时代，雅典的主要政治机构仍是公民大会、五百人议事会、陪审法庭和十将军委员会。这时，包括执政官在内的几乎所有官职对每个等级的公民都是开放的，所有公民都可通过抽签的方式获选。公民大会是最高的权力机关，每隔 10 天召开一次，凡年满 20 岁的男性公民都有权参加。大会实行直接民主制。在公民大会上，参会公民可以批评、审查公职人员；讨论对内、对外政策，并做出决议；审议和通过法律及法令；等等。五百人议

伯里克利胸像（©Marie-Lan Nguyen / British Museum）

事会的构成与职权，仍与克利斯提尼时代大致相同，其主要职务是筹备公民大会以及处理公民大会闭会期间的日常行政事务。陪审法庭是最高司法与监督机关，它拥有 6 000 名陪审法官，由每个部落里 30 岁以上公民抽签选出 600 人组成，这些法官被分配到 10 所法庭，平均每所 500 人（另有 100 名候补法官）。陪审法庭的判决通过秘密投票的方式产生，它负责审理许多重要案件，如国事罪、渎职罪等。此时的贵族会议虽然存在，但已被剥夺了核准、否决公民大会决议和审判公职人员渎职罪的权力，只保留了审理谋杀案及宗教罪行的权力。十将军委员会的权力则有所扩大，它不仅统率军队，也参与行政，其中的首席将军更是握有军政大权，几乎成为最高首领。十将军在公民大会上以举手方式选出，可连选连任。

由于全体公民参与的公民大会不仅控制着立法与行政，同时还控制着司法，因此雅典既没有职业的行政人员，也没有专业的法官或律师。可以说，雅典城邦的所有事务基本上都是由业余者来管理的："公职的专职化被尽可能地控制在相当小的范围内。事实上，专家通常是公共奴隶。每一个公民都轮流做士兵（或水手）、立法者、裁判者、行政管理者……"[1] 今天的人们可能会对这样的做法感到荒谬，但它是基于这样一种理念："即人们把在生活的某个适当时候参与所有的城邦事务看作一个个体对城邦和他自己应尽的责任。这是一种完满的生活的组成部分，只有城邦才能提供……就雅典人而言，通过商讨进行自我管理、自律、个人的责任感，参与城邦所有方面的生活，这些事情就像呼吸对于生命一样不可缺少。"[2]

伯里克利时代还有两项较为特殊的措施，一是为了鼓励公民更频繁更积极地参加政治活动而发放的公职津贴。陪审法官每日可领到 2 个奥波尔（大约相当于一人一天的生活费用），五百人议事会的成员每人每日有 5 个奥波尔，执政官每日有 4 个奥波尔。另一项措施是发放戏剧津贴。在公共节庆上演戏剧的时候，观众看戏是不用自己花钱的，政府专门发给每个公民 2 个奥波尔的津贴，鼓励群众观看戏剧。能够实行这两项举措，当然与雅典城邦财政的充裕密不可分，这同时也显现出民主政治的兴盛景象。

伯里克利在阵亡将士国葬典礼上发表的那篇著名演说词中对雅典实行的民主政体进行了总结，充分体现了雅典人对其政体的自豪与骄傲。在演讲词中，伯里克利将雅典与整个希腊世界相比较，也将雅典与斯巴达进行了专门的对比。然后他说：

---

1 （英）基托《希腊人》，第 157 页。
2 （英）基托《希腊人》，第 158 页。

我们的制度之所以被称为民主政治，是因为政权在全体公民手中，而不是在少数人手中。解决私人争执的时候，每个人在法律上都是平等的；让一个人负担公职优先于他人的时候，所考虑的不是某一个特殊阶级的成员，而是他们具备的真正才能。任何人，只要他能够对国家有所贡献，绝对不会因为贫穷而在政治上默默无闻。正因为我们的政治生活是自由而公开的，我们彼此间的日常生活也是这样的……在我们私人生活中，我们是自由的和宽恕的；但是在公开的事务中，我们遵守法律。这是因为这种法律深使我们心悦诚服。

……

对于那些我们放在当权地位的人，我们服从；我们服从法律本身，特别是那些保护受压迫者的法律……现在还有一点，当我们的工作结束之时，我们可以享受各种娱乐，以提高我们的精神……我们爱好美丽的东西，但是没有因此而变得奢侈；我们爱好智慧，但是没有因此而变得柔弱。我们把财富当作可以适当利用的东西，而没有把它当作可以自我夸耀的东西。

（《伯罗奔尼撒战争史》II. 37-40）

伯里克利的这番演讲无疑向我们提供了一幅理想化了的雅典图景，尽管如此，我们仍可认为这大体上是一幅真实的图景，更何况，一个民族的理想是其自身特性的重要组成部分之一。

应该说，在雅典形成的这种古代民主制度，在当时确实具有重大的进步意义，它协调了公民集体内部不同阶层的利益，为雅典公民充分发挥主动性和聪明才智提供了条件，从而促进了社会经济和文化的发展。但这一制度仍有其极大的局限性，在雅典，不仅奴隶被排斥在民主政治之外，外邦人和妇女也是没有公民权的。有公民权的只是雅典自由民中的成年男子，即使在民主制比较兴盛的公元前 5 世纪中期，公民的人数也不过 4 万人左右。即更在公民群体中，实际上也并非全部能经常参加公民大会。因为众多的农民和手工业者忙于生计，时常无暇参加频繁的政治活动。公民中也存在着以财产和收入为基础的等级划分，只有最富有的人才能谋得高位，没有财产的公民只能参与一些基础活动，如参与投票或是担任陪审团成员。农民和手工业者更不可能担任大权在握的将军，因为这个职务是月举手选举的方式产生的，并且连选连任，选举过程常常为上层所操纵，使得这一重要职务被垄断。可见，雅典民主在很大程度上仍是富人的民主，因为只有富人有能力既在乡村中保持影响，又可长期居住在作为政治生活中心的雅典城内，这正好为雅典政治家多为富人却仍施行民主制度的历史现象提供了解释。躬逢其盛的历史学家修昔底德在评论伯里克利当政时的雅典民主制度时，就指出：

> 雅典在名义上是民主政治，但是事实上权力是在第一公民手中。
>
> （《伯罗奔尼撒战争史》I. 55）

而雅典在与其他城邦的交往中更是谈不上民主，当初那个为对付波斯人而组建的提洛同盟，在战后逐渐成了雅典发展自己利益的重要工具——雅典人利用同盟金库的资金来修建神庙、打造战船，甚至将其他同盟国都降至臣属的地位，稍有反抗，即予以武力镇压。可见，这个看似民主政治灯塔的雅典，却在同盟内部称王称霸，且手段横暴。请听克里昂（Cleon）对雅典人的演说：

> 你们的帝国是一个对属民的暴君统治，你们的属民不喜欢它，总是阴谋反对你们；你们不会牺牲你们自己的利益而给他们以恩惠，使他们服从你们；你们的领导权依靠你们自己的优越势力，而不是依靠他们对

你们的好感。

(《伯罗奔尼撒战争史》III. 37)

　　总而言之，雅典的民主政治所发挥的作用其实是极其有限的，伯里克利所描绘的那种绝妙的平衡只维持了很短的时间。

　　雅典民主制的败坏在伯罗奔尼撒战争中有更明显的表现。生于战争期间的喜剧诗人阿里斯托芬在《骑士》一剧中，通过一个将军与一个卖香肠的小贩之间的对话讽刺了当时的民主制度。请看：

　　腊肠贩：你说吧，像我这样一个卖腊肠的，怎能够变成一个大人物呢？

　　得摩斯忒涅斯：正因为你是卖腊肠的，你才会变得伟大，因为你是一个坏蛋，一个冒失鬼，一个从市场里训练出来的家伙。

　　腊肠贩：我认为我不配掌管大权。

　　得摩斯忒涅斯：唉，有什么理由说你不配？我看，你的心眼儿太好了。你是名门望族出身的吗？

　　腊肠贩：真的不是，是下流人家出身的。

　　得摩斯忒涅斯：你这个命运的宠儿啊，你有一种多么好的政治本钱啊！

　　腊肠贩：但是，好朋友，除了识字，我并没有受过什么教育，就连识字也糟透了。

　　得摩斯忒涅斯：识字就碍你的事儿，"糟透了"！因为如今一个有教养的人、一个正人君子不能够成为一个政治家，只有那无知、卑鄙的人才能够呢。你可不要错过了众神显示给你的机会。

(《骑士》179—193)

　　伯里克利去世之后，雅典的情况更加糟糕，亚里士多德说：

在伯里克利担任人民领袖的时候，国家大事尚能顺利进行，可是，等他一死，事情也就变得坏多了……自克利俄丰以来，人民领袖不断地一线相承，尽是些最喜欢鲁莽行事的人，他们使多数人满意，目的只是求得当前的声望而已。

（《雅典政制》3.5）

如果说，在伯里克利时代，因为他的智慧和贤明，他尚能既尊重人民的自由，同时又能够控制民众，但是他的继承者们为了获得领导地位则只知道一味奉承、笼络民心，致使公民大会时常在一些别有用心的政治家的煽动下通过一些错误的决议。这样一来，整个社会便很容易陷入一种极端的无政府状态。对于当时的情况，修昔底德一针见血地指出：

每个人都想居于首要的地位，所以他们采取笼络群众的手段，于是他们丧失了对公共事务的实际领导权。在一个统治着帝国的大城市中，这样的政策自然会引起许多错误。

（《伯罗奔尼撒战争史》I.35）

总之，雅典的民主政治既非完美无缺，也与今天的民主政治有许多不同之处，一些我们今天以为是民主的东西在当时恰恰被认为是反民主的。例如，现代民主国家大多将国家权力托付给一些具有代表性的、专业化的管理人员，这对希腊人而言，就是典型的寡头政治。鉴于篇幅有限，对此问题我们不作更多的展开。需要明确的一点是，雅典的民主与我们今天以为的民主（有时是美国式的民主）是不一样的，它是在一个极特定的地域、一段极短暂的时间、一个极特殊的社会环境，以及一小群人中流行的社会精神类型。这是一种永远不可能被复制的民主政体，它存在着不可逾越的时代局限性。

3. 贵族制的斯巴达

在雅典成为后人心目中追求自由和民主的城邦楷模的同时，在古代希腊，还有另一种并行发展的政治模式，这就是斯巴达的贵族政体。

斯巴达（Sparta）是古代希腊一个非常重要的城邦，也是领土面积最大的城邦之一，它的国家制度很有特色。斯巴达位于伯罗奔尼撒半岛的拉科尼亚平原上，三面环山，南部靠海，但并无港口，因此与外界的交通极其不便。斯巴达一词有"散居之地"或"播种地"的意思，顾名思义，可知其土地适宜农耕。关于斯巴达的早期历史，我们的了解有限。考古发掘已证明斯巴达与迈锡尼的关系较为密切。荷马史诗中的那位引起特洛伊战争的绝色女子海伦，也正是斯巴达王国的王后。大约在公元前 1200 年，南侵的多利亚人将伯罗奔尼撒南部的斯巴达作为他们的重要据点，经过一段漫长的时光，他们完全征服了原有居民，在公元前 9 世纪末开始建立国家。公元前 8 世纪，多利亚人又征服了拉科尼亚以西的美塞尼亚地区。在不断的征服过程中，斯巴达形成了与雅典不同的政治体制、社会组织及文化模式。我们将提取以下几个重点加以解说：

首先是斯巴达的政治体制：相传斯巴达的社会、政治制度是由一位古代的立法者吕库古（Lycurgus）在阿波罗神庙的女祭司佩提亚的指引下，根据神谕（即神的旨意）而制定的，据希罗多德说：

> 佩提亚向他宣托了一整套斯巴达人到今天还遵从着的法制……由于这样的改革，他们成了一个拥有良好法制的民族。
>
> （《历史》I. 65–66）

其时间大约是在公元前 7 世纪末或公元前 6 世纪初。至于历史上是否确有吕库古其人，古代作家和现代学者对此都颇有争论。目前学界普遍认为：斯巴达的政治制度完整严密，似乎在其立国之初确有像吕库古这样的立法者为之规划。但同时我们也注意到，吕库古改革中包含的各种制度植根于多利亚人固有的传统之中，因此它们也或多或少地见于其他多利亚人的城邦，并且在吕库古之后数百年间不断得到补充和加强。后人托古改制，把一些较晚时期才有的规制也归于吕库古名下，这又增加了问题的复杂性。但是无论是否真有其人，他都被认为是斯巴达国家制度的创立者。

根据传说，吕库古是从德尔斐（Delphi）的阿波罗神谕中获得有关改革的基本思想，这赋予了改革神圣的光辉。改革主要包括以下内容：为主神和雅典娜女神建立神殿；组成新的部落和选区，建立包括两位国王在内的30人的议事会，并按季节召开民众大会；议事会可向大会提出建议并宣布休会，公民皆可参加大会并有决定之权。

吕库古的改革确立了斯巴达的政治制度，从这几句古朴的话中衍生出来的是包括双王、贵族议事会、公民大会和监察官在内的以贵族议事会为核心的贵族政制。二王共治是斯巴达社会的独特现象，即由两个国王共同执政，存在两个世袭的王室。但与古代东方的专制君主不同，斯巴达的国王不是绝对王权的象征。其权力主要是宗教和军事方面的，国王在平时主持国家祭祀，战时由一位国王领兵出征，另一位则坐镇国内。贵族集团在社会的政治生活中起着很大的作用，他们控制了大部分的土地。贵族议事会是最高权力机关，除两位国王外，另有28位年逾花甲的贵族长老，分别由各个胞族推举，由公民大会以欢呼的方式通过，他们终身任职，讨论一切军国大事，提出议案然后交由公民大会予以形式上的通过。斯巴达公民大会表面上有"决定之权"，但公民无权提出提案，不能发表异议，也不能展开讨论，只能对国王和贵族的提案进行表决，表决方式是公民的呼声，可见其权力实际上极为有限。此外，吕库古还设立了5名监察官，由国王和贵族提名，在公民大会上由众呼的方式选出。初时，其职责只是监督公民"刮净胡须、遵守法律"，即主要督促年轻人的体质锻炼，维护公民的风纪。之后，监察官的权力和职责越来越大，主要负责监督法律的实施，并判处违纪案件。

其次，根据吕库古的立法，斯巴达还形成了一种严格的等级制，又称希洛制。第一等级是斯巴达人。斯巴达农业城邦的性质决定了它没有发达的商品经济，因而在客观上消除了阶级分化的可能。为了在主观上也消除阶级分化，斯巴达人建立了所谓的"平等人公社"，每个斯巴达人均自称为平等人。在城邦最盛时期，斯巴达公民约有 9 000 人，国家把全国土地按户分给公民，土地可以世袭占有，但不得买卖。每户拥有均等的份地，不过，他们并不从事生产，土地完全交由国有奴隶（主要是被征服居民）耕种。奴隶和土地一样，所有权都属于国家，各户只能世代相传，不得转让买卖。这些以平等人自称的斯巴达公民组成一个集团，是居于统治地位的奴隶主阶级。第二等级是皮里阿西人（perioikoi）。他们是没有公民权，却有人身自由的小生产者，拥有自己的土地、作坊和店铺，从事农工商业。由于国家规定斯巴达人不得经商做工，所以在斯巴达国内从事工商业的主要就是皮里阿西人。他们没有任何政治权利，不得参与任何"平等人公社"的政治活动和政治会议，但要纳税和服兵役。一般认为，他们来自那些未被斯巴达直接征服的边远地区。据说，吕库古改革时曾分给他们 3 万份土地，也就是说，约有 3 万户皮里阿西人。第三等级是希洛人（Helots），是斯巴达的国有奴隶。斯巴达人的平等人公社就建立在对希洛人的压迫与剥削的基础之上。

据说，斯巴达在攻陷了拉科尼亚南部的希洛城后，把全体居民变为奴隶，这些奴隶就被称为希洛人，之后这一名称又成了所有斯巴达国有奴隶的代名词。他们生活在自己的村落里，每户（或数户）各自耕种斯巴达人的份地，每年向份地主人缴纳 82 麦斗大麦以及一定数量的油和酒，大约等于田地产量的一半。因为希洛人身属国家，主人不能将他们私自变卖，亦不可索取超过规定的产品。但作为奴隶，希洛人的身家性命却完全在"平等人公社"的掌握之中，斯巴达政府可以任意杀死希洛人。

之所以将这一制度称作希洛制，就是因为它主要是针对希洛人而言的。他们的人数远远超过了身为统治阶层的斯巴达人，于是，如何有效、安全地管理、奴役他们便成为斯巴达城邦的重大任务，并由此决定了斯巴达社会的某些独特方面，比如，希洛人每年都会按时被打，为的是要他们"牢记"自己的奴隶身份。斯巴达政府还时常命令青年公民组成小队到希洛人居住的村庄明察暗访，发现希洛人中有壮实勇敢者或心怀不满可能会反抗的人，夜晚就突然袭击，将其杀害。而每年新当选的监察官上任，首先都要举行一个向希洛人"宣战"的仪式，因为宣战之后，希洛人就成为敌人，可以毫无顾忌地屠杀。在"宣战"的仪式上，希洛人轻则饱受一顿皮肉之苦，重则便会被活活打死。

再次是斯巴达式教育。由于斯巴达的国家是在军事征服中产生的，因此，征服他人、镇压希洛人的反抗，就成为斯巴达男人唯一的事业，当兵打仗是斯巴达男人的天职。斯巴达人崇尚勇敢、无畏、吃苦耐劳、视死如归的精神。在斯巴达人看来：

英勇杀敌为祖国而战，
死于最前线最美好。
弃城而逃，抛下沃土，
到处行乞最可哀，
带着慈母、老父，
稚子、爱妻四处流浪，
遇到谁谁讨厌，
可恨的贫困压迫他，

有辱家族和自己的好形象，

羞辱和苦难也紧追随。

流亡者没人关心，

耻辱，丢脸，没人可怜，

不如为家乡为子孙而战

舍去一条性命。

······

（提尔泰奥斯：《劝诫诗》，引自水建馥译《古希腊抒情诗选》，第 40 页）

　　于是，整个国家仿佛就像一个大兵营，社会生活处处充满浓厚的军事色彩。斯巴达的男性公民从一出生就要接受体格检查，体质过弱便会被抛弃，任其冻饿而死。只有体格强壮、日后能适应军营生活的孩子才获准养育。男孩从 7 岁起就离开家庭，开始过一种纪律严明的集体生活，接受各种艰苦的体魄训练，风餐露宿，在寒冷的攸罗塔斯河中洗澡，到野外去抢掠。他们 12 岁起不许穿内衣，1 年之内只能穿 1 件外衣。晚上要睡在自己编制的草垫上。斯巴达少年从小就要锻炼忍受肉体痛苦、饥饿、寒冷、黑暗和孤独的能力。他们无须学习过多的字，会写简单的书信就足够了。他们不学习雄辩术，而是从小就注意要尽可能使语言简短、精练。有人认为斯巴达的教育制度带有浓厚的军国主义色彩，因为它的目的就是为了把所有的斯巴达人都培养成战士，事实上斯巴达人一生都是战士。他们 20 岁开始过军营生活，直到 60 岁。

　　这种军营生活为斯巴达人培养了一批又一批杰出的战士，他们是最擅长搏击的战士。因此，斯巴达的军队是希腊各城邦中最骁勇善战的，其战斗力在当时希腊的各个城邦中可谓无与伦比。斯巴达战士在残酷的战斗中总是从容英勇，视死如归。他们在冲锋时，队列齐整，伴随着优美的笛声，投入殊死的搏斗。通过这些措施斯巴达确实拥有了一支希腊世界实力最强、纪律最严的军队。请听斯巴达国王在军队出征前对将士们所说的话：

> 要想到你们可能给你们的祖先和你们自己带来光荣，也可能带来耻
> 辱，如果你们受到挫折的话。记住这个指示，跟着你们领导者走，严格
> 注意你们的纪律和安全。如果大军的纪律特别好，使整个军队的行动恰
> 如一个人的行动一样，那是最好的事，也是最安全的事。
>
> （《伯罗奔尼撒战争史》Ⅱ. 11）

历史上还流传着不少形容斯巴达少年军训执法如山、斯巴达战士赴汤蹈火的佳话。

日常生活中，他们的饮食起居也十分简单而有规律。据说，在斯巴达有一道美食，名叫"黑肉汤"，在斯巴达人中最具盛名，但外邦人吃了之后，却不想再吃第二次，由此可见其饮食之粗糙、生活之简朴。而率军最后取得伯罗奔尼撒战争胜利的斯巴达统帅莱山德（Lysander），就因为把很多金钱运回国内，结果反而遭到许多怨言，说他由此带来了腐化之风。据普鲁塔克记载：

> 随着金钱的涌入，贪婪致富的欲望也泛滥起来了。莱山德在其中起了
> 关键作用，虽说他本人奉公廉洁，可是从战争中带回大量金银，使得国内
> 充斥了对财富和奢侈的嗜好，从而破坏了吕库古的法律。
>
> （《希腊罗马名人传·吕库古传》30）

斯巴达人的婚姻也很特别。斯巴达男人 20 岁订婚，30 岁结婚。婚姻的目的是生育健康的后代，培养出强健的战士和能生育这种战士的健壮母亲，因此，斯巴达统治者虽然禁止女性参政，但要求她们认真参与体育运动（116 页图中这尊公元前 700 年的塑像表现的是一个正在跑步的斯巴达妇女），以便更

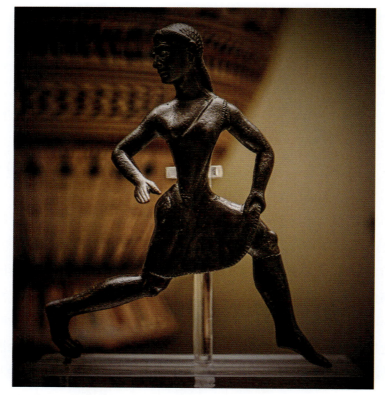

跑步的斯巴达妇女小雕像（©British Museum）

后能够生育出强壮的后代。据说，斯巴达男人在结婚之后，只能在黑夜回家
中同妻子相会，天不亮就得返回军营，直到有了孩子，丈夫才能在白天仔细
看清妻子的容貌。战士出征前，斯巴达的母亲或妻子在送别自己的儿子或丈
夫时，往往指着盾牌做这样的临别嘱托：不是携着它凯旋，就让它抬着你的
尸体而归。诗人是这样描写斯巴达战士的：

　　　　前进，多男子汉的斯巴达城青年，
　　　　你们祖祖辈辈都是自由公民，

快用左手紧握盾牌推向前，

以无畏的精神把长矛投掷出去。

你们决不要吝惜自己的生命，

因为这不是斯巴达祖传的风范。

（提尔泰奥斯：《赴战》，引自水建馥译《古希腊抒情诗选》，第 39 页）

拥有这样战士的斯巴达当然所向无敌。因此，斯巴达凭借自己的军事实力，在伯罗奔尼撒半岛上成了事实上的霸主。公元前 6 世纪下半叶，除了阿尔戈斯以外，伯罗奔尼撒半岛上的主要希腊城邦，包括科林斯、麦加拉等都被斯巴达纠集起来组成了伯罗奔尼撒同盟，同盟是军事性质的，决意依斯巴达的利害而定。召集同盟会议的权力归斯巴达，但决议必须有大多数入盟者的同意方能生效。同盟中各城邦仍保持着自己的独立，只是在外交、军事方面听从斯巴达的协调和指挥。然而，斯巴达人经常利用同盟的力量镇压境内的希洛人起义，也利用同盟干预各邦内政，支持各邦的贵族统治，从而与雅典在各方面形成对峙。

上述描写似乎给人留下这样一种印象：斯巴达人穷兵黩武，生活刻板，在文化上更是毫无建树。但实际上，斯巴达人对希腊文明并非全然没有贡献，只是他们对自己的事迹疏于记载，我们今天对于他们的了解更多地来自雅典人的记载。即使如此，我们仍然从雅典人的笔下得知：早在公元前 7 世纪，希腊的诗歌开始蓬勃发展的时候，当时最著名的抒情诗人吕底亚人阿尔克曼就在斯巴达常住。他写的合唱诗歌一直被认为是全希腊最好的，这为斯巴达的少女合唱队在以后很长时间里饮誉整个希腊打下了根基。而当时最著名的哀歌诗人之一——米利都人提尔泰奥斯——因为写出了能激励士气的战歌，而被授予斯巴达公民权，虽然他一天也没有在斯巴达住过。普鲁塔克也对斯巴达人在诗歌及音乐方面的才能给予了肯定，他说：

斯巴达人在音乐与诗歌培养方面也很认真严肃，可与他们渴求谈吐纯洁所做的努力媲美。他们的歌曲蕴含激情，振奋精神，唤起热诚，备具效能。其风格古朴，毫无矫揉造作，主题皆是严肃的教诲……

（《希腊罗马名人传·吕库古传》21）

在很多古希腊作家的笔下，斯巴达并没有今天人们想象的那样封闭保守。由于他们的强大和公正，一般的城邦之间有了纠纷往往找斯巴达人调解。普鲁塔克说：

斯巴达仅仅凭着它信使的节杖和使者的大氅，就能使整个希腊心悦诚服、欣然从命；就能推翻各国非法的寡头统治和僭主政体；就能仲裁战争、平息叛乱。常常不必动用一兵一卒，仅仅派出一名使节即可；号令一出，（各国）顿时臣服；如同蜂群的首领驾临，群蜂都密集成群地簇拥他一样。斯巴达享有的杰出政体与正义，是多么巨大的财富啊！

（《希腊罗马名人传·吕库古传》30）

由此可见当时斯巴达人在希腊诸城邦中的地位和权威。

同时，在斯巴达，一些淳朴的生活习惯也因此被保持了下来。当时很多希腊人都很羡慕斯巴达人的生活方式，比如，希波战争后期雅典最著名的将军客蒙以及柏拉图。事实上，在近代之前，西方知识界对斯巴达人的印象都是很好的。比如普鲁塔克在他的《希腊罗马名人传》中对于梭伦还有所保留，而对吕库古和斯巴达人的制度却极尽赞美之词：

吕库古的主要目的并非让他的城邦去统治其他众多的城邦，相反，他认为整个城邦的幸福如同单独个人的幸福一样，系于德行的广为流布与自己领土范围内的和谐。他所有措施与调整的目的在于使人们思想开阔、自给自足，在所有一切方面都平和节制，并使他们尽可能长久地把这些品质保持下去……整个城邦都浸入了对智慧的热爱。他的声名理当然地超越了所有那些曾经在希腊人当中创建政体的人物。

（《希腊罗马名人传·吕库古传》二）

普鲁塔克对斯巴达人的评价是：

倒像是一群蜜蜂，孜孜不倦地使自己成为整个社会不可缺少的一部分，聚集在首领的周围，怀着近乎忘我的热情和雄心壮志，将自身的一切皆隶属于国家。

（《希腊罗马名人传·吕库古传》三）

诗人品达认为斯巴达人是既英勇尚武又热爱音乐的人民，他说：

那儿有元老议事的地方，

有青年人出奇制胜的标枪，

有舞蹈、歌唱还有欣喜欢畅。

（转引自《希腊罗马名人传·吕库古传》二1）

最后，想提醒读者的是，实际上，在古代希腊，民主政体与贵族政体之间的差别并没有我们今天以为的那么大，两者都是一种公民集体的共同执政，区别只在于最高决策者人数的不同，而这种区别也非差距悬殊，更何况在斯巴达，普通公民的意见和力量也是城邦决策的重要依据。

第四章

希 腊 的 城 市 文 化

　　我们在前文已经讲到，作为早期国家的一种形态，古代希腊的城邦大多是以城市为中心、以公民为主体、结合周围农村地区形成的小国寡民的社会共同体。城市是公民公共生活得以展开的中心，当代希腊史专家芬利说："古人也坚定地认为，文明生活只存在于城市之中……对于古人来说，城市对文明的支撑似乎是不证自明的。"[1] 古代希腊的城市可以说是一个明确区分的空间，它的确也包括一些特定的场所，比如广场、神庙、剧场和体育场，等等。几乎每个希腊城邦的中心城市都会有这些场所，只是规模、样式和数量不同而已，而我们所说的"希腊的城市文化"，便与这些场所密切相关，抑或说，我们所讨论的就是这些场所中蕴含的希腊文化因素。

一、神的居所与城邦的象征

　　今天，我们时常会听人谈及某座城市、某所高校的标志性建筑。在古代

1　M. I. Finley, "The Ancient City: From Fustel de Coulanges to Max Weber and Beyond", *Comparative Studies in Society and History*, Vol. 19, No. 3 (Jul, 1977), p. 305.

希腊，神庙就是城邦的标志性建筑，也是古代希腊城市中最主要的大型建筑。

在城邦时代，神被视作城邦的最高庇护者，作为神之居所的神庙也就不仅仅是宗教建筑，更被认为是城邦的标志，是国家意识的体现。神庙越多越豪华，则表明国家越强盛、越蒙神恩，也就越能增强公民的爱国心和自豪感。因此，神庙建设就成为城邦全体公民共同关心的事业。希腊人将饱满的热情和灵感倾注到神庙的建设中，大大小小的神庙构成了城市的核心。需要指出的是，因为古代希腊人认为神庙是神圣不容亵渎之地，凡人不可轻易踏入，所以，神庙并不是举行集体崇拜仪式的场所，而只是神在地上的居所，也就是安放神像的地方。

1. 神庙建筑的兴起及其类型

希腊神庙的起源问题一直是一个谜。至今为止，已发现的最早的希腊神庙是公元前 800 年前后建于阿尔戈斯的赫拉神庙，其样式或许可以追溯到"黑暗时代"之前。早期希腊神庙的基本特征是：正面由柱子支撑的门廊和三角形的斜屋顶。有人认为，由柱子支撑的门廊可能是受到埃及神庙柱廊的影响。这一说法大致上是可信的，早期希腊人的建筑艺术造型可以说基本上是向古代埃及人学习而来的，最典型的就是大量立柱的使用，这也成为后世西方建筑中最显著的特点。但我们无法断定三角形的斜屋顶源自何方。要知道，米诺斯、迈锡尼的房屋都是平顶的。罗马人认为，斜屋顶可能是为了便于雨水流下来，甚至有人认为这是从多雨的多瑙河流域传过来的，但支持此说的证据并不充分。

最早期的希腊神庙并不是石质建筑，而是带黏土墙的木质建筑。到公元前 7 世纪末，希腊人开始采用石材建造神庙。神庙的典型形制是围廊式，或称围柱式。在公元前 6 世纪到公元前 4 世纪，希腊神庙的样式逐渐固定下来：

阿耳忒弥斯神庙的围廊造型复原图（©Fedinand Knab）

神庙由石砌而成，外面用柱廊把整个神庙围起来，神庙内部的前半部分是大厅，通常安放巨大的神像，后半部分则是密室和祭坛。主要的装饰集中在神庙正面和背面屋顶下的三角形区域，这块区域被称作山墙（pedimen，艺术史研究者也将其译成"破风"），装饰主题通常是一组神像。房梁到屋顶之间一般采用深浮雕进行装饰的区域叫檐壁，又叫间板；檐壁内侧多用浅浮雕装饰的部分被称为中楣，又叫饰带。除了庙内的神像之外，这些区域都是希腊雕塑家发挥想象力、自由创作和施展才华的地方。也许是因为神庙内室并不向公众开放，它的装潢、陈设都非常简单；另一方面，参拜活动都是在室外进行，因此艺术家的用心大都投注在神庙的外部，特别是在柱式的安排和雕刻的布置上。

从公元前 7 世纪开始，"围廊式"建筑就成了希腊神庙的主导形式，即将长方形的神庙四周用柱廊环绕起来。它要求建筑师按照一定的比例原则，计算出包括柱础（Base）、柱身（Shaft）和柱头（Capital）在内，整根柱子的尺寸。这种柱式建筑十分符合希腊人的审美观念，因为"神人同形同性"的观念要求神庙具有世俗的公共建筑性质，不能有沉闷和闭塞的感觉，神庙内部要光线充足，具备和谐自然的气氛。神庙周围的柱廊在这方面起了很大的作用，它使建筑物与周围的自然景物成为和谐的整体，打造出宽阔开朗、愉快亲切的建筑风格。同时，它还使建立在高处的神庙在各个方位、角度都能实现连续统一的效果。在这一点上，希腊神庙与埃及人的神庙是截然不同的，埃及人的神庙外部庄严宏大，而内部仅有通过狭小的天窗、从柱廊折射下来的光线，这营造了一种神秘且庄严不可侵犯的气氛，同时也给人一种压抑和畏惧的感受。

从时间上来看，随着城邦时代的到来，希腊人开始大规模地建造神庙。为什么古代希腊的神庙会在公元前 8 世纪大量出现？有学者认为，神庙作为城邦公共事业之一，是国家真正产生的重要标志。[1] 事实上也确实如此，神庙在早期城邦的形成和领土的划分上的确起到了关键性的作用。那时神庙多建于城邦的边界附近，在这些地方定期举行的崇拜活动有两个目的：一是对神庙附近的地区提出领土主张，以神的名义接收土地；二是将更多的土地划为己有，至少是保持以城市为中心的城邦区域。[2] 可见，神庙的出现是城邦形成过程中的必要环节。

城邦形成后，出于对城邦守护神的崇拜，希腊人逐渐将神庙移至城邦的中心或最高处，许多城邦还在市政广场上建起了神庙。希腊神庙建设发展较

1　J. N. Coldstream, "Greek temples: why and where?", J.Muir & P.Easterling, ed., *Greek Religion and Society*, Cambridge, 1985, p.68.

2　De Polignac, "Early States and Hero Cults", *Journal of Hellenic Studies* cviii(1988), p.180.

快，公元前 7 世纪大约有 39 座，到公元前 6 世纪已有 88 座。以雅典为例，神庙的建设有两个主要的时期：第一个高潮兴起于庇西特拉图当政时期。[1] 亚里士多德认为，僭主装饰和改善城市是为了将自己塑造成城邦公共利益的监护人，而不是一个专制的独裁者。他装出认真服侍诸神的样子，以表明他是一个敬神灵、蒙神恩的人。人们一旦发觉他是得到诸神保佑的，也就不会反对他了。亚里士多德说：

> 人们认为他既然对诸神如此恭敬，就不至于亏待人民。而且人们考是感觉到诸神会保佑哪个崇拜者，也一定不肯轻易同他作对了。
>
> （《政治学》1315a37-42）

应该说，庇西特拉图是一个懂得如何争取民心的统治者，而取得政权以后，他也确有感谢神恩之意，并试图借此扩大雅典在希腊世界中的影响。

第二个高潮是在希波战争（公元前 492 年—公元前 449 年）结束后，雅典民主政治的极盛时期。希腊在战争中的胜利被视为诸神保佑的结果。然而，萨拉米斯海战期间，波斯人曾洗劫雅典城，诸神的庙宇多毁于战火。因此，在雅典，战后对家园的重建、对神庙的修复便成了当务之急。而且，由于雅典在希波战争中占据主导地位，战后它便跃居爱琴海霸主，提洛同盟的金库于公元前 454 年迁至雅典，各邦的捐款实际上已变成向雅典缴纳的贡金。如此一来，雅典便拥有了充足的财力，得以大兴土木。而此时，民主政体已在雅典国内得到巩固，民众感谢神恩，宗教热情高昂。于是，伯里克利便召集了一批杰出的建筑师、艺术家，开始了重建卫城的宏伟工程。

1　有关这一时期雅典神庙建设的具体情况可参见：Robert Parker, *Athenian Religion: A History*, Oxford, 1996, pp. 56-71。

英国著名历史学家汤因比（A.Toynbee）说："雅典的神庙是这个国家复兴的最亲切的象征，在这些神庙的重建工作中，伯里克利的雅典比 1918 年以后的法国表现出卓越得多的生命力。当法国人动手重建被破坏了的兰斯大教堂外部建筑时，他们怀着虔诚的心情把每一尊碎像、每一方断石都照原样恢复起来。可是当雅典人看见他们的众神大庙全被大火焚毁的时候，他们却撇开这一处，而在另一处新址建筑了帕特农神庙。"[1]

伯里克利去世后，神庙的建设仍在进行，即便在伯罗奔尼撒战争期间也未曾中断。于公元前 427 年竣工的胜利女神庙就是为了激励参战将士的斗志、祈求战争胜利而建的。厄瑞克提翁（Erechtheon）神庙自公元前 421 年开始营建，到公元前 405 年战争结束前夕才告竣工。卫城作为雅典城邦宗教活动的中心，每逢节庆，公民们便列队上山，从事祭神庆祝活动。而卫城的神庙建设既体现了完美的古典艺术，又彰显了雅典公民的国家意识。

由于神庙是公民集会的场所，许多重大决策都是在祭坛与神像前做出的，神庙实际上成了城邦公共权力崇拜的象征。在战争中毁掉一座城市并不意味着城邦的灭亡。只有当神庙，特别是城邦守护神的神庙被夷为平地时，城邦的公民才会真正有亡国的切肤之痛。而希腊移民在踏上一块新的土地时，所做的第一件事便是为他们所崇拜的神灵建造庙宇，建立祭坛，然后才着手修建住宅、安排生活、组织政府。在希罗多德、修昔底德等古典作家的著述中，对这种情形的描写曾多次出现。

在城邦时代，希腊世界中最著名的神庙主要有：公元前 6 世纪，以弗所的第一个阿耳忒弥斯神庙（Temple of Artemis）和萨摩斯的第三个赫拉神庙（Temple of Hera）；公元前 5 世纪，雅典的帕特农神庙（Temple of Parthenon）和奥林波斯的宙斯神庙（Temple of Zeus）；公元前 4 世纪，德尔斐的阿波罗神

1　（英）汤因比：《历史研究》（上），曹未风等译，上海人民出版社，1987 年，第 137 页。

奥林波斯的宙斯神庙

庙（Temple of Apollo）；等等。这些神庙不仅体现了希腊建筑的最高成就，而且，它们与圣地的其他建筑及自然环境相互呼应，和谐一致，更显示出圣地的庄严美丽。其中最具特色的是德尔斐的阿波罗神庙，它顺应地势，修建了曲折的通道，沿途布满了许多小型建筑物，组成一幅幅构图完整又富有变化的画面，整个神庙则显得敞亮、明快、富有节奏感，与周围的自然风物融为一体。神庙外的柱廊建筑消除了封闭墙体带来的沉闷之感，使神庙与大自然相互渗透，体现出一种和谐之美。

对希腊的建筑师来说，神庙的选址是最重要的问题。他们在设计建造神庙的时候，就能清楚地想象出神庙在天空或大海映衬下的清晰轮廓，再决定建筑位置是选在平缓的山坡上，还是选在卫城外的高地上，并以此来决定它的规模。神庙实际上是其所处区域的中心建筑，但它永远只构成整个环境的一部分。在设计、建造神庙时，希腊的建筑师们并不只是从神庙本身考虑而是将神庙与周围的山坡、大海和苍穹联系起来。因为希腊的神庙是整体设计布局的一部分，所以它的形式非常简单，可以说是世界上所有伟大建筑中最简洁的，这体现了希腊人将凡事都看作某个整体中的一部分的思维习惯。若是对比哥特式大教堂来看，能够发现教堂的建筑师是完全从教堂本身出发进行设计的，教堂主体和周围的事物没有任何关系，所以它是所有建筑中细节最繁复的。

通常，人们以风格不同的圆柱为标志，将希腊神庙划分为三种类型。最早的是多利亚式（Doric Order），风格古朴浑厚，没有柱基，且柱身粗壮，上有直式沟纹，柱头呈简单的圆盘状，无其他修饰，稳健凝重。建造比例通常是：柱下径与柱高的比例是 1∶5.5；柱高与柱直径的比例是 4∶1 或 6∶1。其用材大多是石料。这一样式始于公元前 7 世纪，流行于希腊半岛、南意大利和西西里岛一带。

第二种是爱奥尼亚式（Ionic Order），形态略纤细，柱身凹槽细密且深，石柱下粗上细，柱脚垫有圆形石基，柱头雕有水平涡卷形纹饰。爱奥尼亚式立柱外形修长、精巧，给人以匀称轻快的印象，有女性体态的清秀柔和之美，因此广泛出现在古希腊建筑中。这一样式也是始于公元前 7 世纪，主要出现在小亚细亚沿岸的希腊人城邦中。

希腊晚期的一种神庙圆柱类型是科林斯式（Corinthian Order），它产生于公元前 5 世纪末，公元前 4 世纪被广泛采用。这种样式是从爱奥尼亚式演变而来的，但比例比爱奥尼亚柱式更为纤细，柱身更修长，柱头刻饰成花篮状或钟形，上面有四个向上飞的涡卷，纹饰复杂精巧。比较三种柱式的柱头，我们能发现，相对于爱奥尼亚式，科林斯式提升了装饰效果，显得非常华丽纤巧，而石柱的力度则被进一步弱化。有人认为，古希腊对人体美的崇拜也反映在这些神庙建筑之中，雄浑粗犷的多利亚式柱子，其比例可能是取自刚强的男性；轻灵秀巧的爱奥尼亚柱式则是模仿了柔曼的女性。

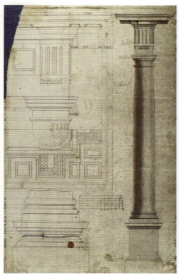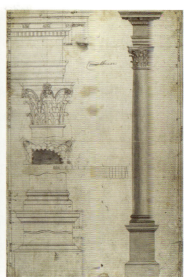

多利亚柱式、爱奥尼亚柱式与科林斯柱式手绘稿（by Thoms Chippendale）

　　这三种石柱结构高度程式化，绝少混淆。而柱式作为西方古典建筑风格的两大基本元素之一，在相当程度上决定了建筑风格的演变，英文 "style" 一词就源自希腊文 "stylos"（柱子）。这些希腊式的柱子，几乎是西方 19 世纪之前每一个建筑专业学生提笔即成的。这三种柱式不仅对柱子的样式有所规定，而且从柱基到檐壁的每个细节、柱子的高度、直径的比例、柱子逐渐变细的程度、柱与柱之间的距离、柱子下面的台阶数甚至是柱子上凹道的条数都有精确的要求。不过，这些程式化的规定并非直接来自希腊人的论述，而是见之于奥古斯都时代一位名叫维特鲁威（Vitruvius）的罗马建筑师，他在其著作《建筑十书》（*The Ten Books of Architecture*）中记录了很多已经失传的建筑方法，这是西方直到文艺复兴之前唯一的建筑专著。正是在这本书中，后世无人不知的三种希腊柱式被确定了下来，并成为长期以来欧洲建筑艺术教育的核心内容。而希腊人自己尚未形成一套完整的主导性理论，所以有了几种柱式同时流行，希腊人旺盛的创造力也促使他们在不同的神庙中尝试对已有的范式进行修改。一直到了做事一丝不苟的罗马人那里，柱式理论才终于得以定型。

从整体上看，希腊式古典建筑留在现代建筑中的烙印，或者说希腊留下的最具代表性的艺术符号主要有两个：一是由不同柱式的圆形列柱组成的、充满张力的柱廊，另一个就是极富崇高感和纪念性的正立面顶部的三角形山墙。两者的结合一般适用于需要营造庄严肃穆氛围的公共机构建筑，如议会、法院、学院等功能建筑的中央立面，象征着法统和权威，用以表现强大的权力。这样的例子在近代西方建筑中比比皆是，却总能轻易营造出纯净而超越的美学效果。我们能够发现，后世的西方建筑师们为了证明自己审美的正确性，总是回到希腊人那里寻找证据，仿佛只要找到这种证据，便能理直气壮地平息别人的疑虑。而在发生变革的时候，那些新锐的建筑师也希望能在希腊人那里找到先例，哪怕只是些蛛丝马迹。可见希腊人对西方建筑具有某种决定性影响。

2. 雅典卫城上的神庙

卫城是城邦宗教和文化生活的中心。在希腊各个城邦之中，雅典卫城最为著名，建于雅典卫城之上的神庙也是规模最大、最成熟、最有代表性，同时也是迄今为止保存最完整的神庙建筑。

雅典卫城位于雅典城中心偏南的一座石灰岩小山上，在城市的每个角落都能清晰地望见它。卫城始建于公元前 580 年，最初是防范外敌入侵的要塞。这座孤零零的小山高 70 余米，四周都是峭壁，上山的通路只有西端一处狭窄的斜坡，山顶经过人工削凿，形成了东西长 320 米，南北宽 156 米的平台，四周以城墙围合。卫城上最早的建筑是雅典娜神庙和其他宗教建筑，公元前

雅典卫城（©Matt Kieffer）

480 年，卫城被波斯人彻底破坏。希波战争后，雅典人花费了 40 年的时间用白色大理石重建了全部的卫城建筑。如今，雅典卫城是欧洲最古老且保存最完整的古典文明遗迹，每年都吸引了 300 多万游客。

雅典卫城的建筑与地形紧密配合，独具匠心。小山岗作为一个天然的基座，建筑群的结构和局部安排都与地基的自然高低相协调，构成完整的统一体。整体的建筑布局因地制宜，不刻意追求对称，自由灵活而富于变化。其中较为重要的神庙包括帕特农神庙、厄瑞克提翁神庙和胜利女神庙。

雅典的帕特农神庙是供奉雅典娜女神的主神庙，是多利亚式建筑的经典范例。希波战争期间，雅典卫城经历浩劫，旧神庙均被摧毁。战后，伯里克利任命雕刻家菲狄亚斯主持，开始了古代希腊史上规模空前的重建工程。神庙动

帕特农神庙（©Guillaume Baviere）

工于公元前 447 年，于公元前 432 年最终完工。神庙以质地纯粹的洁白大理石
砌成，建在高 50 厘米、宽 70 厘米的三层阶梯基座上，神庙外部呈长方形，东
西长 69.54 米，南北宽 30.89 米，四周以 46 根带半圆凹槽和锥形柱头的多利
亚式大理石圆柱围绕，圆柱直径 1.9 米，高 10 米有余，是典型的围廊式建筑。
神庙外观整体协调、气势宏伟，给人以稳定坚实、典雅庄重的感觉。

神庙内供奉着高 11.89 米的雅典娜巨像，她全副武装，头戴金盔，左手
持盾牌，右手托胜利女神。通体以 40～50 塔连特 [1] 的金片包裹木胎，面部和手

1　塔连特（talent）是在古代希腊所普遍使用的计量单位，据考证，1 塔连特的重量大致为 20～40 千克。

雅典娜女神的复制图

脚部分则用象牙雕刻而成，眼睛的瞳仁镶嵌宝石，神采流溢，并且可以活动。该神像在后来的希腊内战时期被拆毁填补财政之用了，所以不复得见。帕特农神庙是希腊古典时期建筑的最高杰作，是希腊的国宝。但它在经历了 2 000 多年的风雨之后毁于 1687 年的一场战争之中，现仅存一座石柱林立门外壳。

　　迄今为止，帕特农神庙的修复工程已超过了 40 年，仍在进行中，欧洲及世界一流的考古学家、建筑师以及各种能工巧匠加入其中，然而还有许多问题困扰着现代学者，另外，是否应该将神庙修复得焕然一新，也另具争议。还有一点值得一提，帕特农神庙采用了全方位的"纠视差"技术。举例来说，神庙的每根柱子都不是简单的直上直下，而是中间稍微鼓出来一点，这样在澄澈蓝天的背景下，柱子不会因为明暗的反差显得过细。正面两侧的柱子都稍稍向内倾斜，神庙中间的地基实际上也比两侧略高，这样就使得在正面观察神庙的人感到神庙比实际尺寸更为高大。不要以为希腊的工匠们是无意间做到的，实际上，神庙柱子的加工是精确到毫米的，可见其匠心独运、精益求精。

厄瑞克提翁神庙位于帕特农神庙的侧面，雕刻精致，形象格外优美，是古典晚期爱奥尼亚柱式代表作，据传说是为纪念雅典娜之子、雅典王厄瑞克西阿斯[1]而建造的。神庙始建于公元前 421 年，到公元前 405 年才宣布竣工，是整个卫城重建计划中最后完成的重要建筑。它依山势而建，坐落在三层不同高度的地基上，平面为多种矩形的不规则组合。

这座建于悬崖边缘的神庙因其形制复杂、精致完美而著称于世。它的东面由 6 根纤细的爱奥尼亚柱构成入口柱廊，里面是一座雅典娜神殿，前室是创建雅典城邦的先贤之墓。它别有两间内室，分别祭祀波塞冬和雅典王厄瑞克西阿斯。而神庙南侧的西端另有一个小型柱廊向外突出，这就是著名的少女门廊，建筑师别出心裁地用 6 尊 2.1 米高的少女雕像作为承重柱，它们体态丰满，穿着束胸长裙，亭亭玉立，仪表端庄，是整个神庙最引人注目的地方，在身后纯白色大理石墙面的衬托下，显得格外清爽悦目、栩栩如生。由于少女头部支撑沉重的殿顶，所以颈部不能太细，设计者在少女的颈部垂下秀发，这样既增强了承重力，又不影响美观，同时用精致的花篮置于头顶，作为柱头或柱檐，令其在负重的同时神情依然轻松自如。现在六尊少女像中已有部分被移到博物馆，原址处则用复制品代替。可以说，在古代希腊，雕塑美和

1　传说工匠之神赫菲斯托斯曾在冥王哈得斯和海神波塞冬的蛊惑下向雅典娜求爱，虽然身为处女神的雅典娜拒绝了赫菲斯托斯，但他的精液仍然落在了雅典娜的大腿上。雅典娜用羊毛将赫菲斯托斯的精液擦拭干净后丢在了地上，却意外令地该亚怀孕，生下了厄瑞克西阿斯。雅典娜将之收为养子，培养他成了雅典国王。

厄瑞克提翁神庙

厄瑞克提翁神庙的少女门廊

胜利女神庙

建筑美中所蕴含的人体美尺度，最鲜明且极端的例证就是厄瑞克提翁的这些女像柱，爱奥尼亚柱式的神韵在此得到了最具形象化的再现。而至了罗马时期，又不乏用魁伟的裸体男像做承重构件的设计，这显然是对多利亚柱式的形象化体现。

小巧玲珑的胜利女神庙则位于山门附近南侧向西突出的悬崖上，颇有凌云欲飞之势。它建于公元前 449 年至公元前 421 年之间，台基长 8.23 米，宽5.38 米，前后各有 4 根柱子支撑，柱体主要采用爱奥尼亚式风格，兼具多利亚式的倾向。在神庙的檐壁上，三面都描绘了希波战争的场景，东面的题材则是诸神在观战。

二、公共建筑与城市规划

从公元前 8 世纪开始，当小股移民远走他乡建立起殖民地时，包括希腊半岛在内的整片地中海沿岸，到处都建立起了希腊城邦，每座城邦都再现了母邦的模式，有着相似的规章制度、相似的生活方式以及相似的公共场所。

在这样的空间里，建造起神庙群、剧场和体育场，功能清晰的公共建筑格局及城市基本规划便大致成形了。今天，希腊最主要的考古遗迹正是这些公共建筑。考古学家将希腊城邦最主要的公共建筑分成三大类：一是宗教性公共建筑，如神庙、圣殿、祭坛等；二是城邦的市政建筑，如市政广场、议事大厅、公民大会会场、法庭、公共食堂等；三是城邦举行社会与文化活动的场所，如体育馆、运动场、摔跤场、露天剧场等。而这些公共建筑，并不只是一般的基础设施，它们也是希腊文化的重要表现，具象地反映了那个时代的人文思考和艺术造诣，并且成就了一幅幅宏伟壮丽的希腊城市风貌。

1. 广场

在论及除神庙以外的其他公共建筑之前，我们先来看一看那块空旷的公共场所——广场。

今天，广场在一座城市中往往是汇聚大部分公共活动的中心，它可以是商谈的地点、散步的公园，也可以是举行各种仪式、群众性集会的场所，还可以是博物馆、艺术馆林立的地方。

在古代，广场也是每个希腊城邦中公民活动的中心。所有城市都拥有一座广场，即使到了希腊化时代，广场仍然是公民团体活动的中心，是城邦公共生活和政治生活的重要空间。人们在这里交流有关城邦事务的各种信息，参与市政议事会和公民大会。同时，这里也是最大的集市，人们定期从各地汇聚于此，从事买卖。

起初，古代希腊的广场只是一块几乎空旷无人的公共场所，多围绕在神庙周围或是重要的十字路口，比如在雅典，道路交叉口形成了一个三角形的空间，广场就在这儿发展起来。然后，在神庙附近开始矗立起一些公共建筑物，最主要的便是柱廊，这些柱廊也是陈列所，它向公众展示城邦历史的重要阶段，将神话和历史融会在一起。雅典的柱廊（古希腊语称 Stoa）是最有名的，它就矗立在广场旁边，这里的柱子都是爱奥尼亚式的。而苏格拉底就经常在这里和人讨论哲学问题，希腊化时代著名的斯多葛学派（Stoicism）就因其经常在柱廊下讲学而得名，因此有人直接将"斯多葛派"意译为"廊下学派"。

大约从公元前 6 世纪起，广场的边缘区域开始出现商铺。"这样，古典时代的广场便集宗教、政治、商业三种职能于一身，每个职能都在特定的建筑物里得以实现。"[1]通观其发展过程，与现代广场相反，希腊广场在成为市场之

1　（法）克琳娜·库蕾：《古希腊的交流》，邓丽丹译，广西师范大学出版社，2005 年，第 38 页。

前首先是宗教和政治中心，因此也是团体的核心。每位公民都可以走进这些公共建筑，人们可以在这里打听消息、聊天、咨询或解决私事，也可以在这里进行各种各样的辩论，或是参与共同决定。人们在寡头政治下的城市广场里做一个普通观察者，或在民主政体下的城市广场中成为名副其实的参与者。

这种空间是完全属于团体的，无人在广场上建设私人住宅，而且，广场与私人领地之间实际上通过界石严格区分。不过，广场只属于那个有限的团体——公民团体，因此，广场禁止罪犯或违反宗教戒律者入内，这一原则通行于希腊世界的各处。当然，作为一个传播消息、闲逛聊天、召开会议和讨论问题的地方，广场自然也存在其消极的一面，它同时也会是谣言传播和罪恶衍生的场所。不过，在城邦时代的大部分时间里，希腊人对广场这两种作用并未过多思量，他们只是习惯性地在广场上从事各种活动。而关于广场本身及其大型公共建筑物的风格的思考，是在广场逐渐丧失其重要性后才出现的。

古典时代后期，米利都的建筑师们开始考虑将广场建成一个精心构思的整体：建筑物之间通过柱廊相互连接，使广场成为一个井然有序的整体。尤其是到了希腊化时代，广场上开始矗立起许多大型建筑物，但是它们却多是由个人投资的，其目的在于为出资者歌功颂德。这时，这些建筑物已不再具有与古典时代同样的意义了。人们仍然会前往广场，但不是为了去作政治辩论或投票表决，而主要是出于商业的目的和兴趣。由此，广场也变得妾近于我们现代观念中的公共场所或交易中心，这时，广场已成为"一个与城市群体相结合但失却任何意义的建筑样式而已"。[1] 广场不再是古典时代公民团体的政治伦理中心，也不再是决定城邦命运的地方。

---

1 （法）克琳娜·库蕾：《古希腊的交流》，第 45 页。

2. 剧场与体育场

　　除了雄伟的神庙之外，希腊人还修建了许多颇具规模的剧场和体育场。因为除了直接祭祀以取悦神灵之外，观看戏剧表演和进行体育竞赛也是希腊人理解神、接近神的一种方式，同时还是城邦公共生活的重要组成部分。不参与这些活动的人被视为生活在城邦边缘的人。

　　剧场是希腊人文化生活的中心之一。建造剧场时，建筑师总是巧妙地利用扇形山坡的地势进行设计建造，呈半月形的石砌台阶逐排升高，便成了观众席，其间贯穿有放射形的出入通道。表演区是山下位于圆心位置的一块半圆形平地，后方有供化妆、更换假面具以及用以存放道具的帐篷或者小屋。剧场不仅仅是娱乐场所，也是供全城自由民集会的地方，因此往往规模巨大。古代希腊最著名的剧场是雅典卫城南侧城墙下的酒神剧场，它建于公元前 330 年，呈扇形展开的剧场坐落在一个自然的山谷中，设有 1.8 万个座位，可容纳近 2 万人。剧场分后台、舞台和观众席三部分，今天人们仍可看见半圆形的舞台和舞台上由大理石拼成的几何图案，以及同样由大理石制成的石椅和看台的残迹。剧场最奇妙之处当属它的音响效果，由于观众座位的下面埋着能产生共鸣的大缸，即使是坐在后排的观众也能听清台上演员的台词，希腊的建筑大师将声学原理运用于建筑方面的技巧实在令人惊艳。舞台的下方还有可以升降的平台，用以表现神明降临时的场景。

　　每个城邦都有练身场、体育场和摔跤场等运动场所，古人认为，这些运动场所也是城市的标志之一。据记载，雅典最早的体育场建于公元前 700 年，在梭伦当政时，有三个较大规模的公共体育场，此外还有一些小型的运动场所。这些场地往往是靠近泉水或河边的一大块长方形的露天空地，场地中有回廊、走道，还塑有神像和运动员的雕像，四周设有座位。至今仍保存得基本完好的希腊体育场是改建于公元 2 世纪的德尔斐的体育场。在古代，每逢

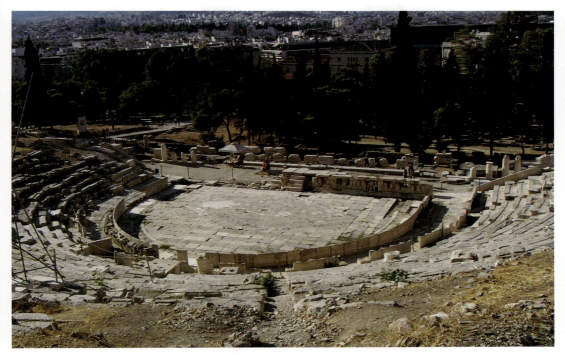

雅典酒神剧场

祭神活动这里都会同期举行竞技比赛。平日里，希腊的年轻人几乎整天都是在运动场上度过的。哲学家柏拉图的这一名字便是因其肩膀宽阔而得名，而宽阔的双肩显然是经锻炼而来的，据说毕达哥拉斯得过拳击奖，欧里庇得斯也在厄琉西斯（Eleusis）赛会上得过奖。

在地中海明媚的阳光下，希腊人便在拥有这些广场、剧场、体育场的城市中谈论哲学、欣赏悲剧、健美体形……因为建筑是为人而建的，所以不能把人忘掉。美国现代建筑大师莱特曾倡导"有机建筑"，所谓有机建筑就是强调自然，把建筑看成有生命的物体，使人与建筑相得益彰。在这方面，希腊建筑可以说是一种古代的典范，其艺术性与实用性得到了近乎完美的统一。

3. 古代的城市规划

随着城市的产生和发展，人们还需要解决一些事关城市生存的问题，如污水排放、垃圾清理，以及其他一些相关的社会问题。于是便产生了最初的城市规划和管理。英国学者欧文（E. J. Owens）在 1991 年出版的《希腊罗马世界的城市》(*The City in the Greek and Roman World*) 一书中按时间顺序，分别对地中海世界的希腊城市规划、古典时期的城市规划、希腊化时期的城市规划，一直到早期罗马帝国时代的罗马城市规划等进行了考察和研究，他认为古希腊的城市规划源于近东地区。

在这里，我们且将学术的推理和论证放在一边，依据古典作家的描述，以雅典和德尔斐为例复原一下其城市规划及建设的大致过程：

忒修斯改革是雅典城邦国家产生的一个重要事件，也是雅典城市发展过程中的一个重要阶段。我们在前面提到，忒修斯取消了阿提卡各部落议事会等部落管理机构，设立了以雅典城为中心的中央议事会和行政机构，这使得雅典城初步成为早期政府的所在地和政治中心。忒修斯又在雅典卫城西北侧的斜坡上，建立了雅典最早的广场，作为雅典人日常活动的公共空间。他还在广场周围建造起一些公共建筑，由此，广场附近以及通往广场的街道，渐渐变成私人店铺和手工作坊的密集区。为纪念雅典娜女神，忒修斯规定在雅典历的一月举行祭典，庆祝"统一节"。这一祭祀活动使雅典城开始具有宗教文化中心的功能。因此，忒修斯改革使雅典从一个以卫城为中心，包括周围若干居民点的设防聚落中心，逐渐发展为一座初具政治、经济、宗教功能的古代城市。

梭伦执政期间，在卫城以南的山脚下，又兴建了一座新的广场。梭伦广场长 200 米，宽 250 米，主要用于体育竞技比赛和文化娱乐活动。从公元前6 世纪中叶起，梭伦广场四周也建起了一些神庙和其他公共建筑设施。随之，在雅典卫城周围，以梭伦广场和忒修斯广场这两座新旧广场为核心，形成了一个全新的居民区。过去作为城市核心的卫城则主要是雅典人的宗教圣地。至此，雅典成了一个真正意义上的城市。

应该说，雅典城市的形成既是卫城与广场融于一体的过程，也是阿提卡人口不断集中和政治、军事、宗教、商业等诸多因素逐渐向雅典城市聚合的过程。从卫城及其山脚下的居住区开始，然后向西北部平地发展，最后与集市融合，这便是雅典城的大致范围。而社会经济的发展，则是雅典城市得以演进的物质条件。至于作为城防工事的城墙，它通常是古代城市的最后防线。城市面对强敌的不断入侵而不得不修筑城墙进行防御。早期的城墙结构简单，一般是在碎石垒成的台石上铺以未经烤制的泥砖。自公元前 6 世纪起，在城市的四周修建城墙已经比较常见，建筑也更加坚固。城墙的厚度多为 6 英尺至 13 英尺，也有的修筑得更厚。希波战争中，地米斯托克利曾力主重建被波斯人毁坏的雅典城墙，史称"地米斯托克利城墙"（Themistoklean Wall）。其防御范围比老城墙要大，还有 13 个城门和许多不知名的塔楼及后门。同样出于防御之需，雅典城还曾修筑通往海港的 3 道城墙。

客观地说，在古典时代，古希腊城市的发展基本上尚未形成一种有意识的全盘规划，更谈不上存在什么城市规划的理论了。到了公元前 5 世纪，是实际的需要推动了城市规划的产生，希朴达摩（Hippodamus）被认为是古希腊最杰出也是最早的城市规划设计师，亚里士多德说：

> 他博涉各家学说，富于自然智识，而且开创了城市的区划设计方法并为庇里尤斯港完成了整齐的道路设计。

（《政治学》1267b22—25）

除此之外，他在城市规划方面还有何建树，我们就不得而知了。

至于有关城市规划的理论，我们或许可以从柏拉图、亚里士多德对"理想城市"的相关论述中找到他们对城市的选址、规划和建设等方面与今人不同的独到论述。例如，柏拉图在《法律篇》中针对城市的选址和规划如此说：

> 城市应尽可能靠近国家中心的位置，我们应该为城市选择一个具有城市所适用之一切的位置，这也许很容易设想和描述……然后我们再把城市分为 12 个部分，首先在我们称为卫城的地方为赫斯提亚神、宙斯神和雅典娜神建造神庙，并围以圆墙，使中心城市和国土从这个地方各自有别地向外辐射伸展。这 12 个分区按下列方式取得平等：占好地的，面积稍小些；占次地的，面积稍大些。地块总数为 5 040 份，其中每份又一分为二，使每份地块都包含有如此两个部分：其中一块地临近城市，另一块地则在远处……之后把 12 个地块分别分给 12 个神灵，并以神灵的名字给所在地块命名。有几个地区共同供奉某一位神灵……城市的 12 个分区也比照此方法划分，与划分国土的方法相同，每个人将有两个住所，一处在国家的中心，另一处在偏远地带……庙宇应该置于广场的四周，整个城市应建在圆周中心的高地上，以利防守和清洁。

（《法律篇》V. 745）

此外，柏拉图还对修建城墙提出建议：

> 如果人们一定要有城墙，那么私人住宅应当排列成使整个城市形成一座城墙的形式，所有的房屋因为整齐一致，朝向街道而能防守。

（《法律篇》VI. 770）

从柏拉图的论述可以看出，他既考虑到了城市规划中的防御功能和安全性，也兼顾整齐划一的建筑美感。

亚里士多德关于理想城市的论述在许多方面较柏拉图更为复杂和深入。从他论述希腊城邦政制的典范之作《政治学》中，我们不难发现亚里士多德关于城市的地位和作用、城市的规划和设计、城市的管理、城市的人口规模、城市的公共设施、城市的社会活动等方面的真知灼见。首先，他为促进居民健康而规定了城市的选址和最佳朝向（在希腊，城市的朝向问题是人们经常考虑的一个重要问题）。亚里士多德认为：

> （城市）应尽量按环境所许可，建设为联系陆地和海洋的中心，也是全境的中心。就城市本身的内部设计而言……应着眼于四个要点。第一，最关紧要的是应该顾及健康（卫生）。城市的阳坡东向者常得东风的嘘拂，这最合于健康；其次，如果北有屏障，（其坡南向）可以挡住北风，宜于冬季……其他两点为城市要安排好便于政治和军事的活动。
>
> （《政治学》1330a35-40）

亚里士多德还进一步说明，要尽可能保障市内有溪流和足够的井泉，并加以妥善管理：

> 凡经慎重规划而建置的城市，如果所有溪流或井泉，或清或浊，不尽相同，就须订立章程，分别饮水和用水［不使互相污染，也不让人们浪费］。
>
> （《政治学》1330b12-15）

如果不行，就多设置水库和水渠蓄积雨水。随后，亚里士多德还就城市的设防规划以及城垣设施等逐一加以论述。他指出：

> 关于城市的设防，各种政体不宜用同样的规划……私人住房的布置，
> 如果按照希朴达摩的新设计，让各户鳞次栉比，建造整齐的房屋，自然
> 有益于观瞻而且便利于平时的活动。可是，就战时的保卫而论，我们的
> 要求又恰好相反：古代街巷的参错曲折常使入侵的敌兵无法找到内窜的
> 途径，而闯进城中的陌生人也难以找到他的出路。所以，应该兼取两者
> 的长处：仿照农民栽培葡萄的斜畦密垅，这样就可能制订出对平时和战
> 时两方面都相宜的里巷方案。另一种可以施行的办法是在全市中划出一
> 部分区域来进行整齐的设计 [留着其余部分用作有利于巷战的规划]。这
> 样，就既顾及了安全，也不至丧失市容的美观。
>
> （《政治学》1330b16—30）

亚里士多德还认为：

> （城市）既是全邦的一个军事中心……也应该是一个商业中心，具有
> 运输的便利，使粮食、建筑用木材以及境内所产可供各种工艺的原料全
> 都易于集散。
>
> （《政治学》1327a5—10）

可见，柏拉图和亚里士多德除了主要从理论和道德层面建构理想城市外，
也考虑到了城市的实用性功能。但他们都是从上层社会和贵族阶层的角度出
发去寻求理想城市的建设。柏拉图主张把外籍商人置于城外，并尽可能地减
少与其来往。亚里士多德也设想把广场分为相互隔离的集市广场和集会广场
两部分。前者为买卖交易之所，应选择适于商业的良好位置；后者则供公民

公共活动及城邦政治生活之用，他说：

> 　　这里除经行政人员所召集的人以外，凡商人、工匠、农夫或其他此类人等，一概不许入内。

（《政治学》1331a3■-1331b3）

　　由此可见，柏拉图和亚里士多德的"理想城市"多少带有时代和等级的局限性。

　　从实际的角度来观察，在雅典，由于年代跨度和地理条件等因素的影响，它的神庙、剧场和体育场的布置显得随机而松散，作为城市结构核心的特性不易被捕捉到。相比之下，小城德尔斐的特点就突出得多了。

　　如今的德尔斐是一座位于雅典西北方向约 260 公里的美丽小城。它依山而建，背后是著名的滑雪胜地，脚下是迷人的科林斯湾，俯瞰大海，远眺群山。在古代，德尔斐不仅是一个风景优美的地区，在希腊人的心目中更是享有崇高地位的圣地。传说宙斯曾为了测量大地而从世界的两极各放飞一只雄鹰，最后两只雄鹰在德尔斐的一块大石上聚首，所以说这里恰好就是世界的中央，至今我们仍能在那里看到那块因为那两只神鹰共同落脚而被称为"世界肚脐"的钟形大理石。加之后来修建了宣示神谕的著名的阿波罗神庙，此地便成了全希腊的圣地。

　　德尔斐的公共建筑大致分为三个部分：最重要的遗址是阿波罗圣地，主要由阿波罗神庙、德尔斐剧场和体育场组成。阿波罗神庙虽先后经过六次重建，如今访客却仍然只能看到一片废墟。

　　阿波罗神庙的最后一次修建大约是在公元前 4 世纪中叶，它是多利亚式的围廊式神庙，形式和帕特农神庙差不多，不过略小一些，宽 24 米　长 60 米，现在的遗址上只遗留下 6 根圆柱。古时，每逢战争、灾难等重大疑难，

德尔斐"世界肚脐"钟形大理石（©Archaeological Museum of Delphi）

希腊人都要来这里向阿波罗神求问吉凶，平日里他们也会为个人的收成、婚嫁等问题来向神灵咨询。神庙深处是世俗人等禁入的圣域，里面的神龛中燃烧着永不熄灭的圣火，并陈列着各种祭器和供品。神谕由圣域里绝少抛头露面的女祭司宣布，再由另一个祭司对求取神谕的人加以解释。

神庙后面的山上就是剧场。它和其他古代希腊剧场一样，是半圆形格局。这个剧场建于公元前 4 世纪或公元前 3 世纪，后经罗马人修缮，至今仍然以一个相对完好的状态得以留存下来。这里每四年举行一次盛大的祭神活动，

阿波罗神庙剧场

阿波罗神庙遗址

同时，这里也常为音乐、诗歌以及戏剧的竞赛举办地。从剧场继续上行，穿过一片小树林后便来到了德尔斐的体育场。它始建于公元前 5 世纪，改建于公元 2 世纪。竞技场呈细长的长方形，场中有两条平行的、各长 178 米的跑道，跑道两侧是石制的看台，至今仍基本保存完好。

德尔斐的建筑群，涵盖了宗教、文艺、体育三个领域，对比中富于变化，组合成了一个多元化的有机城市空间，具体而凝练地体现出古代希腊文化的精神内核和古代希腊城市的机能结构。因此有人说："神庙、剧场和体育场，这样一种功能上和形式上的三位一体，成就了希腊化城市建设思想的典型格局，德尔斐则以其空间布局上的高效和浓缩成了这种城市规划理论的最佳典范。"[1]

三、公共节庆

古代希腊人为了表示对神的崇拜和尊敬，不仅修建了许多神庙，而且还设立了许多宗教节日。古典时期，全希腊的宗教节日多得惊人，据统计，已知的节日就已超过 300 个，分布在希腊全境 250 个地方，分别祭祀 400 个以上的神祇。例如，雅典一年有 144 个宗教节日，雅典人每年至少有 120 天花在这些名目繁多的宗教节日上。[2]柏拉图认为，按照理想的设计，国家通过立法确定的节日数目应该是 365 个，他说：

1　宇文鸿吟、何崴：《欧罗巴的苍穹下——西方古建筑文化艺术之旅》，北京出版社，2005 年，第 34 页。
2　参见 Paul Carteldge, "The Greek Religions Festival", J. Muir & P. Easterling ed., *Greek Religion and Society*, Cambridge, 1985, pp.98-127。

　　　　每天都有一个节日，以便至少每天都有一个行政长官代表城邦公民
向某个神或半神献祭。

（《法律篇》V. 828）

　　可见，希腊人不是通过声明"相信神灵"这样的誓言，而是通过各种崇
拜神灵的具体仪式来确立其宗教的。这些名目繁多的节日庆典也成为希腊城
市文化的重要组成部分。

1. 节日的主要内容

　　古代希腊的节日在各地及不同时期因祭祀不同的神祇而繁简不等，细节
上也有所差异，但其基本结构却是大体相同的。节日庆典的程序大体如下：
大规模的公众游行队伍、隆重的献祭仪式、精彩纷呈的诗歌音乐及舞蹈场面
和大型公宴等。其中的游行队伍、舞蹈场面、祈祷献祭以及大型公宴等不仅
是节日庆典所必备的程序，也几乎为所有的公共祭神仪式所共有，同时还与
远古时代的祭仪程序有着许多承接与共通之处。由于篇幅所限，关于希腊节
日庆典的方方面面，我们不可能一一详细论及。现在，让我们来看一看其中
的主要内容：

（1）游行队伍与舞蹈场面

　　盛大的游行队伍以及载歌载舞的场面是节日庆典中必不可少的，这也是
希腊壁画、浮雕及瓶画中表现得最多的主题之一。当时著名雕刻家菲狄亚斯，
就在帕特农神庙的浮雕中展现了泛雅典娜节日中的游行队伍。

　　游行前所有的参加者均需沐浴更衣、头戴花环、身着盛装，以示与日常
生活的区别。若需献祭动物牺牲，参祭的牲畜也应该被清洗干净，而且还需

菲狄亚斯雕塑《泛雅典娜节中的游行队伍》（©British Museum）

对其加以某种程度的修饰，通常是以缎带缠绕，并将其犄角上色、镀金，不
一而足。

　　仪式前对参与者及所献祭之牺牲所做的种种清洗、修饰等准备工作为节
日庆典拉开了序幕，接下来便是正式游行的开始。游行的队伍多由祭司或城
邦官员带领，队列中有专门的持圣火者、持圣树枝者、持香炉者、持水瓶者
等，一般由纯洁美丽的少女担任。对于被选中者个人及其家庭而言，这都是
一种荣誉。所以，拒绝安排一位少女担任这种职务，会被视为对其家族的莫
大侮辱。在一些庆典上，如泛雅典娜节的游行队伍中，还有类似于今天的仪
仗队，队伍由刚刚取得公民权的青年男子组成，他们携剑带盾，全副武装，

《泛雅典娜节中的游行队伍》仪仗队线描图

或步行或骑马，威武庄严地缓缓而行。而游行大队的人们则携带着各种祭祀的用品尾随其后。若需奉献牺牲时，游行队伍还得将所献的牺牲一直护送至祭坛前。

  与队伍相伴而行的还有乐师。在宗教活动中，音乐时常并不只是通过伴奏起到烘托气氛的作用，实际上，音乐本身往往也会成为某种神奇的宗教力量，并对人们产生作用。与音乐密不可分的则是舞蹈。在希腊，没有舞蹈的节日庆典是不存在的。舞蹈者是本城邦或本团体的代表，一般有少女舞蹈团、男孩舞蹈团、妇女舞蹈团、战士舞蹈团等。在希腊神话及艺术作品的描绘中，我们还时常会看到阿波罗、阿耳忒弥斯、狄奥尼索斯等神祇以及与他们相伴的精灵、仙女们加入舞蹈者中的情形。

  （2）祈祷

  无论是在专门的祭神仪式还是公共的节日庆典中，希腊人都须祈祷和献

《泛雅典娜节中的游行队伍》仪仗队（©British Museum）

祭，这是两道最为基本也是最为重要的程序，二者相互伴随，密不可分，可以说，几乎不存在无祈祷的献祭或无献祭的祈祷。

　　祈祷是人们与某种超越于自身的神秘力量交往时，恳求能从那种力量处得到帮助的一种虔诚的语言表达方式。简言之，就是用言语道出自己的心愿，祈求神灵赐福于己，降祸于敌。

　　一般说来，希腊人的祈祷分为三个部分：首先是呼唤神灵。在多神的希腊，希腊人要向所有的神明献祭，祈祷时也是如此，他们通常是"向诸神祈祷"。但在祭祀城邦守护神或为某件特定的事情求助时，则需向某个具体的、专门管理那方面事务的神祇祈祷。如雅典人向他们的城邦守护神雅典娜祈祷，

诗人向司文艺的阿波罗和缪斯女神祈祷，猎人向女猎神阿耳忒弥斯祈祷，农夫向谷物女神德墨忒耳祈祷，等等。这时，正确地称呼神的名字便十分重要，由此，才能引起神灵的注意，使其向祈祷者送来适当的关照。否则轻则祈祷无效，重则还有招致灾祸的可能。因此，必须根据祈祷的目的，直接呼唤有关的神灵。其次是陈述理由。呼唤神灵之后，祈祷者便开始向神灵诉说自己平素是如何虔诚敬神，曾向神灵奉献过多少祭品、牺牲，建造了什么神庙，等等，以此作为进一步祈求神恩的根据和理由。祈祷的最后一个部分是发誓许愿。在诉说了种种愿望，发出种种恳求之后，祈祷者往往要庄严宣誓，并许诺以后将奉献更好的祭品、牺牲和神像，修建更为宏伟的神庙等以答谢神

恩。而希腊人对自己许下的诺言一般也都遵行不违。

希腊人祈祷时，多取站立的姿势，跪拜的极少。若是向以宙斯为首居住在奥林波斯山上的诸神发出吁求，祈祷者就将双臂高高举起，抬头仰望天空，仿佛注目于神的居所；若是向居住在海中的神灵祈求，则将双臂伸向大海；如向冥府神祇祷告，就俯身趋向大地；也可面向神像祷告。总之，没有什么固定不变的姿势，更不见古代东方信徒在神灵面前的那种惶恐状，只要表现出对神的尊敬即可。

在城邦的公共祭祀活动中，多是由主持仪式的城邦官员或祭司代替所有的参加者高声地宣说他们的愿望，祈求神灵的保佑。在希腊人的祈祷中，我们经常可读到这样的句子：

> 如果我将公牛和山羊的脂肪焚烧以祭神灵，也请你们答应我的请求。

> 雅典娜啊，泰勒斯诺斯在卫城供奉你的偶像，你可以在那里得到献祭，那么也就请你保佑他的生命和财产。

> 雅典娜，莫拉德诺斯献上祭品以表示敬意，为回报这种敬意，宙斯的女儿，保佑他吧。[1]

这种明确提到神与人之间的相互利益与责任的祈祷词，时常使后人误以为古希腊人的信神并不是出自内心的热爱，而是有其功利的目的，他们与诸神的关系是一种讨价还价式的交易关系。我们不否认希腊人的宗教目标是实际的、希求此岸幸福的。但是，我们更应当看到，对于古人而言，与神灵建

1　Robert Parker, *The Oxford History of the Classical World*, 1982, p.264.

立起一种礼尚往来的关系并非纯粹是为了收买诸神，这一原则的精神实质在于"使崇拜者感到他可以和神建立起盟约的、持续性的、双方面的关系"。[1] 由此，诸神便处于一种易于理解、能被接受的背景之中，而非高高在上，拒人千里。

（3）献祭

祈祷过后便是献祭。对希腊人而言，祭神的物品，最朴素的可以是素酒一杯，一般多贡献果品、谷物、油脂、雕像和陶器等，最隆重的则是贡献牺牲。牺牲中最高贵的是公牛，尤其是野公牛，最普通的是绵羊，其次是山羊和猪，最为廉价的是小猪。以家禽作为牺牲品也是常见的。我们先来看一看荷马史诗中的希腊人是怎样向神献祭的：

> 他们很快为天神把神圣的百牲祭品
>
> 绕着那整齐美观的祭坛摆成一圈，
>
> 然后举行净手礼，抓一把粗磨的大麦粉。
>
> 克律塞斯举手为他们大声祈祷：
>
> ……
>
> 他们祷告完毕，撒上了粗磨的大麦粉，
>
> 先把牺牲的头往后扳，割断喉咙，
>
> 剥去牺牲的皮，把牺牲的大腿砍下来，
>
> 用双层网油覆盖，在上面放上生肉。
>
> 老祭司在柴薪上焚烧祭品，奠下
>
> 晶莹的酒液，年轻人拿着五股叉围着他。

---

1   Robert Parker, *The Oxford History of the Classical World*, 1982, p.265.

他们在大腿烧化，品尝了内脏以后，

再把其余的肉切成小块叉起来，

细心烧烤，把肉全部从叉上取下来。

他们做完事，备好肉食，就吃起来，

他们心里不觉得缺少相等的一份。

在他们满足了饮酒吃肉的欲望之后，

年轻人将调缸盛满酒，他们先用杯子

举行奠酒仪式，再把酒分给众人。

阿开奥斯人的儿子们整天唱悦耳的颂歌，

赞美远射的神，祈求他平息愤怒，

天神听见歌声和祈祷，心里很喜悦。

（《伊利亚特》I. 447—474）

　　以上诗歌向我们描述了一次希腊人献祭的大致过程。虽然，献祭的程序在希腊各地及不同时期繁简不等，但其基本的结构却是清晰且一致的：当队伍到达圣地时，人们马上用祭祀的篮子和水罐把祭祀地点、所献之牺牲及献祭者包围在一起，所有的参加者环祭坛而立，形成一个圈子，以示与不洁的东西相隔离。这种隔离表明圣域的建立，于是，在这样的背景下进行的崇拜活动便成为在神圣空间里所举行的一场圣事。接下来将水依次浇洒在每个参祭者的手上，若要奉献牺牲，也需以水喷洒牺牲的头颅。这种反复净化（也即是圣化）的行为，是献祭仪式中极为重要的一环，其中包含着某种机制的转换，也表明了在神人的交往中，人们为寻求仪式效用的动力和来源所做的努力 [1]。若有动物献祭，在正式的宰杀前，先由祭司割下牺牲前额的一撮毛发，

1　参见（法）莱维-斯特劳斯：《结构人类学》，谢维扬、俞宣孟译，上海译文出版社，1995 年。

投入坛火。此时，牺牲虽滴血未流，却已不再是毫发未损了。牺牲裡宰杀后，心、肝等内脏会首先被放在祭坛上烧烤，在圈子最内层的参祭者得以立即品尝那些内脏，这是一种义务，同时也是特权的象征。其余不可食用的部分被献祭给神，牺牲的尾巴、膀胱及所有的腿骨将用脂肪包裹起来，放在祭坛上焚烧，祭司将葡萄酒洒在上面，酒精使得火焰腾空而起，将所献祭之物直送天宇。

一旦内脏被分食完毕，实质性的欢宴便开始了。通常规定，所有的肉都必须当场被吃掉，不能留在圣地，也不能被带走。至此，整个献祭仪式便在人们对美味的分享中结束了。

此外，每逢最重要、最庄严的庆典，如泛雅典娜节，希腊人还要举行百牛大祭，即一次用一百头毛色纯一的公牛作为牺牲的祭祀。在一些重大的历史关头，希腊人甚至屡次举行人祭，特别是童祭。公元前 480 年，也米斯托克利在萨拉米斯战役开始前，亲手扼杀了三个波斯贵族少年，祭献给诸神。不过，总的说来，以人充当牺牲的做法随着献祭仪式的日益象征化而逐渐为动物牺牲或象征物所取代。

2. 泛雅典娜节

在讨论了节日庆典中的主要内容之后，我们以泛雅典娜节为例来具体考察一下希腊人的节庆。

从公元前 566 年开始，雅典每四年举行一次泛雅典娜节，以盛大的祭祀仪式纪念雅典娜的生辰。节日中有热闹非凡的朝圣游行，游行队伍先在山下的中心广场集中，之后围绕卫城行进一周，瞻仰峭壁上面悬挂的历次战争的战利品和描绘战争场面的浮雕，此后经过山门登山，经过帕特农神庙和厄瑞克提翁神庙之间，来到帕特农神庙东边的露天祭坛，点火献祭，歌舞狂欢。

神庙虽然庄严富丽，却不允许参拜众人窥其内部景观，其内殿只有专职祭司执事可以进入。献祭由祭司在神庙中操作，大众在广场上屏息等待。

泛雅典娜节可以说是雅典人最重要的一个节日，它是为纪念城邦守护神雅典娜的诞生而举行的，这也是一个庆祝新年及丰收的节日。雅典新年的第一个月是和卡通巴翁月（Hekatombaion，相当于公历 7 月），泛雅典娜节在该月的第二十八日正式举行。不过，辞旧迎新的准备活动早在两个月前便已开始，由一连串的仪式活动所组成。先是两个洗浴节，即克林特里亚节（Kallynteria）和帕林特里亚节（Plynteria），主要活动是清洗并重新装饰雅典娜的神像、祭坛及神庙。接下来的是一个被称为斯奇拉的妇女节和一年中的宰牛节。进入新年后更是节日不断，有祭祀阿波罗的节日、庆祝传说中忒修斯回到雅典的日子、被称为克罗尼亚（Kronia）的奴隶节日[1]以及雅典统一节（Synorkia）。

最后，人们终于迎来了全体雅典人的节日——泛雅典娜节。这一天，当太阳升起时，人们首先举行圣火传递仪式，在爱神伊洛斯（Eros）的祭坛上点燃火把，途经市政广场，将新的火种送到卫城中雅典娜的祭坛上。节日中队列游行的场面之盛大壮观，为希腊世界之首。雅典人几乎是倾城而出，前往迪普利翁城门（Dipylon Gate）口欢迎从圣地厄琉西斯接回来的雅典娜神像，再将其送往卫城上女神的神庙，并为其披上几个月前雅典妇女为之缝制的崭新衣袍。随后举行隆重的祭祀活动，雅典人将宰杀上百头的牛、羊，作为祭献给雅典娜的牺牲。大祭完毕，人们便开始分享祭祀后余下的牛羊肉，忘情于节日的欢乐气氛之中。此外，泛雅典娜节上还有各种各样的体育竞技比赛。

泛雅典娜节分为大小两个节日，小泛雅典娜节（the Lesser Panathenaia）每年都举行。大泛雅典娜节（the Great Panathenaia）则是每四年举行一次。不过，两个节日的主要程序及目的则是相同的。到了公元前 5 世纪，几乎阿提

---

1 在这一天，正常的社会秩序被打破，平日里的主仆地位被颠倒，奴隶们可以尽情享乐、喧闹。

卡地区的所有城邦都派代表前来参加泛雅典娜节。节日期间有赛马、竞技、
音乐、诗歌比赛及浩浩荡荡的游行队伍、隆重的百牛大祭、热闹喧嚣的大型
公宴，其规模极为盛大，并逐渐成了一个泛希腊的节日。

　　通观泛雅典娜节的全貌，在整个过程中，男女老少，无论是平民百姓还
是城邦官员，都有他们适当的位置和各自的任务，甚至作为牺牲的牛羊仿佛
也井然有序。这一点在游行队伍中表现得尤为明显，而帕特农神庙的浮雕则
永久并较为完整地为后世保留了这一壮观的场面。从浮雕中，我们可以看到
手捧水瓶、树枝的童男童女，骑马持枪的年轻战士，神情庄重且年龄较长的
城邦官员，一路演奏的乐师，携带各种祭品的普通公民，还有随着队伍行进
的牛羊，等等。而在随后的大型公宴上，全体参加者不分贫富，都能与神同
乐，享受神的祭品。这时，人们可以暂时忘掉贫富门第的差别，由此在与神
的交往过程中，产生一种强烈的团体认同感与凝聚力。

3. 节庆的社会功能

　　我们在上文中考察了节日庆典中的主要程序，并以泛雅典娜节为例进行
了一次粗略的个案分析。在希腊，那些与泛雅典娜节类似的公共节日虽均被
称为"城邦节庆"，但这并不意味着那是一种完全世俗的、非宗教的庆典。节
日庆典实际上是一种集体的崇拜活动。因为城邦所有的节日都根植于对诸神
或英雄的崇拜之中，都与宗教仪式相伴随。即便是那些看似最为世俗的节日，
在古代希腊也从未丧失其宗教性，它们都是在某个神圣空间里展开的、奉献
给某位神祇的活动。这些节日，无论是在古代希腊人自己的观念中，还是在
我们看来，都是希腊人虔诚敬神的表现。特别是在以神力来解释一切的古代，
希腊人认为节日庆典既是感谢神恩、求神赐福的最佳方式，也被视为是神赋
予凡人的一种慰藉，所以，柏拉图说：

　　诸神怜悯人类生而受苦，遂指定神圣的节日，使人借此摆脱辛苦得
以休息。神又让众缪斯及其领袖阿波罗和狄奥尼索斯，与我们分享节日
的欢乐。感谢神灵，在节日庆典中我们获得了新生。

（《法律篇》VI.653）

　　于是，世俗生活虽然可能是充满痛苦、艰辛与劳作的，然而人们却可以
通过神圣的行为与崇拜的仪式使之实现根本性的转变，令生活充满赐福与欢
乐。法国社会学家涂尔干（Durkheim）在《宗教生活的基本形式》中说："集
体生活之所以唤起了宗教思想并使它达到了某种程度，是因为它所带来的狂
热状态改变了人们心理活动的条件……"[1] 在这些节日中，由仪式所带来的共同
的敬畏、共同的希望和共同的欢娱，通过人们共同的关注，将团体中不同的
个人紧密地联系在了一起，从而形成了一种社会伦理控制的巨大力量。

　　当然，我们也不能因强调其宗教性而忽略了这些节日庆典的市政功能。
事实上，城邦通过举办那些隆重盛大的节日庆典，起到了两个明显的作用：
第一，对内，节日提高了公民的自豪感和优越感，加强了城邦的整体凝聚性，
促进了公民间的团结。在大型的公共庆典中，城邦全体公民不分贫富，都有
享受一切平等权利的机会，谁也不会因贫穷而被拒于门外。在节日共同的欢
快气氛中，人们暂时忘掉了贫富门第的差距，由此产生出一种强烈的团体凝
聚力。特别是在雅典，节日数目之多、规模之大、场面之热烈隆重在全希腊
都是首屈一指的。于是，对雅典人而言，他们便成为全希腊最幸运、最文明、
最敬神，也是最蒙神宠的人。他们为此感到自豪和优越，心中洋溢着爱国的
热情，他们觉得个人与城邦在整体利益上密不可分，油然而生一种对城邦的
依附感，从而激发了他们随时准备为城邦而战斗的决心与勇气。这是节日所

1　（法）爱弥尔·涂尔干：《宗教生活的基本形式》，渠东、汲喆译，上海人民出版社，1999 年，第 562 页。

能激发的效果之一，也恰是雅典民主政治所需要的民众情绪。第二，豪华盛大的节日庆典还可对外炫耀国威，扩大本城邦在希腊世界中的影响。如雅典的泛雅典娜节就是泛希腊性质的，每逢这一庆典，来自各邦的使节、拜神者云集雅典，一睹其繁荣昌盛的社会面貌，不由产生一种敬佩之情、慑服之心。可见，节日庆典还具有外交宣传的职能。

第五章

战争与希腊精神世界的变化

我们死于狄翡山谷，我们的坟墓

靠近欧庇波海峡，用公款修建

合情合理。我们丧失了心爱的年华

迎着战争的严酷的阴云走去。

——西摩尼得斯

公元前 5 世纪—公元前 4 世纪上半期是希腊城邦兴旺发达的时期，史称古典时代。在这一时期，发生过两次与希腊世界盛衰攸关的战争，即希波战争与伯罗奔尼撒战争。这两场战争，不仅对希腊的政治、经济产生了巨大的影响，同时也对希腊人的思想观念、精神面貌产生了极为深远的影响。

公元前 5 世纪时，希腊世界在地中海东部地区的发展已颇具规模。与此同时，在西亚兴起的波斯帝国也统治着小亚细亚、叙利亚、巴勒斯坦至埃及的广大地区，并进军多瑙河，控制色雷斯，直接逼近希腊，呈锐不可当之势。古代东西方两大政治力量的接触，必然导致双方之间的战争。这场战争是以雅典、斯巴达为核心的希腊城邦和波斯帝国之间的战争，史称"波斯战争"，中文语境中习惯上将其称为"希波战争"。战争时长近半个世纪，可以说，希波战争是希腊世界的一场解放运动，并对地中海地区的各国产生了极其重大的影响。

希波战争的主要战斗发生于公元前 490 年和公元前 480 年—公元前 479

年，在这期间，波斯大军两度入侵希腊世界，但都以遭遇失败退回亚洲而告终。其间有三次为后世所熟知的著名战役：马拉松（Marathon）战役、温泉关（Thermopylae）战役和萨拉米斯海战。之后，公元前479年的普拉提亚战役中波斯最后一支在希腊大陆上的军队被歼灭，希腊本土全境获得了解放。与此同时，希腊海军在小亚细亚的米卡尔海角再次取得对波斯海军的胜利。随后希腊人乘胜追击，进一步解放了爱琴海上和小亚细亚沿岸的希腊城邦，使整个希腊世界摆脱了波斯统治，免除了波斯的威胁。公元前449年，雅典使节在波斯国都苏萨与波斯人缔结《卡利亚斯和约》，至此希波战争遂正式结束。希波战争终于以希腊的胜利而告终，这在世界历史上影响深远。此后，世界文明发展的格局便逐渐形成东西方并立共存之势，一直延续至今，而它最初的分水岭可以说正是希波战争。

然而，雅典战后的恣意妄为与横行霸道引起了斯巴达人的不安乃至恐惧，公元前431年—公元前404年，一场以雅典为首的海上同盟和以斯巴达为首的伯罗奔尼撒同盟这两大城邦集团之间的战争终于爆发。这场战争中一方是海上强国，另一方是陆上强国，因此也可以说是当时欧洲最强大的海军和最强大的陆军之间的一场战争，战争连绵27年之久，史称伯罗奔尼撒战争，修昔底德称：

这是希腊人历史中最大的一次骚动。

（《伯罗奔尼撒战争史》I. 1）

其间，雅典经历了三年瘟疫的重大打击和西西里远征的军事失败，再加上内部的党争、奴隶的逃亡以及盟邦的叛离，这一连串的事件使雅典元气大伤，最后只得宣布投降，使得内战终结。对于整个希腊世界而言，这场战争是一场重大的灾难。无论是战胜者或战败者，都遭受到了不可弥补的损失，希腊各城邦原有的矛盾不仅没有解决，反而越发尖锐，再加之种种新矛盾的出现，希腊全盛时期的繁荣从此一去不复返。

如果说希波战争是使希腊世界走向繁盛的一个重要转折点的话，那么伯罗奔尼撒战争则是使希腊由盛而衰的另一个重要转折点。这两场战争不仅是交战双方政治、经济和军事力量的对决，同时也是双方思想观念、文化价值的对抗。而希腊人在战争中的表现以及战后的结果则都反映了希腊精神世界的不同变化。

一、神谕与战争

首先，我们想提醒读者的是，古代战争与现代战争是很不一样的，除了实力的比较外，古代战争中还有许多仪式化的行为和要求。求取神谕就是其中一个非常重要的仪式要求。

无论是在古希腊的历史著作还是神话故事的阅读中，我们都经常可以看到有关求取神谕的情节。大至家国命运，小到个人生活，希腊人都喜欢求得神的旨意，以便在神的名义下进行。神灵对人们所求问之事的回答就是所谓的"神谕"（oracle，旧译作神示或神托）。这有些类似于中国人的求签，签抽到后有多种解释。在古代希腊世界，德尔斐的阿波罗神谕是最具有权威性的，希腊人事无巨细都要去祈求他的引导，城邦在遇到重大的政治或军事问题时更是少不了神谕的指点。因此，战争与神谕便有了非常密切的关联。

神谕对于希腊社会的政治生活影响很大。在此，我们且不论神谕究竟只是为政治所利用，还是并非仅仅作为一种政治工具，乃是与各城邦政治交错而成相互妥协、相互利用之势。这样高深的问题还是留待专家学者们去讨论吧。我们只是想以希波战争和伯罗奔尼撒战争中希腊人对神谕的态度，来考察神谕与战争的关系，以及从中所反映出的希腊人在观念层面上的部分认知。

在希腊，每逢战事，人们必举行相关的仪式，求取神谕，占卜献祭，以获得神灵的应允和保佑，因为神的赞许是取得战争胜利的保障。此时，神谕虽不可能完全控制战争的胜负，却有可能在战略上发挥作用，甚至可使胜者不战而胜，败者未战先败。

战前求取神谕并遵旨而行是希腊人的普遍做法。我们可以从希波战争和伯罗奔尼撒战争中找到很多相关例证。

在希波战争中著名的温泉关战役（公元前 480 年）打响前，斯巴达人得到的神谕是：

> 哦，土地辽阔的斯巴达的居民啊，对你们来说，
> 或者是你们那光荣、强大的城市
> 毁在波斯人的手里，或者是拉凯戴孟的土地
> 为出自海拉克列斯家的国王的死亡而哀悼。

（《历史》VII. 220）

为了斯巴达的生存与光荣，国王列奥尼达（Leonidas）在与波斯人力量对比严重悬殊的情况下，毅然遵从神谕，与三百斯巴达将士战死在温泉关隘口。换言之，温泉关"一战"，国王列奥尼达战死沙场就是对神谕中以己之牺牲换取城邦之生存所做出的选择。立在他们阵亡地点的铭文是这样的：

> 过客啊，去告诉拉凯戴孟人 [1]，

1　这是对斯巴达人的古称。

我们是遵从着他们的命令长眠在这里的。

（《历史》VII. 228）

　　面对明知无望的战斗，为何列奥尼达还要选择率部战死而非撤退呢？除了斯巴达战士"不胜利，毋宁死"的荣誉感，列奥尼达出征前获得的神谕是一个重要原因。遵从神谕，列奥尼达选择了战死。希腊人对于诸神的敬畏可见一斑。而这种对于诸神的信仰与情感，贯穿在整个古希腊文明的孕育和繁荣中，也随着其衰败而销声匿迹。

　　公元前 480 年秋，希腊和波斯的海军在萨拉米斯湾展开决战。希腊舰队在雅典统帅地米斯托克利的指挥之下利用有利地形充分发挥希腊战舰灵活机动的特点，重创波斯舰队，波斯船只被击沉 300 多艘，而希腊人只损失 40 艘。波斯舰队大部分被歼灭，残余船舰返回小亚细亚，制海权落入希腊盟军的手中。这是一场扭转战局的海战。

　　战役打响之前，雅典曾派遣使节去德尔斐求取神谕。第一次，女祭司的答复是：

　　　不幸的人们啊，为什么你们还坐在这里？
　　　逃离你们的家，你们那轮形城市的高耸入云的卫城，
　　　跑到大地的尽头去吧。
　　　身躯和头同样都不能安全无恙，
　　　下面的脚，手，以及它们中间的一切也都无济于事，
　　　它们都要毁灭掉。
　　　因为火和凶猛的阿莱司神飞快地驾着叙利亚的战车，
　　　要把这座城市毁掉。

（《历史》VII. 140）

萨拉米斯海战（by Wihelm von Kaulbach）

雅典使者听后大为沮丧，对这一预言的灾难深感绝望。在德尔斐颇有名望的提蒙劝他们拿着祈求庇护的橄榄枝，用哀求的态度再次求取神谕。雅典人按照他的话这样做了。于是，女祭司给了他们第二道神谕：

> 在开克洛普斯圣城和神圣的奇泰隆谷地里目前所保有的一切
> 都被夺去的时候，
> 远见的宙斯终会给特里托该涅阿一座难攻不落的木墙
> 用来保卫你们和你们的子孙。
> 且莫安静地居留在你们原来的地方，因为从大地方面
> 来了一支骑兵和步兵的大军；你们倒应当在他们来时撤退，
> 把背向着敌人；不过你们终有一天会和他们交战的。
> 神圣的萨拉米斯啊！在播种或是收获谷物的时候，
> 你是会把妇女生的孩子们毁灭掉的。

（《历史》VII. 141）

据说，雅典人在得到这第二个宽容得多的神谕后，发表了许多看法。而其中，占主导意见的却是截然相反的两种观点。一些年纪比较大的人认为，神谕的意思是应当把卫城留下，因为在古时候，雅典卫城四周是有一道木栅栏的，他们认为神谕中所说的木墙就是指此栅栏。另一些人则认为，神谕中的木墙指的是他们的战船，特别是地米斯托克利，他根据"木墙"和"萨拉米斯岛"给出解释，竭力说服雅典人建立一支强大的舰队，从海上击败波斯人。在这一意见得到了大多数决心抗敌的雅典公民的肯定后，神谕以造船拒敌的形式得到了执行。事实上，大多数雅典公民本已决心抗击波斯大军，地米斯托克利的解释只是更符合他们的心意和雅典海军强于陆军的事实而已。但在另一方面，这也反映了希腊人寻求神谕作为自己行为正当性的依据的心

态。其他解释者的意见之所以未被采纳，根据希罗多德所言，是因为他们：

> 不愿意雅典人做海战的准备，简言之，也就是干脆不进行抵抗，而
> 是离开阿提卡，迁居到别的什么地方去。

（《历史》VII. 143）

可以说，萨拉米斯海战的胜利关键就在于雅典人领悟到了神谕中'木墙'的含义是指木制的战船，从而组织起一支强大的舰队，在海上最终击败波斯人。而当这些胜利者看着强大的敌军节节败退的时候，他们的心中自然充满了对神明的敬畏。

希罗多德在述及地米斯托克利将"难攻不破的木墙"解释为战舰，并诱使波斯海军包围萨拉米斯岛之后，又回到关于神谕的问题上，他说：

> 至于神托，我不能说它不是真的；当我亲眼看到下面的一些事情时，
> 我也并不试图否定那些他们讲得十分清楚的事情：
>> 当他们用层层的船只，围住了
>> 佩带黄金宝剑的阿耳忒弥斯的神圣海岸，
>> 和那海浪拍击的库诺叙拉；
>> 当他们满怀妄想，夺去了雅典的光荣，
>> 以恣意的骄睢，贪求完全的饱足。
>> 那疯狂的暴怒，那绝灭百族的野心，
>> 终必烟消云散，因为这是天理不容。
>> 青铜将和青铜撞击，那赫然震怒的战神，
>> 命令用血染红四海。但是洞察一切的克洛诺斯之子
>> 和女王尼凯，

　　　　将把自由的曙光赐给希腊。

　　　　看到这样的事情又听到巴奇斯是说得如此清楚明白，则我既不敢在
神托的事情上反对他，又不能认可别人的反对论调了。

(《历史》VIII. 77)

　　在此，我们相信，希罗多德对神谕的态度代表了当时大多数希腊人的普
遍心态。由此可见希腊人对神灵的虔诚以及对神意的遵从。

　　另一个战前求取神谕的例子是在伯罗奔尼撒战争爆发前夕。因雅典人对
斯巴达同盟国的侵略破坏了双方的休战和议，斯巴达人感到难以容忍，却又
对是否立即宣战犹豫不决，于是就派人到德尔斐去求取神谕，向神灵询问是
否能够开战。据说神是这样回答的：

　　　　如果他们以全力作战的话，胜利是属于他们的；不论他们是不是向
神祈祷，神自己也会保佑他们的。

(《伯罗奔尼撒战争史》I. 118)

　　于是乎，战火立燃。

　　诸如此类的例子举不胜举。可见，战前求取神谕，是希腊人为他们的行
为寻求依据及意义的一种方式，使得无论是抵抗外侮，还是进攻他国，都能
成为一种师出有名的正当行为。

　　除了战前求取神谕，为己方增加一些获胜的保障以外，希腊人也会以战
后的结果来印证神谕的正确性，比如在埃斯库罗斯的《波斯人》一剧中，由
波斯长者所组成的歌队便召请大流士（Darius）的亡魂出现，见证有关骄横必
将导致毁灭的神谕的实现。请看：

　　大流士：哎呀！那神示竟显验得这样快，天帝宙斯把他的言应在我的儿子身上，我还相信要过了许多时候才能实现呢。但凡人作茧引，天神更是相催。现在啊，一大祸患临到了我的人民身上。

　　……

　　大流士：如果我们信仰神示，看了过去的事实，就知道那一大队人马只有极少数能够生还：因为天神的预示并不是有的灵验，有的一灵验。

　　……

　　大流士：你们看这就是骄横暴戾所得的结果。牢记着希腊与雅典；不要鄙弃眼前所有的幸福，想要贪多，反而浪费了许多财富。天帝宙斯惯于惩戒那些暴戾的人，他的刑罚是很重的啊！因此你们得用合理的劝告去警戒我的儿子，叫他小心谨慎，不要那样暴躁，免得再犯天忌。

　　　　　　　　　　　　（《波斯人》740-745，800-803，823-830）

　　那些不遵循神谕行事的人，在希腊人看来是不符合常规且十分愚蠢的，其后果必将是自取灭亡。如斯巴达王储多里欧司（Dorieus）在攻打叙巴里斯时战死，就是因为：

　　他是做了有悖于神托指示的事情才遭到灭身之祸的，原来，如果他只做他原来预定要他做的事情而不做任何本分之外的事情，那么他就会攻克并据有埃律克斯地区，而他和他的军队也就不会死掉了。

　　　　　　　　　　　　　　　　　　　　　　（《历史》1.45）

　　同时，正确地理解神谕也是一个关键的问题。但由于人的无知与有限，错误理解神意的情况难免发生，这便会招致灾难性的后果。吕底亚国王克洛伊索斯（Croesus）进军波斯，却反使自己的王国为波斯大帝居鲁士（Cyrus）

所灭就是一个最好的例子。请看希罗多德对此事的记载：

> 他们请示一下神托，问克洛伊索斯可以不可以去和波斯人作战，而如果可以的话，他是否可以找一支同盟军和他一齐出动……每个神托都向克洛伊索斯预言说，如果克洛伊索斯进攻波斯人，他就可以灭掉一个大帝国。
>
> ……克洛伊索斯在接到带给他的神托的这些解答以后，真是大喜过望了，他深信他一定可以摧毁居鲁士的王国……
>
> 撒尔迪斯（吕底亚的首都）就给波斯人攻克，克洛伊索斯也给他们俘虏了；他已经统治了 14 年并且被围攻了 14 天，而到这时，正如神托所预言的，他便毁掉了自己的大帝国。
>
> ……克洛伊索斯派一些吕底亚人到戴尔波伊去，嘱咐他们把他的枷锁放在神殿的入口并且问神，神激励他对波斯人开战，并说他一定会摧毁居鲁士的帝国，但结果这就是战争的最初成绩，这样做神是不是感到可耻。他们说这些话的时候，要指着这副枷锁，随后，他们还要问，希腊的神是不是惯于干这种忘恩负义的事情。
>
> 吕底亚人到了戴尔波伊，把他们带来的话传达了，据说佩提亚是这样回答的："任何人都不能逃脱他的宿命，甚至连一位神也不例外。克洛伊索斯为他五代以前的祖先的罪行而受到了惩罚……克洛伊索斯也没有任何权利来抱怨他从神托那里得到的答复。因为当洛克西亚司告诉他如果他攻打波斯人他会摧毁一个大帝国的时候，如果想确实知道一下神的意旨的话，那么他就应该再派人来问一下这是指着哪一个帝国，是居鲁士的，还是他自己的帝国。然而他既不懂得所讲的是什么话，又不肯再来问个清楚，那么今天的这个下场便只有怪他自己了。"……克洛伊索斯听了之后，才承认这是他自己的过错，而不是神的过错。

（《历史》I. 53—91）

在希腊人看来，误解神意，招致毁灭，这样的结果不能归罪于神灵。希腊人对于神谕的这种态度，表明了古人的一种复杂心态，他们一方面试图通过"求取神谕"这一仪式化的行为去努力感知神灵，为自己的行为寻找依据；另一方面又对自己是否真正理解神意的真实含义执狐疑而无奈的态度

总之，神谕可以成为战争的催化剂，它可使战争迅即爆发，也可暂止战事；它既可作为战争胜利的保证，也可以是战败的预兆。就此而言，代表神意的神谕，特别是德尔斐的阿波罗神谕，在古代希腊成了决定战争是否爆发或以何种方式爆发的重要因素之一，也是人们预测战争结果的一个重要尺度，甚至还关系到当时人们对于战争双方的评价。可见，神谕虽不是影响战争的最重要因素，更不是唯一因素，但无疑是一个十分重要的参照系数。神谕对于战争的种种影响，可以看作希腊人思想观念影响现实生活的一个典型例子。

二、战争所带来的民族认同与辨异

古代希腊虽然不是一个统一的国家，但其文化的一致性却十分明显：希腊人是同一个民族、说同一种语言、信奉共同的神明，并有着同样的生活方式。希腊人作为一个民族的共同意识最早从荷马时代就开始表露出来了。在特洛伊城爆发的那一场东西方最早的大战中，希腊联军的组成就是一个很好的例子。

从希腊人的自我称谓来看："希腊人"[Hellenes，意为"希伦的子孙"，希伦（Hellen）是传说中希腊人的祖先]一词最早就出现在《伊利亚特》第二卷中，中译为"赫勒涅斯人"（《伊利亚特》II. 684），据信，此地为阿客琉斯的故乡。荷马时代之后，它逐渐取代其他名称，最终成为希腊人的通称。这

种认同是与辨异同时存在的，这明显地反映在他们对其他民族的态度中，希腊人把所有说其他语言的民族都称作"蛮族"（barbaros），这原来只是一个象声词，源于希腊人对陌生语言的模仿，指一种听上去很急促且含糊不清的说话声。希波战争结束后，希腊人的民族自信心增强，并进一步地产生了政治、经济和文化上的优越感，于是，这个词的内涵也发生了变化，明显具有了贬义。英国学者基托说："希腊语中的'蛮族'一词，并不意味着现代意义上的'野蛮人'（barbarians），它不是表示厌恶或蔑视的词，不表示住在洞穴里食生肉的人。它只是表示那些不说希腊语而只发出'巴巴'声音的人。"[1] 因此，在希腊人眼中，只要是不说希腊语的人，他就是一个"蛮族"（barbarian）。但他又进一步指出："不说希腊语是一种表象，反映了更深刻的差异，它表示他们既不是以希腊人的方式生活也不是以希腊人的方式思考。"而"一个民族的心灵也许更直接地表现在这种语言的结构中，而不在它所产生的其他任何东西中"。[2]

其实，这种自我中心论在古代并不奇怪，且较为普遍，其他民族中也有这样的现象。比如，犹太人自称是上帝的"唯一选民"，中国的王朝时代自古就将外邦称作"蛮夷之邦"，而自诩为"中央大国"。

而希腊人的这种民族认同与辨异在希波战争中已表现得十分明显：在公元前 480 年—公元前 479 年，正值希波战争的关键阶段，谣传雅典准备背弃希腊同盟，与波斯人单独媾和。斯巴达人闻听后，急派使团前往雅典，试图劝他们不要这样做。雅典人告诉斯巴达使者：

> 甚至如果我们愿意这样做的时候，那也有许多许多有力的理由使我

1　（英）基托:《希腊人》，第 1 页。
2　（英）基托:《希腊人》，第 2 页、第 27—28 页。

们不能这样做。首先和最主要的，是我们诸神的神像和神殿被烧掉和摧毁，因此我们必须尽力为他们复仇，哪里还能够和干出这样的一些勾当的人们缔结协定；其次是，全体希腊人在血缘和语言方面是有亲属关系的，我们的诸神的神殿和奉献牺牲的仪式是共通的，而我们的生活习惯也是相同的。

（《历史》Ⅷ. 144）

可见，在希腊人看来，他们作为一个统一民族的标志是血缘、语言、宗教和习俗。正是怀着一种共同的宗教热诚和爱国精神，希腊城邦才能联合一致，最终战胜强大的波斯帝国。请听他们走向战场时所高唱的战歌：

前进呀，希腊的男儿啊，
快解救你们的祖国，解救你们的妻儿子女，
解救你们祖先的神殿与坟茔！
你们现在为自己的一切努力战斗！

（埃斯库罗斯：《波斯人》402—405）

让我们再来看看希波战争中的两次著名战役。首先是马拉松战役（公元前490年），这是希腊方面打赢的第一场仗。马拉松平原位于雅典东北40公里的地方，据估计，当时波斯海陆兵员总数在5万以上，还有号称所向披靡的骑兵。雅典倾全力征集到的部队也只能达到1万人，斯巴达援军又因故不能赶来，雅典明显处于劣势，然而据希罗多德记载：

当波斯人看到雅典人向他们奔来的时候，他们便准备迎击。他们认为雅典人是在发疯而自寻灭亡，因为他们看到向他们奔来的雅典人人数

不但这样少，而且又没有骑兵和射手。这不过是异邦人的想法；但是和
波斯人厮杀成一团的雅典人，却战斗得永难令人忘怀。因为，据我所知，
在希腊人当中，他们是最先奔跑着向敌人进攻的，也是最先不被穿着米
底服饰的士兵吓倒的队伍，而在那之前，希腊人一听到米底人的名字就
给吓住了。

（《历史》VI. 112）

最后，以米太亚得（Miltiades）为统帅的希腊联军重创敌军，并乘胜把波
斯人追至海边。被歼灭的波斯士兵达到 6 400 人，希腊方面则仅牺牲 192 人。
这次马拉松大捷使希腊人破除了波斯不可战胜的迷信，增强了保卫祖国的决
心和信心。胜利后，一位名叫斐力皮德斯（Philippides）的雅典士兵奔回雅典
去报信，他跑了 42 公里又 195 米，只喊了一句话便倒地而死。至于他喊的是
哪一句话，有几种说法。一种说法认为，他说的是"高兴吧，我们胜利了！"
另一种认为，他说的话是"雅典得救了！"其实，他究竟喊了什么并不重要，
重要的是他以这种方式表现了希腊人对自由的珍惜，以及在面对外敌入侵时所
表现出来的团结一致的民族凝聚力。而斐力皮德斯所跑的长度也成了日后马拉
松长跑的距离。马拉松战役的胜利一个最直接的结果便是它使得波斯人暂时返
回了亚洲。之后，波斯人的第三次远征与第二次远征之间相隔了 10 年的时间。

再来看看那次著名的温泉关战役。作为中希腊的主要道口，温泉关是从
北方进入希腊的唯一通道。温泉关傍山靠海，地形地势极为险要，斯巴达国
王列奥尼达率领的 300 斯巴达士兵是守军的核心，但他们面对的却是数十万
波斯大军。温泉关易守难攻，初次交火，由于斯巴达人非常英勇，波斯军数
度猛攻均不得手。后来波斯军找人带路，迂回绕行至温泉关后面，使希腊守
军腹背受敌，难以坚守。列奥尼达命令大部分守军撤离关口，安全转移到后
方，他和全体斯巴达战士则留下死守，最终战死于此。

其中有一个插曲，战前曾有两个士兵因负伤而离开，但其中一个在半途又返回了，最后战死。回到斯巴达的那一个人则被众人所唾弃，一直抬不起头来，直到他在之后一次抗击波斯人的战斗中战死才重又为人们所尊敬。从这个故事可见当时希腊人同仇敌忾、誓死抗敌的精神。虽然希腊人在这场战役中失利，但温泉关之战为希腊全军树立了榜样，鼓舞了整个民族的战斗意志，其精神力量之伟大远胜于具体关隘的得失。诗人这样赞颂那些英雄们：

> 温泉关的阵亡将士
> 生时光荣，死时高尚，
> 祭坛作坟茔，哀思作祭碗，赞歌作祭酒，
> 这样的墓葬不会摧朽，销毁一切的"岁月"无法使它没灭。
> 这些勇士的陵墓
> 用希腊的威名
> 做卫士，住斯巴达王
> 列奥尼达做见证，他的英勇和名声
> 也是永垂不朽。
>
> （西摩尼得斯：《悼歌》，引自水建馥译《古希腊抒情诗选》，第167页）

而且，就战略部署而言，希腊人的这场守卫战也是成功的，它延缓了波斯人南下的速度，为联军主力在后方的集结和希腊舰队在萨拉米斯湾的驻防赢得了宝贵的时间，使雅典和伯罗奔尼撒各邦做好了战斗准备，为后来战胜波斯人创造了有利的条件。

总之，在希波战争这一次东西方空前的大碰撞中，面对异族的入侵，希腊人进一步意识到了自己作为一个民族的共同性之所在，并为捍卫这种一致性而进行了英勇的斗争。

三、战争与民主制的盛衰

　　希波战争以希腊人的胜利告终，对于希腊方面，这场胜利不仅使希腊各邦在保持自己特点的同时得以继续发展，尤其还使得雅典实现了空前的繁荣，特别是雅典海军的胜利，促进了民主政治的发展。因为，在这场海战中英勇作战的水兵们都是没有财力将自己装备成重装步兵，而只得在战舰上服役的下层公民，但这些城市贫民在此次军事活动中所起的作用甚至超过了拥有财产的重装步兵，这自然加强了雅典民主派的势力。希波战争后，雅典进入了其历史上最辉煌的黄金时代，整个希腊世界也开创了它的盛景。雅典的民主政治进一步发展，在伯里克利当政的三十余年间，当地的民主政治进入了极盛时期，即所谓的黄金时代。这一时期雅典民主制兴盛的景象，我们在第三章中已有详细论述，在此就不复述了。

　　然而，一旦外患消除，脆弱的民族统一战线也旋即崩溃。雅典在希波战争中所起的重大作用也导致其最终建立起在海上的霸权。此后，雅典在很短的时间内便发生了巨大的变化，它将自己的盟友变成臣民，原本自由的联盟成了雅典掌控的帝国。雅典人曾经给希腊世界带来了自由，却又亲手毁灭了自由——它变成了一个强大、霸道、暴虐的帝国。公元前 428 年，密提林人叛离雅典并劝说斯巴达人与之结盟，密提林的代表在奥林匹亚的演说充分说明了当时雅典的霸权所引起的反感：

　　　　人们不要以为我们是很坏的，以为我们在和平的时候受到雅典人的尊重，而在危急的时候叛离了他们。

　　　　……

　　　　我们和雅典间的同盟起于波斯战争将结束的时候……同盟的目的是解放希腊人，使他们免受波斯人的压迫，而不是要雅典人来奴役希腊人。

只要雅典人在领导的时候，尊重我们的独立，我们是热心跟着他们的。但是我们看见他们对于波斯的敌视越来越少，而关心奴役他们自己的同盟者越来越多，于是我们开始恐惧了。因为复表决的制度，同盟者不能够联合起来自卫，所以除我们和开俄斯人之外，同盟者都被奴役了。因为我们被认为是独立的，在名义上是自由的；所以在同盟军中，我们供给自己的分遣队，但是过去所发生的事情使我们得到教训，我们对雅典的领导不再信任了。他们把那些和我们平等的国家控制了之后，如果他们有力量做，很可能他们也会用同样的方法来对付我们的。

......

斯巴达人和同盟者！这些就是我们暴动的根据和理由……对于希腊人，我们不再和雅典人联合在一起来侵略他们了，而要支持他们的解放工作；对于雅典人，我们要采取主动，叛离他们，以免后来被他们灭亡。

（《伯罗奔尼撒战争史》II. 9-13）

同时，雅典霸权的建立及其势力的膨胀，严重威胁着希腊世界的另一个强国斯巴达的利益，修昔底德分析当时的形势说：

最后，雅典的势力达到顶点，人人都能够很清楚地看见了；同时，雅典人开始侵略斯巴达的同盟国了。在这时候，斯巴达人感觉到这种形势不能再容忍下去了，所以决定发动现在这次战争，企图以全力进攻，如果可能的话，他们想消灭雅典的势力。

（《伯罗奔尼撒战争史》I 118）

于是，在安享了不到 20 年的和平之后，公元前 431 年，希腊世界烽火又起，这次是一场以雅典为首的海上同盟和以斯巴达为主的伯罗奔尼撒同盟两大城邦集团间的战争，史称伯罗奔尼撒战争（公元前431年—公元前404年）。

战争终于爆发了。然而作为一种直接民主的产物，雅典的政治实际上是没有重心的，民意随波逐流，政策朝令夕改，结果的好坏很大程度上依靠的是偶然选举出来的最高领袖的天才。在这种直接民主制度下，没有人尊重权威，事实上也不存在任何权威，每一个人都为了自己，没有人顾及别人的安危，修昔底德描述雅典当时的情况是：

> 在其他和战争显然无关的事务中，私人野心和私人利益引起了一些对雅典人自己和他们的同盟国都不利的政策。这些政策，如果成功了的话，只会使个人得到名誉和权力；如果失败了的话，就会使整个雅典作战的力量受到损失。
>
> （《伯罗奔尼撒战争史》II. 65）

在这种情况之下，那些习惯于短期行为的雅典政治家，根本就不是经过严格挑选与培养出来的斯巴达军事家的对手。战争过程中，雅典的一些决策和措施更充分暴露出这种直接民主本身所具有的不足之处，也表明了这种古代民主制的衰落。其中最为典型的事例之一是对西西里远征前所发生的渎神事件的处理。

公元前415年，雅典为开辟第二战场、征服富庶的城邦叙拉古，派兵远征西西里岛。远征军的统帅是亚西比德（Alcibiades），然而就在他率舰队出发不久，雅典城内发生了赫尔墨斯神像被毁的事件，此事被视为推翻民主政治的先兆，亚西比德的政敌控告他是主谋，公民大会遂以渎神的罪名召其回国受审。亚西比德清楚地知道在群情激愤的情况下，若以此罪名受到审判，等待他的结果将会是什么，便在返回途中投奔了雅典的死敌斯巴达，并向斯巴达人献计献策。于是，斯巴达人乘雅典国内政局不稳、大军在外之机，直接出兵阿提卡半岛，同时派兵援助叙拉古。次年，雅典远征军在西西里大败，全军覆没。

这一事件当时涉及的人员众多，不同政见者相互指责，一些人公报私仇，使得许多人被放逐或受刑，然而主谋的身份直到今天仍是一个历史的悬案。修昔底德说：

> 有许多显著的公民已下狱中，而且事情没有缓和的迹象；事实上残酷的程度每日增加，被逮捕的人每天加多……在这一件事情中，很难说，那些被处罚的人是不是罪有应得的；但是很清楚，事实上城邦为其余的人都得到了很大的益处。

（《伯罗奔尼撒战争史》VI. 60）

从对这一事件的处理方式中我们可以看出，雅典的直接民主制理论上人人平等，而在实际的政治生活和社会生活中却可能致使分属不同派别的人自以为是、目空一切，一旦有任何机会，他们就会互相排挤、彼此陷害。而在当时，置政治对手于死地的最好办法就是攻击他们渎神，然后再在群情激愤的情况下将其置于死地。正如修昔底德所指出的：

> 西西里远征不是一个判断上的错误，如果我们考虑到我们所要对付的敌人的话；这个错误是在于国内的人没有给予海外的军队以适当的支援。因为他们忙于个人的阴谋，以图获得对人民的领导权，他们让这个远征军失掉了它的动力；由于他们的不和，国家的政策开始发生紊乱……结果只是因为他们自己内部的斗争，毁灭了他们自己，他们最后才被迫投降。

（《伯罗奔尼撒战争史》II. 65）

可见，此时的民主政治已经开始堕落成为党派斗争的手段、个别有野心的人士操纵的工具，也成为民众发泄各种不满、愤恨的途径，而不再是为全体公民、整个城邦谋利益的最佳政体。

而雅典在战争中的失败更加重了这种局面。伯罗奔尼撒战争结束之后，雅典只保留了作为一个普通城邦的地位，不仅军事力量被彻底摧毁，海上同盟不复存在，舰队和盟友统统丧失，甚至连自我标榜的民主制也被暂时推翻，由斯巴达所强加的一个短命的贵族寡头政体所取代。三十僭主统治结束后，雅典表面上恢复了民主政体，但在实际上，上层分子党争不断，各自为了小团体的利益而争斗不止，广大民众的参政热情降低，城邦政治生活中的极端个人主义与极端民主的方式逐渐滋长，公民责任感消退，公民共同体意识淡化，城邦统一的公共生活开始瓦解，城邦正逐步丧失其凝聚力，民主制度受到来自多方面的质疑、破坏而开始蜕变成一种暴民政治，国家的内政外交、重大决策要么是为一时冲动的民意所左右，要么是被某些别有用心的党派人士所操纵。古典民主制的盛况已是一去不复返。

四、战争、瘟疫与城邦制的衰微

希波战争的最后一年，雅典联合多个希腊城邦组织了一个攻守联盟——提洛同盟。战后，希腊人担心波斯人可能卷土重来，没有把这个同盟解散。这时，以斯巴达为首的伯罗奔尼撒同盟早已形成。随着时间的推移，雅典逐渐把同盟变成了发展自己利益的海上帝国，为了达到自己的目的，它动用了同盟国金库的资金，随后更是将金库从提洛岛迁至雅典；它试图把其他同盟国都降至臣属地位，哪一个造反，就以武力镇压，将之作为被征服国，接管其海军，向其勒索贡赋。例如雅典向同盟国征收的贡款最初是每年 50 个塔连特，到了克里昂执政时就增加到了 960 至 1 460 个塔连特。雅典的手段如此横暴，势必引起同盟国的反叛和斯巴达人的疑虑。希腊史家修昔底德说：

> 使战争不可避免的真正原因是雅典势力的增长和因而引起的斯巴达的恐惧。

（《伯罗奔尼撒战争史》I. 23）

通常认为，雅典与斯巴达之间政治体制、文化的不同，是引发这场战争的第二个主要原因。雅典的民主政体和斯巴达的贵族政体虽未达到水火不相容的地步，但双方确实都试图将自己的政治制度扩大到其他希腊城邦中去。时常出现的情况便是雅典支持各邦的民主派，而斯巴达则支持各邦的贵族派，于是，在同一个城邦中民主派与贵族派各有依恃，相互敌对，互不相让。科西拉流血事件就是最典型的例子。修昔底德对于整个事件有生动而详细的描述，他最后总结说：

> 这次革命是这样残酷，因为这是第一批革命中间的一个，所以显得更加残酷些。当然，后来事实上整个希腊世界都受到波动，因为每个国家都有敌对的党派——民主党的领袖们设法求助于雅典人而贵族党的领袖们则设法求助于斯巴达人。

（《伯罗奔尼撒战争史》III. 82）

在文化方面，雅典人将斯巴达人视作粗鲁的野蛮人，斯巴达人则认为雅典人是巧言令色的煽动家。事实上，两者间也确实存在差别，我们还是来看一看同时代的人对他们的描述吧，以下是科林斯人在第一次斯巴达同盟代表大会中的演说片段：

> 我们认为你们和雅典人有很大的差异。照我们看来，你们是很不知
> 道这个差异的；你们从来没有想到过，将来会和你们作战的这些雅典人
> 是怎么样的一和人——他们和你们多么不同，实际上是完全不同的啊！
> 一个雅典人总是一个革新者，他敏于下定决心，也敏于把这个决心实现。
> 而你们是善于保守事务的原况；你们从来没有创造过新的观念，你们的
> 行动常常在没有达到目的的时候就突然停止了……他们果决而你们迟疑；
> 他们总是在海外，而你们总是留在家乡；因为他们认为离开家乡越远，
> 则所得越多，而你们认为任何迁动会使你们既得的东西发生危险。
>
> （《伯罗奔尼撒战争史》I. 70）

种种原因纠结在一起，最终使得战争爆发，而大部分希腊城邦也都卷入了这场希腊世界的内战之中。这场战争最直接的结果便是给繁荣的古希腊带来了前所未有的破坏，导致了战后希腊城邦制度的危机，整个希腊就此开始由盛转衰。

连绵近 30 年的战争，其过程跌宕起伏，复杂多变，其中对雅典影响重大的事件之一，当数公元前 430 年雅典暴发的瘟疫，在短短 3 年的时间内，雅典失去了四分之一的人口，伯里克利也死于这场瘟疫。

当时，修昔底德恰好居住在雅典城内，并且也感染上了瘟疫，所幸后来痊愈了。他用笔详尽地记录下自己在这场瘟疫中的所见所闻、所思所想。通过他的记述，我们得知：瘟疫伊始，只是被雅典人视为下城的比雷埃夫斯（Piraeus）海港的居民染病，人们开始以为是潜入城内的斯巴达人往蓄水池里偷偷放了毒药所致。但不久，雅典上城的居民也染上了这种疾病，并且因病死亡的人数大大增加，这时，雅典人才省悟到：一场大瘟疫降临了。修昔底

德写道:

> 我自己只描述这种病症的现象，记载它的症候；这些知识使人们能
> 够认识它，如果它再发生的话。我自己患过这种病，也看见别人患过这
> 种病……这种疾病的一般情景不是语言文字所能描写得出的，至于个人
> 的痛苦，它似乎不是人所能忍受的。
>
> （《伯罗奔尼撒战争史》II. 48-50）

瘟疫之所以能够很快蔓延开来，这同雅典人口的密度、流动性、卫生环
境以及生活习惯均有很大关系。雅典地区人口的密集程度一直很高，以至雅
典人最终不得不派遣移民迁居他处。到了伯罗奔尼撒战争爆发之时，为实现
坚壁清野，伯里克利建议将农村人口迁入雅典城中，于是人们把牛羊都运往
优卑亚岛及附近诸岛，带上拆卸下来的房屋木造部分、所有的日用家具和其
他能搬动的东西，携妻儿老小举家搬进雅典城。这些人只有极少数在雅典城
中拥有属于自己的房屋，还有少部分人寄住在亲戚或朋友家中，而大多数人
却不得不在城市空地、庙宇周围或古代英雄的圣地中栖居下来，更有甚者，
在卫城下方原有一块名叫"皮拉斯基人的土地"的空地，因被视为受神诅咒
之地而历来禁止人们居住，现在这里也盖起了房子。修昔底德说:

> 但是因为当时的迫切需要，在这块土地上面也盖起房子来了。还有
> 不少的人在城墙的谯楼中住下来了。事实上，无论什么地方，只要有空
> 隙的地方，他们就住下来了。因为他们都迁入城中，地方不够分配，后
> 来长城的外围以及庇里犹斯的大部分都分给大家使用了。
>
> （《伯罗奔尼撒战争史》II. 17）

从修昔底德进一步的叙述中，我们看到，人口密度原本就大的雅典城，此时已到了人满为患的地步。特别是进入伯罗奔尼撒战争的第二年，为躲避斯巴达人的大举进攻，大批乡村居民更是源源不断地涌入城市。新来的人没有房屋住，不得不在盛夏季节挤在临时搭建的简陋茅舍中。原本不能住人的神殿、塔楼、庙宇、回廊也都住满了人，生活垃圾遍地，同时又缺乏合理排除污秽的有效设施，居住状况十分糟糕。再加上夏季用水的不卫生，必定增进了瘟疫的蔓延。修昔底德真实地记录了当时的情景：

> 使雅典人的情况更加恶劣的一个因素是他们把乡村居民迁移到城市来，这件事对于新来者影响特别不好。他们没有房屋住，事实上他们在炎热的季节里，住在空气不流通的茅舍中，他们像苍蝇一样死去。垂死者的身体互相堆积在一起，半死的人在街道上到处打滚，并且群集于泉水的周围，因为他们想喝水。在他们所居住的神庙中，充满了死者的尸体……
>
> （《伯罗奔尼撒战争史》II. 52）

修昔底德不仅为后世描述了这一过程，他还特别提到人们一旦染上瘟疫，无论恶人好人其结果都是死亡，这使得人们不再信神，由此导致了道德的崩溃，致使人们对法律、宗教以及规范应有的服从都消失殆尽了，人们仅为一时之利而争斗。修昔底德说：

> 这个灾祸有这样压倒的力量，以致人们不知道下一次会发生什么事，所以对宗教上或法律上的每条规则都毫不关心……由于瘟疫的缘故，雅典开始有了空前违法乱纪的情况……对神的畏惧和人为的法律都没有拘束的力量了。
>
> （《伯罗奔尼撒战争史》II. 53）

　　人们的生活脱离了常轨，陷入混乱的状态，对生存的焦虑衍生出了各种的猜疑与冲突，整个城邦分裂成若干个对抗性的团体。农民支持贵族与斯巴达进行媾和，而民主派内部的分歧也暴露出来，各派之间相互争斗不已。随后，雅典又发生奴隶大逃亡，盟邦叛离，国内党争更趋激烈。这一连串的事件使雅典元气大伤，公元前404年，在斯巴达的围困下，雅典终于宣布投降。

　　事实上，这场战争不仅是对雅典，而且对整个希腊世界来说都是一次严重打击，无论是战胜者或战败者，都遭受到不可弥补的损失。对于战争给希腊带来的灾难，修昔底德在其著作的一开始就提到了，他说：

> 　　伯罗奔尼撒战争不仅继续了一个很长的时间，并且在整个过程中，给希腊带来了空前的痛苦。过去从来没有过这么多的城市被攻陷，被破坏……从来没有过这么多的流亡者，从来没有过这么多生命的丧失……过去有许多奇怪的古老故事，在近代的经验中没有得到证实的，现在都变为可信了。例如，广大地区受到猛烈地震的影响；日食和月食比过去从来所记载的都频繁些；在全希腊各地区有广泛的旱灾，继以饥馑，有严重的瘟疫，它所伤害的生命比任何其他单独的因素更加多些。战争爆发后，所有这一切的灾难都一齐降到希腊来了。

（《伯罗奔尼撒战争史》I. 23）

　　的确，这场毁灭性的消耗战争最终使得整个希腊世界陷入了民穷财尽的困境。斯巴达虽然最终得胜，但因连年战争，土地荒芜，人员伤亡惨重，国力疲惫不堪。而战后，希腊各城邦原有的政治、经济的矛盾不仅没有解决，反而更加尖锐了。各邦再一次被吞没在由不断变动的联盟以及小规模长期战争所造成的一片混乱之中。连绵不断的长期战争，使希腊城邦困顿不堪。希腊全盛时期的繁荣景象一去不复返了。只有波斯从旁取得许多好处，它恢复了对希腊城邦事务的干涉权，将并小亚细亚西部沿岸地区的希腊城邦重新置于自己的统治之下。

伯罗奔尼撒战争同时也带来了种种"城邦危机"。危机是来自内外两方面的：内部的危机主要是战后贫富对立加剧导致阶级矛盾激化，政权更迭频繁；外部的危机则在于以前各城邦间的矛盾尚未解决，而战后由于力量的重组，新的矛盾又出现了，尤其是斯巴达的强权政权所带来的不满。需要说明的是，城邦危机的发展也是不平衡的，一些过去比较发达的城邦如雅典、斯巴达等，首先受到危机的影响，而那些比较落后的城邦如底比斯等，现在却因摆脱了强国的阴影，迅速地发展起来，暂时成为希腊世界中较强大的政治经济中心，它们受到危机影响的时间也稍微晚些。

战后，随着城邦危机的发展，希腊城邦赖以生存的经济基础——公民的小农经济和小手工业开始瓦解。农民成了战争最大的受害者，兵祸殃及的地区一片荒芜，农民因破产、失去土地而无产化。在希腊，一位公民失去土地就意味着在政治上丧失了公民权。城市里，奴隶劳动在手工业作坊中占据了主要地位，小生产者破产分化。小农经济和独立手工业的解体，使得城邦制度的基础也随之发生了动摇，公民在经济上的贫富分化，以及政治上的有权与无权的分立现象的出现，其直接的后果则是社会风气和公民精神面貌的改变：公民团体与公民生活之间的和谐与平衡被打破，城邦统一的公共生活逐渐瓦解，公民共同体意识日益淡化，公民责任感消退，城邦的理想开始破灭，随之而来的是极端的个人主义与极端民主方式的滋长，这在希腊世界，尤其是在战败的雅典城邦表现得更为明显。这一切都表明了城邦制的衰落。"从外在方面来看，由于城邦制已不能为希腊提供一种尚可过得去的生活方式，因而它失败了；从内在方面来说，也是如此，因为它正逐步地丧失其凝聚力，这点，我们在雅典身上看得最清楚。"[1] 因此，从某种意义上说，伯罗奔尼撒战争是对城邦制度的终结。

虽然，战后，希腊在文化方面还没有立即从繁荣昌盛的顶峰衰落下来，但在政治、经济以及精神面貌方面已经日薄西山，呈现出一派衰败的颓势。这种混乱局面的存在给予外敌以可乘之机，使外来强国得以用武力征服并统一希腊。公元前 338 年，马其顿国王腓力二世在喀罗尼亚大败底比斯与雅典的联军，他随即剥夺了希腊各城邦的大部分自治权。自此，希腊古典时代结束，希腊化时代即将开始。

1　（英）基托:《希腊人》，第 202 页。

第六章

希腊的公民宗教

> 全体希腊人在血缘和语言方面是有亲属关系的，我们
> 的诸神的神殿和奉献牺牲的仪式是共通的……
>
> ——希罗多德

如果我们想要了解古代希腊的宗教，首先必须摒弃人们论及现代宗教时所预设的一些概念。古代希腊宗教和我们今天习惯上所联想到的"宗教"这个词有很大的区别。古人的宗教不是书本上的教义，而是与当时的整个社会乃至个人的生活密切相关的一种"相信"。希腊宗教也不是由祭司、先知，或是圣人以及任何其他离普通的现实生活很遥远、具有特别的神性之人所创造发展起来的。希腊人没有权威性的圣经宝典，没有教规、教条，甚至可以说，他们根本不知道正统教义是什么。他们更没有神学家来为"永恒"和"无限"下一个神圣不可侵犯的定义。他们从来没有试图去定义什么是他们所以为的宗教，他们只是不断地在表达或暗示它。对于古人而言，不可见的东西必须借助可见的东西才能得到理解。在其中，荷马和赫西俄德功不可没，希罗多德说：

> 是他们把诸神的家世教给希腊人，把它们的一些名字、尊荣和技艺
> 教给所有的人并且说出了它们的外形。

（《历史》II. 53）

　　的确，他们的诗篇为希腊人提供了有关诸神的完整谱系、神与神以及神与人之间的故事，这些形象而生动的神话传说成为希腊人认识神、理解神的最好蓝本，由此形成希腊人对神灵的共同认识。实际上，这种认识不仅代表了希腊人对他们所不能了解的事物的敬畏和崇拜，也是他们对自身有限力量的认识。

　　具体而言，希腊人信奉的不是一种单一的宗教，而是许多种宗教。所以，当我们在回答"希腊宗教是什么"的问题时，可以简单地说，希腊宗教就是对众神的崇拜。

　　多神教最大的特点便是缺乏一个至高的唯一神，因而也就没有一种唯我独尊的官方宗教。希腊宗教正是如此，整个希腊历史上基本不存在严格意义上的官方宗教，但有由各个城邦或地区所认可并出面组织的正统仪式。这是因为自荷马时代开始，随着希腊世界政治、经济、文化的发展变化，在统一的希腊民族的观念开始形成的过程中，希腊各地的远古宗教成分渐渐融合，发展为新的宗教形式，居住在奥林波斯山上的诸神逐渐成为人们崇拜的主要对象。

　　于是，一方面，希腊本土以及地中海沿岸各个城邦中均有各种不同的民间信仰流行；另一方面，对奥林波斯诸神的崇拜则构成了希腊宗教及其祭祀活动的主要内容。特别是到了城邦时代，祭祀奥林波斯诸神的仪式多由城邦主办，或由特定地区来组织。由此，这些仪式就具有了城邦正统仪式的身份，而奥林波斯宗教也就成了希腊世界的正统宗教，为城邦的全体公民所共同信奉。需要大家注意的是，这种宗教与后世的高级宗教很不相同，它并不是一个与社会其他领域相割裂而相对独立的范畴，而是与社会所有领域融合在一起的。韦尔南说："如果对于古代和传统的希腊人有理由谈论'世俗宗教'，那是因为，宗教在古希腊，始终包含在社会之中。反过来讲，社会在所有等级上并在其各种形态中一部分一部分地被宗教渗透……不存在没有诸神的城邦，世俗诸神反过来需要城邦承认他们，接受他们并与城邦合一……从某种意义上讲，诸神必须成为公民才能完全成为神。"[1] 因此，我们把这种宗教称为公民宗教。

这种公民宗教的一大特点就是，各个城邦都将所属的公共权力看成是本邦守护神（基本上都出自奥林波斯神系）的恩赐，由此，宗教便成了一种把特定地区的居民联结成一个大团体的黏合剂。正统宗教和神化了的公共权力在完善希腊城邦制度与推动社会进步方面起到了积极的作用，有助于社会的一体化。当然，希腊人泛神的世界观使得希腊城邦中具有官方性质或为城邦所认可的宗教机构及人员不可能包罗万象，城邦中还存在诸多的民间宗教社团。城邦宗教对大众的制约主要表现在圣法祖制等方面，却不存在真正具有约束力的、权威的教条。公民在共同敬奉本城邦的守护神外，只要不与官方的律法相抵触，还可以选择其他崇拜对象，也可以组织民间宗教社团。

下面我们将从几个具体的层面来认识古代希腊这种公民宗教的特点。

一、希腊人的神灵观

希腊人的神灵观不仅是针对神灵而言的，更主要的是与人有关。因此，我们主要将从神与人的相似与相异这两个方面来加以考察。

1."神人同形同性"论

古代希腊虽然没有宗教经典，也没有系统的教义，但有一个观念却是十

1　（法）韦尔南：《古希腊的神话与宗教》，第 7 页、第 9—10 页。

分深入人心、为大众所普遍接受的，这就是"神人同形同性"论。所谓"神人同形"，就是说诸神与凡人有着相同的外貌形象；而所谓"神人同性"，则是指诸神与凡人有着相同的性情品质。

　　希腊人对诸神的设想是这样的：从外表上看，神灵有着与人完全一样的形态相貌，只是比人更优美、更漂亮，也比人更高大、更强壮、更有力。比如，只要宙斯抖动一下他的胡须或卷发，整个奥林波斯山也会为之而震动；雅典娜只需要一眨眼的工夫，就能从奥林波斯山的山顶到达山下的伊塔卡；等等。同时，希腊诸神在形体上都具有一种令人陶醉的肉感和韵味。这种形体之美在希腊的神像雕塑中被表现得淋漓尽致。但是，希腊人也并未将诸神夸大到令人难以置信的程度，他们并不是无所不在的，也不是无所不能的。首先，诸神也与人类一样要经过出生和生长发育的过程，只是这一过程能以神奇的速度完成；其次，诸神也需要通过睡眠来消除疲劳，通过饮食来恢复体能，只是他们的耐受能力超乎凡人，而饮食也与人类不同；再次，诸神甚至还需要衣服来蔽体和修饰，据信女神们穿衣着装的品味不俗。此外，希腊诸神虽然是永远年轻漂亮，不会衰老，但他们的肉体也会受到伤害，会流血，会感觉到疼痛。可见，希腊的神都还未脱离形体。

　　从精神方面来看，诸神也不比凡人更高尚、更有德行，他们与人一样拥有弱点与好恶。他们也有爱憎、愤怒、悲伤和欢乐。因此，诸神也会经受痛苦、焦虑与愉快、安适的情感，会产生各种不快或欣喜的感觉。同时，诸神与人一样，也会沾染各种各样的恶习，比如欺骗、猜忌、残暴、嫉妒、爱慕虚荣、玩弄阴谋诡计，等等。希腊的神灵并不像后世高级宗教中的唯一神那样神圣不可侵犯抑或是全知全能，他们既不是想要普度众生的佛陀，也不是作为道德楷模的基督。希腊诸神是一群争强好斗、擅长辞令同时也敏于行动的神灵，他们与凡人一样有着七情六欲、喜怒哀乐，且好管人间之事。请看《伊利亚特》第二十卷里荷马笔下的众神，他们分成两派，参与希腊人与特洛伊人之间的战斗，各自为自己喜爱的英雄助阵：

> 众神纷纷奔赴战场，倾向不一样。
> 赫拉前往船寨，一同前去的还有
> 帕拉斯·雅典娜、绕地神波塞东和巧于心计、
> 分送幸运的赫尔墨斯，自以为力大的
> 赫菲斯托斯也和他们一同前往，
> 把两条细腿迅速挪动一拐一瘸。
> 前往特洛伊营垒的是头盔闪亮的阿瑞斯，
> 还有披发的福波斯、女射神阿耳忒弥斯、
> 勒托、爱欢笑的阿佛罗狄忒和克珊托斯。

（《伊利亚特》XX. 32-40）

据说，美丽动人的阿佛罗狄忒曾背着她那容貌丑陋的丈夫工匠神赫菲斯托斯与战神阿瑞斯幽会，赫菲斯托斯发现后暗中布下了一张大网，把这对"野鸳鸯"当场抓住。随后，愤怒的赫菲斯托斯将他们拖到众神的正前。然而，众神却对此大笑不止。高贵的阿波罗还悄声问身边的赫尔墨斯是否也愿意冒着被罗网缚住的风险而领略一下与阿佛罗狄忒同床共枕的欢乐。这位信使之神答道：

> 尊敬的射王阿波罗，我当然愿意能这样。
> 纵然有三倍如此牢固的罗网缚住我，
> 你们全体男神和女神俱注目观望，
> 我也愿睡在黄金的阿佛罗狄忒的身边。

（《奥德赛》VIII. 339-342）

赫尔墨斯的回答在众神中又引起了一阵哄堂大笑。

此外，希腊神话中还有许多描写宙斯风流韵事的片段，还有对于因此被惹得醋意大发的天后赫拉的诸般描绘，以及诸神彼此之间争吵不休的情形，等等。然而，希腊诸神这种在今人看来非道德化的特点，并没有减弱希腊神灵在希腊人心目中的地位和权威，更没有使诸神陷入善与恶的二元分裂和对立的窘境之中。诸神身上的这种多重性体现的是一种神话的思维方式，它不是要为宇宙强加一个善恶的道德秩序，其中有对立，也有冲突，但是通过宙斯对权力的分配，宇宙保持着一种动态的秩序。这种神话的思维方式表明，多神教能够坦然接受一个多样且复杂的世界。但这并不是杂乱无章的世界，而是一个生气勃勃的世界。

于是，宙斯既是一个威严无比的神界统治者，又是一个拈花惹草的风流公子；赫拉既是一个合法婚姻的守护神，又是一个醋意十足的怨妇；阿佛罗狄忒既是崇高理想爱情的保护者，又是肉欲的化身和娼妓的保护者；等等。这样一种尖锐的矛盾在希腊神灵身上反而构成了一种天真烂漫的和谐，表现出一种情态自然的人性，不带有任何矫揉造作的痕迹。就如同儿童的各种自然情感和行为举止，甚至包括那些天真无邪的恶作剧，因超越了一切道德准则的藩篱，希腊神灵方显得那样纯真和可爱。正是这一特点在后世人的眼中增加了希腊神话的魅力，使得希腊神话成为西方文艺花园中的一朵奇葩。

同时，这种童稚式的率真与纯美，这种生动鲜明的色彩，使得希腊神灵并不是一种高高在上的、冰冷无情的、抽象的"精神"，也不具有纯粹的神性。然而，正是这些感性的特点构成了希腊诸神的魅力和可亲近性。总之，那些希腊神灵对于当时的人们而言，与大多数古代东方宗教中的凶神恶煞不同，并不陌生、怪异。诸神与人同一形象，同一性情，可以说是人的最高典型和个性的极度张扬放大，世俗的人形和人性并未在神的身上被抽离。这是希腊宗教与其他古代宗教最本质的区别。此外，诸神还与希腊人的生活时刻

希腊北部的奥林波斯山（©Teogera）

相连、息息相关。他们甚至并不居住在遥不可及的天边，而只是定居于一座位于希腊北部海拔约 1 万英尺的山峰——奥林波斯山上。这种对人性的肯定，使得整个希腊文明都带有鲜明的人本主义色彩。

2. 不朽的诸神与有死的凡人

希腊的神灵虽然与凡人同形同性，荷马的史诗中时常会有众神争吵、谩骂的场面出现，诸神也和人一样拥有喜怒哀乐，他们也曾互相攻击，互相妒忌，也会受到诱惑，但是，这并不意味着人与神是平等的。神人间的差距仍然很大，人必须对神怀有敬畏之心，不能妄想与神平等。而神与人之间最大的差异就在于：人是必死的，而神则是不朽的。请看狄奥墨得斯在四次进攻阿波罗所保护的埃涅阿斯后，阿波罗发出"可畏的吼声"，对他说：

> 提丢斯的儿子，你考虑考虑，往后退却，
> 别希望你的精神像天神，永生的神明
> 和地上行走的凡人在种族上不相同。

（《伊利亚特》V. 440–442）

希腊人知道，人注定是要死的，这个命运是人类无法逃避的。而不死作为众神的特权，昭示出其神圣性。死亡是人神之间一道不可逾越的鸿沟，哪怕是作为人中豪杰的英雄也不可避免。诗人借阿喀琉斯之口说：

> 强大的赫拉克勒斯也未能躲过死亡，
> 尽管克洛诺斯之子宙斯对他很怜悯，
> 但他还是被命运和赫拉的嫉恨征服。

（《伊利亚特》XVIII. 117–119）

当英雄死亡时，诗人就说：

> 是厄运把他引向这个死亡的终点。

（《伊利亚特》XIII. 602）

> 紫色的死亡
> 和强大的命运迅速合上了他的眼睛。

（《伊利亚特》XVI. 333–334）

陷入命运的罗网。

（《伊利亚特》IV. 518）

黑色的死亡和强大的命运降到他眼前。

（《伊利亚特》V. 83）

据统计，"命运"一词在《伊利亚特》中出现了 48 次，几乎都与死亡相关。死亡是人注定的命运，是一个必经的过程，就如同树叶的生发与枯亡一样：

正如树叶的枯荣，人类的世代也如此。

秋风将树叶吹落到地上，春天来临，

林中又会萌发，长出新的绿叶，

人类也是一代出生，一代凋零。

（《伊利亚特》VI. 46–149）

草木一岁一枯荣，人类新生命的诞生与长者的逝去也是在不断的循环往复的轮回之中，从另一个角度而言，诸神的神圣性就体现在其对死亡的超越之上。

因为这根本的区别，希腊的诸神虽也有喜怒哀乐，但与人相比，他们之间的怒气和争执是短暂的、可调解的，就此而言，也可以说众神是永乐的，他们悠闲自得地生活在奥林波斯山上。请看《伊利亚特》第一卷中荷马向我们描绘的那个众神的场景：宙斯与赫拉因意见不同而发生了争吵，气氛似乎有些紧张，赫拉的儿子赫菲斯托斯出来劝解并为众神斟酒：

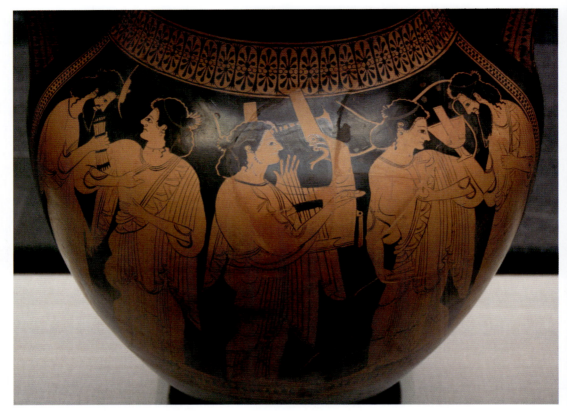

宴饮中的奥林波斯众神（©State Collections of Antiquities, Munich）

宙斯宫廷中的众天神心里感到烦恼，
那闻名的神匠赫菲斯托斯首先发言，
使他的母亲、白臂的赫拉感到高兴：
"这是一件有害的事，真是难以忍受，
如果你们两位为了凡人的缘故
这样争执起来，使众神吵吵嚷嚷，
我们就不能享受一顿美味的饮食，
……
他这样说，白臂女神赫拉笑笑，
含笑从她的儿子手里把杯子接过。

他从调缸里舀出甜蜜的红色神液，

从左到右一一斟给别的天神。

那些永乐的天神看见赫菲斯托斯

在宫廷忙忙碌碌，个个大笑不停。

他们整天宴饮，直到日落时分，

他们心里不觉得缺少相等的一份，

宴会上还有阿波罗持有的漂亮的七弦琴

和用美妙歌声相和的文艺女神们。

（《伊利亚特》I. 570-604）

　　从《伊利亚特》的一开篇，我们就被告知，人世间凡人的争吵可能会带来严重的后果，但天上众神的争吵却似乎没有任何不妥，因为众神对此只是发出"荷马式的大笑"。可见，相对于人世间的悲惨，众神的世界更像是一个充满喜悦的世界。凡人不仅有生老病死，更有不可摆脱的忧愁、悲苦。阿喀琉斯这样向普里阿摩斯叹道：

神们是这样给可怜的人分配命运，

使他们一生悲伤，自己却无忧无虑。

宙斯的地板上放着两只土瓶，瓶里是

他赠送的礼物，一只装祸，一只装福，

若是那郯雷的宙斯给人混合的命运，

那人的运气就有时候好，有时候坏；

如果他只给人悲惨的命运，那人便遭辱骂，

凶恶的穷困迫使他在神圣的大地上流浪，

既不被天神重视，也不受凡人尊敬。

（《伊利亚特》XXIV. 524−532）

赫西俄德也说：

所有死的凡人能不能出名，能不能得到荣誉，全依伟大宙斯的意愿。因为，他既能轻易地使人成为强有力者，也能轻易地压抑强有力者。他能轻易地压低高傲者抬高微贱者，也能轻易地变曲为直，打倒高傲者——这就是那位住在高山，从高处发出雷电的宙斯。

（《工作与时日》3−9）

可见，神灵对于凡人的幸福与否有着至关重要的决定性作用，因此，希腊人向神灵呼吁：

宙斯啊，请你往下界看看，侧耳听听，了解真情，伸张正义，使判断公正。

（《工作与时日》9−11）

与诸神的永乐且不死相对应的，就是人的必死性。既然有死，就要有安置死者的居所，对于死后生活的理解是解读一个民族灵魂观的重要依据，但是对于希腊人来说，他们虽有关于冥府和英雄死后前往极乐福地的一些传说，但这些传说并不十分明确。在《奥德赛》中，当奥德修斯前往冥界询问其前程命运时，他所见到的死者虽然样子与生前一样，却如同梦幻、阴影或烟雾一般飘浮不定，奥德修斯这样描述当时的情景：

我心中思索着很想拥抱

我那业已故去的亲爱的母亲的魂灵。

我三次向她跑去，心想把她抱住，

她三次如虚影或梦幻从我手里滑脱。

这使我的心头涌起更强烈的痛苦，

我放声对母亲说出有翼飞翔的话语：

"我的母亲啊，你为什么不让我抱住你？

让我们携手抱抚，即便是在哈得斯的府居，

那也能稍许慰藉我们那可怕的悲苦。

是不是高贵的珀尔塞福涅只给我遣来

一个空虚的幻影，令我悲痛更愁忧？"

我这样说，尊贵的母亲立即答言：

"我的儿子，人间最最不幸的人啊，

宙斯的女儿珀尔塞福涅没有欺骗你，

这是任何世人亡故后必然的结果。

这时筋腱已不再连接肌肉和骨骼，

灼烈的火焰的强大力量把它们制服，

一旦人的生命离开白色的骨骼，

魂灵也有如梦幻一样飘忽飞离。"

（《奥德赛》XI. 204-222）

再看《伊利亚特》第二十三卷中帕特罗克洛斯的鬼魂来到阿喀琉斯梦中的情形：

> 阿喀琉斯这样说，向挚友伸出双手，
>
> 但没能抱住他，那灵魂悲泣着去到地下，
>
> 有如一团烟雾。阿喀琉斯惊跳起来，
>
> 使劲拍击双手，无限伤心地这样说：
>
> "啊，这是说在哈得斯的宫殿里还存在
>
> 某种魂灵和幽影，只是没有生命。"

（《伊利亚特》XXIII. 99-104）

可见，对于希腊人来说，尽管人死后都要到冥王哈得斯的王国中去，但是这个冥府既非天堂，也非地狱，人们在那里并不会因为前世的善恶而受到相应的赏罚，而是仿佛过着与在世时同样的生活，只是没有了亲人的陪伴，也没有了对荣誉的追求。这就是希腊宗教对于人死之后的基本看法。可以说，古代希腊宗教中重今生、轻来世的特征在史诗中就已清晰可见了。对于希腊人简单而直观的思维方式来说，灵魂与肉体的分裂和对立是一个不可思议的问题，希腊人很难想象，一个没有肉体的灵魂将如何存续。

这种把感性的现世生活看得比灵魂的终极归宿更为重要的思想倾向，使得奥林波斯宗教在古代就与其他宗教迥然有别。比如，古代埃及的宗教更加关心的是人死后的生活，是死者的灵魂在阴间的状况，由此才产生出对人体不朽的渴望与工艺——制作木乃伊，并为死者建造巨大豪华的陵寝——金字塔。与令人恐怖的埃及神殿的阴郁色彩截然不同，希腊的神庙及其诸神均表现出一种欢愉的格调，这使奥林波斯宗教呈现出积极入世的和乐观主义的特点。因此，对于信奉奥林波斯诸神的希腊人来说，现世的生活才是至关重要的，灵魂的归宿则无足轻重。在荷马史诗《奥德赛》中，远征特洛伊返乡的奥德修斯在地府遇见了已经死去的阿喀琉斯，后者正在地府中统率着所有的鬼魂，二者间的对话正好能说明希腊人的这一观念：

　　［奥德修斯：］"阿喀琉斯，过去未来无人比你更幸运，

　　你生时我们阿尔戈斯人敬你如神明，

　　现在你在这里又威武地统治着众亡灵，

　　阿喀琉斯啊，你纵然辞世也不应该伤心。"

　　……

　　［阿喀琉斯：］"光辉的奥德修斯，请不要安慰我的亡故。

　　我宁愿为他人耕种田地，被雇受役使，

　　纵然他无祖传地产，家财微薄度日难，

　　也不想统治所有故去者的亡灵。"

(《奥德赛》XI. 483-491)

　　可见，对于希腊人而言，无论冥界的生活如何风光，也比不上感性的现世生活。由此，希腊人赋予了现世生活以重要地位，而把彼岸生活仅仅看作对现世生活的一个简单而无激情的继续。

二、希腊人的神

　　关于希腊诸神的来源，希罗多德在《历史》第二卷中认为，希腊的宗教和神灵崇拜祭祀等一系列事物都是从古埃及人那里学来的。然而，现代西方学者几乎一直认定古希腊人的宗教是继承了原始印欧语族的宗教崇拜，古埃及对希腊的影响最多只体现在少数像奥尔菲斯崇拜之类的神秘主义宗教上，对古希腊主流社会和宗教没有太多影响。让我们暂且对这两种说法存而不议，只是具体地来看一看希腊城邦时代最为人们所信仰及崇拜的奥林波斯诸神的一般情况。

奥林波斯众神（©Walters Art Museum）

1. 奥林波斯诸神

在希腊，和凡人一样，神以家庭或家族的形式存在。赫西俄德在他的《神谱》中为希腊的诸神勾勒了一个大致的谱系：从象征着某种自然现象的卡俄斯（Chaos，混沌）、该亚（Gaea，大地之神）、乌兰诺斯（Uranus，天空之神）等最原始的神灵，然后经由提坦众神（the Titans）一直到宙斯（雷电之神）、波塞冬（海神）、阿波罗（太阳神）、德墨忒耳（农业之神）等奥林波斯诸神，其间充斥着诸神之间的斗争，乌兰诺斯被克洛诺斯（Cronos）推翻，宙斯又推翻了其父克洛诺斯，确立了自己在第三代神灵中的统治地位，并以计谋终止了神界王权的循环，通过权力分配的方式巩固了自己的地位。这样的一幅神界演化谱系，实际上是希腊人以神话的方式（即一种前哲学的原始思维形式）表现他们所认知的宇宙发展史，反映自然界生灭变化的诸般景象。

　　然而，无论是自然之神还是带有社会属性的神，希腊的诸神都是一群充满了此岸性的、富于肉感和人情味的、活生生的神。

　　到了城邦时代，以宙斯为首的奥林波斯诸神的信仰和崇拜成为希腊世界的主流，其祭祀仪式也多由城邦主办，或由地区组织。奥林波斯宗教也就成了希腊人的"正统宗教"，亦即各城邦公民所信奉的公民宗教。在希腊人的心目中，所谓奥林波斯诸神，实际上就是一个居住在希腊北部奥林波斯山上的"神圣家族"：众神之王宙斯和赫拉充当父母的角色，海神波塞冬和谷物女神德墨忒耳是宙斯的兄弟姊妹，家族中最主要的儿女是：太阳神阿波罗、工匠神赫菲斯托斯、战神阿瑞斯、智慧女神雅典娜和狩猎女神阿耳忒弥斯。此外，还有信使赫尔墨斯、爱神阿佛罗狄忒和酒神狄奥尼索斯。其中，身上带有明显东方色彩的爱神阿佛罗狄忒和酒神狄奥尼索斯（也有学者认为他们是希腊远古时代的神灵），虽然并非宙斯的直系亲属，也仍然被接纳进了奥林波斯神系这个

神祇的大家族。当然，除了上述的 12 位主要神祇之外，还有许多其他的神灵，
有的土生土长，有的来自外域，有古老的神祇，也有新生的神灵。实际上，希
腊宗教这种对于外来神灵的开放性从来就没有中断过，这也正是多神教的一个
显著特征。

限于篇幅，我们不可能将这 12 位奥林波斯主神的来龙去脉、诸多事迹逐
一详述，[1] 但相信凡是接触过希腊神话的人，都不会忘记这 12 位神祇鲜明的个
性及其特征。

威力无穷的宙斯是权力至高的神，是正义和法律的象征，是不可更改的
秩序的化身。宙斯凭借着无与伦比的神力推翻了其父克洛诺斯的统治，夺得
神界的王位。赫西俄德说：

> 宙斯用武力推翻了自己的父亲克洛诺斯后，那时正统治着天宇。他
> 自己拥有闪电和霹雳，公平地给众神分配了财富，宣布了荣誉。
>
> （《神谱》70-74）

众神谁也不敢与之相抗衡。他曾警告多管闲事的赫拉：

> 你且安静地坐下来，听听我说些什么，
> 免得奥林波斯的天神无力阻挡我前来，
> 当我对你伸出这两只无敌的大手时。
>
> （《伊利亚特》I. 565-567）

1　关于古希腊众神的生活及其研究，可参考（法）裴利亚·西萨、（法）马塞尔·德蒂安：《古希腊众神的生活》，
郑元华译，上海人民出版社，2008 年。

对宙斯的这一警告，我们从赫拉的反应中可见其权威：

> 牛眼睛的可敬的赫拉惊恐，
>
> 她默默无言坐下来，压住自己的心跳。

（《伊利亚特》I. 568-569）

其他神灵都要听命于宙斯，他有妻子，有儿女，有兄弟，给人以神族家长的印象。这正是"人总是喜欢以人的关系去思考诸神……人们也总是把宇宙看作一个按人的方式组织的放大了的家庭"。[1] 古希腊的诗人这样描述作为神界的家长或族长，同时也是地上万物的最高统治者的宙斯：

> 宙斯，宙斯，天地是你主宰，
>
> 你洞察人类的行为，
>
> 或邪恶或正直；哪怕兽类
>
> 残暴驯良也由你奖罚。

（阿尔基洛科斯：《神的奖罚》，引自水建馥译《古希腊抒情诗选》第 54 页）

当诗人赫西俄德与他的兄弟佩耳塞斯（Perses）因财产而发生争执时，诗人说：

> 让我们用来自宙斯的也是最完美的公正审判来解决我们之间的这个争端吧！

（《工作与时日》35-37）

---

1 （美）戴维·利明、（美）埃德温·贝尔德著：《神话学》，李培茱、何其敏、金泽译，上海人民出版社，1990年，第 68 页。

在希腊雕塑作品中，宙斯的特征是拥有隆起的额头、浓密的卷发、威严的双眼、中年男子成熟的脸庞、宽阔而结实的胸部、肌肉发达的四肢。他的标志是象征其至高权威的权杖、闪电，伴随其左右的雄鹰。他通过霹雳、闪电、梦境和其他迹象向凡人宣告他的旨意。

作为天后的赫拉是宙斯的正妻，女性对婚姻的忠实在她身上得到了最完美的体现，她的职责就是保护合法的婚姻，维护婚姻的圣洁与忠诚，她保护临产的妇女，让人们子孙满堂。因此她成为女性可靠的、母亲般的保护神。在崇拜赫拉的圣地，她以仁慈、善良的女神形象出现。但同时她的嫉妒心也很强，希腊的诗人们似乎很喜欢描写宙斯与赫拉这对神仙伴侣之间的口角和纷争，以及赫拉对宙斯所宠爱的其他女神或者世俗女子的迫害，甚至在那凡间的女子伊娥（Io）被宙斯变成一只小母牛时仍不放过她：

赫拉雇了阿耳戈斯看守可怜的伊娥，使得宙斯无法劫走他的落难的情人。伊娥在阿耳戈斯一百只眼睛的严密看守下，整天在长满丰盛青草的草地上吃草……

当然，下界发生的这一切都逃不了赫拉的目光。她又想出了一种新的折磨方法来对付自己的情敌。碰巧她抓到了一只牛虻。她让牛虻叮咬可爱的小母牛，咬得小母牛忍受不住，几乎发了狂。[1]

除了权杖和王冠外，赫拉的特征便是代表已婚妇女的面纱，伴随她左右的神鸟多为春天的信使——布谷鸟。

作为宙斯的兄弟，波塞冬与宙斯、哈得斯三分天下，宙斯掌管天界与人间，哈得斯管理冥府，而波塞冬管辖的疆域则是与希腊人的生活休戚相关的

1　（德）施瓦布：《希腊神话故事》，刘超之、艾英译，宗教文化出版社，1996年，第13—16页。

宙斯，希腊雕塑（©Naples National Archaeological Museum）

大海，他说：

> 我们是克洛诺斯和瑞娅所生的三兄弟，
> 宙斯和我，第三个是掌管死者的哈得斯。
> 一切分成三份，各得自己的一份，
> 我从阄子拈得灰色的大海作为
> 永久的居所，哈得斯统治昏冥世界，
> 宙斯拈得云际和大气里的广阔天空，
> 大地和高耸的奥林波斯归大家共有。

（《伊利亚特》XV. 187-193）

因此，波塞冬是航海人安全的保证，希腊人在出海前都不会忘记要向他献祭、祈祷，以便能平安归来；而每次幸运地逃过海难，安全返航时也不会忘记给他献上祭品、向他感恩，请看荷马的记载：

> 当地的居民们正在海滩上奉献祭礼，
> 把全身纯黑的牡牛献给黑发的震地神。

（《奥德赛》III. 5-6）

与此同时，波塞冬也像大海一样性情暴烈、易怒，他用力投出他的三叉戟时，会击碎船只、掀起巨浪。请看希腊英雄埃阿斯因言语狂妄得罪海神的下场：

> 伟大的波塞冬听见了他的狂妄言辞，
> 立即用有力的双手抓起那把三股叉，

　　劈向古赖巨岩，把巨岩劈成两半，

　　一半留在原地，另一半倒向海中，

　　丧失理智的埃阿斯正好坐在那上面，

　　把他掷向波涛翻滚的无边大海里。

　　他就这样死去，咸涩的海水没少喝。

（《奥德赛》V. 505-511）

　　奥德修斯也正是因为得罪了波塞冬，不得不历经千辛万苦，花费十年时间才终于得以重返家乡。作为海神，波塞冬又被想象成大地的肩负者，地震就是因为大地被他震撼而引起的。他还是马的创造者，并把驾驭马的本领传授给了人类，他自己就时常手握三叉戟，驾着金鬃铜蹄马拉的车子在海上巡视。崇拜波塞冬的神庙、祭坛和雕像多耸立在海边、港口或海岛上。

　　德墨忒耳赋予农作物以生命，是主管生殖的谷物女神，也是大地母亲。有关她的传说总是与她的女儿珀耳塞福涅（Persephone）密不可分。传说，当年轻美貌的珀耳塞福涅在草地上采集鲜花时，大地突然裂开，冥王哈得斯跳出来用金车将她劫走，强娶为后。为此，德墨忒耳悲痛万分，她发誓，除非哈得斯将女儿归还给她，否则她将不再回奥林波斯山，并且也不再让谷物发芽生长。众神之王宙斯唯恐人类会饿死，而诸神也将因此再得不到人们供奉的丰美祭品，遂命哈得斯放回珀耳塞福涅。但由于珀耳塞福涅在返回阳间之前，吃了一个冥府的苹果（另说是几粒石榴子），因此她每年只有三分之二的时间可在阳间与母亲团聚，另有三分之一的时间必须在阴间度过。于是，每当女儿回到阳光下与母亲欢聚时，心情舒畅的德墨忒耳便使大地春暖花开，万物复苏，一片生机；而在珀耳塞福涅返回冥界后，母亲德墨忒耳的伤心又使得大地草木零落，呈现一片衰败的景象。据说，德墨忒耳四处寻找女儿时，曾来到阿提卡境内的厄琉西斯，受到厄琉西斯王刻琉斯（Celeus）的款待，她因此将麦种赠给刻琉斯之子特里普托勒摩斯（Triptolemus），并授其耕种之法，让他教人民稼穑。因此，德墨忒耳最主要的象征物就是她手中的麦穗，她还向厄琉西斯人显露了她的圣礼和神秘的仪式。伊索克拉底（Isocrates）说：

> 当德墨忒耳在她的女儿被抢走以后，四处漂流，来到我们的土地上的时候，她被我们的祖先对她献出的只能对教徒讲述而不能告诉外人的殷勤接待所感动而大发慈悲，给了他们这两件最大的礼物——使我们不至于再像野兽那样生活的麦种和使教徒们对生命尽头和无限永恒怀抱更美好的希望的教仪；……这教仪直到如今还是年年演习。
>
> （《泛希腊集会辞》，引自《罗念生全集》第六卷，第 231 页。）

由此，她也成为希腊秘仪中所尊奉的主要神祇之一。

阿波罗是太阳神，他给世间带来光明；他又主管音乐和诗歌，他的形象总是显得很阳光，充满了青春的活力。在雕塑作品中，希腊人把他塑造成一个裸体的青年男子，有着强壮的身躯，留着长长的、下垂的卷发。他总是从混乱中带来秩序与和谐，代表着温和与严肃，他的神庙上刻着古代希腊最著名的箴言：

> 凡事勿过度。

不过，他也有被激怒而向人发威的时候，请看阿开奥斯人得罪阿波罗时，他的表现：

> 他心里发怒，从奥林波斯岭上下降，
> 他的肩上挂着弯弓和盖着的箭袋。

阿波罗雕塑（©Vatican Museum）

> 神明气愤地走着，肩头的箭矢琅琅响，
>
> 天神的降临有如黑夜盖覆大地。
>
> 他随即坐在远离船舶的地方射箭，
>
> 银弓发出令人心惊胆战的弦声。
>
> 他首先射向骡子和那些健跑的狗群，
>
> 然后把利箭对准人群不断放射。
>
> 焚化尸首的柴薪烧了一层又一层。
>
> （《伊利亚特》I. 44-52）

此外，阿波罗也是能使人赎罪洁身的神灵，他还能预测未来、指点迷津。德尔斐的阿波罗神谕在希腊世界最负盛名，他的神谕对于城邦政治及其个人命运都有着重要的影响。连苏格拉底也说：

> 这位神乃是给全人类解释他们祖先的这些宗教律令的神祇，我们的祖先就是在这位大神的设在大地中央的脐石上的他的神座上传达他的解释的。
>
> （柏拉图：《理想国》427c）

阿波罗最重要的象征物是弓、箭、箭筒、月桂花环和齐特拉琴。

雅典娜，据说她是从宙斯的头脑中诞生的，因此她是智慧女神，是审慎、敏锐与机智的化身。又因她一出生便身披铠甲、全副武装，所以她又是女战神。赫西俄德说：

> 她在力量和智慧两方面都与她的父王相等……她是一位可怕的、呼啸呐喊的将军，一位渴望喧嚷和战争厮杀的不可战胜的女王。
>
> （《神谱》894、926-928）

雅典娜雕塑 （©Sculpture Gallery, Munich）

尽管同为战神，雅典娜却比阿瑞斯更有智谋和力量，请看两位战神间的一次小小的争斗：

> 他这样说，一面刺中雅典娜可怕的
> 带穗子圆盾，宙斯的霹雳对那面圆盾
> 也无可奈何，凶暴的阿瑞斯刺中盾面。
> 雅典娜稍许后退，用有力的大手捡起
> 地头一块黝黑、硕大、尖利的石头，
> 前辈人把它作为界址立在地头。
> 女神把石块投中狂暴的阿瑞斯的颈脖，
> 阿瑞斯瘫倒地上占去七佩勒特隆地面，
> 全身铠甲震响，头发沾满了泥土。
> 雅典娜大笑不止，对阿瑞斯这样夸说：
> "你这个蠢材，显然你并没有认真思量，
> 我比你强多少，竟然来和我比试力量。"
>
> （《伊利亚特》XXI. 400-411）

此外，雅典娜也被人们尊为处女神，她能使农作物丰产、人民永葆青春。她还将纺织、缝纫、油漆、制陶等手工技能传授给人类，因此她也成为希腊流传范围最广的技艺女神。

作为狩猎女神的阿耳忒弥斯既保护弱小动物不被过度屠害，也保佑猎人不至于空手而归，这体现了古代希腊人朴素自然的中道理念。作为狩猎女神的她，常常身佩箭筒和弓箭，与一群山林水泽的女神在山峦峡谷间穿行、嬉戏。她被诗人称作：

喜好呼喊的金箭女射神。

(《伊利亚特》XX. 70）

奔跑于林野的狩猎女神。

(《伊利亚特》XXI. 470）

　　猎人常以猎物奉献给她，以感谢她对他们的恩赐和保护。她还是贞洁的处女神和月亮神，是女孩们崇拜的女神，姑娘们会在结婚之前将自己的衣物、饰品或头发当作供品祭献给她。

　　战神阿瑞斯永远涌动着一股好战的激情，除了疯狂的杀戮外，他似乎不关心其他任何事情。阿瑞斯凶暴蛮横，代表了战争残酷血腥的一面，这是他与女战神雅典娜的主要区别，因为雅典娜常以智谋取胜，而他只知血腥的屠杀。由此，他也成为最不讨人喜欢的神灵，甚至连诸神也不喜欢他。阿波罗称他是：

人类的毁灭者，有血污的杀手，
攻城的战神。

(《伊利亚特》V. 455-456）

请看赫拉对他的抱怨以及宙斯的回答：

"父宙斯，你不为这些暴行恼怒阿瑞斯？
他毁灭了阿开奥斯人的这么多、这么优良的军队，
他很鲁莽，难控制，使我难以忍受；
……
父宙斯，要是我用不体面的方式把阿瑞斯

战神阿瑞斯雕塑 （©Palazzo Altemps, National Roman Museum）

痛打一顿，赶出战场，你生气不生？"

集云的神宙斯回答赫拉这样说：
"你去鼓励战利品的赏赐者雅典娜对付他，
她特别惯于给他引起很大的痛苦。"

（《伊利亚特》V. 757-766）

当阿瑞斯负伤逃回奥林波斯山向宙斯诉苦时：

集云的宙斯侧目而视，对他这样说：
"两边倒的东西，不要坐在我面前哭泣，
你是所有奥林波斯神中我最恨的小厮，
你心里喜欢的只有吵架、战争和斗殴。"

（《伊利亚特》V. 888-891）

　　然而，或许是因为人间或神界从来就不曾停止过争斗，所以必须要有这样一位神来掌管这个领域吧，人们尽管不喜欢他，但仍离不开他，他也就此位列奥林波斯 12 位主神之一了。阿瑞斯主要的标志是猎犬和头盔，还有长矛和盾牌。

　　阿佛罗狄忒则在人神之中催生着爱之情欲，作为爱神，她主管最高级和最低级形态的爱情与性欲。连天后赫拉想要为宙斯设计一个爱情的罗网时，除了精心打扮一番之外，临行前也没有忘记向她请求：

现在请给我爱情和媚惑，就是你用来
征服不朽的天神和有死的凡人的能力。

（《伊利亚特》XIV. 198-199）

关于阿佛罗狄忒的出生有一个浪漫的传说，相传她是从大海的泡沫中产生的。227 页图是古希腊雕塑家卡拉美斯（Kalamis）的作品，出自《路德维希宝座浮雕》。她也因此被人们想象并描写成最美丽、最迷人的女神，神话传说中有许多关于她与神灵或人间男子之间爱情的故事。赫西俄德称她是：

> 眼波撩人的阿佛罗狄忒。

（《神谱》17）

她所管辖的领域是如此柔情似水，以至于她想和众神一样在特洛伊战争中帮助自己所喜爱的凡人时，却受到其他神灵的嘲弄，就连宙斯也笑着对她说：

> 我的孩子，战争的事情不由你司掌，
> 你还是专门管理可爱的婚姻事情，
> 这些事情由活跃的阿瑞斯和雅典娜关心。

（《伊利亚特》V. 428–430）

请看希腊诗人遭遇爱情时是如何向她请求的：

> 坐华丽宝座的永生不朽的爱神，
> 宙斯的多巧计的女儿，我求你，
> 我的主啊，别用痛苦和烦恼
> 折磨我这颗心。
> 你快来吧，仍像从前从远处
> 一听到我恳求就细心倾听，
> 立即离开你父亲的宫殿

《路德维希宝座浮雕》背面，《阿佛罗狄忒的诞生》（©Palazzo Altemps, National Roman Museum）

《路德维希宝座浮雕》两侧（©Palazzo Altemps, National Roman Museum）

起身向我前来。

……

如今也请你快来！从苦恼中

把我解救出来，做我的战友，

帮助我实现我惆怅的心中

怀抱着的心愿。

（萨福：《致阿佛罗狄忒》，引自水建馥译《古希腊抒情诗选》，

第 118—119 页）

阿佛罗狄忒的象征物很多，不过，她似乎尤其钟爱鸽子和海豚。

赫尔墨斯是捷足的信使，他是众神的传令官和使者，这是从荷马时代开始就流行的观念，据说他能飞快地穿过陆地和大海，速度快得连风都赶不上。例如，宙斯曾派他向山林水泽女神卡律普索传达旨意，让她释放奥德修斯：

宙斯这样说，弑阿耳戈斯的引路神遵命。

这时他立即把精美的绳鞋系到脚上，

那是一双奇妙的金鞋，能使他随着

徐徐的风流越过大海和无边的陆地。

他又提一根手杖，那手杖可随意使人

双眼入睡，也可把沉睡的人立即唤醒，

强大的弑阿耳戈斯神提着它开始飞行。

他来到皮埃里亚，从高空落到海上，

然后有如海中的鸥鸟掠过波涛，

……

（《奥德赛》V. 43—51）

赫尔墨斯浮雕（©Metropolitan Museum of Art）

　　因此希腊人总是喜欢在道路的两旁竖立刻有他头像的石柱，以此作为路标。作为神的使者，他也引领亡灵从人间进入冥府。赫尔墨斯也是畜牧神，能促进牛羊的繁殖。他还多才多艺，教给人们许多实用的技术及世俗的智慧，甚至小偷和骗子也会在行动前向他祷告。因为他幼年时就曾狡猾地偷走了阿波罗的 50 只牛，所以，希腊人将意外之财，如赌博中的收益或偶尔捡到的财物都归功于赫尔墨斯的帮助。他的主要特征是旅行帽上的翅膀、手中紧握的钱袋、宣布神旨的权杖。

　　赫菲斯托斯是工匠神，他是赫拉的儿子，但身有残疾，是个跛子，且相貌丑陋，赫拉以生下他为奇耻大辱。不过，他善于制作各种机巧的工具，掌管着对火的使用，赫西俄德在《神谱》中对他的描写是这样的：

　　　　赫拉那时对宙斯十分生气，和他吵嘴。由于不和，赫拉未和神盾持
　　有者宙斯结合便生下了一个光荣的儿子赫菲斯托斯。他的手工技艺胜过
　　宙斯的所有子女。

　　　　　　　　　　　　　　　　　　　　　　　　　　（《神谱》927–929）

　　赫菲斯托斯的杰作之一是那张将阿佛罗狄忒与阿瑞斯捉奸在床的罗网，请看荷马的描述：

　　　　赫菲斯托斯听到这令人痛心的消息，
　　　　去到冶炼场，心中考虑报复的手段，
　　　　把巨大的锻砧搬上底座，锻造一张
　　　　扯不破挣不开的罗网，好当场捉住他们。
　　　　他做成这件活计，心中怨恨阿瑞斯，
　　　　走进卧室，那里摆放着亲切的卧床。

> 他凭借床柱在床的四周布上罗网，
>
> 无数网丝自上面的房梁密密地垂下，
>
> 有如细密的蛛网，谁也看不见它们，
>
> 即使是常乐的神明，制作手工太精妙。

（《奥德赛》VIII. 272-281 ）

据说，他的作坊设在地下，烟从火山口中冒出。

酒神狄奥尼索斯总是在醉意中寻求一种自由和释放的感觉。诗人将他称作：

> 快乐的狄奥尼索斯。

（《神谱》940 ）

作为酒神的他也是丰收之神，他为希腊人带来了累累硕果，人们在播种和收获的季节里举行对他的崇拜活动。相传，他首创用葡萄酿酒，并把种植葡萄和采集蜂蜜的方法传到各地。早先，他并不出名，荷马在其史诗中极少提到他。可以说，酒神狄奥尼索斯是希腊诸神中出现最晚的一位神祇，但他并非最不重要的一位。尼采在《悲剧的诞生》一书中将他与代表希腊正统主流思想的阿波罗精神做了一番精彩而又略显夸张的对比，如果说阿波罗象征着公正、和谐、适度和节制的话，那么狄奥尼索斯则是狂欢滥饮、迷乱忘我、激情四溢的化身。在《酒神的伴侣》中，他说：

> 我曾在那些地方教人歌舞，建立我的教仪，向凡人显示，我本是一
> 位天神，只不过把形象化作了凡人。现在我首先来到这希腊城市，在希
> 腊的崇拜叫人狂欢作乐，使她们腰缠鹿皮，手执神杖——缠绕着常春藤

的武器……

（欧里庇得斯：《酒神的伴侣》20-25）

由此，狄奥尼索斯也成为希腊秘仪中所尊奉的另一位主要的神灵。

总之，众多的神灵分管着世间的一切，因此人不可避免地要与神发生联系，身处于神的管辖范围之内。诸神总是要介入人的事务中来，人也总是要向神献祭、祈求帮助。这种神的可亲近性消除了人对神的畏惧感，拉近了人与神之间的距离，密切了人与神的关系，使得诸神为人们所爱慕、所向往。

事实上，神对人们来说就是一切美好事物的代表。宙斯代表着正义，雅典娜代表着智慧，赫拉代表着婚姻，阿佛罗狄忒代表着美貌和爱欲……神有不同的职司，代表着人们对他们的期许。换言之，诸神身上所体现出来的种种品格以及他们各自所拥有的特长，正是希腊人追求与向往的。因为，对于古代希腊人来说，纯粹的思想和精神是难以用语言来描述的，所以，他们创造出一个众神的大家庭，将人们渴望的各种品德以及能力加诸众神，并赋予神以人形、人性，使他们能够通过具体的形象及活动为人们所感知、领会。于是，立于神庙之中、市政广场之上的神像便成为"一种关于神的教育"，那些关于神与神、神与人的神话故事就成了了解神的教材，而崇拜神灵的仪式活动则是人们靠近神的境界、感知神的存在、获得神的旨意的一种手段和方法。

总之，在希腊的万神殿中，奥林波斯的十二位主神不仅是人们信仰、崇拜的主要对象，他们所象征的正义、光明、智慧、勇敢、美丽等品格也正是希腊人的社会理想、人生追求的反映。可以说，希腊人是先将他们的梦想和希望寄托于神，然后又通过神话传说和崇拜活动去寻求神，从而找回那些梦想与希望。因此，我们认为，希腊人的神灵观念正是希腊民族的精神与理想的体现。从这个意义上看，对当时整个希腊民族的精神世界而言，宗教比产生于并主要局限于知识阶层的哲学更为深入人心，同时也具有更为重大的影响。

2. 守护城邦的神

对于古人来说，与神灵建立起某种联系，并由此向神灵乞求最大限度的帮助，是一件十分必要且重要的事情。因为"在古代人看来，神圣者是确实真实的东西。它是生命力与秩序的基础……神圣者是一切人类活动的背景并具有极其深刻的蕴意"。[1]

在古代希腊，由于城邦利益与公民个人利益不可分割，公民团体以城邦的名义与某位神灵建立起一种特别亲密的关系就成为希腊各邦的头等大事。于是，一些神灵便被赋予了特定城邦的"守护神"（protecting deity）的角色。

城邦守护神在希腊人心目中的地位极高。每个城邦都在中心地区或城内最高的区域修建神庙，祭祀其守护神。因而这种崇拜带有官方祭祀的性质。事实上，对城邦守护神的信仰，在希腊城邦的产生、发展及繁荣的整个过程中一直起着一种积极的精神纽带的作用。由于古人的社会理想与今人不同，驱使他们为之努力、为之奋斗的主要是血缘因素和宗教精神，对他们而言，宗教情感与爱国热情常常是难以区分的。在古希腊，几乎每位公民都将个人的志向与城邦的命运紧密地联系在一起，把报效城邦当作最大的荣誉。每个希腊人远行归来，都要向城邦致敬，这不只是一种诗意的表达，也不仅是因为重新看到熟悉的景象或是因为重返故土而喜悦。在他们的心目中，人与城邦是一体的，神灵与城邦也是一体的，由此，城邦也就变得神圣起来。在米南德残存的喜剧片段中有这样的诗句：

1　（美）D. L. 卡莫迪：《妇女与世界宗教》，徐钧尧、宋立道译，四川人民出版社，1989 年，第 13—14 页。

你好，我亲爱的土地，多年之后重见，

我要拥抱你。当我望见我的家乡的时候，

一切地方我都不看重，只看重这地方，

因为在我看来哺育我的地方是神圣的。

（米南德：《我亲爱的土地》，引自水建馥译《古希腊抒情诗选》，第 257 页）

而被神化了的城邦政权则将公民塑造成一种"政治动物"（亚里士多德语），公民积极参政，便表明守护神所守护的城邦利益，是实现公民个人利益的前提。

在希腊，充当城邦守护神的神祇基本上均出自奥林波斯神系，其中尤以雅典娜、阿波罗、宙斯、赫拉、波塞冬等几位大神为首选。以雅典娜为例，她不仅是一位能庇佑求助者的神祇，更以雅典城邦守护神的身份备受尊敬。

根据神话传说，作为雅典守护神的雅典娜是在与海神波塞冬的斗争中，通过亲手植下一株能为雅典带来和平、幸福与财富的橄榄树而最终获得这一头衔的。传说波塞冬曾与雅典娜争夺雅典，波塞冬牵出一匹威武的战马，雅典娜则拿出一枝象征和平的橄榄枝，雅典人选择了橄榄枝，并奉雅典娜为守护神。

她还在审判阿伽门农之子俄瑞斯忒斯（Orestes）的案件中投出了关键的一票。据传说，希腊人的统帅阿伽门农在特洛伊征战十年，凯旋之日被其妻克吕泰涅斯特拉（Clytemnestra）和她的情人埃癸斯托斯（Aegisthus）谋杀。其子俄瑞斯忒斯成年后为父报仇，杀死了母亲及奸夫。为此，他受到了古老的复仇女神厄里倪厄斯（Eumenides）的追赶，后为雅典娜所救，并被宣告无罪。换言之，这是雅典娜以立法者的身份在为雅典立法。

自此，雅典娜在雅典人的心目中获得了至尊的地位，人们在卫城的高地上为她修建神庙，每逢泛雅典娜节，公民们便列队上山，举行盛大的祭祀仪式，为其奉献丰盛的祭品及牺牲。

在希波战争中，雅典娜神庙旁的橄榄树毁而复生的传说成为雅典娜对雅典的保护依然存在的标志，是城邦得以继续存在的象征。据传说，橄榄树是雅典娜女神在被确立为雅典城邦守护神时种下的，在希波战争中，被波斯人连同神庙一同烧毁了，但是，据希罗多德记载：

> 在它被烧掉的第二天，当奉国王之命奉献牺牲的雅典人到神殿去的时候，他们看到从残留的树干上长出来了大约有一佩巨斯长的嫩枝。
>
> （《历史》VIII. 55）

此时，橄榄树不仅是作为雅典卫城这一神圣空间的标志，在雅典人的眼里，它的重新发芽更成为城邦不灭的象征。战后，雅典的胜利就被视为诸神，特别是雅典娜女神保佑的结果。这使得人们的爱国热情与宗教激情交织在一起，他们怀着虔诚而敬神的心情，在卫城上重新为雅典娜修建了富丽的帕特农神庙（始建于公元前 447 年，完成于公元前 438 年），以感谢神恩。雅典人每年还要举行纪念雅典娜女神的雅典统一节，费用由城邦承担，此节庆由忒修斯时代开始，至修昔底德时一直盛行不衰。

由于雅典娜在希腊世界中受到普遍的崇拜，因而以她为城邦守护神的不只有雅典一个城邦，一些雅典的子邦也多以母邦的守护神为其守护神。此外，在希波战争爆发前，雅典娜所种下的橄榄树便一直被希腊人认为具有十分神奇的力量，它可使贫瘠的土地生长出谷物、果实。因此，还有一些城邦来雅典求取圣树，雕成神像，进而尊雅典娜为守护神。希波战争以后，奉雅典娜女神为守护神的城邦则更多。其实，关于雅典娜的故事还有很多，但更重要的是，在"雅典娜"这一象征符号之下，有太多的意义交会，包括战争、农业、和平、智慧、希望等。而在希腊人赋予了"雅典娜"以意义和情感的同时，"雅典娜"也赋予了他们更高的生活目标和价值追求。

在奥林波斯神系中，雅典娜并非唯一获得"城邦守护神"这一殊荣的神祇，如前文所提及的，宙斯、赫拉、波塞冬等奥林波斯主神也分别被不同的城邦尊为守护神。总之，城邦守护神是希腊人信仰中一个非常重要的部分。这一观念对于希腊人而言，就如同"龙"的观念在中国人心目中一样熟悉而又神圣。但也如同中国人对于龙的崇拜一样，希腊人对城邦守护神的信仰究竟起于何时？是否是与城邦同时出现的？其历史发展的过程是怎样的？被尊为城邦守护神的神灵是如何具体发挥作用的？以上诸多问题，今天的我们已很难做出清晰的叙述了，只能将之作为长期文化传承的结果去接受。

三、信仰与仪式

有学者说："希腊的虔诚、希腊的宗教……都体现在仪式、节日、竞技、神谕和祭祀活动中。总之，它是关于神祇活动的具体实例，而不是抽象的信条。"[1] 可见，希腊人不是通过声明"相信"某些神灵的誓言，而是通过某些崇拜神灵的具体仪式来确定其宗教信仰的。换言之，希腊人的宗教主要反映在他们的生活之中，而非思想之中。同时，希腊人的宗教活动又集中反映在城邦的各种公共节日之中。我们在第四章的"城市文化"中已经述及希腊的节日庆典，之后要论及的体育、戏剧等活动在早期也都是带有仪式化行为的宗教活动。仪式行为是观念的现实体现，而且作为一种实际力量发挥作用，能够巩固和强化宗教信仰。

1　Paul Cartledge, "The Greek Religious Festivals", p. 98.

　　通过种种的仪式化活动，古代希腊人试图为他们自己、为他们的收获与富足寻求庇护。这些仪式既适用于个人需求，也符合社会利益。因为神灵既统辖战争之事，也处理和平之事；既关注个人之事，也管理城邦之事。人们必须依靠神的帮助来处理一切事务。同时，如果相关事业在一开始就得到神的维护，那么其结果便必然是引导其城邦发展得更为富庶、繁荣。我们在考察希腊的城邦以及公民团体的前文中指出，公民们为其共同崇拜的神祇所举行的仪式赋予了城邦以合法性及神圣性，并为"优良生活"的获致提供了神佑的保证。可见，希腊宗教及其仪式活动以一种神圣秩序确保了城邦的社会秩序。于是，古代希腊各城邦凡遇重大事件，必先祭祀以祈求吉兆，然后才开始行动。举行祭神的仪式是赢得诸神宠幸所必需的先决条件，基于这样的观念，古代希腊宗教特别讲究仪式。

　　与希腊的神灵体系类似，希腊的仪式繁多且复杂。以雅典为例，雅典的节庆多源自地方古老的农事祭典，最初只局限在特定地区氏族组织内部进行，后逐渐向公众开放，演变为全体公民的宗教活动。这一演变过程同雅典国家的统一和民主化进程有着密切的联系。比如，忒修斯改革时便规定了纪念雅典娜女神的公共祭祀，以庆祝"雅典统一节"；克利斯提尼改革的措施之一，就是将各部族内部的祭祀活动相互合并，减少其数目并将其向全体公民开放；伯里克利时代更是进一步将宗教活动纳入城邦政治之中。民主政体的这一系列措施，将那些局限于地区和部族内的祭祀活动转变为全民性的公祭，这是古典时代雅典节日大典众多而且规模庞大的原因之一。

　　而希腊诸神具有人性化的特征则是仪式繁杂的另一主要原因。由此，祭祀神灵的庆典很容易便能与城邦公民的世俗娱乐活动联系在一起。例如四年一次的泛雅典娜节，是全体雅典公民共同参与的，而祭祀所用的牺牲、规定的仪式和节庆所需的一切费用均由国家承担。每逢盛大节庆，除了隆重的祭神仪式外，还举行赛车、合唱、诗歌朗诵等，整个过程既庄严肃穆，又狂热

喧嚣。最热闹的当属全体参加者共享的大型公宴，这对下层民众来说同时也
是一个享受美味佳肴的机会。如泛雅典娜节上的百牛大祭，祭后会举办盛大
的烤肉宴。如此实惠的祭典，希腊人岂能不喜欢？！神对他们如此厚爱，当
他们在欢乐的节日盛宴上与神同乐，享受献给神的祭品，大嚼烤肉，痛饮葡
萄酒时，当他们忘情于节日的欢乐气氛之中时，他们怎能不以极大的虔诚报
谢神恩？正如宗教史学家尼尔森（Nilsson）所说："诸神做东赐宴民众，他们
很快就尝到了这种虔诚的甜头。"[1] 从这些庆典的内容来看，可以说，它们既是
庄严的宗教仪式，同时也带有一种娱乐的性质。从社会意义上而言，它们又
是雅典城邦的一种全民活动。城邦政府不惜财力地组织公共节庆，除了尊神
的普遍心理因素以外，也是将其作为取悦于民众以获得广泛支持的一个重要
手段。

　　古代希腊的节日祭祀是一种公众性的宗教活动，基本上均由城邦出面组
织安排，一般是由国家官员主持献祭，神庙的祭司参与其中。以雅典为例，
古典时代，专门负责公共祭祀活动的官员主要有三类：第一类是最高宗教长
官巴赛勒斯。他原是远古时代的王，兼领祭祀和军政。城邦制度建立以后，
雅典王权衰落，但仍保留巴赛勒斯作为某些祭礼的主祭，亚里士多德说：

　　　　迄于今日，大多数王室（已成虚位），只能主持一邦的传统祭仪而已。

　　　　　　　　　　　　　　　　　　　　　　　　　（《政治学》1285b15-20）

　　在雅典，巴赛勒斯作为执政官团中负责处理宗教事务的王者执政官，仅
次于首席执政官。其职责主要是主持重大的国家宗教庆典，如酒神节等，以
及一切有火炬接力竞走比赛的节庆和祭祖典礼。而对狩猎女神阿耳忒弥斯与

1　Martin P. Nilsson, *Greek Popular Religion*, Philadelphia, 1972, p. 87.

战神阿瑞斯的祭祀则归军事执政官掌管；某些专业性极强的祭祀，如厄琉西斯秘仪，只能由世袭垄断该秘仪的家族祭司主持，但受巴赛勒斯监督管理。

第二类，负责祭祀的官员还有"赎罪监"和"常年祭司"。他们都是由雅典公民大会抽签产生的。亚里士多德说：

> 民众会又以抽签选举十个祭祀官员，称为赎罪监，他们奉献神谕所规定的祭祀。与占卜者一起，在需要征兆时，等待着征兆出现。公民大会另选十人，谓之常年祭司，他们进行某些祭祀活动，并管理所有的四周年节[1]，唯乏雅典娜节除外。

（《雅典政制》54）

第三类负责阐释宗教礼仪习俗的官员称"阐释者"。他们不是祭司，并不服务于某一具体的神灵，而是对人们如何正确地履行某种宗教仪式给予权威性的指点。由于希腊宗教仪式庞杂，一个人从生到死，都需要履行某些仪式，因而经常需要问阐释者求教。同时他们也接受国家有关宗教事务的法律咨询，世俗法庭对宗教案件量刑时也常向他们请教。

除了专职的宗教官员外，还会有各神庙的祭司参与仪式主持，他们各自专门侍奉某一位神祇，负责各自神庙的具体仪式。在古代希腊，祭司也是国家公职人员，并没有形成一个独立的、垄断宗教大权的祭司集团。担任祭司的主要有三种人：（1）名门望族中的人。他们多充当某些重要神庙的祭司，并世代相传，终身任职。在贵族政体的城邦中，祭司职位多由这些人担任。（2）从城邦公民中通过选举产生的人，他们如同有任期限制的宗教官员，有的还领取国家的俸禄。在大部分民主政体的城邦中，情况多是如此。（3）直

---

1 四周年节，即每四年或六年举行的一次祭神大典。

接由不具有圣职的行政官员兼任的公祭主持人，他们只是在城邦大型祭祀活动中才负起祭司的职责。可见，在古代希腊，祭司并非神庙的真正所有者和统治者，神庙的所有权和统治权实际上掌握在城邦政权和公民大会的手中。

而这些公共仪式活动中所需要的一切费用也均由国家财政承担。同时，祭神的器皿、奉献给神灵的各种物品、金钱也被视为国家财产。伯罗奔尼撒战争前夕，伯里克利在谈到雅典的资金来源时说：

> 别的神庙中所储存的金钱，于必要时也可以取来用……到了极窘迫的时候，就是雅典娜女神像身上的黄金片也可以利用，这个女神像上，有纯金四十塔连特，那都是可以取下来的。
>
> （《伯罗奔尼撒战争史》II. 13）

伯里克利同时许诺：

> 如果为了保持自己的生存而真的动用了这项黄金的话，他们事后一定要以同量的或更大量的黄金送还雅典娜女神。
>
> （《伯罗奔尼撒战争史》II. 14）

这样的说法和做法多少让人感觉神庙就如同国家的金库，是国家资金的一种变相储存方式。因此，在雅典，盗窃神庙财产罪与叛国罪相提并论，受同一法律的制裁。换言之，神庙的财产既是属于神的，也是属于国家的。

宗教节日是古代希腊宗教最重要的表现形式，而大部分宗教节日又是以公共祭祀活动的形式出现的，除了由城邦主办的以外，也有地区性的节日或泛希腊的庆典。在希腊，地域性崇拜与泛希腊崇拜是并行不悖且彼此融合的。那些由城邦主办或由城邦认可的公共祭祀活动，随着奥林波斯主神地位的确

立以及城邦守护神信仰的形成而获得了正统仪式的地位，而另外一些由地区
组织、在各个泛希腊的崇拜中心所举行的祭祀活动，也是正统仪式的重要组
成部分。几个主要的泛希腊中心是德尔斐、奥林匹亚、厄琉西斯等。这些地
方在政治四分五裂的古代希腊成为各邦共同尊崇的中心，其仪式的正统性为
整个希腊世界所认可。在这些泛希腊中心举行宗教庆典及相应的赛会时，即
使是处于交战状态的希腊各邦，也会将冲突置于一旁，暂时休战，前往参加
神圣的宗教仪式和各种比赛。各城邦规定：阻碍他人参与庆典者，剥夺其祭
神的权利。这些庆典不仅促进了希腊各邦之间文化的交流，有利于人民之间
的相互了解，更能使希腊人意识到他们是一个统一的民族，从而能在外敌入
侵的危急时刻团结一致，共御外敌。难怪伊索克拉底要说：

> 我们的泛希腊集会的创办者应当受到称赞，因为他们给我们传下这
> 样一种习俗，使我们停战议和，化除现有的仇恨，聚集在同一个地方；
> 使我们在共同祈祷、共同献祭的时候，想起彼此间的血族关系，感到在
> 未来的时间里，我们会更加亲善……
>
> （《泛希腊集会辞》，引自《罗念生全集》第六卷，第 234 页）

因此，一方面，各地区、各城邦的宗教节日呈现出一种多样性的特征，
而另一方面，这种多样性中又表现出希腊宗教的一致性。希罗多德在《历史》
中的一段话正好非常恰当地说明了这一点。我们在谈及战争的前文中曾引用
过这段话，然而因其经典性请允许我们在此重复引用。在希波战争的关键时
刻，雅典人表示了他们绝不会与波斯人秘密媾和的决心，他们告诉斯巴达的
使者：

> 甚至如果我们愿意这样做的时候，那也有许多许多有力的理由使我

们不能这样做。首先和最主要的，是我们诸神的神像和神殿被烧掉和摧毁，因此我们必须尽力为他们复仇，哪里还能够和干出这样的一些勾当的人们缔结协定；其次是，全体希腊人在血缘和语言方面是有亲属关系的，我们的诸神的神殿和奉献牺牲的仪式是共通的，而我们的生活习惯也是相同的。

（《历史》VIII. 144）

可见，在希腊人看来，他们作为一个统一的民族的标志除了血缘和语言之外，紧接着便是祭祀仪式。也就是说，一种共同的宗教信仰及崇拜方式将希腊人与其他民族从根本上区分开来。这种统一性是小邦林立、政体各异的希腊世界所特有的，而这两种类型的正统仪式正好体现了希腊宗教乃至希腊文化的多样性中的统一性。通过这两种正统仪式，希腊人一方面在自己的城邦中祭祀城邦守护神以增强自身的凝聚力；同时，又借助那些泛希腊的神祇以及为他们所举行的庆典活动，将希腊各邦联结在一起。正是这种共同的信仰与共同的仪式，使得希腊人将"爱国主义"与"世界主义"的情感在心中融合起来，从而达到一种内心的和谐，这也是希腊人中庸思想产生的基础之一。

四、所谓的宗教"自由"与"压抑"

正是希腊宗教的多样性和丰富性，以及希腊宗教中以奥林波斯诸神为城邦守护神，并将他们作为主要崇拜对象的特点，决定了希腊宗教的自由程度以及城邦对宗教的压制尺度。

总的来说，希腊宗教具有宽松、自由的气氛，公民在共同敬奉本城邦的守护神外，只要不与城邦的律法相抵触，还可以选择其他崇拜的对象，也可以组织民间的宗教社团。这种宽松的宗教环境主要是由以下几个方面的原因决定的：

首先，古代希腊神祇高度的拟人化，导致了希腊宗教一个最显著的特征，即神人同形同性。希腊诸神在外形、性格上无异于凡人，唯一不同的是神具有永生性，这在古希腊绚丽多彩的神话传说中得到了充分的反映。这一点我们已在前文中进行了论述，神人的同形同性将神的道德标准降到了人的水准，使神失去了道德感召力，这一方面暴露了希腊宗教的幼稚和道德上的弱点，使其难以表达更深层次的宗教思想；另一方面也使人们的诸般言行有了种种借口和依据，而难加以约束与规定。由于诸神从来就不是完美道德的化身，人的七情六欲甚至恶念邪情，神也都会拥有。如文学作品中对诸神的性格弱点、道德劣迹的描写，人们早就习以为常、司空见惯了，并不被认为是对神的亵渎。人也可以对神表示不满，可以讽刺、挖苦、谴责诸神，例如，在《伊利亚特》中，阿喀琉斯在受了阿波罗的欺骗之后，咒骂道：

> 射神，最最恶毒的神明，你欺骗了我，
> 把我从城墙引来这里，要不还会有
> 许多人没逃进伊利昂便先趴下啃泥土。
> 你夺走了我的巨大荣誉，轻易地挽救了
> 那些特洛伊人，因为你不用担心受惩处。
> 倘若有可能，这笔账我定要跟你清算。

（《伊利亚特》XXII. 15-20）

他们甚至还可以按自己的想象去塑造和处理神的形象，即使是滑稽可笑或丑化了的神祇形象也是可以被接受的。希腊悲剧诗人欧里庇得斯就在《伊

翁》《酒神的伴侣》等剧中责备天神的嫉妒、残忍，以及不道德。酒神狄奥尼
索斯因受到忒拜国王彭透斯（Pentheus）的嘲弄和谴责而鼓动自己的信徒报复
他，这些信徒包括彭透斯的母亲，但当彭透斯向她哀求时，在神的诱惑、煽
动下她已不认识自己的儿子了，诗人写道：

> 但是她嘴吐泡沫，眼珠乱转，神经不正常，她已被巴克科斯迷住了，
> 不听她儿子的话。她抓住他左边的小膀子，踏在这不幸的人胸上，把他
> 的胳臂扯下来，不是倚靠自己的力气，而是倚靠神力，她的手才变得这
> 样灵巧。伊诺在对面用力，把他的肉撕下来，奥托诺厄和整队的女信徒
> 也扑上来。多么嘈杂的声音！他在尽力呻吟，她们却在欢呼。有一个女
> 人拿着一只胳臂，另一个拿着一只脚，上面还有皮靴；他的肋肉被撕光
> 了；她们把彭透斯的肉抛来抛去，每一只手都染了血。
>
> （欧里庇得斯：《酒神的伴侣》1122—1136）

即使悲剧诗人对神的残忍手段做了如此生动的描述，也没有引起法律的
干涉或社会的强烈反应。正是有这样一种大众共同的宗教心理，才可能导致
如此宽容自由的宗教气氛。

其次，多神崇拜导致了希腊宗教缺乏严格意义上的权威教义，没有《圣
经》似的神圣典籍，甚至可以说，希腊人根本就不知道什么是"正统"教义。
希腊人关心的不是宗教义理的探讨、抽象的思辨；他们注重的是如何正确地
履行祭神的仪式，避免触怒神灵，并得到好处。古代希腊宗教从未有过众所
遵循的正统教义，因而也就无所谓"异端"了。种种名目繁多的大小神祇，
各有其民俗神话渊源，各自拥有一批崇拜者，各有一套祭仪祭礼，各具地方
特色，各种宗教派别彼此容忍，又相互沟通。城邦对大众的制约主要表现在
圣法祖制等方面，却不存在真正具有约束力的、权威的教条。只要不宣传无

神论，不排斥城邦守护神，各种思想均可存在。这种缺乏权威、多元共存的情景，类似于中国春秋战国时期的百家争鸣。在这样的宗教状况下，谁又能够指责别人是异端呢？

再次，希腊宗教虽然仪式庆典繁多，神庙林立，但由于希腊人泛神的世界观和多神崇拜的传统，希腊并没有形成一个独立的、垄断宗教大权的祭司集团。在古希腊，祭司也是国家公职人员，只要是公民均可通过选举担任祭司，抑或是由某个家族世袭。祭司职务通常只是一种不需要专门训练和特定素质的临时职务，没有专门的组织使祭司组成一个有共同利益的阶层。总的说来，祭司特权对于希腊人来说是一个陌生的概念，祭司的职责只限于主持仪式、管理神庙等宗教方面的事务，此外别无其他。

虽然如此，希腊宗教所给予人们的自由却并不是无限制的。如果有人犯了渎神或是不虔诚等方面的罪行，希腊人是从来不予宽恕的，对这种行为的处罚可以说是很严厉的，而这也是由其宗教信念和城邦特点所决定的。

由于在城邦制度下，公民养成了高度的集体意识和强烈的个人责任感，他们通常认为，在公共场合中亵渎神灵的行为，严重的会给整个城邦带来灾祸，所以，人们对此极为重视。为了使公民在公共的宗教活动中有所依循，希腊各邦纷纷制定宗教律法，称为"圣法"（Sacred Law）。这些法规既是宗教活动中的祭礼规范，司时又是人们在公共活动中的行为准则。圣法被视作神灵所创，或来自神启。实际上，宗教礼法最初是来自祖先的传统，这种未正式以文字形式出现的法被称作未成文法。请听希腊的先知是如何说的吧：

> 关于神的事，我们不能卖弄聪明。凡是我们从祖先那里继承下来，与时间同样古老的信仰，任何议论，即使是从心底发出来的鬼聪明，也不能将它推倒。

（欧里庇得斯：《酒神的伴侣》200-204）

对触犯法规且供认不讳者，必须处以相应的惩罚，方能平息神怒，安抚民心。当事者即使被赦免，比如在雅典，根据"伊索提米德斯法令"（Isotimides Decree），他也不准进入任何圣地，不准参与任何公共仪式，因为他是不洁者。而不洁是一种渎神的行为，是可能触动神怒，引发灾祸的根源。

针对毁坏圣物、盗窃神庙财产等行为的惩罚措施也十分严厉。正如我们前面提到的，在雅典，盗窃神庙财产者与叛国者同罪，"任何背叛国家或盗窃神庙财产的人，都将在法庭受审，而如被定罪，他不能被埋葬在阿提卡，其财产也将被没收"。[1] 柏拉图认为，对盗窃庙产的人，法律首先应告诫那些企图抢劫者尊敬神灵，凡有不从者，若是奴隶或外邦人就在其手、脸上烙上印记，一番殴打后驱逐出境；若是本邦公民则处以死刑。[2] 除了这些具体的制裁措施外，还有神的制裁，即借神之口对渎神的人发出诅咒，如"如果有人掠夺丢卡利翁神庙的土地，此人将受到宙斯的诅咒……让他及他的家人都遭受灭顶之灾吧"[3] 这一类的咒语。由于希腊人极其迷信由神或祖先嘴里发出的诅咒，认为这些诅咒都是会实现的，这些咒语所代表的意义可能比任何具体刑法的影响都更为深远。

毁坏神像更属大不敬的行为，公元前 415 年，雅典远征西西里前夕，全城的赫尔墨斯神像的面部均遭毁坏（即所谓的神像毁坏运动）。此案牵连甚广，一些别有用心的人将此事件与推翻民主政治的阴谋联系在一起，因而卷入者或被处死或遭放逐。雅典十将军之一的亚西比德，极富军事才能，他率雅典舰队出发不久，即因此事被召回国。他深知以渎神罪受到控告是百口莫辩、必死无疑的，于是，他叛逃到了斯巴达。

1   Douglas M. MacDowell, *The Law in Classical Athens*, New York, 1978, p.171.
2   参见（古希腊）柏拉图：《法律篇》第九卷。
3   J.K.Davies, *Religion and the State*, *The Cambridge Ancient History*, Ch.7a., 1982, p.385.

不过，对不虔诚罪的惩罚最主要的集中在宣传无神论和排斥城邦守护神的思想言论方面。特别是到了公元前 5 世纪下半叶，逐渐活跃起来的科学启蒙思想对传统宗教提出了挑战，并对以城邦守护神为其主神的各城邦的正统思想形成了威胁。于是，各城邦不得不借助国家政权的力量，运用法律的手段来制止思想领域内的这种渎神行为。

以民主制昌盛的雅典为例，伯里克利时代，智者普罗塔哥拉（Protagoras）在《论神》中说：

> 至于神，我既不知道他们是否存在，也不知道他们像什么东西。
>
> （《残篇》D80）

他因此被指控不敬神灵，被驱出雅典，他的著作也在广场上被当众焚毁。这比秦始皇焚书坑儒还要早大约两百年。

哲学家阿那克萨哥拉（Anaxagoras, 约公元前 500 年—约公元前 428 年）因声称太阳是炽热石头、月亮是冷土地而犯了不虔诚罪，被判死刑，幸得伯里克利营救，但终被判处缴纳五塔连特的罚金，并被逐出雅典，在兰波萨卡度过了余生。

在这方面最为轰动一时的公案是公元前 399 年，以安涅托斯（Anytas）为首的民主派对著名哲学家苏格拉底提出公诉，罪名有二：一是不信城邦的神，企图另立新神；二是以异端邪说败坏青年。雅典五百人陪审法庭因此宣判苏格拉底犯了渎神罪，他被处以死刑。

可见，雅典在宗教的其他领域给予自由，但对宣传无神论和排斥城邦守护神的言行却是严惩不贷的。而其他城邦也不例外。

实际上，苏格拉底真正的罪过不在于引进新神，而在于他让青年人对城邦所认定的神祇产生了怀疑，这即是在某种程度上把自己置于现行的社会规范之外，对于城邦其他成员而言是难以接受和忍受的。阿那克萨哥拉被指控，是因为他认为太阳仅仅是块石头，而古代古希腊宗教不仅将太阳看作一个火球，而且认为它是人格化的赫利奥斯神（Helios），因而阿那克萨哥拉的学说带有无神论的倾向，即有从宇宙观上否定神之存在的危险性，这也是城邦所不能容忍的。

总之，因为古代希腊人对于神的信仰和崇拜与现在"宗教"一词的含义并不完全吻合，他们没有严格、系统的教义，没有《圣经》似的神圣典籍，没有专门的教会组织，他们甚至没有一个独立的祭司集团，神人同形同性论更使人得以最大限度地与神亲近、沟通，甚至能与神达到某种程度的结合。在这样的观念中，神并不是一种先验的存在，而是弥漫于整个宇宙间仿佛触手可及的一种力量，人类的全部生活都被笼罩在神的关照及控制之下。人们的神圣生活与世俗生活是交织在一起的，并未截然分开，宗教也没有成为一个可明确区分开来的领域，当时甚至连这一概念都没有产生。在古希腊文中，只有"神"和"神话"，而没有"宗教"这个词。因此，古代希腊并不存在一种由国家贯彻执行的自觉而明确的"宗教宽容政策"，至少不具有现代意义上的宽容。欧洲的宗教宽容是在中世纪宗教改革后逐渐实现的。在此之前，正统基督教对异端是绝对不会宽容的。宗教改革打破了天主教在欧洲的大一统局面，新旧教之间及新教各派之间，尽管依旧不能相互宽容，但不得不共处，这就要求国家执行某种宽容政策来维系其间的关系，允许正统国教以外的其他教派的存在。而在古代希腊，各城邦并不存在对宗教有意识的、自觉的"宽容政策"。古希腊宗教在某些领域中所表现出来的那种自由，并不是"宽容"的结果，而是多神教自身性质所必然会带来的。加之古代希腊人的虔诚观与今天不同，某些在现在看来是亵渎神灵的大不敬行为，古代希腊人却习以为常，不加禁止。对他们而言，思想言论上的不虔诚主要表现为宣传无神论与排斥城邦守护神的倾向，行为上的不虔诚则是指对祖制圣法的逾越，对

犯有不虔诚罪的人的惩罚是相当严厉的。除此之外，其他言行则均属公民的
自由。因此，无论古代希腊宗教表现出的是自由抑或是压抑，都并非其宽容
与否的结果，而是由希腊宗教自身的特点和城邦政体的特性所决定的。

第七章

哲人的理想与理想的哲人

认识你自己。

——德尔斐神庙上的希腊箴言

希腊文化中有一个方面，在当时并没有直接触及大部分公民的生活，却对后世的西方世界乃至全体人类产生了巨大的影响——这就是希腊哲学。

对宇宙、人生问题的困惑，是人们进入哲学思考的契机。而不同的进入角度则产生了不同的哲学体系。有人说：印度哲学近于宗教，以出世解脱为其最高追求，具有彻底出世的倾向；中国哲学近于艺术，讲求和谐与交融，希望将自身的生命同宇宙生生不息的大生命贯通，从而达到圆满的境界，是一种介于入世与出世之间的哲学；而希腊乃至后来的西方哲学则近于科学，重求知，谈哲理，以把握甚至征服自然（包括人自身）为首要目的，是一种彻底入世的哲学。

这里，我们不是要对古代希腊哲学的具体理论进行详细论述，而是想对那些伟大的哲人以及那些哲人心中的理想做一些尽可能平实但又不乏生动的介绍。换言之，就是将那些希腊哲学家放入他们所处的时代与社会中去，从而为读者深入理解他们的思想提供一个背景。研究希腊哲学的中国学者陈康先生曾说过："学说思想的研究可从两个不同的观点出发：一个是从问题的观点，另一个是从历史的观点。第一种研究的结果是评价，第二种的结果是了解。"[1] 在此，我们的工作不在评价，那个任务留给哲学家去做吧，我们的目的只在了解。

一、早期的哲人

1. 科学与哲学的交融

古希腊人求知探索的思辨活动，其成就集中体现在哲学思想的发展中，希腊哲学是整个西方哲学传统的源头，哲学（philosophy）这个概念就是来自古希腊文，它分别由 philo（爱）和 sophia（智慧）两个词所组成，意思就是"爱智者的学问"。希腊哲学最初的命题是探究世界的本质。

在公元前 6 世纪的希腊，当诗人们以诗歌来抒发个人情感、表达个人思想时，还有一些人则开始对人类赖以生存的世界进行思考，从而产生了科学与哲学。

在希腊，科学与哲学的开端都与爱奥尼亚的米利都学派（Miletus）联系在一起，他们研究自然，解释自然现象，追问万事万物的根源是什么。在他们的解答中，万物都由某一种最小的物质产生，最后又将回归这一物质。其代表人物是米利都的泰勒斯（Thales，约公元前 624 年—约公元前 546 年），在西方，人们称其为"哲学之父"。他是与梭伦同时代的人，是希腊的"七贤"之一。泰勒斯被认为是历史上第一个用自然本身来解释自然的人，也就是说，他没有借用神或任何超自然的力量来解释自然。他说：

1　陈康：《论希腊哲学》，商务印书馆，1990 年，第 49 页。

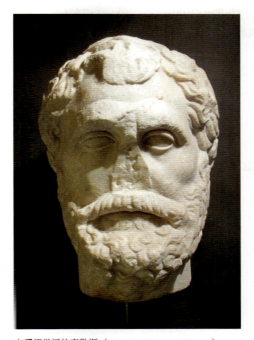

米利都学派的泰勒斯（©Marbles Museum, Florence）

万物是由水生成的。

（第欧根尼·拉尔修：《名哲言行录》I.1）

　　这句看似平常的话语成了西方哲学和科学的开端，因为它打破了神创造世界的宗教性创世之说，代之以建立在观察之上的理性思想，这在当时是一种思想上的创新。除了被视为西方哲学的创始人之外，几何学、天文学的研究也以泰勒斯为祖。据说他曾预言了日食的发生。关于泰勒斯流传最广的一个传说是：他因仰望星空而掉进了一口井里，这让一个正好路过此地的女仆笑了起来，这成了当时及后世之人嘲笑哲学家不切实际的经典笑话。但还有一个故事说的是，泰勒斯预测到来年橄榄将会有大丰收，于是，他先买下了当地所有的榨汁机，结果当丰收来临之时，别人都不得不以高价从他那里租用榨汁机。泰勒斯以此向世人证明，只要哲学家愿意，也能赚到足够多的钱，只是他们的思想专注于另外的事情。

阿那克西曼德（Anaximander，约公元前 610 年—约公元前 546 年），米利都人，据说是泰勒斯的学生。他以丰富的天文地理知识而闻名当时。他是第一位描绘地图、设想天体的人，他最早以既极端又有益的想象，描述了世界的完整形态及其形成过程。与泰勒斯相比，他倾向于一种更为抽象的思维方式，他残留的著作中有这样的句子：

万物的始基是无限。

（辛普里丘:《物理学》24·13）

后世对这句话有着不同的解释。他的著作只有断简残篇留传下来，但这些内容却被认为是希腊的第一部哲学著作，也是用希腊文写作的第一部散文作品。

应该说，这两位最古老的希腊哲学家的思想虽然还比较粗糙，但是都颇具启发性。无论他们的观点在今天的我们看来是多么天真、离奇，都标志着希腊人对于世界的解释从一种神话观念向一种自然的，也就是我们今天所谓的科学观念的转变，这是一种根本性的变化。正如英国哲学家罗素所说的："米利都学派是重要的，并不是因为它的成就，而是因为它所尝试的东西。"[1]

之后，希腊哲学家们的工作都是试图对泰勒斯和他早期的继承者们所提出的问题做出进一步的回答。

出生于小亚细亚的赫拉克利特（Heraclitus，约公元前 544 年—约公元前 484 年）从自然观察出发，认为万物的始基是火。因为火非常活跃，能转变成

1　（英）罗素:《西方哲学史》(上)，何兆武、李约瑟译，1988 年，第 54 页。

万物。赫拉克利特的学说可以用一句话来概括，即"万物皆流"。一切永远变动不居，所以是"流"。用他自己的话说，就是：

> 一个人不能两次踏入同一条河流。

（《残篇》91）

在此，最重要的概念是"时间"，而"时间"是抓不住的。从严格意义上说，"现在"是不存在的，就如同在一条线上，点是不存在的。因此，赫拉克利特认为，所谓"存在"只是表面的，实际上没有"存在"，一切都在变化之中，也都是变化之物。只有变化是不变的，即"一切皆流，万物常新"。在西方哲学史上，第一个明确提及"逻各斯"（logos）并探讨其中各种性质的人也是赫拉克利特。尼采对他的评价很高。在政治上，他虽出身古老的王族，但既反对专制暴政，也反对民主政治，他主张精英政治、贵族政治。他说：

> 在我看来，如果一个人是最优秀的人，他就抵得上一万个人。

（《残篇》49）

赫拉克利特的性格孤傲忧郁，他舍弃了王位，离群索居，从事哲学思考与写作。其著作有 130 个片段得以保留下来，内容多为格言。他的文风庄重简洁，但也比较晦涩难懂。

色雷斯的德谟克利特（Democritus，约公元前 460 年—约公元前 370 年），提出了"原子论"的学说，这是对阿那克萨哥拉"种子论"[1]的进一步发挥和

---

[1] 阿那克萨哥拉是爱奥尼亚的哲学家，他用"种子论"来解释万物的本原。他认为："种子"是一种各自性质不同、数目无限多而体积无限小的事物，正是这些"种子"构成了世间万物的最初元素。

修正。据说，德谟克利特是一个天性乐观而长寿的人，他活到了 90 岁高龄，一生著作颇丰。他认为节制与修养是获得快乐的最好手段，真正的幸福不在于感官享受而在于心神宁静。他早年游历甚广，到过埃及、波斯和两河流域，最后来到雅典。他是一个学识渊博的人，几乎熟谙他那个时代的所有哲学知识。其著作在当时就被学者收入图书编目，影响很大。他的"原子论"旨在探讨物质的结构问题，他认为宇宙的本原就是原子与虚空。他说：

　　　只有原子和虚空是实在的。

（《残篇》9）

所谓原子，就是不可再分的、最小的物质粒子，原子是坚实的，本身不生不灭，但可运动，无外在差别，质地、性质一样，且数目众多。德谟克利特认为，人的灵魂也是由原子组成的。

从泰勒斯到德谟克利特，希腊思想的主要研究对象是自然或宇宙，其核心内容为宇宙万物的起因、根源或是始基。而在世界观上与这些认为世界的本原是某种物质的哲学家有所区别的，是毕达哥拉斯学派和爱奥尼亚学派的思想家们。

毕达哥拉斯学派的创始人毕达哥拉斯（Pythagoras，约公元前 580 年—约公元前 500 年），出生于萨摩斯岛。有关毕达哥拉斯的可靠资料非常稀少，唯有一些传说留存。从这些传说中，我们可以看出他是一个具有极高禀赋和巨大影响力的人，是一个能把宗教的思辨与科学的研究相结合的人物。他不仅仅是数学的开创者，更为重要的是，他使哲学成为一种生活方式。公元前 532 年，毕达哥拉斯在南意大利的克罗顿建立了毕达哥拉斯社团。在这个半宗教性的社团里，他和他的门徒过着封闭式的生活，他们像一个大家庭一样同吃同住，穿同样的衣服，专心地从事学术或工艺，其目的只有一个，即纯净地生活。正是通过这一团体，毕达哥拉斯将一种生活方式传播后世。据说，毕达哥拉斯学派的信徒，每晚入睡前必向自己问三个问题："我犯了什么错误？我做了什么好事？我有什么应该做的事没有完成？"他们以此来考察自己的良心。而旦上醒来时，他们则要规划新的一天应该如何被良好地利用。他们的道德信条都是以诗体的语言写成的，结集在一种如同教理问答的文集里。他们还有许多禁忌，如不许吃豆子和动物的肉、不许穿羊毛的衣服、不以公鸡作为牺牲，等等，他们也被要求保守其所接受的教义的秘密，该学派的神秘性由此可见一斑。可以说，毕达哥拉斯学派是一种精神事业上的集团，他们既是一个宗教教派，同时也是一个哲学团体。他们主张灵魂不死，且灵魂会在不同生物的身上轮回，因此一切有生命的东西都被认为是亲属。据传说，有一次毕达哥拉斯从一条被鞭打的小狗旁边经过，他向狗的主人恳求：

> 住手吧，别打了，因为在它的哀鸣中，我听出这里面寄居着我一位朋友的灵魂。

（第欧根尼·拉尔修：《名哲言行录》VIII. 36）

毕达哥拉斯本人除了持轮回学说外，还从事科学研究。这些研究主要集中在数学上，他把世间万物都看作数的关系，认为只有非物质的、抽象的数才是万物的本原。数学在他的思想中与一种神秘主义密切结合在一起。亚里士多德说：

> 他们认为数的本原即是万物的本原……一切其他事物都表明，其整个的本性乃是对数的模仿。

（《形而上学》I. 5）

他还将数与音乐结合在一起，从而产生了"和谐"与"秩序"的观点。毕达哥拉斯学派特别强调和谐统一，把它作为其哲学的最终追求，他们认为：

> 最优美的事物就是和谐。

> （杨布里可：《毕达哥拉斯生平》82）

这种和谐论对后来希腊和罗马的思想都产生了相当大的影响。

与赫拉克利特注意变化与运动不同，爱奥尼亚学派则坚持认为事物是永恒不变的。与赫拉克利特差不多同时代的巴门尼德（Parmenides）就只承认"存在"，不承认变化，且认为只有一个存在，这唯一的存在才是真实的。他认为，存在者只能被人们的思想认识，而不能被感觉到。存在者是不生不灭的，既非现在存在也非将来存在，它是不运动的，是完整的，形如圆球一般。他说：

> 存在的东西无生无灭，它完整、不动、无始无终……它要么永远存在，要么根本不在。

> （《残篇》9）

作为爱奥尼亚学派最著名的代表人物，巴门尼德出身高贵而富裕的贵族世家，他曾为城邦立法，他用六音步诗体写成的著作有 130 篇残篇流传下来。他是第一个谈到地球是球形的人。柏拉图认为，在所有前苏格拉底哲学家当中，巴门尼德是最伟大的。

在他们之后的恩培多克勒（Empedocles）和阿那克萨哥拉力图调和赫拉克利特与巴门尼德观点中的直接冲突，他们将巴门尼德宣称的唯一存在分化成无数个存在，认为"存在"是多个的。他们反对有绝对的生成和毁灭，承认生成和毁灭是相对的，认为绝对的变化是不可能的，但存在相对的变化。

对毕达哥拉斯、赫拉克利特、巴门尼德、恩培多克勒等哲学家的具体理论有进一步兴趣的读者，可以从任何一本有关西方哲学史的书里得到更为满意的答案。在此，我们想指出的是，这个阶段的诸多哲学家，其观点虽然各不相同，但基本上都是对宇宙万物始基的回答，其差异主要在于对此问题的回应有所不同。这种关于自然或宇宙的自然哲学是希腊哲学第一阶段的中心内容，其最显著的特点是哲学和科学的相互交融。这一时期的希腊哲学家在思辨与经验研究之间是不做任何区分的。天文学、数学，以及自然知识中的所有部门，最初甚至还有医学，都被包含在哲学的范围之内。他们的哲学是建立在观察事物、理性思维、理论模式和解释模式的基础之上，没有实验或是实用技术的基础。其科学研究的目的也不在于实用，都是以求知为目的，而非出于功利。总之，在希腊思想的早期，科学和哲学是不能完全分开的，在希腊思想的后续发展过程中，它们也始终密切地结合在一起。

同时，那些前苏格拉底的哲学家也并不只是专注于仰望天穹和星空，而全然不关心人类社会及人类心灵，实际上，他们所谓的"自然"与今天的"自然"并非完全一致。希腊的"自然"，其实在本质上有许多方面是我们今天所理解的"超自然"的事物。在他们的著作中，常见的标题大多都是"论自然"。而其中一般包括三个部分：宇宙论、政治论和神论。可见，在他们看来，宇宙、城邦和神灵都是自然的组成部分。事实上，他们的思想已触及希腊人几百年来在宗教信仰和生活方式上形成的传统，影响到希腊人在宗教问题上的态度。只是这些思想当时并没有进入城邦普通公民的生活之中，而只是少数哲学家所探讨的问题，他们的著作最初也只是以散文和诗歌的形式在少数朋友中流传。所有这些可以被称为前苏格拉底哲学家的人物，他们既是思想者，又是信仰者；既像诗人，又像预言家。阅读他们的残篇，我们可以发现，无论是阿那克西曼德、巴门尼德、赫拉克利特，还是恩培多克勒，他们都如同受到神灵启示一般说话，或是预测未来。以恩培多克勒为例，他的性格中除了有对科学研究的激情外，还有一种极力想使自己凌驾于自然之上的同样的激情。他说：

> 我走在你们中间，似乎不是有死的人类，而是不死的神明。理所当然地接受你们膜拜——用缎带和花环扎制的王冠。每当我和我的男女信徒进入这繁华之城，我都受到崇敬和盛赞。
>
> 　　　　　　　　　　　　　　　　　　　　　　　　（《残篇》112）

在他的同时代人看来，恩培多克勒就像一位魔法师。罗素则将他称为"哲学家、预言家、科学家和江湖术士的混合体"。[1] 关于他的死亡，最流行的一种说法是，他听见了一种声音的召唤，便自己跳入了火山口。

总之，无论是科学与哲学的结合，还是宗教思想与哲学观念的交融，那些早期希腊哲学家的思想都与现代人对哲学家的理解有着很大的差别，而他们所提出的各种宇宙论，在今天看来更是有着显著的谬误，但是，这一切并不会降低他们及其理论的重要性。因为即使后世的哲学家完全抛弃了前人给出的答案，他们仍然不能回避前人所提出的诸多问题："一切事物是从哪里来的？由什么构成的？""事物的本质是什么？""如何描述它们？"等等。而且，前苏格拉底哲学家传达他们思想的方式实际上也与他们所思考的问题一样重要，即他们开始放弃神话的思维方式而依靠观察、推论以及纯粹思辨的方式来阐明他们的思想并对周遭的现象进行理性的解释。这种思维方式的转变在希腊思想史上具有重大的意义。

1　（英）罗素：《西方哲学史》（上），第 83 页。

2. 智者的出现

直到公元前 5 世纪中叶，希腊哲学思想所关注的仍然还是宇宙的基本实在是什么，或宇宙真正"是"什么。对于行为的反省，则主要是诗人或立法者的工作，而不是哲学本身的目标。

但在希波战争后，以雅典为代表的希腊世界的社会及政治状况开始发生变化。雅典的伯里克利时代，是一个令人兴奋的时代，所有公民都有参加政治活动的同等机会，在城邦这个小社团中，语言逐渐成为一种真正的权力工具，它不再只是少数特权者的专享，而是扩展到人数更多的公民团体之中。几乎一切事务的判断都取决于演讲的艺术，而且人们必须通过辩论故以裁定，于是，政治活动从某种意义上来说便成了对语言的运用，雄辩的才能成了一个政治家尤为重要的必备才能之一。因为唯有具备这种能力，一个人才能为众人所知，才能在公民大会上以自己的主张说服他人，并将异己的政见驳斥得体无完肤。因此，华丽雄辩的辞藻几乎成为一个人通向成功的必备才能，也是身份地位的重要标志，伊索克拉底说：

> 美妙的言辞却不是分配给普通人的，这是有才智的人的成就……言辞是我们每个人教养的最好的标记，而长于辞令的人不但在他们自己的城邦里掌握权力，而且在别的城邦里受到尊敬。
>
> （《泛希腊集会辞》，引自《罗念生全集》第六卷，第 235 页）

此外，法庭上的辩论也直接关系到官司的输赢。因此，古希腊人常常把辩论术与武器相比，把言辞交锋与搏斗相提并论。这在舌战中表现得尤为淋漓尽致：一位当事人被另一位当事人驳得哑口无言、语无伦次，最后陷入沉默，败下阵来。

在雅典，善于辞令尤其重要。与伯里克利同时代的史家修昔底德借克里昂之口从反面向我们描述了漂亮的言语在雅典人生活中的重要性：

> 你们经常是言辞的欣赏者；至于行动，你们只是从人家的叙述中听来的；如果将来需要做什么事情的时候，你们只是从听到的关于这个问题的一篇好的演说词来估计可能性；至于过去的事情，你们不根据你们亲眼所看见的事实，而根据你们所听到的关于这些事实的巧妙言辞评论，一个新奇的建议马上骗得你们信任；但是被证实了的意见，你们反而不愿意采纳；凡是平常的东西，你们都带着怀疑的态度来看待；遇着似是而非的理论，你们就变为俘虏。你们每个人的愿望是自己能够演说……你们是悦耳言辞的俘虏，你们像是坐在职业演说家脚下的听众，而不像是一个讨论国家事务的议会。
>
> （《伯罗奔尼撒战争史》III. 38）

这样的情况自然要求个人尽力提高自己的演说和辩论的技巧。

这种社会生活的新方式，需要新的教育来适应。于是，为了满足这个要求，一类群体应运而生。他们自称为"智者"，认为能言善辩是一种技巧，是可以传授的，于是他们往来于希腊各大城市之间，从一个城邦到另一个城邦，以传授辩论的技巧为己任。智者就如同今天我们的"传媒"一样，在当时学问、知识的传播和教授上，确实拥有相当的功绩。

所谓智者（sophists），意即"智慧之人"，但又有"诡辩者"之意。他们实际上是一些教书先生，却并非希腊人早先所熟悉的那种教孩子读书写字的儿童教师，他们教授的是在公共场合下演说以及辩论的技艺。他们的教诲迎合了所有实行民主政治的城邦的需要。他们所讲授的科目，主要是政治学、辩论术、修辞学，此外还旁及其他学科。他们也不是真正意义上的某一学派的哲学家。智者们在思想上各持己见，各说各的道理，没有明显一致的立场和观点，因此严格地说，智者们并没有形成一个学派，他们所从事的活动只能被称为"运动"。不过，他们之间还是有一些共同之处，如轻理论重实际、对神的存在表示公开的怀疑、反对传统的伦理和政治观念、主张个人的道德，等等。可以说，他们都是反传统的个人主义者、怀疑主义者和实利主义者。

　　智者运动的出现并不是源于哲学内部的问题，这一运动产生的根源是外部因素，主要是政治和文化上的原因。智者的出现对城邦的社会生活产生了很大的影响，他们将探索的对象从物质世界转向人类所生活的社会，以及现实社会中的政治问题。智者学说在内容上不同于以前的自然哲学，其研究对象是作为个体及社会生物的人，以及人在语言、宗教、艺术、诗歌、伦理和政治方面所创造的文化。除了研究对象和方法上的不同，智者与自然哲学家所追求的目标也不相同。在哲学家看来，探索真理和知识本身就是目的，这个目的完全是理论性的。而智者则不然，在他们看来，知识只有成为驾驭生活的手段才有价值。因此，他们的目的主要是实践的，智者把哲学的注意力转向人，转向生活的实际。在他们那里，人代替自然成了思辨的中心。

　　具体地说，智者所教授的是一种"说服"人的技术，智者们全力以赴要使这种言辞的形式臻于完美，但是他们对于观念本身却毫不关心。因为他们教学的精神要求他们本身不笃信任何主义，而是能指出，任何一种主义都可以加以维护——不论这些主义多么似是而非，多么为人所不容或是广受接纳——它们都没有什么不同。他们的目的是使学生能够对付任何一个题目，或者批驳它，或者赞成它，并且在专家面前显得内行。正如伊索克拉底所说，演说具有这样的性质：

　　　　能使人用多种方式来谈论同一题材——把重大的事情讲成平凡的，把琐碎的事情说成重要的，把旧事讲得像新的，把刚发生的事情说得像古往的。

（《泛希腊集会辞》，引自《罗念生全集》第六卷，第 228 页）

实际上，智者在道德、政治或宗教的思辨上也确实没有多少真正的思想创造性。特别是后期智者的思想，大多是在其特有的语言游戏中运作，虽不乏尖锐、大胆，但并不沉着、坚定。他们对客观真理不感兴趣，倾向于追求实利而非终极的目标。

希腊最著名的智者主要有：普罗塔哥拉、伊皮亚斯、高尔吉亚和普罗迪哥斯等。作为第一批职业教育家，他们所开办的"思想店铺"是要收取费用的。由于雄辩与权力之间有着显而易见的亲密关系，辩论术在当时的城邦中几乎成为所有有为青年争相学习的技艺。于是，智者们在为自己赢得大批追随者的同时，也得到了巨额回报。通常他们索要的报酬都很高，据说普罗塔哥拉和高尔吉亚因此非常富有。

智者之所以能够赚取大量钱财，是由于虽然智者学说在客观上使得希腊哲学从研究自然转向了研究人本身，但受到智者学说影响最大的并非哲学家，而是广大非专业的普通人，智者的注意力首先也是针对他们的。也正因如此，智者的讲授越受大众追捧，智者运动对当时社会的危害就越大，因为智者的学说中潜伏着一种巨大的危险，那就是形式几乎盖过了内容，雄辩术几乎遏制了追求真理的渴望。智者不仅以其怀疑主义的态度使人们怀疑科学的可能性，而且以其相对主义的理论及其个别成员彻底的个人主义从根本上动摇了宗教、国家和家庭现有的权威。因此，人们对智者的评价，从当时到后世多有贬损。不过，客观地说，我们应该区别看待初期的智者和后期的智者。初期的智者，虽然大多都对传统的宗教信仰持怀疑态度，但在政治、道德方面还不是积极的破坏者，教育在他们心目中主要的功用乃是传授劝说和辩论的技术。

以普罗塔哥拉（约公元前 481 年—约公元前 411 年）为例，他是最早的也是最有才华的智者之一。他在伯里克利时代来到雅典，成为一位尽人皆知的人物，他曾为雅典的殖民地立法，在经历了那场可怕的瘟疫后幸存了下来。他最著名的名言就是那句：

> 人是万物的尺度，是存在的事物存在的尺度，也是不存在的事物不存在的尺度。

（柏拉图：《泰阿泰德》151E）

这句话把认识问题由客体转移到主体，是一种完全主观的认识。也就是说，真理的客观示准被解构了，人人都是真理的化身，都可以以自己为准则，这样就使得人们在意见发生分歧时，找不到足以证明是非对错的客观事实。因为普罗塔哥拉的主张提高了人的地位，而贬低了神的作用。这在当时有很强烈的反传统思想的倾向，就如前文提到过的，事实上，普罗塔哥拉还在《论神》保留至今的一段残篇中公开宣称：

> 至于神，我既不知道他们是否存在，也不知道他们像什么东西。

（《残篇》D80）

他想要表明，传统的宗教和文化形态只不过是"习俗"，而关于诸神存在的证据并不充分。他吸引了大量青年信徒追随自己，柏拉图说，他的名声在身后还长留人间。他对政治家、诗人、历史学家和演说家的影响大大超过了对哲学家的影响。

智者这和反传统的说教引起了人们的警惕和恐慌，普罗塔哥拉因此被指控不敬神灵，被逐出雅典，他的著作也在广场上被当众焚毁。另外几位智者也遭到判刑或流放。

　　到了后期，随着社会道德热忱的衰退以及冒险求成欲望的增长，智者们越来越急于使其门徒有所成就，从而趋于极端，教学目的也变成只求在辩论中压服对方，无论其手段是正当还是卑鄙。于是智者时常混淆是非，弃传统道德准则于不顾。特别是在政治方面，他们以强权为正义。请听一个智者对苏格拉底所说的话：

　　　　听着，我说正义不是别的，就是强者的利益。

（《理想国》I.338C）

　　这种在实践方面极端个人主义的想法，使教育成了传授人们诡辩的工具，还导致教育以满足个人的欲望为首要目标。这和以往的教育思想相冲突：以前的教育，无论在斯巴达还是在雅典，皆以国家为中心，乃是为国家培养良好公民的手段。而后期智者的教育思想，则以个人为中心，谋求个体的发展。在后期智者那里已不存在"是"与"非"的标准。辩论的胜负，已不在于是否与事实相符合，也不再经受任何实践的检验，而只在于能否"驳倒"对方。这种仅仅靠语言来制胜的技术，使得社会失去了真理和是非的准则。于是，有意参政的野心家纷纷向智者学习如何控制人民的技艺。

　　在希腊教育史上，智者运动还带来了另一个后果：随着智者的出现，教育日益专门化、职业化，而且只向那些能够支付费用的人开放。至此，在有知识的人与普通人之间，出现了一条真正的裂痕。

　　无论批评也好，称赞也罢，智者运动都在公元前5世纪中期的希腊留下了不可磨灭的烙印。正如法国学者罗斑（Robin）所说："尽管公元前5世纪的智者派有许多弱点和很多的毛病，他们的工作是不应当被轻视的。无疑地，他们的方法是形式主义的，往往缺乏个人的思想与诚意。但一种思想上的努力，企图构成一些悖论来反对这思想本身，这种努力可不是完全无益的；而实际上，智者派偶然也是思想上的首创者。另一方面，毫无疑问，他们曾致力于使一般的文化普及化，把文化从古老的学校的门墙中拉出来，而因此为学校形式的变化做了准备。还有，由于他们对各种科学的能力的批判，只限于从外在的语言形式看科学，因此被引导去研究科学的思维方法，这样他们就成为认识论的首创者。最后，他们本身是一种表现思想的方法的创造者，并且，他们借修辞学与语法，虽然无疑地是在纯粹经验主义的立场上，却曾对柏拉图与亚里士多德所继续完成的一个工作，即一种逻辑的构成，有真正的贡献。"[1] 应该说，他对智者运动的评价还是比较公允的。

公元前 5 世纪中叶，希腊在思想上出现的这一转向或革命，并不仅仅是由智者所带来的。苏格拉底也与他们共同进行了这一场革命。只是他们的出发点不同，解决问题的方式不同，目的也不相同。

二、"希腊人的牛虻"：苏格拉底

对于希腊哲学来说，苏格拉底的思想像一个历史的枢纽，因为它终结了一个时代，开启了另一个时代。从所处的地位和重要性来说，全部的希腊哲学史，实际上围绕着一个名字——苏格拉底。他是希腊思想史上最伟大的人物，以后西方哲学的所有流派，都直接或间接地从他那里发展出来。但他又几乎是一个传说中的人物，关于他的人格、行为、言谈，我们从古典作家

1　（法）莱昂·罗斑《希腊思想和科学精神的起源》，陈修斋译，广西师范大学出版社，2003 年，第 149—150 页。（引文略有改动。——编者注）

那里获得了很丰富的资料，然而这些说法之间有时却又相互矛盾，甚至很难协调。苏格拉底的生平事迹及学说思想主要出自柏拉图、亚里士多德、色诺芬和阿里斯托芬等四人的著作。然而，他们的描写又各不相同，之所以如此，不仅与他们的身份、趣味和理解的不同有关，也反映出他们对苏格拉底的尊崇程度不同。古往今来，大多数著述主要是通过柏拉图的各篇对话来建构苏格拉底的生平、性格及学说，我们也不例外。之所以取这样的角度，是因为我们相信：只有真正的哲学家才能理解另一个哲学家，从而写出真正客观的情况。当然，在认识苏格拉底的具体过程中，我们也会兼顾对其他古典作家的描述。

1. 生平与事迹

据信，公元前 470 年或公元前 469 年，苏格拉底（Socrates）出生在雅典城的阿洛佩斯区（Alopecae），母亲叫菲娜蕾特（Phaenarete），是个接生婆，父亲叫索弗罗尼斯克（Sophroniscus），是个雕刻艺人。这样的家庭背景，虽说谈不上出身显贵，但也可说是家道殷实。依照传说，苏格拉底起初大概是承袭父业，做了一名雕刻家。他早期所受的教育似乎也没有超出当时通常的程度或方式，应该只是当时雅典青年普遍所受的教育：音乐、体育和语法。苏格拉底生长在希波战争之后伯里克利时代强盛、富裕的雅典；壮年时，他经历了灾难性的伯罗奔尼撒战争，目睹了雅典由盛转衰的过程；70 岁时，他被控败坏青年和不信城邦之神而受审，公元前 399 年，他服毒而死。

我们所知道的苏格拉底是一副中老年人的模样，衣着朴素，面貌丑陋：秃顶，有须，鼻子扁平，嘴唇肥厚，双眼突出，身材矮胖，希腊人将他比作又老又丑的森林之神。的确，他的相貌仿佛是对希腊人的一种讽刺，因为对于他们而言，身体是灵魂的外壳和写照，身体的美就是内在美的象征。世上

苏格拉底（©Vatican Museum）

森林之神（©Izmir Bergama Museum）

没有什么比苏格拉底外表的丑陋和他内心的纯洁更不协调的了。苏格拉底对自身相貌的解释是，如果他不是献身于哲学的话，那么他的相貌就反映了他本身具有的那些嗜好。然而，这副看似丑陋的外表之下，却暗藏着苏格拉底光辉的灵魂。

关于苏格拉底的妻子克珊西帕（Xanthippe）也有许多传说，她恶妇的坏名声在古代几乎就已家喻户晓，留传下来的逸事也有不少。色诺芬告诉我们，无论在过去、现在还是未来，她都是最让人难以忍受的女人，因为她总是脾气暴躁、不停地叫嚷着。比如，当苏格拉底在家中宴请朋友时，她将水罐扣在了丈夫的头上。甚至在监狱中见苏格拉底最后一面时她也仍然叫个不停，在《斐多篇》的开头一段，我们看到：

克珊西帕膝头抱着一个小男孩坐在苏格拉底旁边。一看到我们，她就发出了只能人女人嘴里发出的那种叫嚷："啊，苏格拉底，这是你和你的朋友们能够进行的最后一次谈话了。"苏格拉底对克里托说："克里托，最好让人把她送回家去。"于是，克里托的几个仆人把这个歇斯底里叫喊着的女人带走了。

（柏拉图：《斐多篇》60A—60B）

对于妻子，苏格拉底总是保持耐心和克制的态度。亚西比德曾对苏格拉底面对这样一个终日大声叫喊的老婆所表现出的耐心感到吃惊。请听他们之间的对话：

"你呢？"苏格拉底问他，"难道你不能容忍你家母鹅的哇哇叫吗？"
"我不能容忍，"亚西比德说，"但它们为我下蛋，还为我孵小鹅。"
"那就对了，"苏格拉底说，"她为我生孩子。"

（第欧根尼·拉尔修：《名哲言行录》II. 37）

当然这些描写也有可能是古典作家们为了突出苏格拉底而刻意将他的妻子刻画成这种漫画式的形象。据说，对于妻子的暴躁以及自己的一再忍让，苏格拉底给出的解释是：

就好像马夫喜欢烈马一样。正如他们驯服了烈马后，他们就能很容易地对付其他马匹，我和克珊西帕待在一起，能使我学会调整自己，以适应世界上的其他人。

（第欧根尼·拉尔修：《名哲言行录》II. 37）

不过，真实原因和实际情况究竟如何我们已不得而知，只是这话确有一定哲理。

与苏格拉底的耐心相伴的，是他的勇敢。他曾以重装步兵的身份参加过三次战役。公元前432年，他参加波底提亚战役，还救过亚西比德的命。公元前424年，在德立昂的战斗中，他又救了色诺芬。最后，公元前422年，苏格拉底加入了安菲波利斯的远征军。为履行一个公民必要的政治义务，他曾在公元前406年以抽签方式进入五百人议事会并担任主席职务，面对狂怒而失去理智的群众，他坚决拒绝为他们的非法行为投票。随后，他又公然违抗寡头执政者要求他协助统治的命令。当然，在城邦生活中，这种对冲突双方同样保持中立的态度，会对他非常不利。但这同时也表明了他在任何情况下都不曾丧失正确的判断能力。他还具有极好的自我控制能力，他时常与同伴们一起开怀畅饮，却从不像他们那样酩酊大醉。他从不勃然大怒，也不会怀恨在心。比如，当有人踢了他一脚，而旁观者对他的无反应表示不理解时，苏格拉底却反问道

怎么！如果一头驴给了我一脚，难道我还要起诉它不成？

（第欧根尼·拉尔修：《名哲言行录》II. 21）

最典型的例子是，他与雅典观众一起观看阿里斯托芬的喜剧《云》时，面对剧中对他的丑化歪曲毫不气恼。

在阿里斯托芬的《云》一剧里，苏格拉底被刻画成一个教授辩论术的智者。其实，不管苏格拉底自己是否承认，在与他同时代的人看来，他与那些智者并没有什么区别。的确，他们几乎是同一个时代的人，他们所面对的问题是一样的，他们都是反传统的。但是，实际上，苏格拉底与智者有着本质的差别。

智者们往往偏好空谈而未经反省思考，苏格拉底的方法则具有反省的性质，因此智者的所谓的"博学"在他看来正是"无知"。他宣称：

我所知道的就是我一无所知。

（柏拉图：《苏格拉底的申辩》22D）

正因为此，德尔斐的神谕说：

在所有活着的人中苏格拉底最有智慧。

（第欧根尼·拉尔修：《名哲言行录》II. 37）

他却因为这句话遭受了最多的嫉妒。

智者们的形式主义是接受各种随外在环境变化而变化的内容，苏格拉底教授人的方法，尽管也是各具形式的，却有一种不变的内容，即所谓：

认识你自己。

智者派的方法是一种机巧，个别地适应偶然的环境，而苏格拉底却在分析中扫除了一切属于个人和偶然的成分，他试图从中抽出普遍与不变的东西，即事物和人的本质，或者说"善"。

苏格拉底是一个风格独特的哲学家，似乎与我们想象中的任何有学识的人或哲学家的形象都迥然不同。我们时常想当然地以为，所谓"哲学家"，即使不是有些怪异、沉默寡言，至少也应是一些索然独处、落落寡合的人物，总是沉浸在深奥的思考之中，有的时候看起来甚至都不怎么像凡人。而苏格拉底并非如此，他也不可能如此，因为他是一个希腊人，一个雅典的公民。他喜欢在广场上散步，喜欢置身于商人、工匠、政治家、艺术家、贵族以及妓女等各色人物当中，他同这个人聊聊，向那个人提问，他总是把数不清的日常生活问题当作思考的主题。他在城邦中与他同时代的人们生活在一起，只不过他力图使那些无忧无虑或是谨小慎微的人对自己身处的社会及其自身的问题进行思考。

苏格拉底说话简单直接而又深刻，数不清的年轻人想留在他的身边，聆听他的教诲。除了广场上的各色人等，他周围还聚集了许多贵族子弟，并由此形成一个小圈子 他们当中有许多著名的人物。我们在那里可以看到欧里庇得斯，苏格拉底常常观看他的悲剧；还有亚西比德，他的美貌闻名遐迩，但他的堕落也同样臭名昭著；有后来加入三十僭主的克里底亚；有雅典十将军之一的拉凯斯；还有克里托、泰阿泰德、色诺芬；等等，这些人物大多都曾出现在柏拉图的对话中，因此我们对他们并不陌生。此外，还有一些后来十分出名的哲学家。首先是柏拉图，以及麦加拉的欧几里得、埃利斯的斐多、犬儒派创始人安提斯泰尼、昔兰尼的亚里斯提卜，等等。

2. 言说的魅力

苏格拉底不是一个以书本传世的哲人，实际上他没有亲笔写下过任何作品。他像耶稣基督、释迦牟尼和先贤孔子一样，长于言说，不立文字，靠身边的门徒记录其言行。因此，我们今天只能通过柏拉图、色诺芬等人的著作去了解他的思想。

可以说，苏格拉底是一个对话的哲学家，他只在对话中并通过对话，抑或是通过接触弟子并在接触之中，才得以存在。可以说，对话是苏格拉底一生中最重要的事情。"他的这一谈话方式是全新的，对于雅典人来讲是不同凡响的：这是能秀发、扰乱以及抑制内心深处灵魂的谈话。"[1]对话这种方式在苏格拉底那里更成了他进行哲学思考的一种手段。因为，用对话来表达思想，

1　（德）卡尔·雅斯贝尔斯：《大哲学家》，李雪涛主译，社会科学文献出版社，2005年，第66页。

不仅仅是一种形式，在苏格拉底看来，思想正是在流动的"言"中的。

和智者一样，在传统的教育不足以应付时代的需求时，苏格拉底试图给人们提供一种新的教育。他将自己毕生的精力都用在了对雅典人的教育上。不过，完全不同于收取学生学费然后向其传授雄辩术的智者，苏格拉底的学校是广场——一个公共场所，他的教育对象是全体雅典人，他的教育方式则是对话。

在世界上所有伟大的教师中，苏格拉底恐怕是最独特的一个。他认为知识是无法教授的，人只能自己去探求知识，而不能接受他人所传授的知识。因此，他不会代替前来向他求问的人进行思考，他时常佯装不知，也不下结论，这成为他最显著的特点。苏格拉底是一个永远的探索者，他只是不知疲倦地提出问题，却从不强行灌输什么，因此，苏格拉底的对话常常是以问号告终的。然而，他提出的问题却会动摇人们的自信以及所有使他们感到舒服的生活常规。他用这种方法使人们困惑，强迫人们去思考问题，引导人们去探寻真理，从而使人回归自我。苏格拉底认为，教育的任务不在注入，而在引导学子，使其自行求知（这或许是西方启发式教育的开端吧）。而他的工作便是辅助他人探求知识，获得真理。其方式则是对话，在对话中，他引导雅典青年去探求政治、伦理方面的基本知识。如此一来，教育的中心是个人，所欲成就的是知识。

在苏格拉底的对话（由柏拉图和色诺芬所转述的对话）中，其内容多是关于伦理问题的，而方式为问答，即启发式教学，他将这一方法称作"助产术"（也许是他母亲的工作让他想到了这个比喻）。为了将孕育中的孩子产出，人们需要助产士的帮助。苏格拉底就是知识的助产士。这种面对面、口语化的交流，恰如希腊戏剧带给观众的感受一样，是直接而富有现场感的，并且如同公共场合上演的戏剧会带给公众显而易见的影响力，苏格拉底的言说带给人们的冲击也是不言而喻的。在《会饮篇》中，亚西比德称赞苏格拉底的话语全是真理，亚西比德说：

　　他的言论真神明，最富于优美品质的意象，含有最崇高的意旨，表达出凡是求美求善的人们都应该知道的道理。

（柏拉图：《会饮篇》222A）

　　在苏格拉底看来，书面文字容易创造出表面像哲人的人，而不能创造出真正的哲人。文字书写给了人们重复他人话语的机会，但不能使他们自己从事这种内心的转变活动。因此，除对话之外，没有真正的交流。对话才是真正"活生生的"言语，书写则是言语的"幻影"。苏格拉底说：

　　斐德罗，我想，书写最可怕的实际上是它与绘画太阳太相像了。事实上后者创造出的生命就如同是活的。但当你满怀尊敬地向他们提问时，他们却一言不发。书面文字也一样：你也许认为它们所说的能推动思想，但当你想弄清其中一句话的意义，向它们发话时，它们只满足于指出唯一一件事，并且总是那一件。

（柏拉图：《斐德罗》275d）

　　因此，苏格拉底没有留下任何著作，也正因为他没有留下任何著作，所以他的影响更为巨大。

　　一本书是无法诱发真正的对话的，我们不能像与活人对话那样与书本对话，文字始终是横亘在人与人之间的障碍。书面语言无法带来人们在对话时能得到的东西，即两个鲜活的生命正因各自的参与而引发的真理交流。唯有对话能使人处于这种参与中，也正是在这种参与中，人可以学会认识自我。又因为这种参与，更确切而言是共同参与，老师和学生双方都得以进入了真理内部。所以，虽然苏格拉底不属于任何团体、学派，没有系统地建立任何体系，没有设立学校，也不为自己的思想做宣传或者辩护，甚至没有任何书面的文字留传下来，但是，相比于一部文字书写下的书，苏格拉底其人其言却在时间长河中更为经久不衰。因为，苏格拉底活在他的探求以及与他人的探索交往之中，而这种探求就是生动的对话。

3. 苏格拉底之死与永恒的苏格拉底

公元前 399 年，苏格拉底被安涅托斯、吕孔（Lycon）和美勒托（Meletus）控告。起诉书中说：

> 我控告阿洛佩斯的索弗罗尼斯克之子苏格拉底。苏格拉底的罪行，是不承认国家公认的神，而引入新神。他更大的罪，是腐蚀青年。我要求判处苏格拉底死刑。

（第欧根尼·拉尔修：《名哲言行录》II. 40）

控告他的这些人既不是流氓无赖，亦非出于报私仇的想法。他们都应该算是正派的雅典公民。那么，他们为什么非要置苏格拉底于死地呢？也许唯有当时的社会现状和背景能够帮助我们理解这一可悲的事件。

当时，三十僭主的专制统治已经结束，民主政治虽已重新启动，却没有回到正确适度的轨道上来。雅典人已经变得消极、懒散、饶舌和贪婪。"古代的风纪终于变得非常松弛。富有的人懒惰而奢侈，穷人犯法作乱，年轻人对尊长越来越傲慢无礼，宗教遭到嘲弄，各个阶级都精神抖擞，抱有想法弄钱、把它花在声色享受上的共同欲念。"[1] 西方学者在谈及原告之一的安涅托斯时说："他对法官说他与被告之间没有个人恩怨，这大概说的是实话……此人

---

[1] 转引自（美）梯利：《西方哲学史》，葛力译，商务印书馆，1995 年，第 43 页。

是工业家，其父也是工业家，他富庶、有威望、虔诚、爱国，并通过行动证实了这一点……但大概强烈地意识到自己在雅典共同体中的地位，并从中产生出责任心……安涅托斯是永恒的，他无处不在，因为与其说他是某个阶层的代表，不如说他是某种社会心理结构的代表。在阿里斯托芬那里还有愚弄和欺骗，而安涅托斯则完全是一副严肃的表情……安涅托斯彻头彻尾是雅典人精神懒惰的化身，他的灵魂和骨子里透着狭隘。"[1] 正是雅典当时那种腐败的政治和缺乏明确生活准则的状态使苏格拉底深为忧虑，他无休止地和朋友们交谈辩论，用一问一答的方式反复考验一切世俗的命题，直至真善美的概念水落石出，从而为个人行为提供真实可靠的指导。他要求人们进行自我反省，他想警醒人们，由此治愈雅典的疾病。

苏格拉底像一虻一样侵扰着雅典人，不让他们安睡，不让他们在道德和社会的现成答案上休息，他说：

> 只要我还活着，还有力量，那我是不会停止我的哲学活动的——询问我所遇到的任何人：你，我的朋友，一个伟大、强有力、智慧的城邦雅典的公民，你不可耻吗？大积其钱，追求名声，却不关心智慧、真理和灵魂的改善？

（柏拉图：《苏格拉底的申辩》29D—29E）

他在法庭上对雅典人说：

> 如果你们让我死，那么你们就难以找到像我这样的人，是由神完全把他与城邦联系在一起的（不管这话显得多么可笑），就像一只牛虻与一

---

1 （法）让·布伦：《苏格拉底》，傅勇强译，商务印书馆，1997 年，第35—36 页。

匹高大的骏马联系在一起，但他的高大同时也很沉重，需要刺激。我想
就是这样，神把我与城邦连在了一起：我就是那只牛虻，整天不停地唤
醒你们，给你们提建议，责备你们每个人，你们到处都看见它，它就停
在你们旁边。法官们，像我这样的人，你们不容易再找到……我这样一
个人是神灵赐给城邦的。

（柏拉图：《苏格拉底的申辩》30E-31B）

苏格拉底试图以一只牛虻的方式阻止人们用养成的习惯去思考。结果却
是将他自己置于城邦及其人民的对立面。在当时的人们看来，苏格拉底的思
想与城邦的宗教信仰和政治体制相冲突，他犯了个人主义和反社会的罪，他
就是罪犯。对他提起公诉正当且正确。这是城邦为自卫而攻击一个公众敌人
所采取的正确手段。

苏格拉底还经常谈到一个内心的"精灵"（daimonion），谈到一种神性的
东西，这也是他备受攻击的另一个重要原因。在申辩中，苏格拉底对法官说：

你们到处听我说，一个神的附身降临在我身上，这就是安涅托斯控
告我的主要罪状之一。这事从我童年就开始了。

（柏拉图：《苏格拉底的申辩》31D）

柏拉图和色诺芬著作的其他段落也都曾提到"苏格拉底的精灵"。但"苏格
拉底的精灵"究竟是什么？古往今来，有着众多的评论和各种各样的解释。有人
把它看作一位特别的神，有人把它看作魔鬼，还有人把它看作天使、幻觉，或是
内心的回音。对此，我们并不妄加评说，但苏格拉底的话至少表明这个精灵存在
于他的内心之中。而当时的雅典人，应该说是全体希腊人，都是用其行为而非
说理来证明自己的信仰，因此，苏格拉底的辩护在他们看来就是不信神的。"因

此，雅典人民不仅有权利而且有义务根据法律向它进行反击。"[1] 这种反击的实质是"为传统所束缚的群众的本能起来反对一个具有卓越智慧力量的人"。[2]

虽然他被提起公诉，但是，假如苏格拉底的态度不是那么毫不妥协的话，假如他能对法官们的要求做出某些让步的话，他可能会被宣判无罪，至少可以避免被处以死刑。然而，苏格拉底却以一种嘲弄的口气激怒了大部分人，以至于最后被判死刑。因为对于大多数人来说，秩序和稳定绝不能被不遵守习俗和背叛社会的罪人所破坏，对他们来说，苏格拉底只能是城邦的敌人，所以要将他处决。在这里，我们看到，哲学已经不是同现实完全分离的学问，而是同城邦政治密切地联系在一起。苏格拉底真正的敌人并不是起诉他的人，而是当时的社会习俗、宗教信仰，以及大众内心的恐惧和忌妒。

苏格拉底在告别审判官时对他们说：

> 分手的时候到了，我去死，你们去活。谁的去路好，唯有神知道。
>
> （柏拉图：《苏格拉底的申辩》42A）

苏格拉底被定罪后，他的朋友曾为他设计逃跑计划，然而他断然拒绝了。他的理由是，他一生都享受了法律的好处，不能在晚年不忠于法律。自己的城邦要置他于死地，他受到不公正的审判，"但他依然活在自己的信条之中：宁可忍受不公正，也不可去做不公正的事"。[3]

苏格拉底与他的朋友一道度过了他生命中最后的时光，他与朋友们讨论灵魂不灭的问题，这是柏拉图在《斐多篇》中为我们记录的对话主题。苏格拉

---

1 （德）黑格尔：《哲学史讲演录》第二卷，贺麟等译，商务印书馆，1983 年，第 90 页。

2 （德）E. 策勒尔：《古希腊哲学史纲》，翁绍军译，山东人民出版社，1996 年，第 112 页。

3 （德）卡尔·雅斯贝尔斯：《大哲学家》，第 70 页。

底洗了最后一次澡，然后坚定地用一只手拿起盛毒药的杯子，毫不犹豫也毫无厌恶表情地饮下了行刑的毒液。他的每一个朋友都哭了，他却鼓励他们说：

> 安静些，要坚强。

（柏拉图：《斐多篇》117E）

显然，在苏格拉底那里，死亡是经过重大思考的，他的死对他的朋友们来说是一个悲剧，但对其自身而言却未必如此，因为通过对死亡的思考，苏格拉底超越了死亡这一事件。他也以他的死，实践了哲学对德行与真理人生的承诺。在所有哲学家中，只有苏格拉底是如此实践哲学的。他将他的哲学思考灌注进了他的整个生命及死亡中，他在以他的一生教导人们，一如佛陀和耶稣。这样的说法仿佛是在描述一位英雄、一个为其事业而献身的烈士，事实上，苏格拉底正是这样一个殉道者，一位西方哲学史上的英雄。黑格尔说："苏格拉底是一个英雄，因为他有意识地认识了并且说出了精神的更高的原则。"[1] 雅斯贝尔斯也说："苏格拉底的死铸成了他的形象以及他对后世的影响。他是哲学的殉道者。"[2]

斐多在回忆苏格拉底临死前的言行时说：

> 我并不怜悯他；他死得如此毫无畏惧，他的言谈举止如此高贵，在我看来他是有福的……但我也没有通常的哲学谈话所能享受的愉快，我愉快，但愉快中夹有奇异的痛心。

（柏拉图：《斐多篇》58E–59A）

---

1 （德）黑格尔：《哲学史讲演录》第二卷，第107页。
2 （德）卡尔·雅斯贝尔斯：《大哲学家》，第73页。

色诺芬说:

> 任何人怎么能死得比这更好? 有什么样的死比这样最英勇地死去更
> 高尚呢? 有什么样的死比这样最英勇地死去更幸福呢? 有什么样的死比
> 最幸福的死更为神所喜爱呢?

(《回忆苏格拉底》VIII. 3)

希腊有两部著作均取名为《苏格拉底的申辩》,一部是色诺芬所著,另一部的作者自然是柏拉图。这两部著作都不是法庭上的速记写作,而是在若干年后,他们凭各自记忆所保存的内容进行加工而成的。色诺芬的著作意在为苏格拉底辩护,他笔下那个世俗化、市井化的苏格拉底可能真的是无罪的,但那不是作为一个哲学家的苏格拉底,那种申辩也不是苏格拉底式的。而柏拉图笔下的苏格拉底,无可否认带有理想化的色彩,然而柏拉图的文字可能最接近苏格拉底面对法官时为自己所做的辩护。乍看上去,被柏拉图美化了的苏格拉底的形象,跟色诺芬冷静客观的描述大相径庭,然而两者其实在本质上并不存在冲突之处。色诺芬看到的是苏格拉底表面的形象,揭示的是个别的现象和零星的思想,而柏拉图则观察到了苏格拉底的深刻之处,他进入了苏格拉底思想本质的核心。

正如雅斯贝尔斯所说:"色诺芬是个知情人,他把所有有关苏格拉底的材料搜集到,并记录下来,这是他的苏格拉底。柏拉图则为苏格拉底所激励,苏格拉底给他带来了一种贯穿他整个人生的内心感动,正是透过这一内心的感动,柏拉图才揭示给我们真实的苏格拉底及其真理。"[1] 而正是柏拉图笔下的苏格拉底成了后来世世代代哲学家的典型。

---

1 (德) 卡尔·雅斯贝尔斯:《大哲学家》,第 79 页。

据古典作家说，苏格拉底死后不久，雅典人感到了后悔，于是他们处死了美勒托，放逐了其余的控诉者，并为苏格拉底塑了一座铜像来纪念他。[1] 其实，雅典人事后的行动如何，都已不再重要。因为，苏格拉底并不只属于那个时代，而是属于永远，他的话语，甚至他的存在，穿越了一个又一个世纪，如法国哲学家格勒侬桑所说："苏格拉底，这个人，是永不枯竭的。"[2]

苏格拉底对后世的影响毋庸赘言，在我们看来，只引用下面的三两段话就足以说明问题了：

苏格拉底的信息永远被人们用来尽可能地派上各种各样的用场。尽管那些审判者想强迫他无言，这个在雅典响起已有 2 300 年的声音，却从未沉寂过。

也许正是依靠了他的继承者从他思想中汲取的营养，西方人才生活到了基督教救世主降临的时刻，乃至才生活到那以后。

确切地讲，整个西方文化都是苏格拉底和基督教的遗产。[3]

三、"哲学王"：柏拉图

公元前 427 年或公元前 428 年，苏格拉底最有才华的弟子柏拉图（Plato）出生在雅典一个极有名望的家族之中，母亲佩丽克蒂奥妮（Perictione）来

---

1 参见（古希腊）第欧根尼·拉尔修：《名哲言行录》（上），马永翔等译，吉林人民出版社，2003 年，第 109 页。

2 转引自（法）让·布伦：《苏格拉底》，第 59 页。

3 （法）让·布伦：《苏格拉底》，第 119 页，第 2 页，第 116 页。

柏拉图（©Capitoline Museum）

自梭伦家族，父亲阿里斯通（Ariston）则生于古老的王族之家，可见其家世之显赫。作为富家子弟，他曾在骑兵队服役，也曾认真进行过体育锻炼，因肩膀宽阔而获得"柏拉图"的绰号，以代替他的原名阿里司托克勒（Aristocles）。他早年还创作过抒情诗和戏剧，但在聆听了苏格拉底的谈话后，他就将自己的诗作投入了火堆之中。他也曾有志于从事政治活动，《理想国》中所描绘的那个天资聪慧的贵族子弟显然带有他自己的痕迹。而他一生中最具有决定性意义的事件是在公元前 407 年遇到苏格拉底，当时柏拉图差不多20 岁，苏格拉底则已过了 60 岁，此后，柏拉图追随他的老师 8 年之久，直到公元前 399 年苏格拉底被处死。因为担心受到迫害，柏拉图与几个朋友离开雅典到麦加拉避难。之后，他游历埃及、昔兰尼、意大利、西西里等地，与毕达哥拉斯学派有所往来，并受其影响。其间他还曾被卖做奴隶，幸被朋友赎回。公元前 387 年，他终于重回雅典，在英雄阿卡德谟斯的神庙附近建立了自己的学园。公元前 367 年和公元前 361 年，柏拉图两次应叙拉古国王狄奥尼索斯二世之弟的邀请前往西西里，想要在那里参与政治事务，实践他的哲学理想，但结果是两次都遭到监禁，最后被驱逐。公元前 347 年，柏拉图终老于雅典，留下了没有写完的《法律篇》。

我们知道，但凡在思想史上开风气之先者与集大成者都终将后世留名。如果说，苏格拉底是希腊哲学史上的开风气之先者，那么，柏拉图就是那个当之无愧的集大成者。在此，我们虽不敢奢望能透视柏拉图哲学的全貌，但至少应尽力窥探一二。以下，我们便力图从三两个侧面来了解柏拉图的思想。

1. 著书立说与口头讲授

与研究苏格拉底时的情况恰好相反，当我们面对柏拉图时，问题并非缺少作品，而是作品太多。古典作家提及的任意一部柏拉图的著作，我们在今天都能看到完整的版本，可以说，他的著作全部被保存下来了。自古以来，面对如此大量的作品，鉴别真伪的问题一直存在，然而无论是外在的还是内在的评判标准都或多或少存在不足之处。比如，若以某部作品是否符合柏拉图的哲学思想而定，其不妥之处在于，且不说"何为柏拉图思想"这种先入为主的评定准则可能会沦为后人的主观臆断，就算能够进行此类判定，但试想一个活了将近 80 岁的人，其风格如何可能一成不变？尤其对于一个以哲学思考为终身事业的大师来说，其思想更是在不断发展之中的，可以说，"柏拉图的著作是他一生精神发展的表达"。[1] 他年轻时代的作品和成熟时期的作品所

1　（德）卡尔·雅斯贝尔斯：《大哲学家》，第 209 页。

反映的思想必定存在差异。还有人主要依据柏拉图对话的形式或所处理题材的性质来排列其著作的次序，也有人致力于从柏拉图的作品中去寻他思想发展的线索，等等。这些探究尽管都颇有趣味，但我们却应对此保持极大的谨慎态度，因为，其中仍然存在许多出于主观而做出解释的危险。最稳妥的办法则是，我们并不刻意指出柏拉图对话集创作的确切时间和次序。至于那种仁者见仁智者见智的细致工作，还是留待研究柏拉图的专家们去做吧。

在此，我们仅向大家说明一种为大多数人所接受的传统区分方法：除了7篇对话在古代就被斥为伪作外，共有36篇被认为真正是柏拉图的著作。一般按讨论的主题将它们以4篇一组分成9组（最后一组是3篇对话加一卷书信札）：一、《游叙弗伦》《申辩》《克里同》《斐多篇》；二、《克拉底鲁》《泰阿泰德》《智者》《政治家》；三、《巴门尼德》《斐莱布》《会饮篇》《斐德罗》；四、《亚西比德》I、《亚西比德》II、《希帕库斯》《钟情者》；五、《塞亚格》《卡尔米迪斯》《拉凯斯》《吕西斯》；六、《欧西德谟斯》《普罗塔哥拉》《高尔吉亚》《曼诺》；七、《大希比亚》《小希比亚》《伊安》《美涅克塞努斯》；八、《克里托篇》《理想国》《蒂迈欧》《克里底亚》；九、《米诺斯》《法律篇》《伊壁诺米》；此外还有13封书信另外合成一卷。不过，现代研究又认为在这36篇著作中，至少有4篇是伪作，余下的也有几篇存疑。所有这些作品都以手稿的形式流传下来。作为古典时代著作丰富且作品几乎完整留传下来的唯一作家，柏拉图的作品从古希腊时代到文艺复兴时期，难免被一些内行或外行的作者不断评论、引用或是批判，因此流传至今的有多种注释本。

除了《申辩》和《信札》外，柏拉图所有的著作都以对话体写成。而苏格拉底则总是在其中充当着谈话的主角，除了《法律篇》中没有苏格拉底出场，以及《智者》和《政治家》——他在这两篇中不占重要地位——以外，在大部分对话中，苏格拉底都是中心人物。谈话的内容涉及宇宙和人生的几乎所有领域的问题。苏格拉底永远都是提问的一方，而柏拉图则是试图回答的一方。柏拉图的大部分对话都如同一幕幕戏剧，将苏格拉底的性格刻画得惟妙惟肖，与他对话的那些人物也十分生动，他们仿佛至今仍活在柏拉图的书中。

如何理解对话中探讨的哲学思想，这是一门专业的学问和话题。我们可以先绕开不谈，但有一个问题却是无法绕开的：在柏拉图的著作中，如何区分哪些思想属于苏格拉底，而哪些又属于柏拉图自己？因为，苏格拉底与柏拉图是难以区分的。柏拉图所有作品描写的内容，几乎都是苏格拉底的言行，他就像一个忠实的学生在记录老师的话语。因为，"柏拉图的哲学思想源自苏格拉底在他年轻的心灵里引起的震撼"。[1] 然而，我们也可以说，在其著作中，柏拉图是以苏格拉底与他人对话这一形式，发展了他自己的哲学。"他在描绘哲学家的过程中展示哲学。"[2] 这两种说法都没错，事实上，我们无法在苏格拉底的思想和柏拉图的思想之间划出一条绝对客观的界限。不过，或许有一种划分法可供参考：19 世纪，通过对柏拉图思想乃至对其文体的详尽研究，注释家将柏拉图的著作分为 3 个阶段：一、所谓苏格拉底的对话阶段，大约是在苏格拉底生前或死后不久写作而成的，目的是保存对苏格拉底的回忆，并忠实地见证苏格拉底的教导；二、柏拉图壮年时期的对话录，开始出现了"理念论"和"辩证法"的思想；三、晚年对话，这部分完全是柏拉图所特有的，这时，苏格拉底在对话中的作用与地位越发下降，例如在《巴门尼德》、《智者》和《政治家》中就是这样。而在柏拉图最后一部作品《法律篇》中，苏格拉底的身影甚至都没有出现。

后世的人们总是倾向于把那些对话看作柏拉图学术活动的主要方面，因为正是从这些对话中，我们得以了解他的哲学。的确，柏拉图是以哲学对话、讨论的方式进行反思，表述其哲学思想的。但这并不是全部，甚至可以说，对柏拉图而言，著述活动并不是他生活中最重要的一面，它只具有次要的意

---

1 （德）卡尔·雅斯贝尔斯：《大哲学家》，第 212 页。
2 （德）卡尔·雅斯贝尔斯：《大哲学家》，第 212 页。

义，不过是一种愉快的游戏，一种高尚的娱乐而已。作为最受苏格拉底影响并深得其思想精髓的人，柏拉图最看重的是自己与学生们的交谈。他与苏格拉底一样，深信口头语言才是最生动活泼的，书面语言只不过是对它的影子般的模仿，或是追忆。几乎所有的柏拉图的著作都采取对话体，这并非偶然，他是在复原一种真实的对话场景。"这些对话作为整体，使我们熟悉了一个逝去的世界里在做精神自决的特殊的人们。我们看到了雅典人高贵的社交，他们的自由，他们的文雅和他们的恶毒……我们看到了在大街上、在竞技场、在酒宴上、在风景点、在法庭上的场景。我们看到了政治家、平民、诗人、医生、智者、哲学家、儿童和年轻人等各种人物在交谈。在这种充满生气的气氛中，哲学的交谈被真正地刻画出来。"[1] 也就是说，实际上，柏拉图试图通过他的对话录真切地描摹出一种活生生的、当下的处境，其针对的是人基本的生存状态，以此来再现苏格拉底式的谈话。还有学者假设道："柏拉图写下来的对话录，意在吸引一般'受过教育的人'，使他们对哲学发生兴趣；柏拉图对自己的伙伴所做的讲授，端赖在学园范围内现场的心智交融中及时地对它予以重视，因而根本不必把它书写下来。"[2]

总之，对柏拉图来说，最重要的是他和学生的口头交谈。而学园则提供了这样一种师生之间个人接触的良好机会。公元前 387 年，柏拉图在雅典城外的一片小树林里创办了他的学园，这片林子以传说中的英雄阿卡德谟斯（Academus）而得名，后世西方的"学院"（academy）一词便由此而来。柏拉图的学园可以称得上是世界上第一所大学性质的哲学学校，是第一个真正招收学生的学校，定有规章制度，设有学生宿舍、授课厅、博物馆和图书馆等。来自地中海沿岸的学生在这里听柏拉图等哲人授课，其中不仅有雅典的青年，

---

1 （德）卡尔·雅斯贝尔斯：《大哲学家》，第 228 页。
2 （英）A. E. 泰勒：《柏拉图——生平及其著作》，谢随知等译，山东人民出版社，1991 年，第 21 页。

还有许多外邦人。学园讲授的课程主要有数学、几何学、天文学和音乐。此后数十年间学园不仅培养了哲学家，还培养了许多政治家和军事家。他死后，一任又一任的主持者带着对柏拉图的虔诚，使学园创始人的思想继续得以流传。人们把学园看作在现实中充当柏拉图对话背景的教学和研究机构。它存在了 900 多年，在近千年的时间里，它一直是希腊乃至地中海世界的学术中心，[1] 直到公元 529 年被拜占庭皇帝查士丁尼强行关闭。

相比于苏格拉底那似乎是即兴而为的哲学活动，柏拉图的哲学实践则是借助创办学校、教授学生等手段来实现的。他曾希望叙拉古的统治者能接受他的学说并付诸实践，但未能如愿，只好回到雅典，授徒讲学达 40 年之久。应该说，学园的建立是柏拉图生命史上的转折点，对他来说，这意味着在长期等待和寻找之后，终于找到了自己一生真正的工作。然而，柏拉图在学园中所讲授的都是一些"不成文的学说"，今人不得而知，故也无法评说。因此，那些对话集仍是我们了解柏拉图哲学观点的唯一来源。

2. 理念的世界与感官的世界

对苏格拉底来说，真正的知识必须是从表象的、经验中的特殊成分引导出某种普遍的概念。作为苏格拉底最杰出的弟子，柏拉图继承了苏格拉底的基本思想，并进一步完善了苏格拉底开创的工作，也就是理念论。

所谓"理念"，在柏拉图看来，凡是当若干个体有着一个共同的名字时，它们就有一个共同的理念：

1　柏拉图乃至以后亚里士多德所创办的学园成为西方最早的学术研究机构，他们所开创的传统在希腊化时期得到发扬，也是今天各种大学和学术研究机构的原型，其在文化史上的地位是不言自明的。

> 当我们给众多的个别事物取同一个名字时，我们就假定有一个理念存在。
>
> （柏拉图：《理想国》X596A）

就此而言，"理念"指的是事物的共相。对于柏拉图来说，一切可能存在的事物，均有其理念：不仅有自然事物的理念，也有人工产品的理念；不仅有好的事物的理念，也有坏的事物及无价值之事物的理念；不仅有事物的理念，也有属性、关系及活动的理念；甚至还有真、善、美等理念。其中善的理念是至高无上的，是一切理念的源泉。

然而，这种作为共相的理念并不是单纯的抽象概念，而是试图超越于个别事物之外并且作为其存在根据之实在。也就是说，它首先具有本体论的意义，理念代表着自在自为的真实存在。而每一事物之所以成为该事物，在柏拉图看来即是因它"分有"了它的理念：

> 如果在美自身之外还有美的事物，那么它之所以美的原因不是别的，就是因为它分有美自身。每类事物都是如此。
>
> （柏拉图：《斐多篇》100B–102A）

或者说是"模仿"了它的理念：

> 木工是根据理念来制造我们所使用的床和桌子，按床的理念制造床，按桌子的理念制造桌子。其他事物亦同样。
>
> （柏拉图：《理想国》X596B）

然而，不论是"分有"了理念的具体事物，还是"模仿"了理念的具体事物，在柏拉图看来，都是个别的、相对偶然的现象，绝对自在自为且永恒不变的只有理念。柏拉图举例说：虽然我们可以看到有许多张床，但只有一个床的"理念"或"形式"。种种现实中的床只是现象而不是实在，它们仅仅是理念的摹本而已，真正实在的床只是床的理念。于是，在柏拉图那里，就有了两个截然不同的世界：一个是理念的世界，另一个则是事物的世界；前者是永恒的实在世界，后者则是有生有灭的现象世界；前者是后者的永恒形式，后者不过是前者不完善的摹本或反映而已。柏拉图进而认为，人类"知识"的对象只能是前者，也就是说，我们围绕"理念"进行思考才具有了"知识"，而对于诸事物组成的现象，由于它们是变动不定、个别且相对的，人们则只能形成"意见"。

对此，柏拉图在《理想国》中用那个闻名后世的"洞穴之喻"做了形象的说明：柏拉图假设说，如果有一群人世代被囚居在洞穴里，他们被锁住，不能走动、不能转头或是环顾左右，只能直视洞穴的后壁。在他们的身后，有一堆火在燃烧，火与人之间有一堵低墙，墙后有人举着玩偶走过，火光将玩偶投影在他们面对的洞壁上，形成了变动的影像。由于一生中看到的只是这些投射的影像，穴居者便认为这些影像是真实的事物。但如果有一天某一个囚徒挣脱锁链，回头第一次见到火光，他虽然一时会感到刺眼炫目，但很快便会明白原先惯常看到、以为是真实的东西全然只是假象。如果再假设他被人拉出洞外，第一次看到太阳下的真实事物，他也会再次眼花缭乱，但同样经过一段时间习惯之后，他会轻易地看到阴影，然后看到人和其他物体在水中的影子，再然后看到物体，最后抬头望天，直接看到太阳，这才明白太阳是他所见过的一切事物的原因。到此，柏拉图说：

> 现在我们必须把这个比喻整个儿地应用到前面讲过的事情上去，把地穴囚室比喻可见世界，把火光比喻太阳的能力……在可知世界中最后看到的，而且是要花很大的努力才能最后看到的东西乃是善的理念。我们一旦看见了它，就必定能得出以下的结论：它的确就是一切事物中一

切正确者和美者的原因，就是可见世界中创造光和光源者，在可理知世
界中它本身就是真理和理性的决定性源泉；任何人凡能在私人生活或公
共生活中行事合乎理性的，必定是看见了善的理念。

（《理想国》VII517B-C）

在这个比喻中，柏拉图清楚明白地指出，我们自以为感知到的真实世界，
其实就像穴居囚徒所见到的幻影一样，并不是真正的实在，而只是光明的理
念世界的模糊影像而已。要从这个可感的世界进入可知的世界，就必须如柏
拉图所言，从洞穴上升到地面，并面向太阳——那一切事物的真正主宰与原
因，面向理念世界中最高的理念，也就是善的理念。

总之，二重世界的划分是柏拉图整个哲学的出发点和基本原则，也是所
谓柏拉图主义对后世西方哲学影响最为深远的地方。

3. 柏拉图的国家学说

如果说，苏格拉底经历了雅典的光荣，又见证了它衰落的开始，那么，
柏拉图则几乎亲历了雅典后期所有的灾难。他生活的时代是希腊从一个由诸
多小国寡民的城邦社会向大国社会转变的前夕。在柏拉图出生的那年，恰逢
伯里克利逝世，在他的儿童和青年时代，雅典的党派和宪法频繁更替，动荡
的政治局势预示了不祥的动乱。柏拉图意识到雅典的时局已病入膏肓，家族
传统曾使年轻的柏拉图热情尝试跻身政治活动之中，后来柏拉图在西西里的
游历，他研究理想国家体制的三部著作《理想国》[1]、《政治家》和《法律篇》都

1　在中文里，柏拉图的《理想国》又可译作《国家篇》或《政体篇》。中译名"理想国"一词是将篇名中没有的意
义加入了其中。但它准确地揭示出了这篇对话的核心，明确表示了著作的思想，因此，以此为名实在是很恰当的。

表明了柏拉图对政治始终如一的重视。

　　但也许是鉴于苏格拉底之死的教训，他不再进入城邦的公共生活中充当牛虻，而是选择了在写作和授课中塑造"更美好实在"的生活理想。通过从事道德教化的工作，他希望通过对少数人的教化来引起社会的仿效。不过，柏拉图也并没有完全放弃进行哲学实践的想法，他仍然随时准备着，希望有新的形势召唤他去参与行动。柏拉图几次前往西西里，就是想要实现其政治理想，他想给城邦带来真正的秩序。对柏拉图来说，通过教化将大众塑造成真正的人，从而为政治建立起一种道德基础，这样的政治才是合理的。在他看来，城邦制度是一种最完美的政治形态，但现实的城邦社会中却没有一种理想的政治制度。民主政治、贵族政治和寡头政治都存在种种弊端。因此，他努力寻求最理想的城邦政治制度。

　　柏拉图虽以雅典为傲，可是在法庭判处苏格拉底死刑后，他便失去了对雅典的信任，转而以构造一个理念中的洁净有序的"理想国"为目标。在柏拉图构想的理想国家中，哲学家应当成为国王，或是将君主变成真正的、严肃的哲学家，国家的命运应该由哲学家来掌握，因为只有他们才能认识真和善。柏拉图对哲学王的经典表述是：

　　　　除非哲学家成为我们这些国家的国王，或者我们目前称为国王和统治者的那些人物，能严肃认真地追求智慧，使政治权力与聪明才智合而为一……否则的话……对国家甚至我想对全人类都将祸害无穷，永无宁日。

　　　　　　　　　　　　　　　　　　　　　　　　　　　　（《理想国》VI473D）

　　柏拉图认为，国家应该成为正义的化身，这样才能培养出正义的公民。而国家从诞生之时就是在能力、天赋、职位方面都不平等且不相似的人所组成的团体。由工匠组成的铜铁等级、由士兵组成的白银等级和由执政官组成的黄金等级，就代表了一切国家的三种基本功能：生产、保卫和管理。与三个等级相对应的是人的灵魂的三个部分：与工匠和商人等级对应的是欲望，其美德是节制；与士兵等级对应的是激情，其美德是勇敢；与执政官等级对应的是才智和思考，其美德是明智。柏拉图认为：

> 构成国家的三个等级各自履行自己的职责，才谈得上正义的国家。
>
> （《理想国》IV441D）

当三个等级中的某个等级僭越，行使不属于自己的职能时，国家就出现了非正义。柏拉图努力想要建成一个理想的国度，在《理想国》中他对要采取的一系列措施，尤其对教育问题做了详细说明。苏格拉底之死使柏拉图终于确信，按传统方式改变政体是无法真正改善国家的，只有通过道德的更新才可能矫正国家的弊病。因为"在希腊人看来，伦理学和政治学是彼此密切相关的。只要城邦存在，就完全不可能设想个人可以脱离社会"。[1] 国家的宗旨应该是教育公民向善。因此，柏拉图的《理想国》受善的理念支配，善的理念表现为"正义"，也就是正确调节个人和人类社会的精神和物质需要。

作为一位政治哲学家，柏拉图的目的当然是要建立一种在他看来对雅典社会有利的制度。他在西西里游历期间，以为找到了实现其政治思想的可能，但事实表明，从逻各斯向实践的过渡仍旧是无法实现的。《理想国》的写作可以看作柏拉图的学问与政治交织的结果。但正如雅斯贝尔斯所指出的那样，"他在思想上为之陶醉的政治，并不是他的最终追求：它不过是通向纯哲学的途径"。[2] 然而，不可否认的是，柏拉图的政治思想、关于国家组织管理以及国

1　（德）策勒尔：《古希腊哲学史纲》，第 151 页。
2　（德）卡尔·雅斯贝尔斯：《大哲学家》，第 205 页。

家衰落因素的思考仍具有一种长久的现实意义。

4. 柏拉图哲学的影响

据说，柏拉图的墓志铭上刻着这样的句子：

> 这里躺着神一样的阿里司托克勒，他以节制和正义的品性闻名于世。他，如果有这样一个人的话，因为智慧受到了最完满的赞赏，同时也太过伟大以至于无人能够嫉妒。

> 在这里，大地神该亚拥藏着柏拉图的躯体，他的灵魂带着至福占据着不朽地位，他是阿里斯通的儿子，每一个良善之人，即使住在遥远的地方，对他都非常尊敬，因为他辨识出了神圣的生活。

（第欧根尼·拉尔修:《名哲言行录》III. 43–44）

这便是那个时代的人们对他的评价。

如果说，作为个体的柏拉图早已离我们远去，作为学校的柏拉图学园最终也消失了，但在整个古代和文艺复兴时期，柏拉图哲学却一直很活跃，更不用说近现代了。最初，柏拉图哲学以不同的形式存在于学园中——当然，在形式和实质性细节上都有了相当大的变化。后来他的哲学成了基督教教义的一个强大支柱，中世纪经院哲学中唯实论和唯名论的争论，只不过是在重复柏拉图与他人原先的分歧而已。在文艺复兴之后，柏拉图主义的传统再次得以恢复，但是，那些思想家的头脑中更多的是柏拉图的科学思想。最后，无论是在积极方面还是在消极方面，柏拉图的认识论以及他的形而上学都影响了整个西方现代哲学。可以说，柏拉图在西方哲学史上所占的地位就像拉斐尔在他那幅"雅典学院"中描绘的一样，立于中央。

后辈学者在谈及柏拉图时总是满怀敬意和崇拜之情，柏拉图在西方哲学史上的影响甚至超过了人们的想象。

黑格尔说：

> 哲学作为科学是从柏拉图开始的。[1]

策勒尔说：

> 柏拉图哲学对于世界历史的影响无论怎样估计也不会过高。[2]

怀特海说：

> 全部的西方哲学史只不过是柏拉图哲学的一系列注脚而已。[3]

雅斯贝尔斯说：

> 柏拉图在哲学史上的地位是独一无二的：他站在历史的转折点上，处在前苏格拉底时期和希腊化时期之间。柏拉图是远见和洞察力的无与伦比的顶峰……所有的后来人都在钻研由柏拉图开始的问题。在柏拉图那里经常碰到，或者说他那里存在几乎所有的哲学动机。看起来，哲学

1　（德）黑格尔：《哲学史讲演录》第二卷，第 151 页。
2　（德）策勒尔：《古希腊哲学史纲》，第 161 页。
3　转引自（美）威廉·巴雷特：《非理性的人》，段德智译，上海译文出版社，1992 年，第 82 页。

拉斐尔 雅典学院

似乎在柏拉图那里发现了他的终结和开始。似乎所有先前的思想材料都为他所用，所有的后来者都只是在诠释它们……他的主题的内容是如此之丰富，以至于后来的哲学很少不是柏拉图哲学在某个方面的当代化。[1]

我们不敢指望仅通过篇幅短小的叙述，就能使读者对柏拉图思想的丰富性形成恰当的认识，事实上，我们还差得很远。幸运的是，柏拉图的作品几乎毫无损失地流传至今，而我们始终相信，只有直接去阅读这些作品才能充分感受到其中的博大精深，从而避免空洞分析使之僵化的危险。

四、百科全书式的学者：亚里士多德

苏格拉底去世 40 年后，另一位伟大的希腊哲学家亚里士多德（Aristotle，约公元前 384 年—公元前 322 年）出生了。亚里士多德的父亲尼各马可（Nicomachus）是马其顿王宫里的御医。因此，他自幼就得父亲传授医道，这使他的心灵从小就倾向于经验研究。他 18 岁时来到雅典，进入柏拉图学园学习，然后在此从事教学，直到柏拉图去世，历时 20 年。公元前 343 年，亚里士多德受马其顿国王腓力二世的邀请，担任当时年仅 13 岁的王子亚历山大的导师，直到亚历山大东征之前，亚里士多德一直随侍其左右。但他与亚历山大的关系历来多有争议，我们也很难判断他对亚历山大的影响有多大。公元前 335 年，亚里士多德重返雅典，并在雅典城东郊的吕克昂（Lyceum）建立了自己的学园，长达 13 年之久。这个学校与柏拉图的学园相似，但在亚里士

---

1 （德）卡尔·雅斯贝尔斯：《大哲学家》，第 271—272 页。

亚里士多德（©Archaeological Museum of Athens）

多德的指导下，它日益成长为一个庞大的科学组织，设有大型图书馆，有着众多的教员以及一套正规的讲课体系。亚里士多德置身众多弟子之间，一直在这里工作到去世之前不久。

作为柏拉图的学生，亚里士多德是第一位从哲学史的角度对柏拉图思想进行梳理的人。事实上，在亚里士多德的著作中，有一种一成不变的程序，即在着手进行他自己的研究之前，先将过去关于这个问题的理论全部陈述一遍，亚里士多德总是先陈述前人的观点，然后再陈述自己的。这样一来，他便为我们保存了许多哲学家的言论片段，而这些哲学家本人的著作却未能流传至今，这使得亚里士多德成了历史上第一位哲学史家。他所做的工作有些类似于我们今天的学术综述。由此，亚里士多德的著作不再是对话录，而是逻辑清晰的论证文字。

据说，亚里士多德年轻时与柏拉图的师生关系很好，但后来他们产生了分歧，以至于亚里士多德说出了那句常被后世人们引用的话："吾爱吾师，吾更爱真理。"亚里士多德确实与柏拉图有着十分不同的精神气质与思维方式。亚里士多德具有严格的科学严谨性，他的文笔以及他的思维，都是清晰、科学的，没有雕琢和空洞的幻想，乃至有些枯燥。与苏格拉底和柏拉图相比，亚里士多德的学说中没有他们二位学说中浓厚的神学和神秘主义要素。

后世哲学家评价说："那位雅典人（指柏拉图）是一个天生的诗人，有着富于想象和擅长思辨的头脑，毕达哥拉斯主义的影响使他具有一种神秘主义的倾向；那位斯塔吉拉人（指亚里士多德）则是一个具有冷静气质而信赖经验事实的人，并且是一位强有力的科学组织者。"[1]这句话确实一语中的。然而，尽管亚里士多德总是以人们惯常的方式从经验着手进行论证，但是也正如黑格尔所说："就是当他这样做的时候，他是始终极为深刻地思辨的。"[2]因此，在这个意义上，亚里士多德又是柏拉图真正的继承者。

1. 第一哲学或形而上学

亚里士多德在哲学上最大的贡献在于他建立了形而上学。依据字面上的意思，形而上学（Metaphysica）指的是"物理学之后"。不过，亚里士多德本人并没有使用过"形而上学"这个概念，这一说法来自亚里士多德文集的第一位编撰者——公元 1 世纪左右的安德罗尼科（Andronikus）。从内涵上讲，

1　（德）策勒尔：《古希腊哲学史纲》，第 180—181 页。
2　（德）黑格尔：《哲学史讲演录》卷二，第 282 页。

亚里士多德对它的定义是:

> 一门研究存在者自身以及出于其本性的属性的科学。存在着一种研究作为存在的存在，以及就自身而言依存于它们的东西的科学。
>
> （亚里士多德：《形而上学》1003a20—22）

在亚里士多德看来，这门学科所研究的对象是超越其他任何学科的，不像其他学科那样只是研究"存在者"的某个部分或性质，因而它被认为是所有科学中最有价值、最全面的，亚里士多德本人将之称为"第一哲学"，而后人则称之为"形而上学"。

对柏拉图理念论的批判是亚里士多德形而上学的建立基础。在《形而上学》卷一的第9章与卷十三的第4—10章，亚里士多德对理念论做了相当详尽的考察。罗素指出，亚里士多德对理念论的许多质疑，大部分在柏拉图晚年的作品《巴门尼德》中已被提及。[1]针对理念论，亚里士多德所提出的最有力的反驳就是所谓"第三人"的逻辑困境：按照柏拉图的思想，事物与理念是分离的，然而，如果一个人之所以为一个人乃是因为他像那个理想的人，那么就必须有另一个更理想的人，而普通的人和理想的人都应该像这个更理想的人。这就必然会导致"无穷追溯"。然而，"当有若干个体分享着同一个谓语时，那就不可能是由于它们和某种与它们同类的事物有关系，而必须是由于它们和某种更理想的事物有关系"。[2]因此，无止境地设定"第三人"在逻辑上是不能够成立的。这样的结果，也就意味着柏拉图以理念作为事物原因的观点不能成立。

---

1 参见（英）罗素：《西方哲学史》上册，第211页。
2 （英）罗素：《西方哲学史》上册，第212页。

亚里士多德提出了实体说以取代柏拉图的理念论。对于所谓的"实体",亚里士多德说:

> 实体,在最严格、最原始、最根本的意义上说,是既不述说一个主体,也不依存一个主体的东西。

（引自苗力田主编:《古希腊哲学》,中国人民大学出版社,1990年,第407页）

也就是说,实体是独立且不依赖其他任何事物而存在的,是事物之是其所是者,因而它是最完整、最严格意义上的存在。

那么,是什么决定了实体之为实体呢?

在亚里士多德看来,任何事物的生成和存在,都必须同时具有四种根本原因,它们分别为质料因（本因）、形式因（物因）、动力因（动因）和目的因（极因）。"质料因"指的是构成事物的材料,例如,一座大理石雕像,作为原料的大理石便可被称为"质料因"。"形式因"则是决定一个事物之所以是其所是的对应本质,如雕像本身就是"形式因",因为这座像在塑造之时就被决定了其本质必须是一座雕像。所谓"动力因",指事物变化运动之本原,即事物得以开始运动的初始要素,如父亲是孩子的动力因,雕塑家是大理石雕像的动力因。同时,在亚里士多德看来,任何事物的存在和生成,都不是无缘无故的,总有一定的目标或目的,如一座大理石雕像的形成,是因为雕塑家心中有一个要把大理石变成雕像的目标,这也就是所谓的"目的因"。亚里士多德又进一步将上述"四因"归结为"质料"和"形式"二者间的相互关系,这也就意味着,"形式"不仅是一个事物的概念或本质,同时也是事物的最终目的和此目的的决定力量。在亚里士多德看来,在一件事物中,形式与质料是不能分离的,这不同于柏拉图认为理念只具有纯粹形式的说法。

与形式和质料相关联的是亚里士多德的潜能与现实学说。由于质料本身还不是它后来所生成的那一事物，不是任何个体，但在同时又具有生成一切个体的可能性，因而它是潜在的个体，是一种潜能。这种只具有潜能的质料要成为一个真正的个体，必须有形式赋予其规定性，而一旦有了形式，事物也就实现了自己的本质与目的，因而也就成了现实。因此，质料和形式的关系，从某种意义上说，便是潜能与现实的关系。通过质料的形式化，事物便从潜在的存在发展为现实的存在。而对于亚里士多德来说，质料没有规定性的潜能，因而不能独立存在，因而也就不是"是其所是"意义上的实体；而形式则是实现了的"此物"，是事物的"是其所是"，因而形式才是第一哲学意义上的"实体"，也就是说，正是形式才决定了实体之为实体。

由此可见，尽管亚里士多德不满于柏拉图的理念论，但从某种意义上讲，正是亚里士多德真正地继承了柏拉图的学说，诚如策勒尔所说："每一个形式，就它是一个有规定的形式而言，就像柏拉图的理念一样是永恒的和不朽的。"[1] 所以 黑格尔也说："亚里士多德是以柏拉图的意义理解哲学的。"[2] 当然，对于亚里士多德来说，"实体说"毕竟不是"理念论"，虽然形式是永恒不朽的，但它并不像柏拉图的理念一样与具体事物相隔绝，或如策勒尔所说的"形式之不同于这些理念在于它们不能存在于事物之外"。[3] 这或许是亚里士多德相较于柏拉图有所进步之处。

2. 亚里士多德的国家学说

亚里士多德务实、重具体观察的精神，使他的政治研究也不像其师柏拉

1　（德）策勒尔：《古希腊哲学史纲》，第 189 页。
2　（德）黑格尔：《哲学史讲演录》卷二，第 272 页。
3　（德）策勒尔：《古希腊哲学史纲》，第 189 页。

图那样，抽象地演绎出一个建立在玄思基础上的政治哲学体系。他曾与他的学生用 10 年时间，对 150 多个希腊城邦的政治制度进行比较，我们从保留至今的《雅典政制》残篇中仍可见其用功之深。由此，亚里士多德对后世西方政治思想的影响也比柏拉图更大。

在《政治学》中，亚里士多德认为，人的天性中都存在一种和同类共同生活的推动力。他说：

> 人类自然是趋向于城邦生活的动物。凡人由于本性或由于偶然不归属于任何城邦的，如果不是一个鄙夫，那就是一位超人。
>
> （《政治学》1253a2）

一个人需要社会，不仅是为了生存和安全，更重要的是唯有在社会中，他才有可能获得良好的教育，并依靠法律和正义管理生活。只有包括了其他所有因素在内的完善的社会才是真正的国家。而国家的宗旨不只限于维护法律和秩序、抵御外敌和保护生命，它更高、更全面的职责是使公民在一种完善的共同生活中获得幸福。亚里士多德说：

> 城邦是若干生活良好的家庭或部族为了追求自足而且至善的生活，才予以结合、构成的。
>
> （《政治学》1280b33-34）

与柏拉图一样，亚里士多德认为国家的主要职能是教育年轻人保有美德。他明确反对国家热衷于战争和征服，而不是热心于和平地扶植道德和科学教养。

将亚里士多德的国家理论与柏拉图的相比较，我们可以看出，尽管这两位哲学家都认为国家的宗旨是教育公民，使他们组成一个建立在道德原则基础上的社会，但在具体论述时，他们之间仍有明显的差别。柏拉图的国家理论以其二元论的人生哲学为依据，基本面向着另一个世界，实际上是"理念"中的国家，而非现实世界中可能实现的国家形态。然而，亚里士多德的双脚却牢牢地站在现世生活的土地上，并将自己的努力限制在已有的种种可能性的范围内，按照道德理想去铸造现世生活。

柏拉图在《政治家》中认为，政治家是一个理论家，其政治言说的正确性并不来自现实的有效性，而亚里士多德首先考虑的是现实中最好的政制，认为政治言说必须反映政治现实的"事实"。因此，亚里士多德在他的国家政体理论中，没有像柏拉图那样判定某一特定政体是唯一正确的，而其他所有政体都是错误的。他看到，政治制度应当适合它所要施加的那个民族的特点和要求，在不同情况下存在的不同事物都可能是合理的。

在《政治学》中，亚里士多德将国家形态主要分为三种：王权政治、贵族政治和共和政治。它们本质上是由权威、价值和自由而定的。他解释说：

> 政伝（政府）的以一人为统治者，凡能照顾全邦人民利益的，通常就称为"王制"。凡政体的以少数人，虽不止一人却又不是多数人为统治者，则称"贵族政体"。末了一种，以群众为统治者而能照顾到全邦人民公益的，人们称它为"共和政体"。

（《政治学》1279a33–39）

他认为，所有这三种政体都是"正确"的，因为它们的统治都是为了"共同的利益"。但如果这目的变成"个人的利益"，则三者就都会变成"错误"的了。与之对应，便有了三种"非正道"的政体：僭主政治、寡头政治和平民政治，这三种政体之所以是"非正道"的，是因为它们都把正常的原则推到了极端，因而发生了变异。亚里士多德说：

僭主政体以一人为治，凡所设施也以他个人的利益为依归；寡头政体以富户的利益为依归；平民政体则以穷人的利益为依归。三者都不照顾城邦全体公民的利益。

（《政治学》1279b6-10）

由此，我们可以看出，苏格拉底和柏拉图的政治哲学在亚里士多德这里有了重大的变化。虽然他们三人的理论都执着于建立一个理想的共同体，然而他们对共同体的认识却不同。这从亚里士多德著作中对"好人"与"好公民"关系的处理方式上可以看出，他说：

好公民不必统归于一种至善的品德。但善人却是统归于一种至善的品德的。于是，很明显，作为一个好公民，不必人人具备一个善人所应有的品德。

（《政治学》1276b32-35）

他认为，好人是一个超越的标准，是指一个完善的人，这样一个"好人"在现实生活中可能是不存在的。而公民社会必然有分工，分工使每个公民只能承担某一个方面的职责，而非全部的职责，因而好公民是可以塑造的。他指出：

一个城邦不可能完全由善人组成，而每一公民又各自希望他能好好地克尽职分，要是不同的职分须有不同的善德，所有公民的职分和品德便不是完全相同的，那么好公民的品德就不能全都符合善人的品德。

（《政治学》1276b37-40）

这两个概念虽有部分重合之处，比如一个政治家在做一个好公民的同时，也可能会成为一个好人，但并不能完全等同。这种处理方式表明，亚里士多德面对的，并不是一个将自身完全寄托其上的理想对象，而是一个理性的、可进行研究的学问的层面。

在现实生活中，作为一个真正的教师和学者，亚里士多德是学园中人，而不是城邦公民。他把思辨活动从世俗的伦理和政治生活中抽取出来，置于更高、更纯粹的地位上。正因如此，他才能安然地生活于感官世界之中，并以同情的态度对其进行研究。换言之，亚里士多德之所以能对现实的城邦表现出宽容、冷静且客观的态度，是因为他不如苏格拉底和柏拉图那样对城邦爱之深，也就不会像他们那样恨之切。他对雅典民主制的称赞只是出于他对现实的"冷淡"和"客观"，而柏拉图的批评则源于他对城邦真正的热爱与依恋。[1] 当然，亚里士多德的态度，或许还与他并非雅典公民而是"暂居者"的身份有关，此外，相比柏拉图，他距离雅典的黄金时代更为遥远，所以没有心力，也没有勇气云提出柏拉图那种宏大的改革方案。

苏格拉底人对城邦生活的直接参与，自比为雅典城邦的牛虻，到最后甘愿受死，他的身体力行表明了政治活动与哲学活动的不可分离。而从柏拉图开始出现了一些转变。其老师被处死，加上他自己的经历，促使他逐渐放弃实践的政治生涯，最后选择以哲学教育作为其真正的"政治生活"。当然，柏拉图的学园仍可被视作他将哲学作为一种生活方式而进行的实践。然而，到了亚里士多德那里，多种关于智慧的学问则被学科化了。这种从苏格拉底的身体力行、柏拉图的学园生活，到亚里士多德哲学学科化的过程，在希腊哲学史中具有十分重要的意义。

1　参见吴涛：《逻各斯与空间——古代希腊政治哲学研究》，第 278—279 页。

3. 诸多学科的创始人

　　作为哲学家的亚里士多德，在古代就被人们称为"最博学的人"，他是许多学科的开山鼻祖，也由此被认为是一位百科全书式的人物。据传，亚里士多德的全部作品共有千余卷，而今天保留下来的只有 100 多卷。但哪怕只是这保留下来的十分之一，内容也相当可观了。不过，与柏拉图的情况恰好相反——对于柏拉图，我们所知道的只有他的文字著作，而非讲课时传授的内容——而亚里士多德的作品几乎全都是他的教学讲义。亚里士多德所讲授的学科兼容并蓄、包罗万象，其著作因此也可分为以下几组：逻辑、形而上学、自然科学、伦理学、政治学、美学、历史和文学等，其各类著作长期以来都被西方学术界奉为各学科的经典之作，他所提出的科学原理，直到 15 世纪末，都被认为是不容辩驳的权威理论。

　　在此，我们无法一一细论这些专门的学科，但只要提及后人赠予他的头衔——"百科全书式的学者"，就可明白亚里士多德学术活动的多样性和广泛性。

　　亚里士多德既是一个好沉思的人，也是一个善于观察和发现的人，同时他又是一位强有力的科学组织者。他几乎掌握他那个时代的全部知识，并且能够娴熟地在授课及著书之时将这些知识系统化，以至于有学者指出：亚里士多德在为各门学科建立一般框架的同时，"他那追求系统化的精神必然地倾向于在应该把问题悬而不决的地方也勉强加以解决"。[1] 或许他缺乏柏拉图那种燃烧着改革激情的炽热精神，但亚里士多德的现实感更强，比如他的伦理学和政治学都只关注此岸的世界，而非彼岸。的确，他在加工校正和阐述介绍方面做出了无可争辩的贡献，他涉及的知识领域之广泛，前无古人，后无来

1　（法）莱昂·罗斑：《希腊思想和科学精神的起源·序》，第 11 页。

者。他在逻辑学、物理学、生物学和人文学科诸领域的卓越贡献，使他成为这些学科实实在在的创始人：亚里士多德将智者学派流传下来的修辞学发展成了一门较完备的学科，以之作为伦理学和政治学的补充，而柏拉图还只是将之归为支艺；在自然科学方面，亚里士多德留下了 8 卷本的物理学著作，而他有关动物学的著作中甚至包含了解剖学和心理学的内容；他还是最广泛意义上的吾言学的创始人。

总之，亚里士多德是一个了不起的百科全书式的学者，他寻求自然界和人类生活各个方面的秩序。亚里士多德死后，由他创建、组织的科学学派，不仅仅在自然科学的领域，而且在历史和文学领域中都兴盛起来。他几乎包容了一切科学，并把它们纳入哲学之中。

因此可以说，"亚里士多德的影响标志着一个开端，也标志着一个终结。他的思想可以看作希腊哲学和科学在他之前全部发展的一个总结，他以自己无所不包的广阔心灵来领悟这一切"。[1] 罗素对他的评价是："他是第一个像教授一样着书立说的人：他的论著是有系统的，他的讨论也分门别类的，他是一个职业的教师而不是一个凭灵感所鼓舞的先知。他的作品是批判的、细致的、平凡的……而且被掺进了一剂强烈的常识感……他不是热情的……他的前人的错误是青年人企求不可能的事物而犯的那种光荣的错误，但他的错误则是老年人不能使自己摆脱习俗的偏见而犯的那种错误。他最擅长细节与批评，但由于缺乏基本的明晰性与巨人式的火力，他并没有能成就很大的建设工作。"[2]

至此，我们对希腊哲人及其理想的描述就告一段落了。当然，古希腊哲学从公元前 7 世纪爱奥尼亚的泰勒斯探究世界的本原开始，到公元 5 世纪西

1　（德）策勒尔：《古希腊哲学史纲》，第 216 页。

2　（英）罗素：《西方哲学史》，第 211 页。

罗马帝国的灭亡为止，其间约 1 000 多年的历史，在我们所论及的时代，以及我们没有涉及的以后的时代里，希腊的哲人都远不止上文提及的这些人。但限于篇幅，我们只能为读者引见这几位。

最后，想请大家注意的是，首先，我们认为，不可孤立地看待哲学流派之间的联系，它们彼此存在批判和继承的关系。对于这些伟大的古代思想家的精神，我们不应随意地加以修剪，以适应某种现代的口味；也不要强加一个"体系"在他们的身上，柏拉图自己就是最嫌恶建立体系的。其次，我们认为，哲学不是脱离时代的，哲学家更不是天外来客。虽然，苏格拉底、柏拉图和亚里士多德是三位具有独创性的天才，每个人都创造了他们自己的哲学，但他们并不是超越时代的，正相反，他们就是各自所处时代的活生生的人物，接受了他们那个时代的文化。因此，我们应当把他们三人纳入当时的真实环境中加以理解。最后，我们之所以不断地回归希腊思想家，并非仅仅出于追本溯源的需要，也不只是出于对历史的兴趣，更重要的还在于希腊思想一直是西方现代哲学思想"生成"和"发展"的根本源泉。"希腊的古代思想家们以哲学家的身份所提出的问题是一些永久性的问题。"[1] 这使希腊思想或希腊哲学不仅仅具有重要的现代意义，还具有普遍的世界意义。"活在当下"的我们切不要以邈远而审视的态度去看待先人，我们并不一定站在历史的最前端。事实上，现代人与古代人相比，很多时候精进的只是技术，今人在试图通过各种仪器去窥探事物时，其灵慧之性实在已难及古人。先哲们在智慧上所达到的深度，近现代人不仅未必达到，甚至未必理解。因此，"法先师"的态度永远都不为过。

不得不承认，我们用如此紧凑的篇幅和并不"哲学"的文笔，实在无法令人满意地再现希腊哲学史上那些伟大的哲人及其思想，与其说我们是在讨

1　（法）罗斑：《希腊思想和科学精神的起源》，第 4 页。

论哲学和哲学家，不如说我们是怀着一股巨大的敬畏之心试图去找寻苏格拉底、柏拉图、亚里士多德以及他们的时代，是在学习如何去进行哲学的思考。而读者也只有回到这些大师的作品中，通过亲身的阅读、体悟，才有可能真正领会这些思想大师。哲学家是活在他的著作中的。我们在此处所呈现的内容，仅仅类似于走马观花的导览册，真正的美景还有待读者亲身体会。

第八章

真实的历史与记录的史事：
古典史学的兴起

在这里发表出来的，乃是哈利卡尔那索斯人希罗多德
的研究成果……

——希罗多德

    《汉吾大词典》中对"史"一字的解释是："按古文字，史、事、吏本为一字，后分化。"可见，在中国，从古代起，史就是与官联系在一起的。也就是说，历史的记载是以统治者的一言一动为中心，以垂范后世为宗旨，而史官则是这些内容的记录者。然而，在古代希腊，情况却并非如此。作为西方史学的源头，希腊史学始终都根植于民间，而作为史事记录者的史家，他们或是全然非官方的民间人士；或早年从政、从军，但修史之时已为一介平民；或虽与政府要员关系密切但仍具独立身份及人格。总之，他们的修史纯属个人行为，并无官方背景。西方私家修史的传统正是由此而来。

    正因为西方的史学传统源自希腊，所以尽管在"历史学"（History）这个词得以问世之前，对于人类历史的记载早已出现，但作为一个术语的"历史学"，在西方人看来却是希腊人的发明。

一、从史诗到散文纪事

希腊最早的史迹，是靠荷马史诗流传下来的。史诗虽然不是历史著作，但它所讲述的神话具有保持和延续民族记忆与文化传统的意义。美国当代史家唐纳德·R.凯利说："神话可以被理解为一种记忆形式，或者一种纪念形式，用来认识过去或体现过去。"[1] 因此神话具有重大的史料价值，神话叙述也可以被视作一种原生态的历史叙述。特别是在古代，在人们生产文化产品较少的情况下，史诗的作用便更大。史诗之中往往蕴含着一个民族的精神、思想、观念、习俗等方面的内容，它并不是一种现代意义上的文学创作，而应该被视为一种历史的创作活动。我们在第二章中提到，古代希腊的先民们以神话的方式历史地思维着，这种思维方式被维柯天才地概括为"诗性智慧"。而荷马的两部史诗正是这种"诗性智慧"的结晶，是希腊最早历史的记录，代表了"希腊人的全部精神原料"（格罗特语），因此，诗人也就成了第一批历史学家。

到了公元前 6 世纪后半期，爱奥尼亚地区开始出现一些用散文体裁写作的"纪事家"或"纪事散文家"（logographer）。他们是第一批走出荷马的影子、想要去探求事物真相的人。他们不再用诗体，而是用散文体写作，没有了格律的束缚，思想的表达便更加自由了。这不只是文体的变化，同时也标志着一种思想的改变。我们只要想一想 20 世纪 20、30 年代中国历史上的"白话文运动"和文言文传统的关系就明白了。

纪事散文家们都是些游历极广的人，他们记录下沿途所见所闻的地理、风俗和传说，所写作的题材涉及广泛。他们之中最著名的代表是米利都人赫卡泰乌斯（Hecataeus，约公元前 550 年—约公元前 478 年），据说，他可能

1　（美）唐纳德·R.凯利：《多面的历史》，陈恒、宋立宏译，生活·读书·新知三联书店，2003 年，第 25 页。

是哲学创始人泰勒斯的再传弟子。据传，他写过两本书，一本叫《大地旅行记》，记录了他游历希腊、小亚细亚、埃及各地时的见闻，重点在于各地的地理情况，后世因此视他为地理学的创始人。另一本叫《谱系》（*Genealogies*），他在其中收集了大量有关各地民族起源、城邦建立者的传说和神话。他宣称：

> 我在这里所写的是我认为真实的记录，希腊人的传说很多，但在我眼里是荒谬可笑的。

（《赫卡泰乌斯残篇》I1）

其中表现出的谨慎求实的态度，与过去相比是一种重大的转变。与他同时代的米利都的狄奥尼修斯（Dionysius of Miletus）也是一位著名的纪事家，他著有《波斯史》，后失传。

这些散文纪事家在自然哲学思想的影响下，力图用批判的态度，以简单的形式，不讲求文辞修饰地写出一种不同于以往的神话或史诗的、与历史真实相符的作品。他们几乎是有闻必录，说不上有什么严格的史学方法。然而，他们似乎也有某种确定的倾向，那就是竭力要使记载与事实相符。后来，这种求真的精神得到了进一步的发展，成为希腊史学中最宝贵的传统。也许在后人看来，他们赖以成书的多数史料并不可靠，主要是他们个人走南闯北、实地收集来的口头传说。不过，我们想提醒大家的是，应该忘掉我们身上的学究气和现代学科分类的严格标准，因为那个时代不仅是西方史学的童年时代，也是整个人类思想的童年时代，如果我们在那个时代的著作中发现种种天真、幼稚、饶舌、想象似乎不应属于史学的要素时，应以自然的态度加以接受。也正因如此，这些内容自有其特殊的魅力。

其实，所谓"合乎情理的虚构"充斥着各种早期的历史记录，这实际上是所有民族在刚刚开始进行历史写作时共有的情况。著名宗教史学家尼尔森

说："希腊神话的历史的一面，尤其是神话年代纪的历史的一面，是诗人们
将神话系统化的产物，更是史话家们合理推理的产物。"[1] 况且，就史学著作而
言，也不应该仅限于对当时某个具体事件进程的描述，还应包括不同的人是
如何记住，以及愿意如何记住相关事件的。总之，以赫卡泰乌斯为代表的散
文纪事家以散文的形式初步奠定了古典史学的基础，他们可以称得上是希罗
多德的直接前辈。这一时期作为希腊史学的萌芽时期，虽然编史的体例和方
法尚处于草创之中，但在古典史学的发展过程中标志着从神话向历史的过渡。

二、"历史之父"：希罗多德

1. 生平与著作

希罗多德（Herodotus，约公元前 484 年—约公元前 425 年）生于小亚细
亚西南部的哈利卡尔那索斯（Halicarnassus，今土耳其西部的波德鲁姆），那是
希腊人早年向海外开拓时建立的一座殖民城市。希罗多德的父亲是当地的富
豪，他的叔父则是一位著名诗人。希罗多德从小受到过良好的教育，酷爱史
诗。当时，该城邦的统治者是一个利用阴谋夺取了政权的篡位之人。成年后
的希罗多德随叔父等人积极参与了推翻篡位者的斗争。但斗争遭到镇压，他
的叔父被杀，他本人则被放逐。后来，篡位的统治者被推翻，希罗多德一度
返回故乡。不久，他再度被迫出走，从此再未返乡。公元前 445 年前后，希
罗多德来到了作为希腊政治、经济和文化中心的雅典。时值希波战争终结，

---

1   Martin Nilsson, *The Mycenaean Origin of Greek Mythology*, New York, 1963, p. 4.

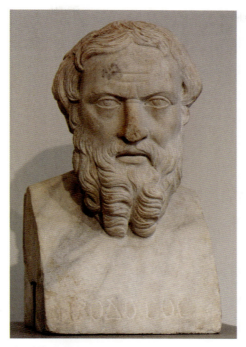

希罗多德（©Metropolitan Museum of Art）

雅典的政治经济都获得了高度发展，到处都是一派欣欣向荣的景象，学术文化更是称雄于希腊世界。留居雅典期间，希罗多德与伯里克利、索福克勒斯等名人交谊甚笃，对雅典的民主政治则极力称赞。公元前 444 年前后，他随雅典移民来到意大利南端的一个希腊人殖民地图里邑，并取得了该城邦的公民权，此后便在那里著述，大约于公元前 425 年去世。

希罗多德所著的《历史》（*The Histories*）是西方最早的一部历史著作，故事的精彩程度与丰富性可以和司马迁的《史记》相媲美。《历史》原先并未分卷，是希腊化时代亚历山大里亚的校注家们将其分为 9 卷，并根据当时的惯例，用古希腊神话中掌管文学和艺术的 9 位缪斯女神的名字给各卷命名，所以这部书有时又被称作《缪斯书》。又因其以希波战争作为叙述主线，后人也将它称作《希波战争史》。

《历史》内容丰富，生动地讲述了西亚、北非以及希腊等地区的地理环境、民族分布、经济生活、政治制度、历史往事、风土人情、宗教信仰、名胜古迹等诸般情形，为我们展示了古代近 20 个国家和地区的民族生活图景，宛如一部古代社会的小型百科全书。全书按内容基本上可分为两大部分。从第一卷至第五卷第 27 节为前半部分，叙述了黑海北岸的西徐亚人、希腊城邦及波斯帝国的历史、地理、民族和风俗习惯等，并记述了希波战争爆发的原因。第五卷第 28 节是个转折点，以后的篇章主要记述希波战争的经过和结果，从小亚细亚各希腊城邦举行反对波斯的起义，一直到公元前 478 年希腊人占领塞斯托斯城。

希罗多德被认为是第一个具有世界眼光的史学家，《历史》也就成了西方最早的一部"世界史"。作者的视野所及，不仅仅是希腊人的方寸之地，也包括当时人们已知的广阔世界。希罗多德笔下的世界，除希腊本土外，还包括西亚、北非、黑海沿岸、地中海沿岸、意大利等许多地区。而且，他对各民族基本上都能做到一视同仁，不抱偏见，认为各民族都有自己的特点，不应该彼此歧视。所以，希罗多德虽然称赞希腊文化，但也尊重那些"蛮族"的文化，他同意品达的"习俗高于一切"的说法，这表明了他对其他生活方式的宽容态度。即使是波斯人，希罗多德也能找到他们身上值得赞美的品质，比如他认为波斯人都很勇敢、侠义、诚实。他还较为重视古代东方文明及其对希腊的影响。在《历史》中我们可以见到这些记载：埃及的太阳历比希腊的历法准确，希腊字母是从腓尼基人那里学来的，希腊人使用的日晷最早是由巴比伦人发明的，等等。

《历史》的后半部分集中描写了希波战争的起因、经过和结局，正是通过希罗多德的写作，希波战争成了人类历史上最早被详细记录下来的东西方"文明冲突"。我们读完希罗多德的《历史》，便会了解城邦林立的希腊人何以在这一时期突然团结起来，直面强于自己数十倍的军队，打赢了一场几乎不可能胜利的战争，同时也会了解到希腊人是怎么看波斯的、希腊的精神何在、希波战争这场"文明冲突"的要害何在等诸多问题。

《历史》的文学价值也很高，它常常被认为是西方第一部散文名著。希罗多德很善于刻画人物，他笔下的国王、大臣、政治家、学者、士兵，大多性格鲜明、形象生动。且看《历史》对希腊七贤之一、雅典民主政治的首创者梭伦和吕底亚国王克洛伊索斯的描绘：当自以为富甲天下就是至高幸福的吕底亚国王克洛伊索斯向梭伦询问谁是世上最幸福的人时，梭伦向他列举了一些得到善终的普通人，却并没有提到克洛伊索斯，这让国王很是不满，他说：

> 雅典的客人啊！为什么您把我的幸福这样不放在眼里，竟认为它还不如一个普通人？

而梭伦回答说：

> 只有在我听到你幸福地结束了你的一生的时候，才能够给你回答。毫无疑问，纵然是豪富的人物，除非是他很幸福地把他的全部巨大财富一直享受到他临终的时候，他是不能说比仅能维持当日生活的普通人更幸福的。

（《历史》I. 32）

这段对话将鼠目寸光的吕底亚王和聪颖贤达的梭伦描绘得惟妙惟肖、对照鲜明。

最重要的是，作为西方史学史上的第一座丰碑，希罗多德在《历史》中所创立的叙述体史学体裁成为后来西方传统史学的正统。所谓历史叙述体，基本上与我国古代史学中的纪事本末体相仿。其特点是以历史事件为中心，纪事系统连贯，叙事生动有趣，具有较高的灵活性。直到现在，历史叙述体仍被西方史学家奉为正宗，成为编纂历史的通用体裁。希罗多德也自罗马时代起就享有"历史之父"（Father of History）的称誉。

在古希腊文中，"历史"（historia）一词原意是"考察""探究"，由此也可延伸出"对考察结果的描述"这一意义，可以说含义相当广泛，并不特指今天所谓的"历史"。直到后来这个词语才逐渐被用来专指"用文字记载人类过去的活动"。也正因如此，希罗多德《历史》一书所包含的内容十分丰富，在此我们不可能一一提及，以下只截取两个主要方面的内容加以叙述。

2. 希罗多德的游历以及对待神谕的态度

与今天书斋式的学者相比，希罗多德最大的特点就是，他并不是一味埋头故纸堆，他是一个周游列国的历史学家。从书中的内容推测，大约从 30 岁开始，希罗多德进行了一次范围广泛的旅行，北至黑海北岸，南达埃及的最南端，东至两河流域下游一带，西抵意大利半岛和西西里。他的旅行范围极为广阔，据估计，他向东西、南北均跨越了 1 700 多英里。我们只要稍微设想一下公元前 5 世纪的旅行中可能会遇到的艰难险阻，就会明白这的确是令人难以置信的壮举。通常每到一地，希罗多德就浏览古迹名胜，考察地理环境，了解风土人情，他还喜欢听当地人讲述民间传说和历史故事，特别是访问当地的祭司，因为他们是各种古代知识的掌握者，希罗多德时常说：

> 埃及的祭司们这样告诉我，我自己也这样想。

（《历史》II. 10）

我从祭司那里听到的又一件事实，对我来说，是关于这个国家的一个有力的证据。

（《历史》II. 13）

他由此掌握了地中海东部和黑海地区的大量第一手资料。例如他在埃及、西亚、希腊等地旅行期间所目睹的民俗民情，当地人的婚丧嫁娶、宗教礼仪、节日庆典、名胜古迹等形形色色的文化现象，这些记载成为他书中最迷人的部分之一，具有无可替代的史料价值。希罗多德几乎周游了当时希腊人心目中的全世界，我们很难说清他到底走过多少地方，他堪称西方有史可查的"最早的旅行家"。

的确，希罗多德书中的前三分之二都在谈论他的旅行和旅行见闻。他似乎对人世间所有地方的一切事物都有着浓厚的兴趣。他告诉我们苦住在湖边的人们如何防止他们的孩子失足落水，埃及的蚊帐是什么样的，波斯国王旅行的时候只喝开水，阿杜尔玛奇达伊人驱除跳蚤的方法，阿拉伯人的理发方式，多瑙河岛上的居民闻到某种味道就会醉倒，西徐亚人如何给他们的母马挤奶，巴比伦城的街道是怎样分布的，等等。请看他对巴比伦城的描述：

这座城市位于一个大平原之上，形状是正方的，每一面有一百二十斯塔迪昂长，因此它的周围就一共是四百八十斯塔迪昂了。这座城市的幅员有这般大，而它的气派也是我们所知道的任何其他城市所难以相比的。首先，它的四周有一道既宽且深的护城河，河里满是水，在护城河的后面则又是一道厚达五十王家佩巨斯、高达二百佩巨斯的城墙。

（《历史》I. 178）

总之，希罗多德似乎对一切都充满了好奇。但这些不断从也笔下涌出的零零碎碎的见闻与他的主题往往毫无关系。因此有人批评说，希罗多德似乎并不善于对历史做出总体概括，他对历史进程的看法常常会迷失在对众多奇闻逸事的记述之中。然而，正是由于希罗多德不加分辨，或者只是略加分辨地记录下横跨亚、非、欧三大洲广大区域内的各种传说和风俗，我们才对古人日常生活、宗教信仰的诸多特征与细节形成了进一步的了解。希罗多德的记叙为后人重建当时各古老民族的生活状态，特别是心理状态提供了极其难得的素材，以至于后世的西方学术界又赋予他"人类学之父"的称号。事实上，如果没有希罗多德的大量记录，有关地中海周边地区及两河流域、伊朗高原、南亚次大陆各民族丰富多彩的社会文化、政治思想以及经济生活的信息，就不可能得到流传。因为前希罗多德时代为数不多的历史、地理和民俗方面的著作，早在古典时代就已经散佚了。如果只是依靠考古或碑文，我们也很难获得对此的清楚认识。所以，作为现代人，我们应该感谢希罗多德的博闻杂识才是。

我们在前文中已经提及，在古希腊文中，"historia"的原意就是通过问询获得的知识和资料。换句话说，对古希腊早期史家来说，经过问询得来的口传史料就是"历史"。在书中，希罗多德常说：

我打听后知道……

我观察到，我还可以确定……

据我所知道的……

我所听到的便是这些……

希罗多德是在没有图书馆的条件下进行研究的，他记录的是考古学出现之前的古代的事情。因此，采用大量传说见闻作为史料不仅不是他的过错，反之，应被视作他的重大成就和贡献。他对异族、异域的描写，反映的是差异而非共性，揭示的是古代希腊社会与东方世界的区别，他想告诉读者的是文化的不同而非文化的高低。可以说，希罗多德的历史创作涉及了广大的领域和诸多错综复杂的问题。在当时或者是其他任何年代，他的成就之一就在于通过亲身的调查搜集到了大量的资料，然后考虑如何将之组织在一个庞大的历史主题之中。因此，我们可以将希罗多德在《历史》前三分之二的部分所谈论的旅行见闻，看作徐徐展开的舞台背景，是为我们更好地理解那一场古代东西方大会战的爆发而做的铺垫。

《历史》一书的另一个特点是，我们发现希罗多德似乎对预兆、神谕、祷文以及先知等深信不疑，认为正是这些决定了事情的成败。在他看来，历史事件及个人处境均为神的意志所左右。希罗多德说：

> 当城邦或是民族将要遭到巨大灾祸的时候，上天总是会垂示某种征兆的。
>
> （《历史》VI.27）

其实，他的这种态度反映了当时希腊人的普遍心理。无论是国家大事还是个人的生活问题，古代的希腊人都愿意去求取神的旨意，然后在神的名义下进行。而所谓"神谕"就是指神祇对人们所提问题给出的回答。据统计，在希罗多德的书中有关神谕、征兆等神明启示的记载有上百处之多，遍及各个章节，几乎涉及了所有的重大历史事件。神谕出现的频率如此之高，次数如此之多，在古代作家的著作中都是罕见的。希罗多德说：

> 至于神托，我不能说它不是真的，当我亲眼看到下面的一些事情时，我也并不试图否定那些他们讲得十分清楚的事情……看到这样的事情又

听到巴奇司说得如此清楚明白，则我既不敢在神托的事情上反对他，又不能认可别人的反对论调了。

（《历史》VIII. 77）

可见他对神谕极为重视。

希罗多德书中那些随处可见的神谕表明他对神灵降旨的笃信，这同时也是他想为记载内容的准确性寻求根据和保证的表现。希罗多德经常以神谕来说明因果报应的原则，而这一原则既是希罗多德理解历史事件时所信奉的一项基本原则，也是他试图通过其著作揭示给人们的历史发展基本规律。他认为，根据每个人的所作所为，神灵可以把有权能者降为平民百姓，使微贱的人得到升迁，让温顺谦和的人继承良田。凭借因果报应的原则，神使得人与人之间、国与国之间的吉凶祸福互相转化。而神谕就是揭示这种因果报应的途径。比如，希罗多德对吕底亚国王命运的描写就是一个典型的例子：克洛伊索斯先是因为自认为富有就意味着至高的幸福而受到神的惩罚，失去了一个儿子。希罗多德说：

在梭伦走后，克洛伊索斯从神那里受到了一次可怕的惩罚，神之所以惩罚他，多半就是由于他自视为世界上最幸福的人。

（《历史》I. 34）

接着，他又因为自大而误解神谕，最后自取灭亡：

正如神托所预言的，他便毁掉了自己的大帝国。

（《历史》I. 86）

最后，希罗多德以德尔斐女祭司佩提亚之口说：

> 任何人都不能逃脱他的宿命，甚至一位神也不例外。克洛伊索斯为
> 他五代以前的祖先的罪行而受到了惩罚……克洛伊索斯也没有任何权利
> 来抱怨他从神托那里得到的答复。

（《历史》I. 91）

在对神谕深信不疑的前提下，希罗多德还十分重视人们对神谕的理解是否正确。因此，在书中，他除了列举许多因正确理解神谕而获成功的事例以外（如萨拉米斯海战前夕雅典人对神谕中"木墙"的理解），还讲述了大量因误解或无视神谕而遭灾的事例（如吕底亚国王对神谕的误解导致了其王国的倾覆），以此从反面印证神谕的正确性。可见，作为早期的史学家，希罗多德虽然尽力寻求历史事件发生的原因，但又往往用神意支配人类命运来解释历史。然而，不管他书中出现了多少次梦兆、多少次神谕，穿插了多少灵异的故事，他仍然坚信，希波战争中希腊一方的胜利，并非仅仅来自天助，而是更多出于人为，出于希腊人捍卫自由的决心和勇气。请听希罗多德笔下的雅典人是如何回答前来劝说他们投降的人：

> 由于我们是渴望自由的，因此我们将尽我们所能来保卫我们自己。
> 但至于和异邦人缔结协定的事情，不要试图说服我们这样做，而且我们
> 也不会答应的。现在把雅典人的这个答复带回给玛尔多纽斯吧：只要太
> 阳还按着同样的轨道运行，我们是不会和克谢尔克谢斯缔结协定的。但
> 是我们将要继续不停地对他作战，我们相信诸神和天上的英雄会帮助
> 我们。

（《历史》VIII. 143）

因此，英国历史哲学家柯林伍德说："历史学对于希罗多德来说乃是人文主义的，而与神话的或神权的都不相同。"[1]

3. 希罗多德的叙事方式及其影响

有人将《历史》称为一部散文体的史诗，这是很有见地的。实际上，希罗多德的确兼有历史学家和诗人二者之长，他生活的时代与史诗时代很接近，所以他的著作仍保持了诗歌的朴素、自然和魅力。他的文笔流畅、亲切而优雅，他的词汇清晰简洁，字里行间富有宗教色彩和诗意。[2]

就形式而言，《历史》是荷马式的。在《伊利亚特》中，我们经常看到作者介绍某位英雄时，总会追述他的祖先及其家世。在《历史》中，希罗多德对于书中重要人物同样也是如此处理的，比如在温泉关战役中牺牲的斯巴达王列奥尼达（参见《历史》VII. 204）、波斯王薛西斯（参见《历史》VII. 11）等，他都花了不少笔墨来介绍他们的家族谱系。再比如，《伊利亚特》第十七卷全篇的主题便是双方争夺阿喀琉斯的朋友帕特罗克洛斯的遗体，为此一共进行了 4 次争夺战。而《历史》第七卷第 225 节写到斯巴达军队和波斯军队为了争夺列奥尼达的遗体，混战了 4 次。这样的战斗或许确实发生过，但为什么会出现同为 4 次交锋的巧合呢？其次，在题材方面，《历史》也与荷马史诗类似，因为它们都描述了希腊人与非希腊人之间的大战，而希腊人都最终取得了胜利。最后，希罗多德对荷马的学习也体现在他的不少叙述手法之中，比如荷马对奥德修斯在历经磨难的返乡途中所见的那些国家的民族风土人情

1　（英）R. G. 柯林伍德：《历史的观念》，何兆武、张文杰译，中国社会科学出版社，1986 年，第 21 页。
2　有不少学者关注并细致考察过希罗多德的写作与史诗，乃至与诗歌的关联，参见：Gregory Nagy, *Pindar's Homer: The Lyric Possession of an Epic Past*, Baltimore: John Hopkins University Press, 1990。

的描写，会让人自然地联想起《历史》中的类似章节，只不过前者想象的成分更重些。但是这种风格的相似性是很明显的。爱德华·吉本曾说，希罗多德的作品有时适合孩子的口味，有时又适合哲学家的口味。在某种场合他又能够两者兼顾。

除了这些形式上的相似以外，希罗多德似乎也与荷马一样将自己"定位"为一个讲故事的人，而不是一位作家。因此，初读《历史》时，一位纯粹以听故事为目的的读者，肯定会比一位想探究古代历史的读者能获得更大的享受。事实上，在今天看来，希罗多德时代的讲述和写作可以被理解为大体上重合的两个概念，讲述甚至包括了写作。当时希腊人用于形容"读者"的词汇中，就有一个词在字面上的意思是"听众"。因此"讲述"是"写作"的高级形式，或者说是完成形式。一位作者写出的某段文字，必须要通过讲述传达给听众之后，才算是完成了"写作"。纯粹的"写作"只是"讲述"的准备状态。讲述者和听众，有着一种当下的、直接的、即时的交流，而不是如后世的读者一般，只能通过固定在纸面上的文字去认识作者。据记载，希罗多德曾在人群聚集的雅典广场上当众朗读他的作品，获得一致好评。为此他还受到了奖赏（据说是 10 个塔连特，这在当时价值不菲）。

因为是在面对听众讲故事，所以这种讲述就可能会因为不同听众的不同需要与兴趣而不断地被打断和重组，因此，我们便能在《历史》中发现，希罗多德不停地在一件事讲到一半时插进另一段有关的背景介绍。这种插话，短的时候大概是一两节，但长起来则篇幅可观。更有甚者，文中还会出现"插话中的插话"，即在一段插话之中再插进另一段内容。于是，插话成了他的一种讲述特征，这种不时脱离主题的叙述方式，或者说主题不明确、主线不清楚的叙述方式，可以认为是当时文学技巧本身不完善的结果。但也可以认为，这本身就是一种具有特殊魅力的叙述方式，意味着它是一种随着语言或故事本身的流动而流动的讲述方式。有人将希罗多德的讲述方式称作一种

"叙述流"，它想向人们展示的，其实并不是一个因果清晰的、单线条的、固定不动的叙述客体，而是有着众多线索的、可以随时把某一段拆开单独讲述的、可以从不同视角和不同目的去解读的内容。对于惯于跟随特定的一种思路进行阅读的我们而言，希罗多德的这种叙述方式多少会令人感到不习惯。

　　然而，如果我们只是指出了希罗多德与荷马的相似之处，那他作为"历史之父"的首创性又何在呢？希罗多德固然十分崇拜荷马，力图以他为楷模，并在许多地方模仿他，但他们两者及其两部作品之间却有着一个根本的区别：

荷马以呼唤缪斯女神作为全诗的开头：

　　　　女神啊，请歌唱佩琉斯之子阿喀琉斯的
　　　　致命的愤怒……

　　　　　　　　　　　　　　　　　　　　　　　　　　　（《伊利亚特》I. 1–2）

进而又一次向女神恳求：

　　　　居住在奥林波斯山上的文艺女神啊，
　　　　你们是天神，当时在场，知道一切，
　　　　我们则是传闻，不知道；请告诉我们，
　　　　……

　　　　　　　　　　　　　　　　　　　　　　　　（《伊利亚特》II. 484–486）

　　由此可见，荷马的全部叙述本质上都是在转述神的回答。而希罗多德则在一开篇就首先声明：

> 在这里发表出来的，乃是哈利卡尔那索斯人希罗多德的研究成果……
>
> （《历史》I. 1）

　　请注意，在此，希罗多德是在明确地告诉读者，这是"我的"研究成果，也就是说这成果是属于希罗多德本人的，并非代神立言。同样是讲述过去所发生的事情，"史诗"和"历史"的分水岭就在于：神与人到底谁是话语的主宰。只有当人成为真正的讲述者时，真正的"研究"才有可能开始。正是因为加入了个人的思考和判断，原来泛义的 *historia* 一词才有了全新的含义。而希罗多德试图进行研究的对象也是人事，他说他写作该书的目的是：

> 为了保存人类的功业，使之不致由于年深日久而被人们遗忘，为了使希腊人和异邦人的那些值得赞叹的丰功伟绩不致失去它们的光彩，特别是为了把他们发生纷争的原因给记载下来。
>
> （《历史》I. 1）

　　由此，在希罗多德之后，那些过去之事的追溯者、那些社会演变的研究者，都必须将自己的判断与见解加入其中，唯有如此，才可能使自己的"研究"拥有"历史"之名。正是具有上述的首创意义，希罗多德才自罗马时代起便被人称为"历史之父"。在《历史》一书中，他自己也很强调"研究"的态度，比如他不断讲道：

> 以上所述都是我个人亲自观察、判断和探索的结果。
>
> （《历史》II. 99）

我是按照我自己所相信的来讲的。

（《历史》II. 120）

但是我以为这不是由于上述的原因，而是还有另外的原因。

（《历史》VII. 133）

遇到有问题的地方，他坦率地表示：

然而我个人觉得不可索解。

（《历史》IV. 30）

我说不确实了。

（《历史》VII. 152）

虽然，希罗多德所掌握的主要史料大多不是官方的或非官方的书面文件，而只是同时代人的口头证词，但如果我们考虑到希罗多德当初建立"历史"时，手头毫无前人的著作可以参考，只能靠自己的经验去摸索，便不会基于后世的标准去评判他到底有哪些事情是说对了，又有哪些事情是说错了，还有哪些东西他自己甚至都还没弄明白就写了下来。鉴于当时的希腊人大多是在聆听而非阅读他的作品或其他书面文本，因此，口头证据始终是探究以往的事实与意义的问询者获取材料的主要途径。

的确，我们不能依据现代的方法去批评希罗多德的工作，因为在他的时代，学科的规范尚未确立，人们也没有很明显地意识到引证资料的必要性。希罗多德只是尽可能地搜集遗闻旧事，几乎有闻必录，甚至把那些他个人也觉得"不可索解"的事情也照样收录。不过，希罗多德还是深知历史真实性的重要的。他一再告诫读者：

> 我的职责是把我所听到的一切记录下来，虽然我并没有任何义务来
> 相信每一件事情，对于我的全部历史来说，这个说法我以为都是适用的。
>
> （《历史》II. 123）

从中我们可以看出，希罗多德具有作为一名记录者的责任感，虽然自身缺乏鉴别史料的能力，但他仍然有着追求历史真相的愿望。同时，他也竭力想要从当时存在的各种说法中做出明智的选择，他对那些自认为的确不可信的说法就采取了拒斥的态度。[1] 希罗多德在书中时常还会对同一件事情列举他听来的两种以上的说法，并做出个人的判断，比如他说：

> 对于这些不明确的事情，现在我必须提出我个人的意见来了。
>
> （《历史》I. 24）

> 这是埃及祭司们的说法，但我个人是不相信这种说法的。
>
> （《历史》II. 121）

> 人们可以相信任何一个自己认为是可信的说法；但是在这里我要说
> 一下我自己对于它们的意见。
>
> （《历史》II. 146）

1　有关例子可见《历史》的第 2 卷和第 4 卷。有学者认为，希罗多德处理材料和问题的这种方式与态度，是在其进行历史写作时的特定语境的影响之下，和当时活跃的智者们类似，是尝试"寻求智慧"的一种表现。参见：Rosalind Thomas, *Herodotus in Context: Ethnography, Science and the Art of Persuasion*, Cambridge University Press, 2000。

这是在传说当中最为可信的一个说法。

(《历史》III. 9)

这些话反映了早期希腊史学朴素、客观的材料处理方法。正如有学者所指出的那样:"尽管希罗多德的方法粗糙,既像游记又像口头传闻,但他绝对不是不加批判的。譬如他区别了事实和神话,他知道耳闻和目睹的分别,他也知道事件发生的原因与前奏。"[1]

事实上,古代希腊史学之所以能够区别于古代东方诸国史学,最突出的一点就是古代希腊史学从希罗多德开始,已能初步运用批判的方法,注意考订史料的真假,比较各种记载或传说的异同,从而使历史学发生了具有决定意义的变化。虽然希罗多德的著作有时因失于轻信,仍有谬误,但总的看来,正如现代美国史家汤普森所说:"在批判精神方面,他还是超越了他自己的时代。"[2] 可以说,希罗多德为古典史学奠定了牢固的基础。

也许,以今人的眼光看,希罗多德的著作并不完全符合现代"历史学科"的标准,但正是他确定了史学的基本任务是记载重大历史事件、揭示重大历史事件的因果关系;正是他的史学实践为后人提供了如何有效收集与处理史料的最初范例,以及初步的史料批判精神与人本史观,更为我们提供了有关早期希腊史的主要史料来源;正是他对地中海周边地区风土人情、宗教文化的生动描写和详细记载,建立起了社会文化史的连续传统;也正是他为后世缔造出虽然结构松散但具有基本主题的叙述史体裁的体例,这成为后来西方传统史学的正统体裁。

---

1   Donald Kelley, eds., *Versions of History: From Antiquity to the Enlightenment* , New Haven: Yale University Press, 1991, p. 23.
2   (美) J. W. 汤普森:《历史著作史》,谢德风译,商务印书馆,1988 年,第 35 页。

三、求真士判之人：修昔底德

1. 生平与著作

修昔底德（Thucydides，约公元前 460 年—约公元前 395 年）出生于雅典一个富谷的显贵之家。他和公元前 5 世纪中期活跃于雅典政治和社会舞台上的一些头面人物，如客蒙、伯里克利等都多多少少沾亲带故。他在青少年时代应与雅典的许多贵族子弟一样，接受过良好的教育。据说，修昔底德童年随父亲一起聆听希罗多德朗诵其历史著作时，曾感动流涕。伯罗奔尼撒战争爆发之初，他已是壮年。公元前 424 年是修昔底德一生的转折点，他先于该年当选为十将军委员会的成员之一。同年冬天，斯巴达将领伯拉西达（Brasidas）进攻雅典在爱琴海北岸的重要据点安菲波利斯（Amphipolis），修昔底德指挥色雷斯舰队驰援，因被围困者防守不力，修昔底德兵未至而城已破，他却因此获罪遭流放，共 20 年。此后，他主要居住在色雷斯，在伯罗奔尼撒战争结束后返回雅典，不久便离开了人世。

流传至今的按编年体记事的《伯罗奔尼撒战争史》（*History of The Peloponnesian War*），是修昔底德用 30 余年的时间撰写的一部未竟之作，记述的事件上于公元前 411 年。全书共 8 卷，书名和分卷方法均出自希腊化时代的学者之手。按修昔底德自己的计划，他的历史著作应该一直写到公元前 404 年雅典长城被拆毁和比雷埃夫斯港被占领为止。但是他的著作只写到公元前 411 年冬天，就突然中断了，连最后一句话也是不完整的，这说明他的著作尚未完成。之后，色诺芬曾编写过续篇，但其无法与修昔底德的著作相提并论。

古往今来，历史学家中很少有人会占据像修昔底德那样的独特位置：既是历史的观察者、研究者，同时又是历史的参与者。他曾担任伯罗奔尼撒战

修昔底德（©Royal Ontario Museum）

争中雅典一方的将军，亲身参与了同斯巴达的战事，后面却因他人之过而遭流放，从一名指挥者变成了一个旁观者。被自己的祖国所放逐，这对当时的希腊人来说是比死好不了多少的命运，修昔底德却没有因此颓废，而是利用这段时间冷静地观察事态的发展，并力图用客观的笔法记录下当时希腊世界中所发生的重大事件。同时，这一角色的转变，使修昔底德从一个时事政治的参与者变成了一个握有话语权力的人。此时，他完全可以利用手中的这种"权力"理所当然地为自己的城邦粉饰，巧妙地为自己辩护。但是，大凡读过此书的人，多半都会有这样一个印象：修昔底德对雅典在战争中的表现、对雅典政界人物的评价都是褒贬参半，且皆是以具体事实为依据的。而他在描述"奥罗拉斯的儿子修昔底德"（这是修昔底德对自己的称呼）时，就仿佛是在描述一位与他毫无关系的陌生人——至少他并没有明显地为自己喊冤辩解。可见，他并不是要将此书写成为自己开脱罪责的辩护书，而是怀抱更大的志向，希望他的著作能够"垂诸永远"。

与希罗多德一样，修昔底德关注的也是当代史，而对久远的历史表现得漠不关心，他说：

> 所有的证据使我得到一个结论：过去的时代，无论在战争方面，或在其他方面，都不是伟大的时代。

（《伯罗奔尼撒战争史》I. 1）

作为一部当代史，修昔底德的《伯罗奔尼撒战争史》既无前人的著作可资参考，又没有足够的档案可供利用，但是他却能把延续二十七年，中经议和间歇，又分散在几个相距遥远的地区进行的战争，视为一次首尾相连、性质同一的历史事件，严格按照年代顺序加以记述，这表明他具有深刻而敏锐的历史眼光。当修昔底德所记述的那一历史事件尚未结束之时，他便能够从整体上考察它的进程，既不为它的表面现象所迷惑，也不为它的迂回曲折所惊愕，这的确是极其难能可贵的。修昔底德考察历史进程和探索事物因果关系的卓越才干，在今天看来，仍然令人叹服。

与希罗多德不同的是，修昔底德受"智者运动"的影响远甚于所受到的纪事家的影响，许多西方学者都注意到了这一点。伯瑞说："他从这些思想家那儿获取了最大的经验，他懂得去考察和批判史实，摆脱了权威和习俗的偏见。"[1]智者对他的影响主要表现在：首先，与智者常有的怀疑主义态度一样，

1　J. B. Bury, *The Ancient Greek Historians*, Dover Publications, 1958, p. 76.

修昔底德对前辈学者和传统也抱有一种怀疑。他在其著作一开始阐述自己的史学思想时，就对诗人和散文纪事家们进行了批判，他说：

> 我相信，我根据上面的证据而得到的结论是不会有很大的错误的。这比诗人的证据更好些，因为诗人常常夸大他们的主题的重要性；也比散文编年史家的证据更好些，因为他们所关心的不在于说出事情的真相而在于引起听众的兴趣，他们的可靠性是经不起检查的；他们的题材，由于时间的遥远，迷失于不可信的神话境界中。
>
> （《伯罗奔尼撒战争史》I. 21）

显然，修昔底德是在有意识地将自己与狄奥尼修斯、希罗多德等前辈史家区分开来，他强调历史学不应取悦流俗，而应该描述历史真实，所以有学者称他能"以18世纪唯理论者的怀疑态度看待神谕"。[1]比如，当雅典遭受瘟疫的打击时，有人认为其原因是人们迁入了那块被阿波罗神谕所禁止居住的"皮拉斯基人的土地"，修昔底德却说：

> 照我看来，这个神谕的实现，和人们所预料的相反。雅典遭着灾难，不是由于在此地的非法居住，而是由于战争，使人们不得不在此地居住。虽然可以预料到，如果这地方有人住，一定是雅典遭着困难的时候了；但是神谕中并没有提到战争。
>
> （《伯罗奔尼撒战争史》II. 17）

其次，受智者"人是万物的尺度"等观念的影响，修昔底德总是以人事

1　（美）汤普森：《历史著作史》，第39页。

活动作为出发点来叙述事件的起因、过程和结果，试图完全从人的角度来解释历史。例如，在谈到克里特岛上的统治者时，他分析说：

> 我们很有理由料想得到，他必尽力镇压海盗，以保障他自己的税收。
>
> （《伯罗奔尼撒战争史》I. 4）

谈及希腊联军的统帅阿伽门农时，他断定：

> 依我看来，阿伽门农一定是当时最有权势的统治者；正因为这个缘故，他才能够召集舰队，进攻特洛耶［即特洛伊］。
>
> （《伯罗奔尼撒战争史》I. 9）

论及伯罗奔尼撒战争爆发的原因时，他说：

> 使战争不可避免的真正原因是雅典势力的增长和因而引起斯巴达的恐惧。
>
> （《伯罗奔尼撒战争史》I. 23）

他还在书中借伯里克利之口说：

> 人是第一重要的，其他一切都是人的劳动成果。
>
> （《伯罗奔尼撒战争史》I. 143）

可见，他是在现实的背景中，站在人的立场上来总结这场战争的原因及其教训的，并且因为他相信：

> 将来也会发生类似的事件……人性总是人性。
>
> (《伯罗奔尼撒战争史》I. 22)

因此，他希望他的著作能够起到垂范后世的作用。

第三，修昔底德在写作中吸收了智者们运用演说技巧和修辞的手法，整部《伯罗奔尼撒战争史》约有四分之一的篇幅是双方政治家和军事家的演说词，比如伯里克利对雅典人宣扬其行动纲领的演讲、密提林的代表向伯罗奔尼撒人求援的演说，还有两军对峙时双方统帅对自己士兵的演说，其中伯里克利在"阵亡将士国葬典礼上的演说"更是脍炙人口的名篇。修昔底德为此做了说明，他说：

> 在这部历史著作中，我利用了一些现成的演说词，有些是在战争开始之前发表的；有些是在战争中发表的。我亲自听到的演说词中的确实词句，我很难记得了，从各种来源告诉我的人也觉得有同样的困难；所以我的方法是这样的：一方面尽量保持实际上所讲的话的大意；同时使演说者说出我认为每个场合所要求他们说出的话语来。
>
> (《伯罗奔尼撒战争史》I. 22)

这就是说，有些演说词是他亲自听到的，如伯里克利的葬礼演说；有些可能是他听别人说的，如在拉栖代梦同盟大会上科林斯人、雅典人以及阿奇达姆斯的演说词；有些是他根本不可能听到的，如赫摩克拉特斯在革拉会议上的演说词，那只能是他为书中人物代写的演说词。但不管哪种情况，作者都力图使那些演说词与人物的性格特征及全书的情节发展保持一致，使之浑然一体。然而无可否认的是，尽管他竭力使演说词接近其原有风貌，但不可避免的是，其中很大一部分内容还是修昔底德式的。修昔底德巧妙地运用这些演说词来说明历史人物行动的背景和动机，其作用有如雅典悲剧中合唱队的作用一样。可以说，修昔底德的这种表现手法明显是受到了悲剧的影响。

　　修昔底德在写作中确实吸收了希腊悲剧的创作手法。他像悲剧诗人使用"合唱"一栏操纵素材，极少加上自己的一言半语，也不做任何褒贬，却能不露痕迹地透露出讽刺与哀伤的情感。特别是他对那些演说词的运用，也就像埃斯库罗斯使用"合唱"一样，以此来标示事件发展与行动中转折点的到来，说明主角的动机与企图，概括并暗示事件发展的背景与可能有的结局。此外，他对叙事内容的选择以及描述也带有很大的戏剧性，比如对雅典瘟疫的描写、对西西里远征的叙述。但是，需要说明的是，我们认为修昔底德对悲剧创作手法的吸收仅仅在方法论上具有意义，正像他接受智者的修辞学一样。也就是说，他只是在写作方法上借鉴了悲剧诗人的一些笔法，而不是真的自认为是在创作悲剧。实际上，他对战争的理解并不是希腊悲剧式的，这就如同他在书中对演说词的运用也并不是智者们可以向人传授的实用技巧一样。

　　事实上，无论从方法上还是思想上，修昔底德自始至终都是一位自觉的历史学家。他有自己明确的史观，在书的第一卷第 1 章，修昔底德便阐明了他的治史的目的。他说：

　　　　我这部历史著作很可能读起来不引人入胜，因为书中缺少虚构的故事。但如果那些想要清楚地了解过去所发生的事件和将来也会发生的类似的事件（因为人性总是人性）的人，认为我的著作还有一点益处的话，那么我就心满意足了。我的著作不是只想迎合群众一时的嗜好，而是想垂诸久远的。

　　　　　　　　　　　　　　　　　　　　（《伯罗奔尼撒战争史》I. 22）

可见，修昔底德对自己的历史写作有着十分清晰的认识。

2. 西方战争史的开创者

　　虽然，修昔底德的年龄只比希罗多德小 25 岁左右，但是他们二人在作品的取材内容、史学观点、治学态度、史学方法、文章风格等方面却宛如隔了好几个世纪。二人最大的区别就在于，他们的描写范围和关注焦点不同。希罗多德选择了一个较为宽泛的主题，作品先是记录了波斯帝国的兴起及其周边地区的人文地理，然后才述及希波战争。他的叙述方式使得他的书中充满不少虽显细枝末节却生动有趣的故事。而修昔底德的著作实际上则是一部专门讨论战争的起因、经过和结果的著作，他只关注一个简单的主题——战争。在书中，他几乎告诉了我们有关战争的一切：战争是什么？为什么会发生战争？具体的战役有哪些？战争会造成什么样的后果？诸如此类。他还告诉我们，除非人类能够学会更好地解决问题的方法，否则战争仍旧会继续。他集中地叙述了整个战争的过程，很少离题，他将与战争没有直接关系的内容全都排除在外，主要突出那些与战争有关的事件与人物，由此，修昔底德开创了西方政治军事史的传统。

　　根据修昔底德自己的解释，之所以选择伯罗奔尼撒战争这样一个题材进行叙述，主要是因为：

　　　　相信这次战争是一个伟大的战争，比过去曾经发生过的任何战争更有叙述的价值。

　　　　　　　　　　　　　　　　　　　　　（《伯罗奔尼撒战争史》I. 1）

他还说：

　　　　任何人，只要看到事实的本身，就会知道这次战争是所有的战争中最伟大的一次战争了。

(《伯罗奔尼撒战争史》I. 21）

修昔底德的这种看法，一方面与他的个人经历有关，他一生的大部分时间都是在这场战争期间度过的，他本人的休戚荣辱也多是由这次战争带来的，以至于有学者指出："修昔底德很明显就是一种政治'危机'的产物，他的作品不可能和他个人强烈的、完全悲剧般的经历分离开。"[1] 另一方面，在古代，战争乃是人们"经常的职业"，人类社会的历史，特别是在早期阶段，是很难与战争分开的。

修昔底德以伯罗奔尼撒战争为主题，按年代记述了战争的过程。在《伯罗奔尼撒战争史》中，我们很难找到除战争以外的其他记述。首先，全书除了第一卷第 1 章回溯雅典的兴起，并说明作者的写作目的和方法以外，从第二卷开始直至第八卷，几乎整部书都是围绕着战争进程而写的；其次，书中很少出现与战争无关的人物，甚至连对作者有重大影响的思想家如高尔吉亚、希波克拉底、苏格拉底等人也未提及，更不用说那些艺术家、戏剧家了，有些在书中发表大段演说词的人物，也仅被冠以"某某代表"而已；第三，对于那些重点叙述的人物，如伯里克利、克里昂、阿基达马斯、伯拉西达等，也只写他们的战事活动，而很少涉及他们的私人生活和性格；第四，对公元前 5 世纪雅典城邦的高度繁荣也未做详细描述，只在确有必要时才简略地提及，如他为了讲述雅典的开支，才提到雅典卫城正门鲁洛匹利亚的建筑；因为雅典娜雕像上的黄金叶片可以作为应急之用，他才谈到帕特农神庙中的雅典娜女神象，而对于宏伟的神庙建筑则只字未提。

修昔底德专注于对战争的描写，他将伯罗奔尼撒战争视为一个整体，想

1　（美）唐纳德·凯利：《多面的历史》，第 8 页。

要在写作中努力探求这场战争的因果关系。他认为，这场战争源于雅典势力的过度增长，这引起了斯巴达等其他各邦的嫉妒和恐惧，而科西拉事件和波提狄亚事件则是双方矛盾长期发展的必然结果，仅仅是发动战争的借口。这些分析，虽然不尽全面，但在当时无疑是高人一筹的。同时，他的分析对欧洲的历史学发展具有先驱性的作用，被视为首次围绕史实展开的、科学与史学的记载和分析。由此，修昔底德也成了西方第一位力图揭示历史事件发展中的因果关系的历史学家。

修昔底德还进一步指出，这场战争真正的起因与表面问题相距甚远，主要受到一种深深地埋藏在人类本性中的某种存在的驱使，而这也是一切战争的起因。这一存在便是贪婪，也就是对权力和财富的不可思议的迷恋之情。他认为，雅典人和斯巴达人之间之所以爆发战争，原因不是他们彼此不同——而是他们太过相像了。这场战争与他们在观念上的分歧无关，也不是出于任何诸如正义或邪恶之类的考虑，不是因为两者之间政体上的差别，而是因为他们人性中的共性，是出于对权力和财富的过度追求，而由此产生出的一种要求更大的权力和财富的欲望。战争的根本动机是贪婪、狂热追求权力和占有欲，请看科林斯和科西拉这两个城邦为得到雅典人的帮助而进行的辩论，科西拉人想要与雅典人结盟，他们的代表说：

> 除你们之外，我们是希腊最大的海军势力。如果你们建立这样的海军势力，你们一定要花费很多金钱；如果我们站在你们一边，你们一定会很乐意的。这样看来，我们自愿参加你们的阵容，投靠在你们一边，不致引起任何危险，或产生任何费用，难道这对于你们还不是一件难能可贵而且将引起你们敌人嫉妒的幸运吗……一旦发生战争，很明显，我们对于你们是有用的……无疑，你们的目的，如果可能的话，是根本不许任何其他国家有海军；如果这一点做不到的话，其次，最好是使现在

最大的每军强国站在你们一边。

（《伯罗奔尼撒战争史》I. 33-36）

科林斯人反驳说：

他们这种中立的政策，听起来似乎是天真的，但事实上是他们所采用的伪装，其目的不是防止他们参加别人的恶行，而是他们自己可以自由作恶：当他们有足够的力量的时候，他们就用暴力夺取别人的财产；当他们能够逃避别人的注意的时候，他们就欺骗别人；享受他人的利得，毫不以为耻……事实上，他们的行为，无论对我们或对任何其他的人，都是不正直的。

（《伯罗奔尼撒战争史》I. 37-38）

最后，科林斯人要求雅典人：

过去我们帮助过你们，现在你们报答我们的时候到了。

（《伯罗奔尼撒战争史》I. 43）

然而雅典却选择了与科西拉结盟。对于雅典的这种抉择，修昔底德明确指出：

雅典不希望科西拉的强大海军落在科林斯手里。同时它希望两国因战争而削弱；因为这样，如果战争真的爆发的话，雅典自己会比科林斯及其他海军国家的势力都强大些。此外，事实上，科西拉在往意大利和西西里去的沿海道路中占着很便利的地位。因为这些缘故，雅典就和科西拉订立同盟了。

（《伯罗奔尼撒战争史》I. 44–45）

可见，三方的考虑都是出于利害关系，而不是对正义与否的衡量。为己方获取最大的利益和财富才是他们的目的，彼此间可能达成的协议或组成的联盟也都是在相互交换利用的基础之上采取的暂时性行动。总之，贪婪和占有欲才是其行为最根本的原因。

作为一个生活在两千多年以前的古希腊人，修昔底德在分析历史事件时，竟然没有将任何一处归之于偶然性或表面富丽堂皇的理由，而是表现出一种类似近代理性主义者的思想光辉，这不由令人惊叹。当然，修昔底德所表现出来的理性精神，实际上也并不完全是现代以人作为根本出发点的理性。在不少情况下，他仍然认为许多事物是人的理性所无法把握的。于是，他便采取了沉默的态度，然后把问题提交给读者去思考。

修昔底德对经济因素与军事成败的关系所做的出色分析，也给人留下深刻的印象。比如他认为，特洛伊战争之所以拖了10年之久，不是由于希腊军队的人数不足，而是在于经济资源的匮乏，他指出：

假如当阿伽门农到达时，有充足的给养，假如他们能够利用全部军队继续不断地作战，而不分散他们的军队去劫掠和耕种土地的话，很明显，他们会很容易地得到胜利的。

（《伯罗奔尼撒战争史》I. 11）

在分析伯罗奔尼撒战争时，他也多次指出：维持一场持久的战争，需要有实力雄厚的经济作为它的基础，战争的胜负除了靠审时度势的明智判断以外，还得要有充裕的经济实力作为后盾。请看书中斯巴达人的分析：

在战争中，金钱比军备更为重要，因为只有金钱才能使军备发生效力；特别在一个陆地强国和一个海上强国作战的时候，尤其是这样的，所以让我们首先检查我们财政。

（《伯罗奔尼撒战争史》I. 83）

雅典人也有同样的认识，伯里克利说：

同盟者所缴纳的金钱就是雅典的力量，战争的胜利全靠聪明的裁断和经济的资源。

（《伯罗奔尼撒战争史》II. 13）

这种见解虽散见于各章，还没有形成一套完整的理论，但已将经济对于战争的作用明白地指出了。所以，汤普森称他是"一位能够体会经济事务对历史的价值和作用的卓越的历史家"。[1]

修昔底德这种注重军事的撰史传统，对后世欧美史学的发展产生了深远的影响。不过，修昔底德过分强调主题，这大大地限制了他历史写作的范围。这也许是因为他的经验更直接，所以他的视野也就更狭窄吧。

3. 史学的求真与致用

修昔底德的《伯罗奔尼撒战争史》属于当代人所记叙的当代事。修昔底德自称，伯罗奔尼撒战争刚一爆发，他即敏锐地觉察到这一事件的重大意义，开始注意收集一切有关资料。他说：

---

1 （美）汤普森：《历史著作史》，第 42 页。

在这次战争刚刚爆发的时候，我就开始写我的历史著作，相信这次
战争是一个伟大的战争，比过去曾经发生过的任何战争更有叙述的价值。
我的这种信念是根据下列的事实得来的：双方都竭尽全力来准备；同时，
我看见希腊世界中其余的国家不是参加了这一边，就是参加了那一边；
就是那些现在还没有参加战争的国家，也正在准备参加。这是希腊人的
历史中最大的一次骚动，同时也影响到大部分非希腊人的世界，可以说，
影响到几乎整个人类。

（《伯罗奔尼撒战争史》I. 1）

事实上，这场战争不但对当时的历史产生了重大的影响，而且也对历史
学本身的发展具有重要的意义。这被认为是第一次科学地、按照历史学规范
被记录下来的战争史实，而它的记录者修昔底德对其正在写作的历史所做出
的这种价值判断，即是对史学实用性的一种重视，也表明了作者进行历史写
作的目的是"经世致用"。

的确，垂训后世正是修昔底德的修史目的。修昔底德在书中强调了历史
的实用性，他认为人性是不变的，他相信存在共通的人性，因此历史会一再
重演，所以历史研究便可供后人引以为鉴。因而其著作便永远也不会失去其
价值。他说：

如果那些想要清楚地了解过去所发生的事件和将来也会发生的类似
的事件（因为人性总是人性）的人，认为我的著作还有一点益处的话，
那么我就心满意足了。我的著作不是只想迎合群众一时的嗜好，而是想
垂诸久远的。

（《伯罗奔尼撒战争史》I. 22）

　　换言之，修昔底德之所以撰写历史著作，是因为他相信人们可以通过了解那场毁灭性的战争而获益。

　　修昔底德所表现出的求真精神是《伯罗奔尼撒战争史》的另一大重要特点。他努力辨清真伪，力图揭示历史事件之间的因果关系，探索人事的规律。因此，修昔底德非常重视对证据的批判，力求使自己的叙述与客观事实相符合。他认为：

　　　　我们可以要求只用最明显的证据，得到合乎情理的正确结论。

　　　　　　　　　　　　　　　　　　　　　　　（《伯罗奔尼撒战争史》I. 21）

　　作为西方史学史上第一位真正具有批判精神和求实态度的历史学家，修昔底德说：

　　　　在研究过去的历史而得到我的结论时，我认为我们不能相信传说中的每个细节。普通人常常容易不用批判的方式去接受所有古代的故事。
　　　　　……
　　　　关于战争事件的叙述，我确定了一个原则：不要偶然听到一个故事就写下来，甚至也不单凭我自己的一般印象作为根据；我所描述的事件，不是我亲自看见的，就是我从那些亲自看见这些事情的人那里听到后，经过我仔细考核过了的。

　　　　　　　　　　　　　　　　　　　　　　（《伯罗奔尼撒战争史》I. 20-22）

　　他就是以如此严格的批判原则来处理史料的。因此，修昔底德十分重视采纳第一手资料，坚决摈弃那种拼凑故事以迎合读者的做法。在被流放期间，修昔底德一边到希腊各地广泛收集材料，一边从事著述。他既重视官方文件，也注意考订史实，从不轻信传闻故事。他不辞辛苦奔赴各地，进行实地考察，对战争中所涉及的山丘、河谷、沼泽、港口、关隘等都做了具体而准确的记载，同时从事件的目击者那里取得许多可靠的资料，比如 1877 年出土的一块石碑，上面刻有公元前 419 年雅典与阿尔戈斯等城邦缔结条约的铭文。考古学家把它与修昔底德的记载相对照，二者竟相差无几。可见，《伯罗奔尼撒战争史》在史料的可信性方面，堪称史学史上的典范作品。

　　修昔底德的这种批判精神使其著作具有材料可靠、结构严谨、思想深刻的特点，从而博得了后世许多史家的称赞。据说，德谟斯提尼（Demosthenes）曾将《伯罗奔尼撒战争史》抄写过八遍，古罗马史学家塔西陀、恺撒等人也都继承并效仿了修昔底德的撰史方法，近代以来的西方史学家对修昔底德更是推崇备至，将他称为"科学和批判历史的奠基者""第一位真正具有批判精神和求实态度的史学家"。

4. 两种史学范式的确立

　　希罗多德和修昔底德分别记录了两次对希腊世界产生重大影响的战争，虽然他们之间的年龄相差不到 30 岁，但两位史学大师的作品却截然不同。"希罗多德把全部的可知世界和传统当作他的叙述主题，而修昔底德在绝大多数情况下，则满足于他自己那一代人和希腊战争的直接经验……再者，希罗多德把时间主要用在人们感兴趣的主题上，比如蛮族的文化和宗教，而修昔底德则主要把注意力集中在雅典帝国主义的政治、军事方面，他调查、分析这些事情的目的在于训导和启迪。"[1]

　　作为前后相继的两代人，希罗多德和修昔底德代表了西方史学的两种不

1　（美）唐纳德·凯利：《多面的历史》，第 52 页。

同风格和模式。希罗多德的《历史》内容丰富，以广阔的视野、华美的文笔成为后来的社会文化史之祖；修昔底德所写的《伯罗奔尼撒战争史》，专注于军政大事，艺文只字不提，为军事史之父。可以说，对于今人而言，如果没有了希罗多德和修昔底德，那么我们对古希腊的理解几乎是不完整的，他们具有不可替代、不可取舍的同等重要性。但他们的确又是很不相同的：希罗多德的史学是古代希腊史学的一种类型，与修昔底德的史学恰成对比。前者追求广博，寻找人类的共同特征，而后者则注重当时的具体事件，研究和分析事件发生的原因及其后果。[1] 希罗多德所使用的"历史"一词，其原生意义是"探究"，而修昔底德则避开了这个词，他将自己的历史写作归诸"记述"，似乎他是在撰写一份充分客观的、几乎是文献式的记录。希罗多德的风格是荷马式的，而修昔底德的风格是论辩式的。希罗多德谦虚且不很明确地提出他的任务只是"讲述听到的事情"，转述流行的故事和传说。修昔底德则庄严宣布，他的著作不是为了参赛获奖和直接取悦听众而写，而是为了垂诸久远的永恒目标而写，适合于一再阅读，完全不考虑一时的念诵。

可以说，他们二人开创了西方史学的两条路径，这两条路径各有所长，本该并行无碍，但后人却往往将它们对立起来。其实，正如当代美国思想史家唐纳德·凯利所说："修昔底德只是在被我们这些现代人或后现代人理解和推崇为历史研究的奠基者时，才成为希罗多德真正的对手。"[2] 然而，西方史学界长期以来一直将修昔底德的史学视为一种经久不变的模式，而且修昔底德的史学由兰克学派的进一步发展而被奉为史学正统，致使史学在一段时间的发展中逐步陷入了一条狭窄的小胡同。直到 19 世纪后半期，一些史学家不满于此，发展了伏尔泰等人的"文化史观"，甚至提出要"回到希罗多德去"。

1　参见：Donald Kelley, ed., *Versions of History: From Antiquity to the Enlightenment*, p. 18。

2　(美)唐纳德·凯利：《多面的历史》，第 50 页。

比较著名的有德国的朗普勒希特、英国的格林、瑞士的布克哈特等人。稍后
又有美国的"新史学派"以及在西方史学界颇有影响的法国"年鉴派"史学
家。他们逐渐跳出了政治史、军事史的框子，开始注意到了经济、社会和民
众心理等因素，并在这些方面做了许多研究，提供了一些有价值的资料和
看法。

应该说，作为西方史学的最早模式，希罗多德和修昔底德在创作各自的
作品时都普遍具有求真的精神、写实的态度和分析的眼光。《剑桥古代希腊
史》的作者写道："我们现代人所持的'历史'概念，是指对过去的一些重大
史实所提出的批判性的、无偏无私的询问，是对史实所进行的理性的、客观
的诠释，因此现代历史的概念，是希罗多德与修昔底德留下的遗产，经文艺
复兴和欧洲的启蒙运动传给了我们。"[1]事实上，他们对西方史学发展所做出的
贡献的确是难分轩轾的。就如同意大利那不勒斯博物馆里的那尊双面雕像的
方碑一样，希罗多德和修昔底德两人背靠背贴在一起，他们靠得这么近，却
注视着相反的方向。这或许具有某种象征性的意义：两人观点如此迥异，思
考历史的方式如此不同，以至于无法对视，却又被永远地连在了一起。

四、"阿提卡的蜜蜂"：色诺芬

继希罗多德、修昔底德之后，色诺芬被称作希腊的第三大历史学家。

色诺芬（Xenophon，约公元前 430 年—公元前 354 年）出生于一个雅典
贵族家庭，在日益激烈的伯罗奔尼撒战争期间长大成人，由于生活在一个政

1　（英）保罗·卡特里奇主编：《剑桥插图古希腊史》，郭小凌等译，山东画报出版社，2005 年，第 17 页。

希罗多德与修昔底德的双面雕像（©Naples National Archaeological Museum）

局剧烈变化的时代，色诺芬拥有丰富而多面的生活经历。他与柏拉图曾同为苏格拉底的学生，也是苏格拉底之死的主要记录者之一。在政治上，色诺芬反对雅典民主制，崇拜斯巴达的贵族政体，还曾参加过波斯人小居鲁士的远征军，也因此被雅典公民大会缺席判处流放，他在这之后长期寄居斯巴达，得斯巴达人厚待，晚年移居科林斯，专心著述。

　　色诺芬一生著述颇丰，作品内容涉及哲学、教育、传记、技术、军事等各个方面，流传至今的著作有十余部，其中最有代表性的，也就是真正使他声名远播的著作是《长征记》（*Anabasis*，又译作《远征记》），这是作者根据自己的行军记录整理而成的作品。大约公元前 403 年，色诺芬离开雅典，以雇佣军的身份，参加了波斯国王的弟弟小居鲁士（Cyrus the younger）与其兄阿尔塔泽西斯二世（Artaxerxes II）争夺王位的战争。他们随小居鲁士横穿小亚细亚，直抵巴比伦城下。在库纳克萨（Cunaxa）战役（公元前 401 年）中，小居鲁士身中长矛，战死沙场。失去雇主的希腊雇佣军群龙无首，又无给养来源，只好在他们自己所选出的首领（即色诺芬）的领导下，退出美索不达米亚，经由巴比伦沿底格里斯河北上，翻越亚美尼亚高原，退到黑海南岸的特拉佩祖斯（Trapezus），后又沿黑海西行，于公元前 399 年，终于抵达博斯普鲁斯海峡东岸的克利索波利斯（Chrysopolis）。

《长征记》所叙述的内容是作者的亲身经历，当时，希腊雇佣军处境十分艰难，离乡万里，还受到波斯军队和当地原住民的重重阻截与四处包围。色诺芬用大量的笔墨记述了撤军途中与波斯军队和游牧部族所发生的多次恶战。这些描写为后世提供了关于希腊雇佣军与波斯帝国的许多细节，书中还记录了这支万人大军所经地区的风土人情等，文笔生动自然，确实不失为一部古典名著。有学者评价说："他的描述是直接、爽快、谦和而自然的。"[1]

此外，色诺芬在《长征记》中还对战略战术、军队建设、作战指挥进行了较为深入的论述，形成了初步的军事理论思想。比如，他认为，编组战斗队形必须考虑地形条件和参战兵力的特点，要根据敌情灵活运用战斗队形；要善于选择突击的时机，要利用突破扩大战果；要避免分散兵力；军队的力量在于拥有优秀的指挥官；等等。

1　（英）卡尔顿·L. 布朗森：《长征记·英译本序言》，载（古希腊）色诺芬：《长征记》，崔金戎译，商务印书馆，1997 年，第 3 页。

让我们来大致地看一看他在这方面的论述，首先是在出发前，色诺芬就大的方针原则在会上发言：

> 我们怎样才能最安全地进军，如果要打仗，怎样的打法最有利。首先，我认为应该把所有这些车辆烧毁，以免受这些牲畜的支配，而我们可以选择最便于军队走的任何路线。其次，我们也应把营帐烧掉，因为这些东西带起来是累，对打仗或获得给养一点用处都没有。我们还要舍弃其他多余的辎重，只留下战争或饮食必需品，以便能有尽多的士兵武装起来，尽少的人运载辎重。
>
> （《长征记》卷三，第 71 页）

然后，色诺芬特别强调了首领和纪律的重要性，提出要严肃军纪，他说：

> 我还要说一件我认为实在至关重要的事。你们看到，敌人在抓捕了我们将领之前他们没有胆量打仗，因为他们认为只要我们有指挥官，兵就有所服从，就能挫败他们；而一旦把我们的指挥官弄走，他们认为我们群龙无首、无纪律，就会毁灭我们。因此，我们现在的指挥官必须比以往要特别提高警惕，而广大列兵比以往更加整齐，更加服从。我们得通过一项协议：如果任何人不服从，你们随便哪一个当时在场的人，要协同军官对他进行惩罚。
>
> （《长征记》卷三，第 71 页）

而在遇到具体战事时，色诺芬也能灵活运用不同的战术方针，比如当希腊连队要进攻一队盘踞在山上的敌人时，色诺芬建议放弃平时战斗的阵式，而将各个连队改为纵队，他说：

我认为我们应当使连队编成纵队，中间留有空隙距离，布满阵地足以使最远的连队超过敌翼。这样，不但我们可以侧翼包围敌阵线，而且，纵队前进使我们的精锐队伍将处于进攻的前锋，哪儿好走，每一队长便可领着他的队伍往那儿前进。敌人不容易冲入纵队之间的空隙，因为这边、那边都有连队，而且对纵队前进的连队要想切断也一样不易。

（《长征记》卷四，第 111 页）

此外，他还针对不同兵种的不同特点和作用，将重甲步兵、轻装步兵以及骑兵分别编队，并在作战过程中及时补充军队的不足，以加强军队的进攻和防守能力。色诺芬还善于发挥不同兵种的优势，以较少的兵力攻入敌人的关键之处，从而扭转战局，取得胜利。从他对战术的不断调整中，我们可以看出他是在战斗的过程中审时度势，在对每一个问题进行充分考虑之后，再将他的深思熟虑体现在临场的指挥中。这种不囿于常规，不断地以新的战术应付新的情况的灵活方式表明色诺芬具有卓越的军事才能。因此，有西方的军事研究者说："在亚历山大以前，对我们最有教益的军人无疑是色诺芬……是他向世人指出退师的战术应该是怎样的，怎样指挥一支后卫部队。《长征记》所给予我们的战术独创性胜过若干部其他任何书籍……经过了二十三个世纪，还没有比《长征记》更好的军事教程。"[1]

然而，对于该书记述史实的真实性，学者们历来多有争议。有人认为，色诺芬作为事件的亲历者，他的记载是可信的，而且他笔下的万人大军正体现了希腊民族热爱自由、勇敢虔诚的优秀品质。还有学者认为，书中有明显夸大希腊人和作者本人的地方，因此色诺芬的记载是虚假、不可信的，有许多粉饰、片面之词。对此，我们的看法是：一方面，我们要看到，古往今来

1　（英）卡尔顿·L.布朗森：《长征记·英译本序言》，载（古希腊）色诺芬：《长征记》，第 5 页。

的雇佣军都是一群拿人钱财替人消灾的军事强盗，对于他们而言无所谓正义和仁爱，其本质都是为利而来，为命而去。因此，作为一支雇佣军，这支希腊远征军必然也会具有一切雇佣军追名逐利的特点，事实上，他们一开始就是为了获取一笔丰厚的报酬而来的——这不仅是指小居鲁士所承诺的酬金，更来自沿路的强取豪夺，到后来他们不仅抢劫有经济价值的财物，还干脆靠抢劫来补充给养，关于这一点，色诺芬在书中也没有避讳。不过，另一方面，我们也要看到，这支由希腊人组成的军队，在整个大军面临生死存亡的危急时刻，他们与生俱来的民族性格自发地流露出来，自然地想到只有用那些他们曾经引以为自豪的优秀品质（如勇敢和坚韧、聪明和理智、自由和民主）才能最终挽救自己于异域绝境之中，于是在这些将领的鼓励之下，出于切身利害的考虑，他们抖擞精神、团结一致，终于冲出重围回到希腊。而色诺芬作为该书的作者，又是书中的主人公，他想为自己所参与的这场并不光彩而后也并无荣誉可言的远征和撤退找寻一个还算说得过去的理由，发掘一点其中的可贵之处，也可谓是在情理之中。不过，这让我们情不自禁地想起同样是战争参与者和记录者的修昔底德，他们身上所表现出来的态度和品格是多么不同。此外，如果我们再进一步分析色诺芬本人的立场、写作目的及其原因背景，则又会对《长征记》有另一番的解读。限于篇幅，这一点就留给读者自己去探索吧。

《希腊史》（*Hellenica*）是色诺芬试图继补修昔底德的《伯罗奔尼撒战争史》而写的另一部史学著作。他从修昔底德断笔的句子开始衔接，时间是公元前 411 年，一直写到公元前 362 年的曼提尼亚战役。这部后续之作虽无法与修昔底德的原作相媲美，但它为后人研究公元前 5 世纪末到公元前 4 世纪上半叶的希腊历史提供了重要的文献资料。

客观地说，我们不应过分夸大色诺芬作为史学家的素质。总的说来，无论是在治学态度还是在取得的成就方面，色诺芬都难以与希罗多德和修昔底德相比。他的兴趣无疑是广泛的，但他对历史事件及其因果关系却未能做出深入而细致的研究，更缺乏一种批判的态度和求实的精神，从而在思想的深度上存在很大的局限性。甚至有人认为，色诺芬以个人的政治好恶来选择史料和评判史实的做法在西方史学上开了一种"为亲者颂，为尊者讳"的不良风气。因此，长期以来，西方史学界对他在西方史学史上的地位与贡献都评价不高。近代英国史学家约翰·伯瑞说："色诺芬在史学领域中和在哲学领域中一样，都是一个浅尝者……他略有文采，写过多种多样的著作。把那些著作加在一起，才使他在希腊文苑中有一席之地。不过他的才智实际上是平庸的，不能深入地观察到事物的本质。如果他生活在现代，他可能是一名一流的新闻记者……就史学方面来说，他真正的贡献是写了一些回忆录。"[1] 这个评价稍嫌苛刻了一些，但大致上是正确的。不过，20世纪后半叶以来，一些西方思想家在重新解读、注疏色诺芬及其著作时添加了一些政治哲学的色彩，对他做出了一些新的评价，这不属于本书所要讨论的范围，且另做他论。

除了史学方面的著述外，我们不能不提及色诺芬在其他方面的贡献，他是古代最早使用"经济"一词的人，他的《经济论》、《论税收》和《雅典的收入》等是古典著作中并不多见的论述希腊古代城邦（尤其是雅典）经济问题的专著。其中对于城邦增加经济收入的来源和办法、城邦的经济部门、劳动分工、商品生产和贸易活动等，色诺芬都有自己的见解。例如，色诺芬认为出租奴隶、开采银矿、举行市集等都是增加城市和城邦财源的有效途径。如果城市从开矿、市集等其他类似的财源中获得大量的收入，城市的人口就会特别兴旺。他希望发展对外贸易，主张把"带来大批值钱商品因而有利于国家的商人和船主尊为上宾"。他还讨论了人们应当如何用最有效的方法来管理财产的问题。马克思在写作《资本论》时，为说明希腊的社会分工情况，

1　John B. Bury, *The Ancient Greek Historians*, p. 151.

曾大量引用过色诺芬的著作。

此外，色诺芬还著有《居鲁士的教育》《回忆苏格拉底》《宴会篇》《论狩猎》《论骑兵司令职责》《论希腊僭主政治》《阿革西劳斯王传》《拉栖代梦人政体》等作品。正是因为他的勤奋和博学，他被人们喻为"阿提卡的蜜蜂"。同时他的文笔清丽自然，颇具阿提卡散文风格，在西方，色诺芬的作品是学习古希腊文的人必读之作。

通过色诺芬的眼睛，我们可以看到雅典各阶层人士的生活，这是我们通过修昔底德或是柏拉图的眼睛所看不到的。在色诺芬的笔下，我们既看不到修昔底德所描写的那些黑暗、贪婪的雅典阴谋家，也看不到柏拉图所设想的那种理想人物。他在书中描绘的人物大多都是一些普通的平民百姓。在另一种意义上 色诺芬也代表了他那个时代的特征——他一生兴趣广泛，曾经从事多种不同的职业，这正是古典时代的雅典人不同于其他人的特点。他年轻的时候就离开了他父亲在阿提卡的家园到雅典来受教育，以脱离乡村的生活方式，加入了苏格拉底的哲学圈子；后来放弃这种生活，成为一名雇佣兵，走上一条完全不同的道路；之后又长期客居他乡，著书为乐。拥有如此丰富的人生阅历，可以说，色诺芬是真正属于他的那个时代的，是那个时候的诗人、学者和历史学家，同时也是战士、将军和冒险家。

五、"历史学家中的历史学家"：波里比阿

希腊化时代杰出的历史学家波里比阿（Polybius，又译作波里比乌斯，约公元前 200 年—约公元前 118 年）出生于希腊中部麦加罗波里斯（Megalopolis）的一个贵族之家，早年即以博学多才为世人所敬重。在第三次马其顿战争期

间，他曾被推举为希腊联军方面的骑兵指挥官，率众抵御罗马人的侵略。因为抵抗失败，他作为一千名贵族人质之一，于公元前166年被送往罗马。当时的罗马国力正盛，一次次的征服使得它成了整个地中海世界的霸主。但是罗马在文化上却远远落后于希腊，于是征服者反为被征服者的文化所征服，当时的罗马人普遍怀着一种称赞和羡慕的心态，大规模地学习和模仿希腊文化，掀起了一股文化上的"希腊热"。正是在这样的背景下，波里比阿来到了罗马。不久，他就以其才学和人品受到了罗马统治集团的宠信，与罗马的上层家族颇有交往，并受聘为罗马著名将领西庇阿·阿米利诺斯（Scipio Aemilianus，即小西庇阿）的家庭教师，与之建立了深厚的友谊。波里比阿客居罗马17年，其间曾在罗马国内及周边地区游历，到处寻访古迹、实地考察；他还获得了进入罗马国家档案馆的权利，得以查阅大量的第一手资料。直到公元前150年，他才回到故乡，但仍然经常往来于希腊和罗马之间；第三次布匿战争期间，他还随同小西庇阿前往北非，目睹了小西庇阿指挥罗马军队于公元前146年攻陷并摧毁迦太基城的全过程。这些经历都为他的历史写作创造了良好的条件。

波里比阿在历史著作的数量、质量以及对后世的影响上都超过以往的历史学家，但他的文笔晦涩，故其著作流传不广，散失较多。其中影响最大的是《通史》（*Histories*，也译作《历史》）。据说，《通史》一书共有40卷，从公元前264年开始，以罗马在地中海世界的发展过程为主题，主要叙述了公元前220年—公元前146年的史实，是一部以政治军事为中心的史书。现在只有前5卷完整地保存下来，其余的仅以片段或引用的形式散见于李维、普鲁塔克、阿庇安等人的著作中。尽管如此，波里比阿的这部作品仍被后人认为是古典史学著作中最符合科学方法和要求的，故人们将他称作"历史学家中的历史学家"。

波里比阿所生活的时代是罗马统一地中海地区的时代。在这一时期，罗

马逐一征服了迦太基、西班牙、希腊、小亚细亚、叙利亚、北非等地，把地
中海变成了罗马的内湖。面对这一系列惊心动魄的历史事件，为了探讨罗马
的成功之道，波里比阿立志著史，以解答罗马兴起的历史之谜。他的这种写
作动机，在他著作的一开头就交代得十分明白，他自问：

> 凭什么手段，由于何种政制，罗马人在不到 53 年的时间里把人类所
> 居的几乎整个世界置于他们的唯一统治之下？

（《通史》I. 1）

公元前 2 世纪的罗马虽有赫赫武功，但它并无反思，缺乏自我意识。而
希腊尽管为罗马人所征服，却是一个在文化上较罗马更为成熟的民族。因此，
由希腊人来为罗马人写史似乎是注定之事。作为那个时代的见证人，波里比
阿所记叙的是关于罗马的现当代史，其作品涉及的不仅仅是他那一代人，他
是从其动笔前的 150 余年时，即罗马征服世界之始开始写作的。而由于他能
接触到罗马官方的大量文献，再加上他严谨、踏实的文风和实地的考察，因
此他的记载便具有了不可移转的价值。后世的罗马史研究者，都不得不从他
所提供的事实材料出发。就此而论，波里比阿是罗马史的开山鼻祖。

人类整体意识的出现是希腊化时代的重要特点之一，而这一特殊的历史
时代造就了波里比阿宽广的历史视野。因此，他所记载的不仅是罗马的历史，
而是他所知道的那个"世界"的历史。他的《通史》正是他那个时代的产物，
在他的著作中，地中海沿岸各国、各民族的历史都占有其所应有的比重。他
写道：

> 先前的世界大势是分散的，这是因为各地的局势是由不同的动机、
> 原因或地方性造成的；但在今天这个时代，历史可说已成为一个有机整

体，意大利和利比亚的局势与亚洲和希腊的局势密切相关，所有各种事情，最终只归于一个结局。

（《通史》I. 3）

在他看来，分析个别的历史事件作用甚微，只有把它们联系起来，放在世界通史之中加以考察，才能显示出意义。他说：

> 只有将各事件与总体之间的千丝万缕的联系一起揭示出来，指出其相似点与不同点，才有可能认识世界的全部。

（《通史》I. 4）

可见，波里比阿已经跳出了希腊城邦的窠臼，站在了一种较为客观和超脱的立场上。"他渴望在叙述罗马兴起的过程中涵盖整个世界。"[1] 波里比阿的编史理论和实践为后继者所继承，这之后的史家开始注意撰写世界史。

波里比阿还继承并发展了修昔底德坚持历史记载必须真实的观点。他说：

> 真实之于历史，正如双目之于人身。如果挖去某人的双目，这个人就终身残疾了；同样，如果从历史中挖去了真实，那么所剩下来的岂不都是些无稽之谈。

（《通史》I. 4）

与修昔底德一样，他也认为历史学家不应以奇闻逸事来取悦读者，不论历史的事实多么平淡无奇，都只能如实地记事载言。他进一步指出：一个历

1　（英）唐纳德·凯利：《多面的历史》，第55页。

史学家要做到真实客观、公正平允，先决条件是应该排除一切私心、抛弃个人成见和党同伐异的情绪。可见，他为自己规定的写作目的是寻求真理，并记载真实的事件。他说：

> 我承认，作者应该对他们自己的国家有一种偏爱，但他们不应该使关于自己国家的叙述违背事实。

（《通史》XVI. 14）

作为修昔底德的真正的继承人，也是修昔底德之后希腊最伟大的历史学家，波里比阿也很强调历史的垂训作用，把历史当作一种"以事实为训的哲学"，他认为历史具有实用价值，它不仅可以使人们心智广博，而且可以作为人们行动的指南。他写道：

> 从研究历史中所得到的真知灼见，对实际生活说来是一种最好的教育。因为历史，而且只有历史，能使我们不涉及实际利害而训练我们的判断力，遇事能采取正确的方针。

（《通史》I. 35）

他还说：

> 只有以类似的历史情况和我们的处境对比，我们才能从中取得推断未来的方法和基础，因为只有学习过去，才能学会在现今的情况下，什么时候行动应当更谨慎些，什么时候行动应当更勇敢些。

（《通史》I. 356）

这种实用性对于培养政治家而言更具意义，柯林伍德在论及波里比阿时说："在他看来，历史之所以值得研究，并不是因为它在科学上是真确的或可指证的，而是因为它是政治生活的一所学校和训练场所。"[1] 波里比阿因此被视作西方史学中强调史学实用性的主要代表。后世的罗马史家也继承了这一传统。

波里比阿对古代希腊，乃至整个西方史学的贡献还不仅仅在于他所写的《通史》，更重要的是，他有一套比较完整的史学理论和史学方法，这在古代史家中尤为突出。他总结了古代希腊的史学成就，论述了历史研究和著述的目的、内容及方法。他说：

> 历史科学应分为三个层次。第一个层次是通过文献和档案的处理来排列所获得的资料。第二个层次是地志学，即描述城市和地区，描写河流与码头，说明海洋和国家的领域、它们的特征以及它们之间的距离。第三个层次是政治事务。历史学领域中的首要任务是考察过去使用的词句的意思；第二个任务是弄清某项做法为什么会取得成功或为什么招致失败。单单叙述某个事件，当然也有趣，却没有教育意义；如果能补充说明其前因后果，那么，研究历史就会有收获了。因为拿历史上的事实来比照我们当前的，我们便可以得到一种方法和依据，用以推测未来。
>
> （《通史》XII. 25）

在此，他对"历史学"一词的使用已经不是在一般意义上对其原意的任何一种探讨，而是一种特殊类型的研究，这实际上已是在现代意义上对"历

---

1 （英）柯林伍德：《历史观念》，第40页。

史学"一词所进行的界定了。[1]

　　总之，波里比阿作为最后一位伟大的古希腊历史学家，如同一个界标一般，标志着希腊时代的最终结束和罗马时代的到来。

1　参见〔英〕柯林伍德：《历史观念》，第39页。

第九章

个人的诗歌与公众的戏剧

来吧，让我们从缪斯开始。她们用歌唱齐声述说现
在、将来及过去的事情……从她们的嘴唇流出甜美的
歌声，令人百听不厌……

—— 赫西俄德

一、诗歌

公元前 7 世纪前后，荷马史诗的传统已经衰落，在希腊文学史上，在悲剧和喜剧兴盛之前，出现了一个抒情诗繁荣的时代。由于中世纪欧洲教会曾对古典文学遗产大加摧残，一些著名诗人的作品都被当作禁书烧毁，只有极少数的早期希腊抒情诗得以完整保存下来，所以，今天的我们大多只能看到一些残篇断简。尽管如此，古希腊抒情诗歌还是对后世的欧洲诗歌产生过很大影响，许多欧洲诗歌的格律形式基本上都继承了古希腊抒情诗歌的传统。

史诗时代，诗人往往以平静宏大的叙述方式描述往昔的英雄业绩，作者的个性则较多地隐藏在作品的背后。而抒情诗则是诗人在自身激情的促使下，用诗歌倾诉自己纯粹的个人感受，借此表达对神灵、对世界和对人生的看法，使得情感的世界在诗句中获得了新的突出地位。抒情诗作为诗歌中最具个性的一种，使得西方个人主义精神在诗歌中得到了最早的表现。

以下，我们将以三位著名的希腊诗人及其诗歌为例，向读者展示希腊抒

情诗的魅力。

1. 赫西俄德

赫西俄德（Hesiod）是继荷马之后古代希腊最早的诗人。因为荷马的身份存疑，所以也可以说，赫西俄德是希腊文学史中第一个有真名实姓的人物，第一位有社会、历史背景可考的个人作家。从他的著作《工作与时日》所描写的社会面貌推断，赫西俄德大约生活于公元前 8 世纪上半叶。他的父亲是一个农夫，农闲时会驾船出海做点生意，通过一生的勤劳节俭积累了一定的财富，临死前将其财产留给了两个儿子赫西俄德和佩耳塞斯。赫西俄德也一直在家乡过着农夫和牧人的生活，与父亲不同的是他从未出过海。他只参加过一次葬礼竞技会，并在诗歌比赛中获奖，得到了一只三足鼎，后将之献给了缪斯女神，以感谢她们赋予他智慧，引领他走上诗歌创作之路。

人们时常将赫西俄德与荷马并称，但实际上，赫西俄德的诗歌在内容上与荷马式的史诗已有了很大的区别。赫西俄德以后，以历史或传说为题材的史诗不再流行，取而代之的是一种短小的诗歌，其主题一般是作者本人对现实生活的感受、个人的生活经历或男女之间的感情。而我们能够在赫西俄德那里发现表达个人情感和思想的最初的，仍然怯生生的企图。[1]

赫西俄德有三部完整的诗篇传世，但其中的《赫拉克勒斯之盾》后来被认为是伪作，其余两部诗篇是《工作与时日》和《神谱》，此外还有一些残篇。

《工作与时日》是关于生产技术的指导和面向世人的简朴劝导，全诗共828 行。《工作与时日》作为公元前 8 世纪希腊唯一以现实生活作为题材的文

1　参见（德）策勒尔：《古希腊哲学史纲》，第 12 页。

学作品　其社会历史资料的价值不言而喻。诗的一开头就说：

我将对你述说真实的事情。

（《工作与时日》11）

当时社会的实际状况是：公元前 8 世纪，雅典由于工商业和货币经济发达，土地集中在贵族手里，农民陷于贫困，纷纷起事，反抗贵族。赫西俄德的兄弟佩耳塞斯在父亲死后获得了大半遗产，但他游手好闲、奢侈享乐，最终重归贫穷，不得不向赫西俄德乞求救济，甚至企图凭借当地贵族的势力，重新挑起诉讼，以侵占其兄弟的财产，于是，赫西俄德就写了这首诗来规劝佩耳塞斯。

在诗中，赫西俄德首先试图以宗教的力量使佩耳塞斯畏惧和信服，他说：

让我们用来自宙斯的、也是最完美的公正审判来解决我们之间的争端吧！

（《工作与时日》35-36）

然后，诗人规劝他的兄弟做事要公正，他说：

佩耳塞斯，你要倾听正义，不要希求暴力，因为暴力无益于贫穷者，甚至家财万贯的富人也不容易承受暴力，一旦碰上厄运，就永远翻不了身。反之，追求正义是明智之举，因为正义最终要战胜强暴。

（《工作与时日》214-217）

诗中还描写了农民一年的劳作，讲述如何经营农业。最后是一系列的格言，主要内容是劝人公正、勤劳和谨慎，此外还记载了每月的吉日和凶日，以备人们行动时参考。整首诗叙述朴素，风格清新自然，平易简洁，相对于荷马史诗描写过去英雄时代的那种浪漫气氛，《工作与时日》则是一部现实主义的作品，反映的是作者对自身生活的关注以及对个人权利的自觉意识，诗中谴责了贵族的不公正和对他人权利的肆意践踏。他说：

> 你们，爱受贿赂的王爷们，要从心底里完全抛弃错误审判的思想，要使你的裁决公正。
>
> 害人者害己，被设计出的不幸，最受伤害的是设计者本人。
>
> （《工作与时日》262—265）

在《工作与时日》中，诗人用潘多拉的故事来说明人间为什么会有邪恶，为什么需要劳作，诗中述及人类生活的艰苦，赫西俄德认为，人类历史的演进依次为黄金时代、白银时代、青铜时代、英雄时代和黑铁时代五个时代，而各个时代的情况则每况愈下，黑铁时代只讲强权，不讲公理，农民有如苍鹰爪下的夜莺。诗人感叹自己生不逢时：

> 我但愿不是生活在属于第五代种族的人类中间，但愿或者在这之前已经死去，或者在这之后才降生。现在的确是一个黑铁种族：人们白天没完没了地劳累烦恼，夜晚不断地死去。
>
> （《工作与时日》174—176）

但诗人仍坚信宙斯能给人间带来公正并给巧取豪夺者施以惩罚。他说：

> 人们如果对任何外来人和本城邦人都予以公正审判，丝毫不背离正

义，他们的城市就繁荣，人民就富庶，他们的城邦就会呈现出一派爱护
儿童、安居乐业的和平景象。

但是，无论谁强暴行凶，克洛诺斯之子、千里眼宙斯就将予以惩罚。

永生神灵就在人类中间，且时刻注意那些不考虑诸神的愤怒而以欺
骗的判决压迫别人的人。

（《工作与时日》225-229、239-240、249-254）

《工作与时日》的另一个特点是，作为第一部个人作品，它虽然使用的仍
是史诗风格的语言，但实际上已突破了史诗的局限，而成了一种新的文学体
裁——训谕诗，即在叙述中有教导，并以训导为主，如在训导中广泛使用了
各种祈使语式等，请看：

不要惹永生诸神生气，不要把朋友当作兄弟。

不要让人觉得你滥交朋友，或无友上门；也不要让人觉得你与恶人
为伍，或与善者作对。

（《工作与时日》706、715-716）

因此，尽管在形式上还算不上完美，它在西方文学史上却占有重要的地
位。哪怕其中那些今天我们看来带有迷信色彩、已失去实用意义的地方，也
因作者的诚挚而显得优美动人，请看：

你得眼睛看着美好的河水做过祷告，又在此清澈可爱的水中把手洗

净之后，才能趟涉这条常流不息的潺潺的流水。

（《工作与时日》737—738）

当读到这样的诗句时，我们心中自然会产生一种清爽而内敛的美感。

最后，诗人又回到全诗的主题上，告诫世人只要辛勤劳动、不亵渎神灵，就会得到幸福，他说：

　　一个人能知道所有这些事情，做自己本分的工作，不冒犯永生的神灵，能识别鸟类的前兆和避免犯罪，这个人在这些日子里就能快乐，就能幸运。

（《工作与时日》825—828）

赫西俄德的另一首长诗《神谱》（*Theogonia*），共 1 020 行，以述说缪斯（Muses）女神的特点开始。在古希腊文中，从"Muses"衍生而来的词语"Mousai"意为"唱出的言语"，这代表了希腊口头诗歌的传统。女神共有九位，是希腊所特有的文艺女神，诗人、作家的灵感均来自她们。随后，诗人在叙述中呈现出两条线索：一是众神的谱系，二是王权更替的神话。

我们先来看一看众神的家谱：《神谱》中出现的神灵有 300 多位，诗人描写了诸神的世系、他们的形象性格以及彼此之间的争斗。诗人试图把不同的神话传说组合成一个完整的体系，通过对谱系的安排，将为数众多的希腊神灵整理出一定的条理：

　　最先产生的确实是卡俄斯（混沌），其次便产生该亚——宽胸的大地……

（《神谱》116）

该亚是可见的、稳固的，几乎一切神灵都是由她而生。而一切不可见的、幽暗的则是由卡俄斯而来。大地母亲的后裔以天空之神乌兰诺斯及其子女为主，十分繁盛，后传至克洛诺斯，再到宙斯。宙斯打败提坦巨神和提丰（Typhon）蛇怪，确立并保住了对宇宙的统治权，他给诸神分配职司，使他们都臣服于他。随后，诗人又提及雅典娜、阿波罗等宙斯的子女的出生，至此一共是四代神灵。最后，诗人还简单述及众女神与人间男子生养的半人半神的英雄们。

关于神界王权的更替有五个片段，其中宙斯夺权的故事占据了全诗的重心，而宇宙从无序到有序的转变就是以宙斯的统治为象征的。诗中对于宙斯和提坦巨神之间的斗争描写得非常生动：

> 这时，宙斯也不再控制自己了。他满腔怒火，立刻使出全身力气，从天宇和奥林波斯山抛出他的闪电。沉重的霹雳迅即冲出他那壮实的大手，雷声隆隆，电光闪闪，卷起猛烈的火焰。孕育生命的大地在燃烧中塌裂，无边的森林在烈火中发出巨大的爆裂声。整个地面、大洋神的河流、不产果实的大海都沸腾了。灼热的蒸汽包围了大地所生的提坦族，无边的火焰一直蹿到了明亮的高空，雷电的耀眼闪光刺瞎了所有强壮提坦神的眼睛。在这惊人的热浪中，世界走向了混沌。
>
> （《神谱》690-700）

宙斯取得政权后，为巩固其地位，缔结了一系列的婚姻，一共娶了七位妻子。他所迎娶的第一位女神是墨提斯（Metis，意为"机智"），后被宙斯所吞食，于是"机智"便成了宙斯的属性之一，也就是说"宙斯的智慧"由此得到成就。之后，宙斯分别又娶了掌管法律和正义的女神特弥斯（Themis，生下时序三女神）、提坦巨神的女儿欧律诺墨（Eurynome，生下美惠三女神）、谷物女神德墨忒耳、记忆女神谟涅摩绪涅（Mnemosyna，生下九个缪斯女神）、提坦巨神的女儿勒托（Leto，生下阿波罗和阿耳忒弥斯），以及合法婚姻的保护神赫拉为妻。从这些婚姻及其孕育的后代可见，宙斯的统治是与秩序、正义、丰产和稳定相关联的。由此，我们可以得出这样的结论：实际上，《神谱》就是一首赞美宙斯的颂歌。

宙斯统治宇宙的方法是让他的家族成员来分享他的权力，即各自分管不同的领域，众神各有其不同的职事，但都臣服于宙斯的权杖之下。诗人说：

> 快乐神灵操劳完毕，用武力解决了与提坦神争夺荣誉的斗争；根据地神的提示，他们要求奥林波斯的千里眼神宙斯统治管辖他们。于是，宙斯为他们分配了荣誉职位。

（《神谱》881–885）

这便是所谓"宙斯的正义"。宙斯的地位与希腊联军中的阿伽门农有些类似，诸神之间虽存在种种争斗，但他们均将对方视作与自己拥有同等地位和力量的神灵。众神原先是独立于宙斯的，而他们成了宙斯的家庭成员（特别是他的子女）并支持他的统治后，也就表明他们已为宙斯所统辖了。宙斯完成了他的统一大业，最终在神界确立了他的统治地位。诗人就以这样一种神话叙述的方式向我们解释了宇宙是如何成为一个稳定、有序的世界的。

由此，《神谱》也完成了希腊神话的统一，作为最早一部比较系统地叙述宇宙起源和诸神谱系的作品，它对希腊人的宗教信仰及其实践产生了直接的影响。它继承了荷马史诗的传统，进一步确立了宙斯对诸神及人类的统治地位，安排了诸神的排列顺序，并使人间的贵族及英雄与众神产生了关联，由此使得对奥林波斯诸神的崇拜在希腊成为占据主导地位的公民宗教。

《神谱》对希腊哲学的影响也非常深远，我们在前文中已经讲到，希腊哲学一开始便以寻求世界的本原作为其主旨，这与《神谱》中追溯诸神起源的方式有着明显的联系。只是神话的思维方式被一种哲学的思维方式所取代，爱奥尼亚的哲学家们摒弃了人格化的神，而以抽象的概念来论述宇宙的本原，从而完成了从神话叙述到理性阐释的过渡，这一过程并不是一种决裂式的突变，应该看到，《神谱》中神话思维方式对宇宙起源的描述，已经孕育了爱奥尼亚哲学派别的产生。

2. 萨福

作为古代世界难得一见的女诗人之一，在过去，关于萨福（Sappho）的生平有许多传说。相传，萨福于公元前 7 世纪出生在小亚细亚海岸的累斯博斯岛（Lesbos）的一个贵族家庭。她的家族在当地的政治活动中有着举足轻重的地位。其父斯卡曼德罗尼摩斯死于该岛与雅典之间发生的一次战争。或许正是政治斗争的结果，萨福早年曾遭流放，不得不流亡至西西里岛度过了一段时光。据说她有一个女儿，名叫克勒斯。传说，萨福美貌无比，有一次法官要判她死刑，萨福当庭脱下上衣，露出丰美的胸部。顿时，旁听席上爆发出震耳欲聋的呼喊：不要处死这样美丽的女人！因为美丽，萨福重新获得了自由。[1] 传说，诗人阿尔凯奥斯曾向她表示爱慕之情，但被她拒绝。又传说，她爱上一个名叫法翁的年轻男子，却未获其爱，因绝望而投海自尽。直到今天，

1　不过，这一传说可能是后人基于妓女弗里涅（Phlyne）的审判公案而衍生出的故事：弗里涅是公元前 4 世纪在雅典名声远播的女子，也是雕塑家普拉克西特列斯（Praxiteles）的情人，传说后者以弗里涅为原型雕刻了《尼多斯的阿佛罗狄忒》这一作品，是首位敢于雕刻女性裸体的古希腊雕塑师。然而，这位可作为女神雕塑原型的弗里涅却被控渎神，不得不接受雅典法庭的审判。她的诉讼代理人希佩里德斯（Hypereides）在法庭中扯下了弗里涅的衣服，让她赤裸的身体露了出来，并向陪审团大喊："你们怎么舍得令如此美丽的乳房消失于世？"而被弗里涅的美貌所征服的法官宣告其无罪，当庭释放了弗里涅。这一叙述被记录在希佩里德斯的演说词中流传至今，较萨福的传说更为可靠。

对于许多爱情至上主义者来说，他们仍然相信萨福跳海而亡的传说。因为希腊人认为，跳海可以治愈无望的爱情，如果侥幸不死，就能摆脱爱的苦恼，正如太阳在傍晚坠落到大海中去，第二天又会重新升起，如同获得新生一般。

当然，使得萨福名垂青史的最主要的原因，还是她那些柔美婉约的情诗。相传，萨福在她的家乡累斯博斯岛给未婚少女讲授诗歌的艺术、爱的艺术甚至美容化妆之类的技艺，许多女孩子慕名而来。她们在累斯博斯岛吟唱诗歌，弹奏竖琴，互相亲爱，宁静祥和。萨福与女弟子们情深意笃，不仅教授给她们各种艺术，还为她们写下了许多柔美的诗句。当那些年轻美貌的女孩子学成离岛，即将嫁为人妇时，萨福便写诗相赠。比如当她最亲密的女伴阿提斯将要嫁给一位军人，离开累斯博斯岛前往海外时，萨福写诗惜别：

> 我和阿提斯从此不能再见，
> 我不骗你，我真恨不得死，
> 她临别时，曾经痛哭流涕，
>
> 并且对我说了这样一番话，
> "唉，我俩的命运实在是苦，
> 萨福，我真不愿和你分离。"
>
> 听了她的话，我就对她说：
> "从我身边高高兴兴地去吧。
> 记住我。你知道我多疼你。
>
> 你若忘记，我就会提醒你，
> 让你想起你忘记了的往事：

我俩相处时多么美好甜蜜。

紫罗兰和芬芳玫瑰的花环,

你曾在你鬈发上戴过许多,

走来挨着我坐在我的身旁。

……

（《赠别》，引自水建馥译《古希腊抒情诗选》，第 110—111 页 ）

由于在古希腊人看来，同性间的爱恋并非羞耻之事，特别是师生间的同性之爱则更为普遍，因此这些带有强烈同性间炽热情感的诗歌在当时非但没有遭到禁止，而且还广为传颂。或许对那些少女而言，她们对萨福的依恋，类似于对母亲温暖怀抱的依恋；对萨福而言，对这些少女的爱恋或许是出于母性般的爱，那些女孩子整日环绕着她，得她教导，自然也受她疼爱。她喜欢未婚年少的女子，是因为她们纯洁自然的天性。她说：

我爱上了你，阿狄司，

很久以前。那时

你还只是

一个丑巴巴的小女孩子。

又一首：

难道那么一个小小村姑，

穿着乡下的衣裳，真能够引起你的宠爱?

她甚至不知道该怎么样儿

揽起长袍、露出脚踝。

再一首：

> 但是这个女孩子
> 她的发辫是比松明火把
> 更金黄——[1]

可见，萨福对她们的爱，一方面是对那种幼小的、纯真的女孩子的庇护和爱怜；另一方面则可能是对自我的认同和钦慕。萨福以高傲的、愉快的、欣赏的目光，在她的同类那里，感觉到自己的美好和可爱之处。

由于萨福的诗歌是女性对自身的描写，所反映的完全是女性的世界，因而从 19 世纪末开始，随着欧洲女权主义运动的兴起，她被追认为女同性恋的远祖，因为那些跟从萨福学艺的女子被时人称作"累斯博斯人"（Lesbian），这也成为后来对于女同性恋者的称呼，而"女同性恋的"（sapphic）一词，也正是源自萨福的名字。然而，由于希腊人所追求的同性之间的爱恋与现代精神病理学意义上的"同性恋"在概念与实际内容上均存在很大的不同，因此，我们更趋向于将萨福及其女伴之间的感情称作一种"同性之爱"。此外，我们还想提醒读者的是，尽管在今天，人们对萨福的理解带有强烈的女权主义色彩，但实际上，萨福在诗歌方面更主要的成就在于，她与同时代的其他希腊诗人一起，在诗歌风格上把咏唱的对象从神转移到了人的身上，并用第一人称来抒发个人的喜怒哀乐，这在当时具有相当的革新意义。

萨福的诗作大约于公元前 3 世纪首次被辑成 9 卷，但是到了中世纪，由于基督教会认为这些抒发个人情感的诗歌有伤风化，且与基督教的伦理观念相违背，因此被当作禁书销毁。所以，萨福的诗篇流传至今的极少，大多只

1　以上诗歌均引自田晓菲编译：《"萨福"：一个欧美文学传统的生成》，生活·读书·新知三联书店，2003 年。

有一些残篇。到 19 世纪为止，人们主要还是通过其他作者的引用才得以了解这位女诗人。1898 年，考古学家在尼罗河河谷发掘出一批公元前 8 世纪的手稿，其中有一些诗歌被证实为萨福的作品。后来，人们又在埃及一些包裹木乃伊及棺材的纸草中发现了萨福的诗歌。而迄今能让我们作为文学作品来欣赏的、近乎完整的萨福的诗作有 4 首。其中的第 4 首是 2004 年被发现于包裹一具埃及木乃伊的纸草上的 12 行诗。该诗连同牛津大学学者马丁·韦斯特的英文译文发表在 2005 年 6 月第 3 周出版的《泰晤士报文学增刊》上，这是一首哀叹垂暮之年的诗歌，其中有这样的诗句：

> 我哀叹残年急景；但又能何为？
> 身为凡夫俗子，无法不迈入暮年垂垂。

总的说来，萨福的诗歌语言温柔缠绵，真挚感人，抒发感情时而细腻含蓄，时而热烈大胆。据说，梭伦听到其中一首题为《为何她音讯全无》的诗歌时，禁不住发出"只要我能学会这一首，那么死也无憾了"的赞叹，只可惜这首诗未能流传至今。萨福的抒情诗对古罗马诗歌，乃至整个欧洲的诗歌都产生过很大影响。公元 1 世纪，朗吉努斯在其重要的文学批评著作《论崇高》中，曾引用萨福的诗，并将其视为一种楷模。在近代欧洲，不少诗人也曾沿袭她用过的诗歌体裁，并称之为"萨福体"。英国诗人拜伦在长诗《唐璜》中称她是"如火焰一般炽热的萨福"，更有文艺评论家认为，萨福在诗歌中给予世界的，如同米开朗琪罗在雕刻中、达·芬奇在绘画中给予世界的一样——尽善尽美。她被公认为世界文学史上女性诗歌的第一人。因此，后世也常以"萨福"一词来褒称各个时代在诗歌中有出色表现的女诗人。

总之，一位美女、一位诗人、一个男性诗人的情人，据说也是一个爱慕同性的女子——这就是萨福——被柏拉图誉为"第十位缪斯"的女人！的确，古希腊女诗人萨福就像是一个不朽的传奇。

然而，我们今天只能通过一些残纸碎片去重塑想象中的萨福了。而种种的猜测与想象都只是一重重的可能，这在一定程度上也构成了历史的一部分，没有绝对的是与非、对与错。最后，让我们从不同作家对萨福那首著名残篇《暮色》的不同翻译中来纯粹地感受一下诗歌之美：

周作人的译文：

  黄昏呀，你召回一切，光明的早晨所驱散的一切，

  你召回绵羊，召回山羊，召回小孩到母亲的旁边。

水建馥的译文：

  晚星带回了

  曙光散布出去的一切，

  带回了绵羊，带回了山羊，

  带回了牧童到母亲身边。

田晓菲的译文：

  黄昏星

  收敛起所有

  被黎明驱散的——

  收敛起绵羊

  收敛起山羊

  也收敛起孩子到母亲身旁

这自然、晓畅的诗句似乎是远古传来的清晰而亲切的声音，在初夏晴静凉爽的午后翻读，淡淡地，唤起人心中的柔情，让人有些许的感动。

3. 品达

希腊的琴歌有两种，一种是独唱琴歌，另一种为合唱琴歌。独唱琴歌因为以抒发个人情感为主，所以也多流行于狭隘的贵族圈子里。而与舞蹈相配的合唱琴歌，虽然结构复杂而严谨，庄严而华美，但比较来说，它表达的是多数人的情感，因而更能为广大民众所喜爱。希腊合唱琴歌的最著名的代表诗人是品达（Pindar，大约公元前 518 年—公元前 438 年）。

品达出生于底比斯的一个贵族家庭，受过良好的教育，熟知古代神话和英雄传说，会吹笛弹琴，精通诗歌格律。品达在早年就表现出超人的才华，他一生都没有从事过其他职业，可谓是一位专业的诗人。传说，他年轻时，曾有一次睡倒在路边，有蜜蜂飞来在他嘴上吐蜜，此后他的诗歌就变得如蜜一样甜美。作为当时最为著名的诗人，无论去往何方，他均会受到所到之处人们的热烈欢迎。据说，人们在德尔斐放置了一把专门为品达准备的铁椅子，他每次前往德尔斐时，都会坐在这张椅子上演唱阿波罗颂歌，可见时人对他的推崇。传说，后来亚历山大大帝攻打底比斯，并最终将之化作一片焦土后，却唯独保留了城中的庙宇和诗人品达的家。这是亚历山大大帝对希腊文化尊重和崇仰的一种表现，也是他为了区别于恣意破坏希腊神庙的波斯侵略者的一种表示，而品达则成了除神灵以外的希腊文化的一种象征。

后人将品达的诗歌辑成 17 卷，包括各种合唱琴歌，其中有日神颂、酒神颂、少女合唱歌、赛会合唱歌、悼亡歌、赞美歌、胜利歌，等等。品达的作品尤以描写竞技胜利者的颂歌见长，保存至今的 4 卷（共 45 首）竞技胜利者颂，是品达最著名的作品。当时，希腊盛行体育竞技，而竞技活动又和敬神

品达（©Naples National Archaeological Museum）

的节日结合在一起，各城邦再以诗歌和音乐欢迎运动会上的获胜者归来。作为当时最伟大的诗人，品达常常应邀为奥林匹亚赛会及其他泛希腊运动会上的竞技胜利者和他们的城邦写作颂歌。他所写的颂歌中有 14 首歌颂奥林匹亚赛会，12 首歌颂德尔斐的阿波罗神庙女先知运动会，11 首歌颂阿尔戈斯的尼米亚运动会，8 首歌颂地峡运动会。这些诗歌在四大运动会期间，以及获胜者凯旋归国时被万人歌唱。现存的品达的诗歌几乎都是为某个贵族在这些运动会上取得胜利而写的颂歌。公元前 452 年，来自卡玛里那城邦的贵族普骚米斯在奥林匹亚赛会上获得骡车比赛的冠军，品达为此写了一首颂歌：

雷霆的投掷者——脚步不倦的至高宙斯！

你的女儿"时光"在华彩的竖琴声中旋转，

送我来为那最崇高的竞赛创作赞歌。

朋友成功后，高尚的人听见甜蜜捷报

立刻就会兴高采烈。

克洛诺斯的儿子，你拥有那习习多风的埃特纳，

你在那山下囚禁过百首的巨怪台风，

请你快来欢迎这位奥林匹亚胜利者，

为美惠女神们而来欢迎这支庆祝队伍，

这队伍象征一种强大力量的不朽光辉，

这队伍来庆祝普骚米斯的赛车，他头戴橄榄枝冠，

一心为卡玛里那城争光。愿天神慈悲，

照顾他的祈求，因为我所称颂的人

热心培养骏马，

喜欢接纳四方的宾客，

他纯洁的心集中于热爱城邦的和平。

……

（《献给卡玛里那城的普骚米斯的颂歌》，

引自水建馥译《古希腊抒情诗选》，第 193—194 页）

     这些描写竞技胜利者的颂歌通常是先说明演唱的缘由，然后对胜利者进行评论，叙述他家族的故事，引用与胜利者的故乡或者传说中的祖先有关的神话传说，其中心思想是歌颂贵族的品德。的确，从品达的诗中，我们看到"他把胜利者看成贵族的高贵代表，表现着人类的真正的理想。他把胜利者看成一个宗教人物，在以神明的名义举办的运动会上，把他以全部的本力和意志的力量赢得的胜利的荣光献给神明"。由此，品达也成为"希腊最辉煌时代

贵族最伟大的代言人"。[1]

品达的诗歌风格庄重，辞藻华丽，意义深奥，形式完美，且喜欢使用典故，对欧洲 17 世纪的古典主义文学产生了较大影响，他的诗歌被认为是"崇高颂歌"的典范，弥尔顿、歌德等人都曾模仿他的风格。

对诗歌的理解应该就是一个不断吟诵、不断感应的过程，在即将结束这一小节对希腊诗歌的叙述之前，让我们再来欣赏一下品达对古代奥运会的赞美：

> 如果你渴望去欢庆伟大的比赛，不要去寻找别的神明，
> 就像在白天，天空中没有哪颗恒星会比太阳更温暖、更明亮一样，
> 同样，也没有比奥运会更加伟大的竞赛了：
> 那里的欢呼声在冠军们的橄榄枝旁回响，激荡着诗人的心潮。
> 当他们走过来时，请他们高颂宙斯之名，走入辉煌的殿堂
> ……
>
> （《奥林匹亚颂》）

时隔两千多年之后，1896 年，当第一届现代奥运会在雅典举行时，一位牛津大学的古典学者溜进闭幕式以古希腊文高声吟诵品达的诗歌。2004 年，在第 28 届奥运会前夕，牛津大学基督教学院古希腊学者狄安古尔教授又在国际奥林匹克委员会资深委员葛兰·梅格的请求下，仿效品达以古希腊文写了一首献给雅典奥运会的二十五行诗。他们之所以这样做，一方面可视作对诗人品达表示敬意，另一方面更是因为他们相信，今天很多人都能以各种语言文字写出诸多赞美诗，却唯有以古希腊文写就的奥运赞美诗，才能使人从中

1　（美）依迪丝·汉密尔顿：《希腊精神——西方文明的源泉》，葛海滨译，辽宁教育出版社，2003 年，第 59 页、第 65 页。

领略到其远古的繁复与优美，不致因现代语言过于简洁的文字风格而失去其
应有的韵味。

二、悲剧

从歌唱英雄的宏大史诗，到抒发个人情感的短篇抒情诗以及为大众所喜
爱的合唱琴歌，再到希腊的戏剧，这是希腊文学留给后世的最辉煌的三大遗
产。应该说，希腊文学的最高成就体现在戏剧方面。希腊人对戏剧有着近乎
痴迷的热爱，在希腊半岛，古剧场随处可见，欣赏戏剧在希腊人的生活中有
着非常重要的地位。希腊人在戏剧方面的成就，在整个古典世界，乃至之后
相当长的一段时间，直至近代戏剧产生之前，都堪称无可匹敌。更加令人惊
叹的是，那些将近三千年前的古老剧目，至今还有着旺盛的生命力，一年一
度的国际古希腊戏剧节的举办就是明证。如今的戏剧节不仅是希腊人的盛会，
还吸引了世界各地的艺术家前往参加，比如，2007 年 7 月，武汉人民艺术剧
院的中国艺术家便赴希腊德尔斐参加了第 13 届国际古希腊戏剧节，演出了阿
里斯托芬的喜剧《地母节妇女》。

所谓"希腊戏剧"，实际上就是指雅典的戏剧，因为其他的希腊城邦基本
上没有产生或留存下任何杰出的戏剧作品。希腊戏剧的中心在雅典，这与雅
典本身在政治、经济、文化上的高度发达密不可分。

希腊戏剧，尤其是希腊悲剧，是古希腊人留给后世的主要精神遗产之一。
"悲剧"（tragoidia）一词在古希腊文中是"山羊之歌"的意思，而山羊既是
祭祀酒神的牺牲，也是酒神狄奥尼索斯的象征。实际上，希腊的悲剧正是起
源于酒神祭仪中的歌舞，酒神祭仪中所反映的"死亡—复活"的主题，正是

一切古老宗教崇拜的主题。事实上，反映生命的存在与延续，这也是一切文明最本质与最核心的内涵。而从悲剧的主人公身上来看，这一主题所体现出的内容便是承担牺牲的勇气和决心，如普罗米修斯、俄狄浦斯、安提戈涅等。悲剧诗人通过神话和英雄传说来反映他们时代的社会现实和民众的思想观念，多方面的主题均能在悲剧中得到表现，如命运观念、宗教信仰、民主制度、社会关系、战争与和平、家庭问题等。

1．悲剧与公民教育

在古代希腊，特别是在雅典，观看戏剧，尤其是悲剧，是一件严肃的事情，不仅属于高尚的精神生活，而且还是进行公民教育的一种重要方式，并不是可有可无的娱乐调剂。新剧的上演往往是如同选举官员一样的大事，观众通过认真思考、热情讨论，将成功的剧作家推上荣誉的巅峰。每逢戏剧节，雅典便由国家出资或贵族捐赠的方式上演剧本，并组织公民集体观看，此时贵族和平民聚集的剧场就成了重要的社交场所。

雅典每年有三个戏剧节，它们分别是勒奈亚节（Lenaia）、城市酒神节（City Dionysia，或称大酒神节）和乡村酒神节（Rural Dionysia）。这些戏剧节与希腊的其他节日一样，是为了祭祀神灵而举行的。因为演戏是一项重要的祭神活动，所以看戏便成了接受关于神的教育的一种重要方式。出于教化的目的，雅典政府将原本只作为宗教仪式的一个组成部分的戏剧演出加以正式化和法律化，将之定位为国家的全民性节日，从经济上资助演出活动，大力兴建剧场，伯里克利时期甚至会向公民发放"观剧津贴"，使戏剧成为人们生活中不可或缺的内容，成为实施公民义务教育的一种手段。也正因如此，戏剧在雅典发展到了顶峰，每年的酒神节戏剧竞赛则为戏剧的创作和表演提供了一个大舞台。雅典的戏剧竞赛共举行六天。第一天组织迎神活动，第二天由合唱队进行酒神赞歌比赛，第三天对五部喜剧进行评比，最后三天则进行悲剧竞赛，由三位悲剧诗人分别献上三部悲剧（或一出三联剧）与一部滑稽讽刺剧。政府将承担一部分竞赛的费用，另一部分则由一些富裕的贵族承担。戏剧演出起初是在酒神的祭坛附近举行，只在演出前进行一些临时布置，后来便有了固定的剧场，设备也更为齐全。

当亚里士多德的《诗学》始，西方学者研究希腊戏剧的著作可谓汗牛充栋，不胜枚举。历代的思想大师对于希腊戏剧也情有独钟，从柏拉图、亚里士多德到黑格尔、尼采、马克思、弗洛伊德等人，他们从哲学、美学、心理学等方方面面深入地研究了希腊的悲剧，为我们留下了许多精彩的论述。

亚里士多德说：

> 悲剧是对于一个严肃、完整、有一定长度的行动的模仿……借引起怜悯与恐惧来使这种情感得到陶冶。

（《诗学》1449b）

所谓完整，是指整部剧目要有头有尾，清楚地描述一件事情；需要一定长度，是因为悲剧上演的时间限于白天，一般要在六七个小时内上演三出悲剧和一出滑稽剧，这就决定了每出悲剧的平均长度仅有 1 500 行；所谓严肃，则是因为悲剧的内容是关于神与人或人在神意下的所作所为，其目的在于陶冶人的情感并教化人心。纵观整段古希腊文学史，悲剧在艺术上继承了史诗和抒情诗的传统，是史诗和抒情诗发展的结果。戏剧的成分和抒情的成分是悲剧中两个不可缺少的组成部分，而悲剧的内容和主要情节多是取自神话传说，其主角则多为英雄。合唱抒情歌大多是颂神的诗歌，它们构成了希腊悲剧的重要组成部分——合唱歌的先驱，而且，我们之所以将古希腊的悲剧家称作"悲剧诗人"，就是因为他们是以诗歌来创作悲剧的，悲剧中的许多段落同时也是优秀的抒情诗。不过，作为悲剧另外两个重要组成部分的舞蹈和音乐，则是从酒神祭典中演化而来的。

亚里士多德在《诗学》中指出：希腊悲剧不在于悲，而重在描写严肃的事件。它通过主人公意外的不幸遭遇引起观众怜悯与恐惧的情感，从而起到教化的作用，促使道德的净化。在戏剧表演中，与社会生活息息相关的种种伦理关系、道德要求被一一展开、定义，人们通过亲身参与、亲眼观看，在自觉或不自觉中复制并确认了那些基本的社会关系以及人们所公认的价值观念，如虔诚敬神、遵守祖训、勇敢进取、节制适度，等等。亚里士多德说：

> 悲剧总是模仿比我们今天的人好的人。

（《诗学》1448a）

由于悲剧在公民公共生活中的重要地位，古希腊悲剧能够影响其公民气质的形成。又由于戏剧表演更具世俗性，因而其能够很好地起到寓教于乐的作用，比起单纯的说教更具效力。这也说明了剧场是古希腊的一处重要的公共场所，而悲剧的演出作为对公民进行义务教育的一种重要手段，对于塑造公民气质的价值是私人领域所不可替代的。

2. 三大悲剧诗人

有西方学者认为，在西方，能够称得上是悲剧大师的人共有四位，除莎士比亚外，其他三位都是希腊人。西方文学史上也只有两个时代是产生伟大悲剧的时代，除伊丽莎白时代的英格兰以外，便是伯里克利时代的雅典了。[1] 的

1　参见（美）汉密尔顿：《希腊精神——西方文明的源泉》，第164页、第167页。

埃斯库罗斯（©Ny Carlsberg Glyptotek）

确，希腊的古典时代产生了三位伟大的悲剧诗人：埃斯库罗斯、索福克勒斯和欧里庇得斯，他们都是雅典公民，他们的剧作也都多次在雅典演出并获奖。

埃斯库罗斯（Aeschylus，约公元前 525 年—约公元前 456 年）是悲剧体裁的奠基者，被奉为“悲剧之父”。在他之前，希腊的悲剧演出时只有一名演员，埃斯库罗斯为悲剧加入了第二名演员，让剧中人物之间产生了互动关系，才真正使之发展成为戏剧。埃斯库罗斯同时还是演员和剧务负责人。他设计了所有希腊戏剧演员的服装，更新了舞台布景和舞台装置，为雅典的戏剧确定了规矩，使歌队在悲剧中占有中心地位。埃斯库罗斯的悲剧多为三联剧，即三个故事既可各自成立，又能在剧情上相互连贯的三部曲（Trilogies）。

作为一位悲剧诗人，埃斯库罗斯一生共创作了 70 部悲剧（也有人认为他一共写了 90 部悲剧），但只有 7 部留存，据说他的作品曾获奖 13 次。他完整保留下来的 7 部戏是：《乞援女》（约公元前 490 年）、《波斯人》（公元前 472 年，头奖）、《七将攻忒拜》（公元前 467 年，头奖）、《普罗米修斯》（约公元前 465 年）、《阿伽门农》（公元前 458 年，头奖）、《奠酒人》（公元前 458 年，头奖）、《报仇神》（公元前 458 年，头奖），其中，主要的代表作品是《波斯人》、《普罗米修斯》和《阿伽门农》。

《波斯人》是现存的希腊悲剧中唯一取材于现实生活的一部作品。埃斯库罗斯本人就曾参与过马拉松战役，他的墓志铭上这样写道：

> 雅典人埃斯库罗斯，欧福里翁的儿子，
> 躺在这里，周围浪漾着杰拉的麦浪；
> 马拉松圣地称道他作战英勇无比，
> 长头发的波斯人听了，心里最明白。
>
> （引自《罗念生全集》第二卷《埃斯库罗斯悲剧三种·序》，第 4 页）

《波斯人》以间接的手法描写了萨拉米斯海战的结果，虽然是通过剧中人进行的间接叙述，但仍掩饰不了诗人饱满的爱国主义激情和对自己城邦及其民主政体的自豪感。请看波斯王后阿托莎（Atossa）向由波斯长者所组成的歌队询问希腊人的情况时，他们之间的对话：

> 阿托莎：谁人王统他们，谁是兵士的牧者？
> 歌队：他们不是奴隶，不是谁个的臣民。
> 阿托莎：如此，他们何以抗拒入侵的敌兵？
> 歌队：他们已摧毁大流士庞大、善战的军队。
>
> （埃斯库罗斯：《波斯人》241—244）

在此，诗人借歌队之口从反面谴责了波斯的专制制度，赞扬了雅典的民主制度。再请看王后与波斯信使之间的对白：

> 阿托莎：怎么，雅典城未被荡劫？
>
> 信使：是的，只要它的男儿还在，城邦的墙垣坚不可摧。
>
> （埃斯库罗斯：《波斯人》348—349）

通过波斯人之口，诗人的爱国情怀溢于言表。

《普罗米修斯》由《被缚的普罗米修斯》、《解放了的普罗米修斯》和《带火的普罗米修斯》三部可以单独成立的悲剧构成，是典型的三联剧。剧中，原先在希腊神话中并不十分起眼的小神普罗米修斯（Prometheus）被诗人塑造成为一个反抗神界暴君宙斯、为人类谋求福利的大英雄，马克思说，希腊众神在《普罗米修斯》中"悲剧式地受到了一次致命伤"，而作为反抗暴君的、具有民主精神的古代英雄人物普罗米修斯则被马克思赞誉为"哲学日历中最高尚的圣者和殉道者"。[1]《普罗米修斯》也成为马克思最喜爱的希腊悲剧，他每年都会重读一遍。请听剧中歌队长与普罗米修斯之间的对话：

> 歌队长：你没有犯别的过错吧？
>
> 普罗米修斯：我使人类不再预料着死亡。
>
> 歌队长：你找到了什么药来治这个病呢？
>
> 普罗米修斯：我把盲目的希望放在他们心里。
>
> 歌队长：你给了人类多么大的恩惠啊！
>
> 普罗米修斯：此外，我把火也给了他们。

---

[1] 《马克思博士论文》，贺麟译，人民出版社，1961年，第3页。

歌队长：怎么？朝生暮死的人类也有了熊熊的火了吗？

普罗米修斯：是啊；他们可以用火学会许多技艺。

歌队长：是不是为了这样的罪，宙斯才——

普罗米修斯：才迫害我，不让我摆脱苦难。

（埃斯库罗斯：《普罗米修斯》243-253）

由此，恩格斯也将埃斯库罗斯称作"有强烈倾向的诗人"。[1]

《阿伽门农》是《俄瑞斯忒亚》三部曲中现存唯一完整的一部，也是希腊悲剧中最出色的作品之一。这部作品主要描写希腊联军的统帅阿伽门农十年征战回来，却被他的妻子克吕泰涅斯特拉及其情夫所杀。整部悲剧结构简练、抒情优美、人物刻画生动，比如诗人在剧中将克吕泰涅斯特拉描写成一个阴险可怕、敢作敢为的毒辣女人，她甚至无须情夫的大力帮助就将阿伽门农和他带回的女奴卡桑德拉（Cassandra）杀死了。请听她杀死阿伽门农后的自白：

这场决战经过我长期考虑，终于进行了，这是旧日争吵的结果。我还是站在我杀人的地点上，我的目的已经达到了。我是这样做的——我不否认——使他无法逃避他的命运：我拿一张没有漏洞的网，像网鱼一样把他罩住，这原是一件致命的宝贵长袍。我刺了他两剑；他哼了两声，手脚就软了。我趁他倒下的时候，又找补第三剑，作为献给地下的宙斯，死者保护神的还原礼物。这么着，他就躺在那里，断了气；他喷出一股汹涌的血，一阵血雨的黑点便落到我身上，我的畅快不亚于麦苗承受天降的甘雨，正当出穗的时节。

（埃斯库罗斯：《阿伽门农》1378-1392）

1　《马克思恩格斯选集》第四卷，人民出版社，1927年，第454页。

这段话将她的残忍狠毒暴露得一览无余。

总的来说，埃斯库罗斯的作品慷慨激昂，充满爱国热情，语言丰富华丽，但有时也会因过分夸张而晦涩难解，比如他将干燥的尘土称作"泥土的孪生姐妹"，把宙斯的鹰称作"有翅膀的狗"，等等。与他之后的悲剧诗人相比，他不重视剧情的结构和人物描写，而着重表现个人行为与神灵意志之间的矛盾冲突，罪与罚是其剧本中经常出现的主题。同时，埃斯库罗斯也对人在命运面前的奋勇反抗备加歌颂。

埃斯库罗斯死后 50 年，喜剧诗人阿里斯托芬在他的《蛙》中，还假托酒神狄奥尼索斯之名称赞埃斯库罗斯，并要将其从阴间迎接回来。19 世纪以后，在欧洲，埃斯库罗斯的悲剧受到广泛关注，影响较大。

埃斯库罗斯以后的著名悲剧诗人是索福克勒斯（Sophocles，约公元前 496 年—约公元前 406 年），他被称作"戏剧艺术的荷马"，他的创作风格庄重和谐、气魄宏伟，叙事抒情都恰到好处，其剧作被认为在艺术上是最为完美的。德国批评家拉辛和大诗人歌德对他的悲剧都赞赏备至。

索福克勒斯年轻的时候，正是希腊充满希望的时代；他壮年的时候，雅典城遭受战争与党派之争的蹂躏；他老年的时候，和美、宽容以及公平的生活等诸多曾使雅典声名远播的事物都已若存若亡，那些使雅典在马拉松、萨拉米斯湾等战役中获得胜利的人生观也已成了如烟往事；在他去世之前，斯巴达人已兵临城下，雅典的辉煌更是日薄西山了。总之，无论是索福克勒斯看到的，还是他所亲历的现实生活，都是日益严酷的，因此他剧中的英雄也都是忍受着痛苦并与之斗争的人物。索福克勒斯早期的悲剧比较接近埃斯库罗斯的作品，后期作品如《俄狄浦斯王》则更有人情味，更多地注意到了个人的情感矛盾和复杂心理，并表现出对人类弱点的深切同情。

索福克勒斯不再写作故事连贯的三部曲，他的每部悲剧作品的故事都是独立的。他还降低了歌队的重要程度，并增加了第三名演员，使悲剧艺术

索福克勒斯（©Ny Calsberg Glyptotek）

进一步完善，最终完成了希腊悲剧的格式。索福克勒斯的悲剧题材主要仍为古代的神话与英雄传说，但是他所描写的英雄人物已带有公元前 5 世纪雅典民主政治的理想，天神的意志不再说明一切，人类的苦难也并非全是天神惩罚的结果。他在 60 年的创作生涯中，大约写了 130 部悲剧。他一共得了 24次头奖和次奖，有 7 部完整的悲剧传世，分别是：《埃阿斯》（约公元前 442年）、《安提戈涅》（约公元前 441 年）、《俄狄浦斯王》（约公元前 431 年）、《厄勒克特拉》（公元前 419 年—公元前 415 年）、《特剌喀斯少女》（约公元前413 年）、《菲罗克忒忒斯》（公元前 409 年，头奖）、《俄狄浦斯在科罗诺斯》（公元前 401 年，头奖）。

《俄狄浦斯王》是索福克勒斯最为著名的作品，亚里士多德认为这部悲剧

是希腊悲剧的典范。该剧取材于希腊神话，诗人在剧中运用动机与效果相反
的手法，一层层解开了俄狄浦斯杀父娶母的疑团。俄狄浦斯自认为已经逃出
了命运的安排，然而实际上却一直为命运所操控。请看：刚出场时，俄狄浦
斯（Oidipous）是一个受人民爱戴并且富有责任心的国王，当灾难来临时，他
对祭司说：

> 老人家，你说吧，你年高德劭，正应当替他们说话。你们有什么心事，
> 为什么坐在这里？你们有什么忧虑，有什么心愿？我愿意尽力帮助你们。
>
> （索福克勒斯：《俄狄浦斯王》10—12）

随后，他秉承正大光明的原则，要求将神示公开，他说：

> 说给大家听吧！我是为大家担忧，不单为我自己。
> ……
> 我要彻底追究，凭了天神帮助，我们一定成功。
> ……
> 我诅咒那没有被发现的凶手，不论他是单独行动，还是另有同谋，
> 他这个人一定将过着悲惨不幸的生活。我发誓，假如他是我家里的人，我
> 愿忍受我刚才加在别人身上的诅咒。
>
> （索福克勒斯：《俄狄浦斯王》93、145—146、246—251）

他这种追查到底的态度和对凶手的仇视，表明他完全没有意识到自己即是
凶手的事实。当一切真相大白于天下时，俄狄浦斯的母亲，同时也是他的王后，
自缢而死，俄狄浦斯自己则在百感交集中刺瞎了双眼。请听报信人的描述：

　　我们随即看见王后在里面吊着，脖子缠在那摆动的绳子上，国王看
见了，发出可怕的呼声，多么可怜！他随即解开那活套。等那不幸的人
躺在地上时，我们看见那可怕的景象：国王从她袍子上摘下两只她佩戴
着的金别针，举起来朝着自己的眼珠刺去，并且这样嚷道："你们再也看
不见我所受的灾难，我所造成的罪恶了！你们看够了你们不应当看的人，
不认识我想认识的人；你们从此黑暗无光！"

（索福克勒斯：《俄狄浦斯王》1268—1276）

然后俄狄浦斯自我放逐，继续等待神谕。

该剧结构复杂，布局严谨巧妙，环环相扣，将人的意志与命运的冲突表
现得淋漓尽致。[1] 亚里士多德在《诗学》中论及悲剧创作的艺术时曾以该剧为
例，他说：

　　情节的安排，务求人们只听事件的发展，不必看表演，也能因那些
事件的结果而惊心动魄，发生怜悯之情；任何人听见《俄狄浦斯王》的
情节，都会这样受感动。

（《诗学》1453b）

　　《安提戈涅》是索福克勒斯另一部重要的悲剧，也可称得上是最著名的
希腊悲剧之一，它同时也是充满争议与误解的一部悲剧。该剧的背景是忒拜
公主安提戈涅（Antigone）的两位兄长为争夺王位相残而死，其舅父克瑞翁

1　由于索福克勒斯所塑造的俄狄浦斯形象十分经典，后世出现了许多或是以俄狄浦斯为中心，或是以其为灵感
来源的不同领域的研究，如心理学领域的"俄狄浦斯情结"，人类学角度的"神王"概念，神话学角度的"弃婴
成长为英雄"或"解谜"等母题探讨，等等。从历史学角度对这一问题的考察可参考王以欣：《神话与历史：古
希腊英雄故事的历史和文化内涵》，北京：商务印书馆，2006 年 12 月第 1 版，第 193—237 页。

（Kreon）继承王位，宣布安提戈涅的一位兄长为叛国贼，不允许别人掩埋他的尸首。安提戈涅却为了遵守神的律条、尽亲人的义务，将之埋葬了，她因此被囚禁在墓室里，最后自杀身亡。对于该剧所表现出的神的律法与当权者的法令间的冲突，历来都有着多重的解读方式。我们在此且不予置评，留待读者自己去判断。想要提醒大家的是，该剧布局相当紧凑，人物间的对话立场分明，剧中的许多著名片段千百年来一直为人们所称道，请听安提戈涅对自己行为的答辩：

克瑞翁：你知道不知道有禁葬的命令？

安提戈涅：当然知道；怎么会不知道呢？这是公布了的。

克瑞翁：你真敢违背法令吗？

安提戈涅：我敢；因为向我宣布这法令的不是宙斯，那和下界神祇同住的正义之神也没有为凡人制定这样的法令；我不认为一个凡人下一道命令就能废除天神制定的永恒不变的不成文律条，它的存在不限于今日和昨日，而是永久的，也没有人知道它是什么时候出现的。

我不会因为害怕别人皱眉头而违背天条，以至于在神面前受到惩罚。我知道我是会死的——怎么会不知道呢——即使你没有颁布那道命令；如果我在应活的岁月之前死去，我认为是件好事；因为像我这样在无穷尽的灾难中过日子的人死了，岂不是得到好处了吗？

所以我遭遇这命运并没有什么痛苦；但是，如果我让我哥哥死后不得埋葬，我会痛苦到极点；可是像这样，我倒安心了。如果在你看来我做的是傻事，也许我可以说那说我傻的人倒是傻子。

（索福克勒斯：《安提戈涅》446-470）

让我们再来看一看克瑞翁与其子海蒙（Haimon）之间的辩论：

克瑞翁：我们这么大年纪，还由他这年轻人来教我们变聪明一点吗？

海蒙：不是教你做不正当的事；尽管我年轻，你也应当注意我的行为，不应当只注意我的年龄。

克瑞翁：你尊重犯法的人，那也算好的行为吗？

海蒙：我并不劝人尊重犯人。

克瑞翁：这女子不是害了坏人的传染病吗？

海蒙：忒拜全城的人都否认。

克瑞翁：难道市民要干涉我的行政吗？

海蒙：你看你说这话，不就像个很年轻的人吗？

克瑞翁：难道我应当按照别人的意思，而不按照自己的意思治理这国土吗？

海蒙：只属于一个人的城邦不算城邦。

克瑞翁：难道城邦不归统治者所有吗？

海蒙：你可以独自在沙漠中做个好国王。

克瑞翁：这孩子好像成为那女人的盟友了。

海蒙：不，除非你就是那女人；实际上，我所关心的是你。

克瑞翁：坏透了的东西，你竟和父亲争吵起来了！

海蒙：只因为我看见你犯了过错，做事不公正。

克瑞翁：我尊重我的王权也算犯了过错吗？

海蒙：你践踏了众神的权力，就算不尊重你的王权。

（索福克勒斯：《安提戈涅》726-745）

通过这些对白，索福克勒斯一方面将剧中人物的性格刻画得细致而又鲜明，另一方面也将剧情推向了高潮。

索福克勒斯死于公元前406年，当时，雅典与斯巴达之间的战事仍在继

欧里庇得斯（©Ny Carlsberg Glyptotek）

续，但斯巴达人听到诗人的死讯后，便专门下令停战，以便雅典人能从容地、合乎礼仪地将他安葬。据说，索福克勒斯的坟上立着一个善于歌唱的人头鸟的雕像。

　　欧里庇得斯（Euripides，约公元前 485 年—约公元前 406 年）是古希腊三大悲剧诗人中的最后一位，他被称作"舞台上的哲学家"。虽然只比索福克勒斯晚生了 10 年，欧里庇得斯却属于另外一个时代。他的青壮年时期正是智者运动盛行的时期，许多传统的观念和价值都受到怀疑。这种时代的印迹在欧里庇得斯的创作之中的表现，导致他的悲剧虽然仍以古代神话与英雄传说为题材，却已被赋予了新的内容。事实上，欧里庇得斯的主要兴趣已经转向了当时的社会问题，他在心理描写方面也更合乎现代人的口味，因此他的作品对后代文学的影响比两位前辈诗人更大。欧里庇得斯一生大概写作了 92 出剧本，今天我们知道剧名的就有 81 出，流传至今的有 18 出：《阿尔刻提斯》（公元前 438 年，次奖）、《美狄亚》（公元前 431 年）、《希波吕托斯》（公元前 428 年，头奖）、《赫拉克勒斯的儿女》（约公元前 430 年）、《安德洛玛刻》（约公元前 430 年）、《赫卡柏》（约公元前 423 年）、《请愿的妇女》（约公元前 421 年）、《特洛伊妇女》（公元前 415 年，次奖）、《伊菲革涅亚在陶洛人里》（约公元前 420 年—公元前 412 年）、《海伦》（公元前 412 年）、《俄瑞斯忒斯》（公元前 408 年）、《疯狂的赫拉克勒斯》（约公元前 421 年）、《伊翁》（约公元前 412 年）、《厄勒克特拉》（公元前 408 年）、《腓尼基妇女》（约公元前 411 年—公元前 408 年，次奖）、《伊菲革涅亚在奥利斯》（公元前 407 年，头奖）、《酒神的伴侣》（公元前 407 年，头奖）和《圆目巨人》（年代不详）。其中，最著名的作品是《美狄亚》、《特洛伊妇女》和《酒神的伴侣》。

与埃斯库罗斯和索福克勒斯相比，欧里庇得斯特别注重写实与激情，他对人物心理矛盾的刻画至深，戏剧冲突的展开也非常激烈，因此他的悲剧更能震撼人的心灵。欧里庇得斯悲剧在题材和思想上也具有超前性，表现出对妇女和奴隶的同情，这方面最为明显的体现是在《美狄亚》一剧中。该剧取材于希腊英雄伊阿宋（Iason）盗取金羊毛的故事：在神意的影响下，蛮邦公主美狄亚（Medea）迷恋上了前来盗取金羊毛的伊阿宋，不仅帮助伊阿宋取得了金羊毛，且杀弟叛父，与伊阿宋双双逃离故国，两人来到科林斯定居，并有了一对儿子。但在剧情开始时，伊阿宋因贪图权势，决定抛弃美狄亚，与科林斯公主结婚，国王又下令驱逐美狄亚。她悲愤交加，在劝说无用的情况下决心复仇。她不仅毒死了科林斯的公主和国王，又亲手杀死了自己的两个孩子以惩罚负心的丈夫，使其绝后。最后，美狄亚乘龙车逃走。剧中对美狄亚杀死亲生儿子前反复激烈的内心斗争有着十分精彩的描写，母亲的慈爱和弃妇的怨情在美狄亚心中不停地斗争着，请听美狄亚的独白：

哎呀！我怎样办呢……我如今看见他们这明亮的眼睛，我的心就软了！我决不能够！我得打消我先前的计划，我得把我的孩儿带出去。

（欧里庇得斯：《美狄亚》1040—1045）

继而，她好像突然醒悟过来，又鼓励自己：

我到底是怎么的？难道我想饶了我的仇人，反遭受他们的嘲笑吗？我得勇敢一些！

（欧里庇得斯：《美狄亚》1048—1050）

但也许才几秒钟后，她又自语道：

哎呀呀，我的心呀，快不要这样做！可怜的人呀，你放了孩子，饶了他们吧！

（欧里庇得斯：《美狄亚》1054—1056）

她就这样反复斗争着，几次母爱占了上风，复仇之心软化了；但另外几次则是恨意压倒了母爱。最后她痛下决心，决意不能给罪恶的人留下后代：

不，凭那些住在下界的报仇神起誓，这一定不行，我不能让我的仇人侮辱我的孩儿！无论如何，他们非死不可！既然要死，我生了他们，就可以把他们杀死。

（欧里庇得斯：《美狄亚》1058—1062）

从悲剧的结尾处，我们看到：美狄亚在毒杀科林斯公主及国王后，完全可以带着两个孩子乘龙车逃离，而不必对他们痛下杀手，但这对她而言却是不够的，因为使她不幸的罪魁祸首还没有受到最严厉的惩罚，而这才是最为重要的。于是她怀着一种绝望而又清醒的决心走向自己的亲生骨肉：

> 啊，我这不幸的手呀，快拿起、拿起宝剑，到你的生涯的痛苦的起点上去，不要畏缩，不要想念你的孩子多么可爱，不要想念你怎样生了他们，在这短促的一日之间暂且把他们忘掉，到后来再哀悼他们吧。他们虽是你杀的，你到底也心疼他们！——啊，我真是个苦命的女人！
>
> （欧里庇得斯：《美狄亚》1238–1250）

这种超乎常态的"爱"与"恨"正是美狄亚性格中最鲜明的特征。为使伊阿宋绝嗣断代，永远痛苦，美狄亚做下这骇人听闻的事。而杀子的结果，又使她感受到双倍的痛苦和不幸，即在惩罚丈夫的同时，也毁灭了自己的幸福。

我们认为，一个人的爱憎不仅仅是其主观情感的反映，也常常是社会现实的折射。欧里庇得斯不仅看到了这些现实存在的问题，而且通过悲剧的表现，在认识这些问题时走在了时代的前列，这使得他的作品更为现代人所喜爱，以至于有人将欧里庇得斯称作"现代的思想者"。他在两千多年前写下的作品中，对苦难的同情以及对个人价值的追求，同样也是当今世界中的主旋律之一。然而，欧里庇得斯在他的有生之年并不是很受时人欢迎，他只有5部戏获得了最高奖，只是在死后才获得了大多数人的赏识。也许这正印证了"真正的思想者是从来都不会受到他所处时代的广泛赞赏的"这句俗话吧。

欧里庇得斯的另一部著名悲剧是《特洛伊妇女》。诗人的青壮年时期正值雅典和斯巴达之间战事不断之际。雅典在战争初期获得了胜利，但是雅典迅速扩张的势头没有迷惑住欧里庇得斯的眼睛，他注视着战争的发展，并从光荣的假象中看到了背后隐藏的罪恶。因此，在他的悲剧中，他将希腊人记忆中那次最伟大的胜利——特洛伊战争视作希腊人实际上最大的耻辱。剧幕刚刚拉开，诗人就借海神波塞冬之口谴责雅典人：

> 你们这凡间的人真愚蠢，你们毁了别人的都城，神的庙宇和死者安眠的坟墓：你们种下了荒凉，日后收获的也就是毁灭啊！
>
> （欧里庇得斯：《特洛伊妇女》95-97）

可以说，在希腊历史上有关战争的诗歌之中，特洛伊城的陷落是其最为辉煌的主题，然而在《特洛伊妇女》中，悲剧的效果却十分显著，剧中的情节不是由顺境转入逆境，而是由逆境转入更坏的逆境。一开始，特洛伊城中所有妇人，不管年老的还是年轻的，无论已婚的还是未婚的，都被聚集到了特洛伊城郊外的空地上，等待希腊人将她们分配给各个希腊国王或是将领做奴隶。结尾更是悲惨：一个肝肠寸断的老妇人坐在地上，怀里抱着一个死去的孩子。请听特洛伊王后赫卡柏（Hekabe）与歌队最后的绝唱：

> 歌队：特洛伊城在坍塌！
> 赫卡柏：这震动，这震动会倾陷全城！哎呀，这战栗的、战栗的腿啊，快支持我步行，引导我去过奴隶的生活。
> 歌队：永别了，不幸的都城啊！（向赫卡柏）快迈着你的脚步，去到阿开奥斯人的船上！
>
> （欧里庇得斯：《特洛伊妇女》1328-1332）

难怪亚里士多德说：

欧里庇得斯实不愧为最能产生悲剧效果的诗人。

（《诗学》1453a）

我们发现，除了以上这两部以女子为主人翁的剧作外，欧里庇得斯流传至今的 18 部悲剧中，以女性为主要人物的还有 10 部，可见欧里庇得斯对女性题材的偏爱，而且他也的确善于描绘妇女的心理，因此有人说，他"首先在希腊文学的领域里发现了女人"。[1] 不过，我们也要看到，欧里庇得斯所生活的希腊社会是以男性为主导的社会，他不可能完全打破时代的限制，因此欧里庇得斯虽然赞成、同情妇女的反抗（如《安德洛玛刻》《美狄亚》），却又要求妇女具备美德（如《阿尔刻提斯》）。应该说，欧里庇得斯以女性为题材，关注、同情妇女，的确使他走在了时代的前面，但他的创作目的在很大程度上更主要的是利用女性柔弱无助的特点，将女性命运作为载体，来反映他反对战争与强权的思想内涵。

3. 命运与人

在希腊悲剧中，我们发现，除了神以外，人还受到另一种超自然的力量，即命运的制约和摆布。表面上那些喧闹不已的英雄都在自由、自主地行动，但实际上英雄的一切行为都是早已注定的，只不过他们自己浑然不知。这背后的存在并不以人们的意志为转移。有人将之形容为自然规律、外在环境，也可把它看作自然界当中各种各样不可控制的力量，或是事物发展的必然趋势，希腊人则认为：那就是命运。

其实，早在《伊利亚特》中就出现了希腊人所无法解释的力量——命运。

1　《罗念生全集》第三卷：《欧里庇得斯悲剧六种·序》，上海人民出版社，2004 年 6 月第 1 版，第 8 页。

请看《伊利亚特》中关于命运的著名的悲惨场景，当帕特罗克洛斯将要杀死宙斯之子萨尔佩冬（Sarpedon）时，宙斯悲叹道：

> 可怜哪，命定我最亲近的萨尔佩冬将被
> 墨诺提奥斯的儿子帕特罗克洛斯杀死。
> 现在我的心动摇于两个决定之间：
> 是把他活着带出令人悲伤的战场，
> 送往他在辽阔的吕西亚的肥沃故乡，
> 还是让他被墨诺提奥斯之子杀死。
>
> （《伊利亚特》XVI. 432-437）

诗句暗示了无所不能的宙斯或许有能力冲破命运，改变这一切，但是这立马遭到赫拉的坚决反对：

> 一个早就公正注定要死的凡人，
> 你却想要让他免除悲惨的死亡？
> 你这么干吧，其他神明不会同意。
>
> （《伊利亚特》XVI. 441-442）

可见，如果坚持一意孤行，宙斯是可以救出萨尔佩冬的，但是被赫拉劝阻。同样地，当宙斯可怜赫克托尔，想要救他时，也遭到雅典娜的抗议：

> 掷闪电的父亲，集云之神，你说什么话！
> 一个有死的凡人命运早做限定，
> 难道你想让他免除可怕的死亡？

　　　你看着办吧，但别希望我们赞赏。

（《伊利亚特》XXII. 178-181）

　　可见，这么做会引起众神的反感，乃至会破坏正义。如此一来，既定的规则就会被打破，从而产生一系列的连锁反应，甚至会破坏宇宙的和谐，最终可能出现难以预期的结果。因此，宙斯最终还是遵守了规则，因为他不想令世界再次陷入混乱，也不想众神借机违背秩序（命运）而为所欲为。

　　这时，在希腊人看来，命运的力量主要在于限定人生的长度。凡人在出生的那一刻便已带上死亡的阴影，他们一般不能通过祈祷等方式从命运的束缚中解脱。就连神灵也必须服从这虽然若隐若现，却是注定与必然的命运。

　　希腊人在思想和感情上面对这样一种给定的存在，这不是一种可选择的事项。阿喀琉斯选择战死沙场而非颐养天年，奥德修斯选择归返家园而非与神女卡吕普索同住，凡此种种，绝非我们现代人所理解的自由选择，而是实现自己的既定命运。希腊的命运观与神明相关，但显然，一方面，人的命运是由神所给予的；另一方面，命运又是注定的，这种冥冥中的力量连神也无法干预，人不得不服从命运的安排。于是乎，顺服于命运的神灵们，他们本身也成了命运的体现。

　　人的命运为什么会是这样的？——这个问题一直困扰着希腊人。荷马并未在史诗中对此做出清楚的表述，在后来的希腊悲剧中，悲剧诗人们则对此进行了更加广泛而深刻的思考。悲剧诗人仍然相信命运与命运的威力，他们深刻地体察到了人类的各种道德认知和价值冲突的困境，而人所处的各种情境，又激发了人的自我意识和对人的关怀。于是，人的意志与命运的冲突便成了古希腊悲剧作品中一个常见的主题。按照古希腊人的观念，命运是不可知的，也是不可抗拒的。于是乎，悲剧中充满了两股力量间的张力：对生活的热烈喜爱，以及对命运不可变更的明确认识。

　　《俄狄浦斯王》可以说是希腊悲剧中将"命运"这一意象表达得最淋漓尽致的经典之作。神意的不可抗拒不仅表现在俄狄浦斯最终应验了杀父娶母的预言，更体现在他无意中知晓了神谕的内容，力图改变命运而离开养父母身边，真正走上命运的不归路这一悲剧情节之中。请看，俄狄浦斯乍得知自己身世后，既绝望又对神灵充满了敬畏的话语：

　　　　俄狄浦斯：他的神示早就明白地宣布了，要把那杀父的，那不洁的人毁了，我自己就是那人哩。

　　　　克瑞翁：神示虽然这么说，但是在目前的情况下，最好还是去问问怎么办。

　　　　俄狄浦斯：你愿去为我这么样不幸的人问问吗？

　　　　克瑞翁：我愿意去；你现在要相信神的话。

　　　　俄狄浦斯：是的……

　　　　　　　　　　　　　　　（索福克勒斯：《俄狄浦斯王》1438—1445）

　　实际上，这个悲剧的不幸之源最初可追溯到俄狄浦斯之父拉伊俄斯那里。早年他流亡伯罗奔尼撒时，曾诱拐珀罗普斯之子克律西波斯，导致后者自杀身亡。此事激起了诸神的愤怒，从而注定了他家族不幸的命运。俄狄浦斯的悲剧只是这个悲剧链中的一个环节，他的任何行为都无助于问题的解决。韦尔南说："悲剧不在于俄狄浦斯是否有过失，而在于这是人类的生存困境中不可避免的牺牲。"[1]命运在悲剧中表现为一种印象、一种事实，而导致这种印象和事实的还有更加深刻的原因。在《俄狄浦斯王》中，命运在主人公诞生时便

1　（法）韦尔南：《〈俄狄浦斯王〉谜语结构的双重含义和"逆转"模式》，转引自陈洪文、水建馥选编：《古希腊三大悲剧家介绍》，中国社会科学出版社，1986年，第522页。

通过神谕成为一种预期性的存在。神谕的意义就在于将生命中许许多多的偶
然性综合为一种必然性，从而使命运表现为一个自在的实体。也正是这样的
命运形象才能引起观众的恐惧和敬畏心理，因为没有人会把"偶然"视为一
个可怕的敌人。正如亚里士多德所说：

> 悲剧所模仿的行动，不但要完整，而且要能引起恐惧与怜悯之情。如果
> 一桩桩事件是意外的发生而彼此间又有因果关系，那就最能产生这样的效果。
>
> （《诗学》1452a）

俄狄浦斯行为的自由性与命运的预定性之间的矛盾，也就是目的与结果
的矛盾，便构成了这部悲剧的核心。有学者指出："悲剧似乎要求一个封闭
的世界，一个英雄不能（或不会）逃避的世界，一个以选择和命运来命名同
一个行动的两面从而限定于一点的世界。"[1] 我们无权对俄狄浦斯进行罪与罚的
判决。事实上，俄狄浦斯所遭遇的灾祸中并不存在任何个人的恶意，其只是
"人类的生存困境中不可避免的牺牲"。

古希腊人面对神灵定下的命运，终究是低下了头。然而，尽管无保留地
承认命运的强大，希腊悲剧却并非只是一场由命运所操纵的木偶剧。事实上，
首先，如果没有人物形象的塑造，任何戏剧都将是无生命的。其次，古希腊
剧作家们在对命运无上威力表示敬畏的同时又着力表现了主人翁在不幸命运
下的挣扎、绝望和反抗，从而建构了许多充满人性与尊严的形象。从埃斯库
罗斯笔下的普罗米修斯，到索福克勒斯笔下的俄狄浦斯，再到欧里庇得斯笔
下的美狄亚，在命运的重压之下他们都没有做出逃避的选择。普罗米修斯宁
可被捆缚在高加索山的岩壁上也不向宙斯求饶，俄狄浦斯承担起全部罪孽的

1　J.N.Cox: *In the Shadows of Romance*, Athens: Ohio University Press, 1987, p.1.

责任，实施自我惩罚，而美狄亚则大胆地指责命运与神灵的不公，并且进行了报复。他们的行为并不一定都是正义的，但这些做法无疑表现了人在困境中的自我意识，并体现了人的自我价值。

的确，命运或许是不可战胜的，它主宰着人的生死祸福，但人拥有在命运笼罩之下的自决权，主人公在自己决定承担责任的同时，也使自己成了悲剧英雄。希腊悲剧中的人物都充满激情地忍受着巨大的悲痛，因此他们的生命也就成了充满激情的伟大的生命。他们接受降临到他们头上的命运，但这种接受不是默认，不是屈从，也不是消极的服从。剧中的主人公作为一种理想化的、充满生命力量的化身，他们总是渴望走出困境或超越困境，而观众则正是通过目睹英雄们不断奋力冲击困境的痛苦挣扎，体验到了属于人的一切，体验到了作为人的价值。希腊悲剧在舞台上所集中展现的人在处理陷于极限危机的生存困境时所经历的艰难痛苦、自我牺牲及其所体现出的人性的自由与坚强，或许也是所谓"希腊精神"的一个面向。

此外，我们还要看到的是，随着社会的发展，希腊悲剧中的命运观也在发生着变化。埃斯库罗斯认为命运支配人的一切，就是神也必须遵守。因此，普罗米修斯说：

> 我既知道定数的力量不可抵抗，就得尽可能忍受这注定的命运。
>
> （埃斯库罗斯：《普罗米修斯》101-104）

埃斯库罗斯的悲剧中充满了这种对于命运不可违的反复强调，甚至连宙斯——

> 他也逃不了注定的命运。
>
> （埃斯库罗斯：《普罗米修斯》518）

　　在《阿伽门农》一剧中，宙斯与命运女神是一致的；在《波斯人》一剧中，与命运相冲突的凡人终究失败了，埃斯库罗斯认为波斯人之所以失败，是因为他们太过骄傲自大，故此受到神灵的惩罚。显然，埃斯库罗斯关于命运即"定数"的观念是从荷马的史诗里得来的，"定数"要惩罚那些犯罪的人。命运是难逃的，罪人虽可能求得一时的侥幸，但惩罚终将来临。

　　而在索福克勒斯的价值观中，无条件屈服于命运的意志是唯一正确和正义的选择，所以俄狄浦斯最终选择了自我放逐，在《埃阿斯》和《安提戈涅》中，主人公则以自杀告终。这种价值取向无疑是宿命论的，在早期和中期的希腊悲剧中，这种思想占据了主要的地位。索福克勒斯认为命运不是具体的神物，而是一种超乎人类想象的抽象观念，是不可抗拒的，但是，在他的悲剧中，命运的合理性已经开始受到怀疑。因此，敢于与命运抗争的英雄是值得同情和歌颂的，虽然其结局终归是一场悲剧。

　　到了欧里庇得斯时期，命运仍然在其悲剧中占有重要的地位，但人的力量也得到了加强。在智者运动的影响下，欧里庇得斯对宿命的观念提出了质疑。他将笔触由人的外在行动深入到内心世界，从而使剧中人物的性格丰满、心理真实。亚里士多德告诉我们：

　　　　正像索福克勒斯所说，他按照人应当有的样子来描写，欧里庇得斯
　　则按照人本来的样子来描写。

（《诗学》1460b）

　　在欧里庇得斯的悲剧中，神灵和命运虽依然强大，但是在很大程度上已失去了威严，欧里庇得斯认为，人的行为在一定程度上也决定了他自己的命运。

　　在欧里庇得斯的著名悲剧《美狄亚》中，美狄亚叛父杀弟的行为决定了

她并不是一个普通伦理意义上的英雄或正义角色，但在悲剧命运面前不屈服的反抗却使她表现出了人性的尊严。我们在这里最应该注意的是她在面对既成事实的不幸时所展开的报复行为：先是用计毒死新娘与国王，然后亲手杀死她与伊阿宋所生的孩子。在命运的安排下，美狄亚虽无力使伊阿宋回心转意，但她不愿就此忍气吞声地屈服，而是选择了积极的反抗。美狄亚杀子之前，那段复仇热望与亲子之情在内心激烈冲突的独白在戏剧史上极为著名：

> 唉，唉！我的孩子，你们为什么拿这样的眼睛望着我？为什么向着我最后一笑？哎呀？我怎样办呢？朋友们，我如今看见他们这明亮的眼睛，我的心就软了！我决不能够！我得打消我先前的计划，我得把我的孩儿带出去。为什么要叫他们的父亲受罪，弄得我自己反受到这双倍的痛苦呢？这一定不行，我得打消我的计划。——我到底是怎么了？难道我想饶了我的仇人，反遭受他们的嘲笑吗？我得勇敢一些！我竟自这样脆弱，使我心里发生了这样软弱的思想！

> （欧里庇得斯：《美狄亚》1025—1052）

从中，我们可以看到美狄亚在绝望中与命运的抗争。正如普拉斯所说："她就是复仇女神本身……她所犯下的骇人听闻的罪恶不是针对她负心的男人而是针对她的命运，或这世界的秩序。"[1] 可以说，我们之所以对美狄亚这一形象寄予同情，并不只是因为她蒙受了不应有的苦难，而是因为我们在她的脸上看到了我们自己内心的投射，在她眼中看到了人类真实的灵魂，在她的身影里看到了人类对命运不屈的反抗。

1　S. Plath, *Mirror of Dramatists*, Princeton University Press, 1978, p.27.

三、喜剧

"喜剧"（komoidia）一词在希腊文中的意思是"狂欢歌舞剧"，与悲剧一样，它也是起源于祭祀酒神的庆典，但风格却完全不同。人们在丰收的节日里举行狂欢游行，除了演唱酒神的事迹外，还即兴表演根据时事或笑闻编成的歌舞，这种表演是一种欢乐喧闹的场面，舞台动作较为剧烈、频繁，演员们不穿厚底靴，以便能够灵活地表演。演员们互相嘲弄、戏谑，有时语言甚至达到猥亵的程度，所以希腊妇女是不被允许观看喜剧的。也正是由于喜剧表演常常会带有一些下流的成分，因此在早期它被人们认为是一种低级表演，只能作为舞台上的一种点缀与陪衬，这也是喜剧剧本传世较少的原因之一。

古希腊喜剧的雏形大约产生于公元前 5 世纪下半叶，直到公元前 487 年，雅典政府才将喜剧纳入城市的狄奥尼索斯节中，给予它如悲剧同样的支持，并且举行喜剧竞赛。这是喜剧所受到的正式肯定，也是喜剧有历史记录的开始。希腊喜剧的形式主要分为两种：一种是西西里喜剧，以厄庇卡耳摩斯的剧作为代表，可能没有歌队，并无完整的剧作流传至今。另一种是阿提卡喜剧，配有由 24 人组成的歌队。阿提卡喜剧的发展，经历了旧喜剧、中喜剧和新喜剧三个阶段。我们今天所说的希腊喜剧主要就是指阿提卡喜剧。

1. 古典时代的喜剧诗人及其作品

阿里斯托芬（Aristophanes，约公元前 446 年—约公元前 385 年）是希腊古典时代最杰出的喜剧诗人，也是唯一有完整作品传世的旧喜剧诗人，他被称为"喜剧之父"。诗人生活的年代主要是在伯罗奔尼撒战争期间以及雅典城邦日渐衰落的时代，他的喜剧主要取材于现实生活，以诙谐的笔调触及严肃的政治与社会问题，嬉笑怒骂皆成文章，奠定了喜剧寓庄严于诙谐之中的基

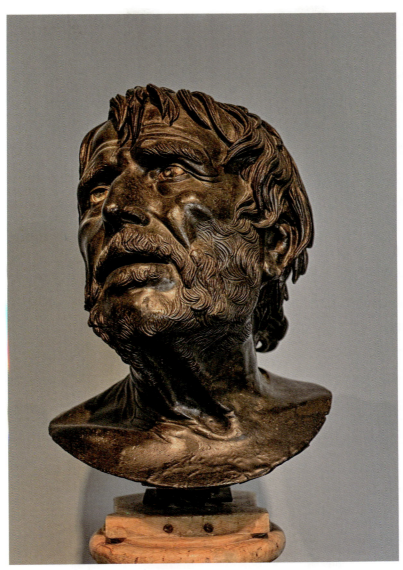

阿里斯托芬雕塑（©Naples National Archaeological Museum）

本风格。时逢战乱与衰落之际，阿里斯托芬喜剧的主题大多是反对内战、抨击各种不良的社会现象、讽刺当时过激的民主派。阿里斯托芬一生写过44部喜剧，流传下来的有11部。它们是：《阿卡奈人》（公元前425年，头奖）、《骑士》（公元前424年，头奖）、《云》（公元前423年）、《马蜂》（公元前422年，次奖）、《和平》（公元前421年，次奖）、《鸟》（公元前414年，次奖）、《吕西斯忒拉忒》（公元前411年）、《地母节妇女》（公元前410年）、《蛙》（公元前405年，次奖）、《公民大会妇女》（约公元前392年）、《财神》（公元前388年）。他的喜剧也和当时的悲剧一样，被后世视为难以超越的杰作。

让我们来看一看艺术家所塑造的阿里斯托芬的形象吧：一张皱纹重叠的脸庞、犀利的眼神、紧闭的嘴唇、紧贴在头上的稀疏的头发、宽阔的前额——这是一位饱经风霜而又充满睿智的长者，深谙世故又不乏讥刺刻薄。411页图为阿里斯托芬青铜像的复制品，高33厘米，现收藏于意大利那不勒斯博物馆，原作创作于大约公元前2世纪。[1]

阿里斯托芬的喜剧创作主要集中在伯罗奔尼撒战争期间。公元前430年，诗人的故乡阿提卡乡村遭到战火的蹂躏，给农民带来巨大灾难。从小生活在农村的阿里斯托芬，对农民的生活境况饱含同情，他反对战争，主张和平，认为战争是那些政治家为了私利而挑起的，因此他在喜剧中对主战派进行辛辣的挖苦和嘲讽，他的剧作在一定程度上反映了雅典城邦危机时期的社会矛盾。

《阿卡奈人》是阿里斯托芬的代表作，也是他第一部获得头奖的作品。通过农民狄开俄波利斯（Dicaeopolis）单独与敌人媾和，从而过上了幸福生活的荒诞故事，作品表达了人们要求和平的强烈愿望。诗人借主人公之口讲出了自己对战争的看法，狄开俄波利斯说：

---

[1]　近来也有人指出，这尊雕像塑造的人物也可能是古罗马诗人塞涅卡。

好，为了三个娼妇，战火就在全希腊烧起来了。我们的盖世英雄伯里克利勃然大怒，大发雷霆，大放闪电，震惊了全希腊……

这一下墨伽拉人渐渐挨饿了，他们便央求斯巴达人转圈，设法取消这一道禁令，无非是那些娼妓惹出来的禁令。多少次斯巴达人要求我们，可是我们一次也不理。从此就干戈处处，大动刀兵了。

（阿里斯托芬：《阿卡奈人》528—539）

作品通过极度夸张、离奇荒诞的情节和戏谑、滑稽的语言表达了反对战争、向往和平的重大主题。阿里斯托芬的想象力非常丰富，他的戏剧情节都是虚构的，甚至近于荒诞，但主题却极为严肃与现实。

《鸟》是阿里斯托芬现存最长的一部喜剧，共 1 765 行，也是其最有名气的作品，被认为是旧喜剧中首屈一指的精品。它描绘了两位年老的雅典人珀斯忒泰洛斯和欧厄尔庇得斯，因厌恶雅典的诉讼习气、不满现实生活中的各种混乱，逃到鸟林之中。珀斯忒泰洛斯设计在空中建造了一个鸟国，阻隔了天地间的交通，用饥荒迫使天神向鸟类臣服，使飞鸟成为宇宙的主人。珀斯忒泰洛斯对鸟儿们说：

墙造好了，就跟天老爷要回王权；他要是否认，不情愿，不屈服，就对他进行神圣战争，不许天神从你们国界通行……再派一个鸟到人间去通知他们，鸟类现在是王，今后要向鸟类献祭，完了才轮到天神。

（引自《罗念生全集》第八卷《论古典文学》，第 108 页）

这是希腊流传至今的唯一一部以神话幻想为题材的喜剧作品。《鸟》看似荒诞，实际上却是以离奇的形式讲述了一个包含严肃内容的完整故事。该剧上演于公元前 414 年，在此前一年，雅典军队远征西西里岛，整个舰队

因落入埋伏而全军覆没。遭到如此沉重的打击，雅典一蹶不振，社会状况日
渐恶化，令阿里斯托芬备感失望。他厌倦了雅典的现实生活，希望建立一个
理想的城邦。《鸟》正是表达了诗人的这样一种向往，一种乌托邦式的思想。
剧中人物和歌队装扮成各种各样的鸟类，出入林间，他们和睦相处，俯瞰
人世。

《云》则是一部嘲讽智者的喜剧。这出戏以苏格拉底和其他"在空中行
走，逼视太阳"的智者为玩笑调侃的对象。在阿里斯托芬的笔下，他们惯常
发表种种奇谈怪论，尤其惯于诱导年轻人、离间父子关系。可见阿里斯托芬
是想通过该剧批判诡辩派的教育思想对青年所产生的恶劣影响。且看那位送
自己的儿子去苏格拉底思想学校的父亲，在发现儿子反而变得不如以前后，
忧心忡忡地说：

> 哎呀，我睡不着，为了这儿子，我叫挥霍、浪费、马槽和债务害苦
> 了。他蓄着长发，赛车赛马，连做梦都看见马。我却倒霉了，眼看这个
> 月到了下旬，利息又到期了。
>
> （阿里斯托芬：《云》12-18）

另外，阿里斯托芬还有三部关于女人的戏：《地母节妇女》、《吕西斯忒
拉忒》和《公民大会妇女》，在这三部戏中，女人掌握了文学、战争和国家政
权，为大家谋福利。

作为一位出色的旧喜剧诗人，阿里斯托芬熟谙夸张、讥讽、戏谑和嘲弄
等技巧，他的作品词锋犀利，攻击性极强。阿里斯托芬的喜剧中有着两条鲜
明的特征：一是激烈的政治讽刺，二是狂欢活动中不可避免的粗言俚语。在
这些喧闹的喜剧里，剧中人物一个比一个粗野、一个比一个放荡。由此看来，
阿里斯托芬正是在用极不严肃的语言讨论严肃的政治问题。此外，诗人也不

刻意追求情节的逻辑性和精确性，在时间和地点等技术性问题上有较大的随意性。有趣的是，阿里斯托芬虽然取笑希腊人，责备他们，捉弄他们，却又吸引他们来看他所创作的每一部喜剧。没有任何人，也没有任何事情能逃脱喜剧的嘲弄，甚至天上的诸神也不例外，还有希腊人最珍视的制度，以及那些最有名望、最有权势的人，而这些往往都是用真名实姓。在一个人人都互相认识的小城里，任何人都可能会发现他突然在某一天受到了指名道姓的嘲弄。事实上，喜剧可以触及任何主题，人们对喜剧诗人处理题材的方式也没有任何限制。

在古代，阿里斯托芬很受人称赞。他死后，柏拉图为他写的墓志铭是：

> 美乐女神在寻找一所不朽的神殿，
>
> 她们终于发现了阿里斯托芬的灵府。

（引自《罗念生全集》第四卷《阿里斯托芬喜剧六种·序》，第 6 页）

希腊晚期和罗马时期的作家们也都十分推崇阿里斯托芬非凡的智慧、尖锐的讽刺和生动的语言。中世纪以后，阿里斯托芬的喜剧对欧洲文学产生了广泛的影响，不少作家模仿他的风格进行文学创作。海涅自称是阿里斯托芬的继承者，别林斯基称阿里斯托芬是"古希腊最后一位伟大的诗人"。

2. 对城邦生活的反思

希腊喜剧出现于悲剧之后，繁荣于雅典城邦危机产生之际，希腊早期喜剧多为政治讽刺剧和社会问题剧，可以说它是应运而生的。早期喜剧取材于当时的现实生活，对人们普遍关心的重大政治社会问题发表意见，因而，比之希腊悲剧，希腊喜剧更接近于现实，更富于讽刺性。剧中的主人公不是神

陶土喜剧演员塑像 （©Jeronimo Roure Perez/ National Archaeological Museum of Spain）

灵，也不是英雄，而是一些普普通通的人，所用语言虽仍是诗体，但更接近日常用语，结构也较为松弛。然而，喜剧与悲剧最主要的不同则在于它的主题。古典时代的旧喜剧处理的是当时的政治或社会问题、战争与和平的问题，以及大众所不喜爱的人或作为，然后将一切以夸张、放大的形式呈现在观众面前。亚里士多德说：

喜剧总是模仿比我们今天的人坏的人。

（《诗学》1448a）

　　喜剧用诙谐、机智、讽刺等大众化的通俗台词制造笑料，借以揭露社会矛盾，以一种轻松愉快的方式对城邦伦理进行反思。喜剧的主要思想在两个演员的争论中展开，最后在一阵痛打和下流的对骂声中得到解决。斗争的一方胜利后，是一些欢乐的场面，以宴会或者婚礼来显示胜利。416 页图是一些用陶土制成的喜剧演员塑像，它们大约创作于公元前 370 年。

　　阿里斯托芬的剧中几乎包括了当时希腊人所有的生活场景：政治形势和政治人物、主战派和反战派、自由贸易、财政改革、纳税人的不满、教育理论与方法、宗教信仰，等等。可以说，他的喜剧触及了当时一切重大的政治问题和社会问题，反映了雅典民主政治危机时期的思想意识，他以轻松的方式把那些被假象所遮蔽着的真实本质揭露出来，而所有的这些又化作了他嘲弄的对象。伏尔泰说："真正的喜剧，是一个国家的愚蠢和弱点的生动写照。"对于古典时代雅典的旧喜剧而言，再也没有比这更好的说明了。

　　可见，虽然阿里斯托芬写的是喜剧，其创作目的却是严肃的，在插科打诨的背后往往蕴含着深刻的主题。他以挽救城邦、教育人民为己任。他反对内战，主张和平，抨击雅典的政治煽动家，批判一切有害的思想和社会生活中的不良现象。他的作品具有强烈的斗争性，可以说，阿里斯托芬的喜剧都是政治性质的戏谑。在他的作品中，当时的当权派克勒翁、哲学家苏格拉底、悲剧诗人欧里庇得斯等人都遭到无情的嘲笑，他甚至讽刺雅典的民主制度和当时主战派的政策。这使得喜剧不仅仅具有娱乐的功能，也具有了对当时的城邦生活进行反思，并力图有所规范和改变的倾向。

　　比如，在喜剧《蛙》中，酒神狄奥尼索斯准备到阴间接欧里庇得斯还阳，正遇埃斯库罗斯和欧里庇得斯这两位诗人为争悲剧的首座权而论战。酒神便充当裁判，结果是埃斯库罗斯获胜，被酒神带回阳间。阿里斯托芬自己对社会重大事件的看法，都体现在了两位诗人的论战中。该剧的主题是文艺批评，但其中政治色彩十分浓厚。因为狄奥尼索斯挑选的标准是谁对城邦更为有用，他反复地说：

> 你们两人谁对城邦提出更好的劝告，我就迎接谁。
>
> （阿里斯托芬：《蛙》1418—1419）

> 你们每人再说说对城邦的安全有什么办法。
>
> （阿里斯托芬：《蛙》1440）

由于古希腊人没有"地狱"的观念，他们认为人死了就要到"冥府"去生活，他们死后的生活与他们生前的生活没有什么两样。喜剧《蛙》中对于冥府的描绘与雅典十分相像，连风俗习惯也很相似，而这实际上表现了当时现实生活的真实状况，极富讽刺意味。

再比如，《骑士》一剧对政治煽动家克勒翁予以猛烈的抨击，将其刻画成一个向上欺骗主人，向下则压迫其他家奴的管家形象。《骑士》一剧是阿里斯托芬最尖锐、最有力的政治讽刺剧，深刻揭露了当时雅典政治的腐败现象。且听其他仆人对这个管家的抱怨：

> 我们俩有一个粗暴的主人……一个急性子的小老头儿，耳朵有点"聋"。上月初他买来了一个奴隶，一个硝皮匠，绰号帕佛拉工，最卑鄙，最善于诬告！这个帕佛拉工皮匠摸到了老头子的脾气，他奉承主人，摆尾巴，恭维他……他还唱出一些神示，使得老头子迷迷糊糊。看见他昏聩了，就捣鬼，公开地诬告家里的仆人；于是我们就要挨皮鞭。这个帕佛拉工到仆人里头来要、威胁、索贿赂，他这样说："你们看见许拉斯受我的影响挨了皮鞭吗？你们不买动我，今天就活不成！"我们只好送他

钱：要不然，我们就会叫老头子踏在脚底下……

（阿里斯托芬：《骑士》40—70）

我们说，阿里斯托芬喜剧最鲜明的特点就是其作品充满了对于社会政治的批判。但是，如果有人要问：阿里斯托芬真的是想要进行政治改革吗？这样的问题恐怕过于严肃，因为阿里斯托芬的不朽之处在于：他是一位喜剧大师，他看到了向雅典人越发逼近的寒冷、饥饿和失败，他发现了表象之下雅典社会的改变和腐化，他所描绘的是一些转瞬即逝的事物。虽然，阿里斯托芬笔下所描绘的这些事物不仅仅反映了一个时代、一个国家的愚蠢和弱点，而是所有时代、所有国家的愚蠢和弱点的写照，因而成为永久不变的人性的一部分。但是，我们不应该也不适宜为他的讽喻设置过于复杂的背景和假想，更不要根据某一喻义去"顺推"其他喻义。

我们要看到，在古希腊，喜剧是一种完全属于大众的艺术，在宽松愉悦的氛围中，剧作家畅所欲言，喜剧之中，几乎体现了希腊人日常所关心的一切话题。喜剧诗人通过夸张来表现生活的本质，通过嘲笑来贬恶城邦伦理。有人说："古希腊喜剧在政治批评上的地位，犹如今天民主国家享有言论自由的大众传播。"[1] 此种类比虽不完全适当，但它们也确有一些相似之处。只不过，在今天，剧中那些针砭时弊的笑话，因为失去了时政的背景，我们已经很难理解。后世诗人对阿里斯托芬风格的模拟只能是一种实验，而不再具有实际的意义。所以这些经典的剧作，在今天更多的只是专家、学者案头的书籍。

1　（美）杜兰：《世界文明史》之六《希腊的黄金时代》，幼狮翻译中心编译，幼狮文化事业公司（台北），1978年，第545页。

3. 中后期喜剧

    中喜剧是指旧喜剧和新喜剧之间的雅典喜剧，按罗念生先生的说法，其创作时间大约是从公元前 404 年到公元前 322 年。公元前 4 世纪初，由于雅典在伯罗奔尼撒战争中的失败，民主力量受到很大削弱，对于政治的嘲讽也随之受到限制，而战争的失利也改变了诗人的心态，因此，以阿里斯托芬的创作为代表的旧喜剧就逐步为古希腊的中期喜剧所代替。实际上，从阿里斯托芬的后期创作中，人们已经可以看到这种转变的开始，因此，阿里斯托芬也可算作最早的一位中期喜剧诗人，他的《公民大会妇女》和《财神》实际上便反映了这样的一种转型。《财神》一剧所讨论的内容不再是重大的政治问题，而是涉及每一个人的贫穷与财富的问题，以及如何消灭贫困的问题，请听剧中主人公克瑞密罗斯（Khremylos）与穷神间的对话：

    克瑞密罗斯：我觉得这是很清楚的，人人知道，人间的好人得到幸福乃是正当，那些坏人和不敬神的人却应得到相反的结果……财神现在看得见了，不再瞎了眼在那里胡撞，他走到好人那里去，不再离开他们，却将躲避那些坏人和不敬神的人了。那么以后他将使得大家都善良富裕，而且尊敬神意。可是有谁曾经给人们想过比这更好的事情吗？
    ……
    穷神：若是财神仍旧看得见了，把财富平均地分给了人，那么将没有人愿意来搞技术和学问了。如果这两样东西都因了你而不见了，有谁去做铜匠，或是造船，或是缝衣，或造轮子，或做皮匠，或造砖瓦，或是洗濯，或是鞣皮，或是用犁去耕地，收割地母的果实呢，假如你不管这一切事情，你可以游惰地过着你的生活吗？

（阿里斯托芬：《财神》，周作人译，中国对外翻译出版公司，1999 年，第 23—24 页）

中期喜剧主要谈论哲学、文学和社会问题，只偶尔涉及一点政治。由于雅典民主制开始衰落，特别是公元前416年出现了不准讽刺个人的法律规定，喜剧的创作受到了重大的影响，喜剧诗人们逐渐放弃了政治讽刺剧，而将日常生活中的现实作为重点，更多地选择市民生活中的事物作为讽刺对象。这一时期，喜剧的情节逐渐趋于复杂化，有更多对现实社会的描写。在形式方面，对剧情无关紧要的评议不复存在，歌队也被取消；在内容方面，对社会现象的讽刺代替了政治讽刺。古希腊中期喜剧诗人主要有安提法奈斯（Antiphanes，约公元前388年—约公元前311年）和阿莱克西斯（Alexis，约公元前372年—约公元前270年），遗憾的是他们的作品都没有被保留下来，我们仅能从其他古典作家的作品中看到零星的片段。

到了希腊化时代，喜剧创作进入了一个新的时期，即新喜剧阶段（约公元前322年—公元前120年）。新喜剧延续了中喜剧的发展思路，同时也具有一些自身的独特风格。在这一阶段，合唱队不再起作用，夸张、怪诞的服饰被放弃，仅有面具被保留下来，演员上场时多穿着雅典人的日常服装。喜剧的中心仍然是在雅典，但剧作家则有很多来自其他城邦，作品也不再具有强烈的地方色彩。从题材方面看，过去常见的政治讽刺基本上不复存在，而代之以日常生活内容，以现实生活中形形色色的人物为主角。其中许多作品描述了富有浪漫主义色彩、充满惊险的爱情故事。这种不谈政治，以描写爱情故事和家庭关系为主要内容的喜剧又被称作"世态喜剧"。

著名的新喜剧创作者有狄菲洛斯（Diphilus，约公元前340年—约公元前292年）、菲莱蒙（Philemon，约公元前363年—约公元前263年）和米南德（Menander，约公元前342年—约公元前292年），其中米南德尤为著名。同中喜剧一样，这一时期的作品几乎全部失传，后人仅能从古罗马的改编本和一些片段中略窥其风采。因为古希腊后期的新喜剧曾被罗马的喜剧作家大量抄袭引用，许多罗马喜剧实际上是古希腊后期新喜剧的翻译或改写，因而人们在流传至今的罗马喜剧里仍然可以大致看到古希腊后期新喜剧的面貌，它们也给日后的欧洲喜剧提供了榜样。

作为希腊化时代重要的喜剧诗人，据说米南德一共写过105部喜剧，得过8次奖，但是今天他只有两个比较完整的剧本保留下来，即1958年发现的《恨世者》和《萨摩斯女子》。在此之前，1905年还发现了他的剧作残本《公断》《卫兵》《剪过毛的羊》等。他的喜剧反映了当时的社会风尚，他以性格描写取胜，语言清晰，接近散文，其目的是劝善规过，而不再谈论政治。

《恨世者》通过一个老农孤僻性格的转变来进行道德探讨。剧中那位名叫克涅蒙的老农民，独自经营着一点家业，不与别人来往，因为他相信人人都是见利忘义、缺乏同情心的，所以他赶走了妻子，让她和她与前夫所生的儿子戈耳癸阿斯住在一起，过着穷困的日子，只留下女儿美莱英和一个老奴在自己身边。有一天，他不慎落到了井里，戈耳癸阿斯把他救了上来。这件事使他改变了以往对人的看法，也改变了对他人的态度。他自愿将一半的财产分给了戈耳癸阿斯，并让他做美莱英的保护人，为她物色丈夫。恰好一个叫索斯特剌托斯的青年人向美莱英求婚，戈耳癸阿斯便成全了他们的婚事。索斯特剌托斯也请求父亲把他的妹妹嫁给戈耳癸阿斯。于是，剧本便以两对青年男女的结合而告终。在剧中，米南德试图调和贫富之间的矛盾，还劝导人们应安分守己，这样世道才会好起来。这种天真的想法显然只是作者的一厢情愿，不过该剧对人物性格的描写十分鲜明生动，剧作的结构也相当复杂紧凑，因此该剧仍为剧作家赢得了声誉。

米南德在生前和死后都享有盛名，希腊化时代的作家甚至将他与荷马相比，罗马人将他的作品比作"人生的镜子"。他的喜剧对欧洲文艺复兴和现代喜剧也都产生了影响，如今欧洲的一些剧院里仍不时地上演米南德的喜剧。

　　最后，让我们暂时忘掉现实生活中的身份与职业，想象自己正坐在古希腊的半圆形剧场里，亲眼观看那一幕幕悲喜剧的上演，像一个真正的希腊人那样去理解、去感受……

第十章

贵族生活的范式及其变形

啊，我的心呀，

如果你欲歌唱竞技，

那么选择奥林匹亚吧，

那里有最辉煌的竞技……

——品达

我们今天所谓的古代希腊文化，其实在很大程度上就是希腊贵族所创造的一种精英文化。这是因为，古代希腊的贵族在物质生活与精神生活上不仅具有一种阶级性，而且这些有闲的贵族阶层也是希腊政治生活、文化生活的主体。希腊的奴隶制保证了公民能够维持一种相对比较优裕的生活，并保有充分的闲暇，正是一个有闲有钱的贵族阶层的出现才使得希腊文化的昌盛有了必要的前提。我们在书中所论及的内容，无论科学与哲学也好，史学、戏剧与诗歌也罢，还有建筑与雕塑，等等，基本上都是出自贵族之手，且带有一种普遍的非实用性，这一切都建立在闲暇与财富的基础之上，反映的也都是社会上层的生活与思想。在本章中，我们将截取贵族生活中的两个典型——酒会和体育竞技，专门对希腊贵族的生活方式及其变形进行文化上的说明。

一、酒会

英文的 symposium 一词在今天是座谈会的意思，而古希腊文的 symposion 一词则是"在一起喝酒"的意思。按照希腊人的习惯，他们在餐后边喝酒边谈天，研究学问，讨论各种问题，其间还有音乐、诗歌和舞蹈等相伴随，这就是酒会。

1. 形式与特征

酒会脱胎于荷马时代贵族首领的酒宴。在《奥德赛》中，佩涅洛佩的求婚者们终日在奥德修斯家的大宴会厅举行酒宴：

> 欧迈奥斯，这定是奥德修斯的华丽官宅，
> 即使在众多住宅中间也很容易辨认。
> 这里房屋鳞次栉比，庭院建有
> 防护的卫墙和无数雉堞，双扇院门，
> 结实坚固，任何人都难以把它攻破。
> 我看里面定有许多人正在饮宴，
> 因为从那里传出肉香，琴声悠扬，
> 神明们使它成为丰盛酒宴的伴侣。

（《奥德赛》XVII.264-271）

在荷马时代，酒宴是贵族之间建立联系的主要方式，当时的贵族酒宴通常是在贵族之间轮流进行的。无论何时何地，不管是亲朋好友还是陌生的过客，都可得到当地贵族的接待，并得到酒宴的款待。比如，当奥德修斯流落

到费埃克斯人的岛上时，他们的国王阿尔基诺奥斯就召集当地的贵族首领，举办盛大的宴会，来款待奥德修斯：

> 一个女仆端来洗手盆，用制作精美的
> 黄金水罐向银盆里注水给他洗手，
> 在他面前安好一张光滑的餐桌。
> 端庄的女仆拿来面食放置在近前，
> 递上各种菜肴，招待外来客。

（《奥德赛》VII. 162—166）

总之，荷马时代的酒宴既是贵族们进行社交活动的重要场合，也是他们讨论政治和军事等重大事件的场所。

古风时代，贵族的兴趣开始从大规模的战争更多地转移到体育、狩猎等私人娱乐的项目上来，荷马式的贵族酒宴也随之逐渐演变成具有一整套复杂程序的酒会，有相对固定的形式和过程，在调酒、祭酒、酒器的使用、宴会厅以及酒会上各种娱乐活动的进行方面都有了较为严格的规定。此时，宴会的性质也发生了很大的变化，它慢慢地被限定在一个封闭的、相对缺乏变化的小圈子里，形式也逐渐固定下来，成为贵族的一种私人的、小范围的聚会，其规模及参加者的身份都有所限制，不速之客不再受到欢迎。更为重要的是，希腊贵族在酒会上发展出了一套交流的体系，这一体系的交流是通过诗歌竞赛和哲学讨论来实现的，这又为希腊的诗歌创作与哲学思想的发展提供了一个可依托的空间。

从古风时代一直到希腊化时代，举行酒会都是古代希腊一种较为普遍的社会现象。请看哲学家色诺芬尼（Xenophanes）为我们描绘的一幅酒会场景：

　　现在地擦干净了，人们的双手和酒器也洗净了。一个人为我们戴上编织的花冠，另一个给我们献上芳香的香水。调酒的酒罐盛满了令人陶醉的美酒，此外还备下了更多的酒，说是永远不会喝完，它盛放在酒缸里，飘洒着芬芳的香味……中间的祭坛撒满鲜花，房间里充满了歌声和欢快的笑声。首先善意的人们必须用虔诚而优美的语言赞美神，向他祭酒以祈求万事顺利，这是人的责任而不是自豪的行动。然后我们可以开怀畅饮，只要不醉到连家都回不了。让我们赞美在饮酒时表现出优良品质、能够保持清醒的记忆、歌唱品德的人……

（色诺芬尼：《残篇》1）

　　许多壁画和彩陶瓶画也为我们再现了希腊酒会的场景。

　　酒会一般在某个贵族家中举行，希腊人举办酒会的房间称为"宴会厅"（andron），该词在古希腊文中的意思是"男人的房间"，可见参加者都是男性。它通常能容纳10—30人，摆放7—15张躺椅，每张躺椅供两人使用，房间的中央还设有一个祭坛。躺椅和桌子环房间四周摆放，没有主次之分，表明所有参加宴会的人都是平等的。同时，每个人所享用的酒具、酒和桌椅都是一样的，客人之间的讨论、发言也是平等的。

　　酒会的主持人通常由举办酒会的主人担任，其职责是决定调酒的比例和带领众人祭酒。在古代希腊人的观念中，酒必须经过调制以后才能饮用。饮用纯酒是诸神的特权，因此，若普通人饮用纯酒，就破坏了神的特权，是要受到惩罚的。他们同时还认为，普通人饮用未兑水的酒也是野性和没有教养的一种表现，是蛮族的习俗。祭酒时，主人首先要带领参与宴会的所有人一起高唱赞美神灵的颂歌。请看在柏拉图的《会饮篇》中，参加酒会的人在用过晚饭后：

希腊彩陶瓶上的酒会场景 (©Walters Art Museum)

　　他们举杯敬了神, 唱了敬神的歌, 举行了其他例有的仪式, 于是就
开始饮酒。

(柏拉图:《会饮篇》176A)

此外, 主持人还负有其他职责, 比如, 让客人在整场酒会中适度饮酒:

既不能因过度而醉倒，因为醉酒不仅有损身体健康，也是很不得体的行为；也不能因过度节制而无法尽兴。正确的做法是掌握好尺度，使每个人都能通过饮酒得到欢娱和放松，其间还得以自由且舒适地发言。这样，整个酒会的气氛才会热烈，而又不至于像"野蛮人"那样放荡无度。正如苏格拉底所说：

> 先生们，如果喝酒合适的话，我也没什么意见；这的确可以润泽我们的灵魂，使我们去掉忧扰，安然入睡，就像神草对我们的感觉起作用一样，也好像同样可以燃起快活的火焰……如果我们把整杯整杯的酒都喝下去，那么，要不了多会儿，我们就会脚步蹒跚，思绪零乱，接着就会气喘吁吁，言语不搭调。

（色诺芬：《会饮》II. 24、26）

唱歌和竖琴独奏是酒会上最常见的娱乐项目，通常由女艺人进行表演。希腊彩陶瓶画上描绘的酒会场景也为我们提供了十分形象的说明。在出土的希腊瓶画上，有许多表现女艺人在酒会上演奏的场景，常常是两至三个人斜靠在躺椅上饮酒，一个女奴在他们面前吹奏，有时，也会出现一些酒会参加者吹笛自娱自乐的场景。

舞蹈表演也是酒会上一项常见的娱乐形式，多随诗歌演唱一同进行，或在其之后进行表演。酒会上的舞蹈表演大多有音乐和诗歌演唱相伴随。请看色诺芬在《会饮》中的描写：

> 这时候，餐桌已经被移开，那些人便开始祭酒，吟唱韵歌。这时，为了给大家助兴，一位叙拉古人被请到这里来，跟着他来这里的还有三个人，一个是演奏技艺完美的吹笛少女，一个是擅长各种舞蹈的跳舞的女孩，再一个是一位清秀的男孩，弹得一手漂亮的齐特拉琴，舞蹈也跳

得极佳。那个叙拉古人就是凭着他这一班人马的精湛表演来挣钱的。

（《会饮》II. 1）

　　酒会上由所有出席者参与的竞赛项目则是整个酒会的重头戏，主要有游戏和诗歌竞赛两种形式。各种小游戏中以猜谜较为流行，猜中者有一定的奖励。酒会上的诗歌表演则是比较重要的节目，希腊的许多抒情诗就是在酒会上创作出来的。有的人是即兴赋诗，也有人会事先创作好诗歌。酒会上的乐师既是诗歌的创作者，又是诗歌的传播者，也就理所当然地成了文化的创造者和传播者。在古代希腊，酒会上是不能没有诗歌的。在酒会开始与结束的时候，人们都要高唱赞美神灵的诗歌。酒会对于诗歌的流传与保存起到了关键的作用。更为重要的是，通过酒会上的诗歌竞赛和相互讨论，一种文艺评论的形式得以形成并发展起来，构成了后来文艺批评和哲学讨论的基础。

　　诗歌演唱既是古风时代酒会的重要节目，保留至今的大量诗歌便也成了我们认识古希腊酒会的主要材料。到公元前 5 世纪以后，在酒会上讨论诗歌的传统已然过时，哲学则成了这一时期酒会上的新话题。有哲学家出席的酒会上，关于哲学的讨论更理所当然地被视作最适合的话题。请看在柏拉图所描述的酒会上，一开始便有人提议：

　　　　既然大家都决定随意饮酒，不加勉强了，我就建议把刚才进来的吹笛女打发出去，让她吹给她自己听，或是她乐意的话，吹给闺里妇女们听。我们且用谈论来消遣这次聚会的时光。谈论什么问题呢？如果你们同意，我倒准备好了一个题目，情愿提出来。

（柏拉图：《会饮篇》176E-177A）

　　于是，酒会也成为希腊哲学家思想阐发、交流和传播的一个重要场所，一些哲学著作就是在酒会上围绕酒会所谈论的主题而形成的，最典型的是柏拉图与色诺芬分别以《会饮》为题的著作，而且两者主要讨论的都是关于"爱"的问题。请看，当艺人离去后，苏格拉底说：

> 先生们，对于我们来说，有这么一点，是不能不承认的，那就是现在这种非凡奇特的力量，这种力量如同永恒的神明一样亘古绵长，但在表面上看来，却又是最年轻的，并且包罗万象；在人的灵魂之中，它占据了神明的龛位，他的名字就叫爱！
>
> （色诺芬：《会饮》VIII. 1）

由此，他们的著作也成了我们了解酒会的重要资料。

作为一种生活方式，酒会具有鲜明的阶级性，它是贵族阶层一种特有的交往方式。酒会对于维护贵族之间的团结、增强贵族阶层的聚集力起到了十分重要的作用。在希腊，只有贵族才有足够的财富和充裕的时间享受酒会的快乐。经常举办和参加酒会，均需要较多的空闲时间和大量的钱财，这对于广大民众来说，只能是可望而不可即的事情。实际上，贵族对平民参加酒会也采取了一种排斥的态度，在柏拉图的《理想国》中，苏格拉底就明确表达了下层民众不能参加酒会的主张，他说：

> 让我们的陶工也倚卧榻，炉边宴会，吃喝玩乐，至于制作陶器的事，爱干多少就干多少；所有其他的人我们也都可以这样使他们幸福；这样一来就全国人民都幸福啦。但是我们不这样认为。因为如果我们信了你的话，农民将不成其为农民，陶工将不成其为陶工……
>
> （柏拉图：《理想国》420D-421A）

　　酒会对于维护贵族内部的团结、增强贵族阶层的凝聚力起了很重要的作用。而若在酒会上做出不符合身份和地位的举动，则会遭到其他贵族的蔑视。希罗多德在《历史》中记载了这样一件事情：希巨昂的僭主克莱司铁涅斯（Cleisthenes）为了给女儿择婿而举行盛大的酒会，他起先十分赏识才智卓越的贵族青年希波克里代斯（Hippoclides），但后者醉酒后举止不当，令克莱司铁涅斯很是反感，他忍不住喊道：

> 提桑德洛斯的儿子啊，跳得好，你连你的婚事都跳跑了。
>
> 　　　　　　　　　　　　　　　　　　　　（《历史》VI. 129）

　　此外，酒会作为古希腊一种重要的文化现象，它不仅是贵族们喝酒社交的场合，也是贵族进行政治活动的重要场合，他们通过不断地举行和参加酒会来强调自己的贵族身份，从而与平民对立起来。特别是在古风时代，贵族酒会更多是为了组织贵族与平民或僭主进行斗争。在民众势力强大并最终取得胜利的城邦中，平民对贵族的这一生活方式十分不满，以雅典为例，民众甚至通过立法来限制酒会，制定了"宴饮律"[1]。

　　但是，直到古典时代，虽然贵族势力在一些民主制的城邦中受到了沉重打击，但贵族酒会并未取消，他们仍然不断地举办私人酒会，比如，以酒会为基础的政治小团体一直是雅典政治生活中一支不可轻视的力量，即便是在民主制盛行的时期也未曾消失。这一点，我们从伯里克利的身上就可看出。他在担任执政官之前，经常参加酒会，结交朋友，从而形成了一个政治小集团。伯里克利的上台，应该说与那些酒会上相识的支持者是分不开的。当选首席执政官后，为了避嫌，伯里克利才不再出席各种酒会，据普鲁塔克记载：

1　参见亚里士多德：《政治学》，商务印书馆，1995年，吴寿彭译，1274b10-20，第107—108页。

　　此后，他立即改变他平日的生活作风。大家看见他从此在城里只走一条路，也就是，去市场和议事厅的路。至于人家设宴邀请，朋友聚会交往，他都一概谢绝。在他执政的长时期内，他从不参加朋友的宴会，只有一次他赴亲戚欧律普托勒穆的结婚筵席，也是一到会饮开始，就离席而去。

（《希腊罗马名人传·伯里克利传》7）

2. 酒会中的妇女与少年

　　作为一种典型的贵族生活方式，酒会除了娱乐、政治方面的功能外，还兼具其他功能，并由此产生了一些变形；而在酒会上出现的除了成年男子外，还有一些妇女和少年。一般说来，从古风时代开始，酒会作为贵族成年男性的活动场所，有身份的妇女就会被排斥在酒会之外。不过，我们仍会在瓶画所表现的酒会场景中看到一些妇女的形象，而一些少年更是频繁地出现在酒会上。那么，这些酒会上的妇女是什么人？她们处于一种什么样的地位？那些少年又在酒会上充当怎样的角色？

　　实际上，酒会中的妇女身份在不同时期是有所变化的。荷马时代，妇女尚能够出席宴会，但她们在宴会上的行为已有所限制。请看当男人们在举行酒宴时，奥德修斯的妻子只能是：

　　　　站在那建造坚固的大厅的立柱近旁，
　　　　系着光亮的头巾，罩住自己的双颊，
　　　　左右各有一个端庄的侍女相陪伴。

（《奥德赛》I. 333—335）

随后，她的儿子忒勒马科斯对她说：

> 现在你还是回房去操持自己的事情，
> 看守机杼和纺锤，吩咐那些女仆
> 认真把活干，谈话是所有男人的事情，
> 尤其是我，因为这个家的权力属于我。

（《奥德赛》I. 356–359）

进入古风时代，在希腊的酒会上，有身份的妇女逐渐消失了，她们完全躲进了内室。如果客人要求主人的妻子女儿出席，这对主人将是一种很大的侮辱。希罗多德在《历史》中记载了这样一件事情：波斯将军美伽巴佐斯（Megabazus）派人到马其顿索取土和水，即是要马其顿人臣服于他们。慑于其威势，马其顿人献出了土和水，并设宴招待他们，然而在酒会上，波斯人的无礼却使情况发生了突变：

> 但是在宴会之后，他们坐在一起会饮的时候，波斯人向阿门塔斯说："马其顿主人，我们波斯人的习惯是在举行任何盛大的宴会后，还把妻妾们招来，要她们侍坐在男子的身旁。现在既然你热诚地接待并隆重地款待了我们，而且又把土和水给了我们的国王大流士，那就请你们遵守我们的习惯吧。"但是阿门塔斯回答说："波斯人，我们没有这样的习惯，我们有我们自己的习惯。我们是男女不同席的。但你们既然是我们的主人并且这样要求了，那么就照着你们的愿望来办罢了。"

（《历史》V. 18）

波斯人酒醉后还企图调戏妇女，马其顿人忍无可忍，最后阿门塔斯

（Amyntas）之子亚历山大设计将他们全部杀死。可见，当时有身份的妇女已
不能出席酒会了，如果客人要求主人的妻女出席，会被视作对主人的一种极
大的侮辱，其结果是十分严重的。

　　古风时代以后，虽然有身份的妇女从酒会上消失了，但身份低下的妇女
却出现得越来越多，这在希腊的彩陶瓶画及文学作品中均有比较明显的反映。
这些经常在酒会上出现的妇女实际上是女奴和妓女。通常，女奴负责运酒，
并在桌旁伺候，艺伎们则被招来在宴会上奏乐、唱歌和跳舞。还有一些高级
妓女，她们甚至可以与酒会上的男子同桌共饮，一起讨论诗歌或政治问题。
但这并不表明她们的地位比一般妇女更高，相反，她们只不过是供贵族男子
消遣的对象，比如德谟斯提尼笔下的妓女尼伊拉（Neaera）被一个叫菲利尼昂
（Phrynion）的雅典贵族带到雅典：

　　　　他带着她到处走，参加宴会，使她成为纵酒狂欢的伴侣，无论何时
　　何地，只要他希望，他就与她公开性交，把他的特权展示给旁观者看。
　　他带着她到许多人家里参加聚会，其中包括查布利阿斯的家⋯⋯在那里，
　　当她喝醉，菲利尼昂也睡着时，许多人与她性交，其中甚至包括查布利
　　阿斯的奴隶。

（《控诉尼伊拉》29-33）

　　而她最后的结局不仅是受到社会舆论的贬斥，还遭到起诉，被告上了
法庭。

　　总之，由于古代希腊人将男人看作整个精神生活的中心，良家女子的身
份便只能是女儿和母亲，她们应该在家里过着封闭而平静的生活，而不必也
不该参与男人们的脑力活动、体育竞技以及休闲娱乐。因此，希腊的男人只
是把他们的妻子看作家中事务的主管和生养后代的载体，而非精神上的伴侣。

著名演说家德谟斯提尼的话是最具代表性的，他说：

> 我们有妓女提供性爱，有情妇每天照顾我们，有妻子为我们生育合
> 法的后代并照管家务。

（《控诉尼伊拉》122）

妇女在希腊社会中的这种地位，直接影响了希腊人的两性关系及其对于爱情、婚姻与性的观念，这也是当时同性之爱（特别是男人之间的）盛行的一个重要原因。

那些出现在酒会上的少年便是饮酒者所爱慕的对象。从形式上看，那些少年往往在酒会上充当倒酒者的角色，没有自己的座位，没有自己的酒杯，他们直到 18 岁才有资格参加酒会，于是，第一次正式参加酒会也是他们成年的标志之一。在此之前，出现在酒会上的少年只是服务者和受教育者。他们通常是坐在地上，或是站靠在成人的躺椅边。彩陶绘画上，时常会出现一些半裸甚至全裸的少年在酒会上倒酒。

希腊的诗歌中也经常提及酒会上的少年，除了倒酒以外，他们还往往被要求演唱那些表现英雄事迹的诗歌，并被告之应将这些英雄作为其学习的榜样。于是，诗歌作为教育青少年的一种方式，成了身份和教养的标志，而酒会则成为他们接受教育的一种场合。

在公元前 6 世纪—公元前 4 世纪，希腊人将同性之爱视作贵族教育的一个组成部分，当一个少年接受过传统的基本教育后，即会被安置在一位年长男子的羽翼之下，这个成年男子被称作"情人"（lover），少年则是"爱人"（beloved）。这个成年男子通常有三四十岁，而少年则是已经度过青春期但尚未进入成熟期的年轻男孩。成年男子负责少年的道德与心智发展教育，他以仁慈、理解、温暖及纯粹的爱对待少年，是为了培养这个少年道德上的完美。

酒会上大量的同性相爱现象就是对这种贵族教育方式的反映。

事实上，古希腊男性之间的关系是基于爱和互惠，这种关系通常由年长者主动表示，年轻者则表现得比较矜持。年长者接着用礼物、爱情诗歌向年轻者求爱，此时后者才给予回应。两人之间形成亲密的情感纽带，年长者既是导师又是情人。年轻的伴侣在年长者的教诲下增进智慧和才能，并用青春的身体和激情加以回报。在柏拉图的《会饮篇》中，包萨尼亚（Pausanias）说：

> 情人和爱人来往，就各有各的指导原则。情人的原则是爱人对自己既然表现殷勤，自己就应该在一切方面为他效劳；爱人的原则是情人既然使自己在学问道德方面有长进，自己就应该尽量拿恩情来报答。一方面乐于拿学问道德来施教，一方面乐于在这些方面受益，只有在这两条原则合而为一时，爱人眷恋情人才是一件美事，如若不然，它就不美……总之，为了品德而眷恋一个情人是很美的事。这种爱情是天上的阿佛罗狄忒所激发的，本身也就是属于天上的，对国家和个人都非常可贵，因为它在情人和爱人心里激起砥砺品德的激情。
>
> （柏拉图：《会饮篇》184D—185C）

柏拉图著名的《会饮篇》描写的就是一次酒会的场景，酒会上，斐德若（Phaedrus）首先就说：

> 就我自己来说，我就看不出一个人从青年时期起，比有一个情人之外，还能有什么更高的幸福，一个情人有一个爱人也是如此。
>
> （柏拉图：《会饮篇》178C）

包萨尼亚然后指出，爱神分两种，一种是天上的，另一种是凡俗的。他说：

　　至于天上女爱神的出身却与女的无关，她只是由男的生出的，所以
她的爱情对象只是少年男子。其次，她的年纪较长，所以不至于荒淫放
荡。她只鼓舞人们把爱情专注在男性对象上，因为这种对象生来就比较
强壮，比较聪明。

（柏拉图：《会饮篇》181C）

　　可见，男子间的同性之爱之所以值得尊敬，是因为对希腊人来说，它代
表了最为崇高的爱情。于是在古希腊，爱情成为男人之间的事情，是高于男
女关系的。

　　阿里斯托芬则认为，最早的人类分为三种：男人、女人以及由两性结合
而成的阴阳人，这三种人都是球形的。神把他们削成两半，每一半都想念着
被削掉的另一半，于是开始有了爱，他说：

　　从很古的时候起，人与人相爱的欲望就植根于人心，它要恢复原始
的整一状态，把两个人合成一个，治好从前剖开的伤痛……凡是由原始
男人截开的男人在少年时代都还是原始男人的一截面，爱和男人做朋友，
睡在一起，乃至于互相拥抱……有人骂他们为无耻之徒，其实这是错误
的，因为他们的行为并非由于无耻，而是由于强健勇敢，富于男性，急
于追求同声同气的人……总之，这种人的本性就是只爱同性男子，原因
是要"同声相应，同气相求"。

（柏拉图：《会饮篇》191C-192B）

　　因此，男子间的同性之爱是很正常的。随后，当出身名门、以美貌著称
的雅典将军亚西比德向众人坦言，他和苏格拉底是一对情侣，并称赞苏格拉
底是一个品格高尚的情人时，苏格拉底也丝毫没有予以否认。他还进一步阐

述了自己关于真正的爱是什么的见解。

　　我们先将苏格拉底和柏拉图的哲学见解放在一边，再来看看历史学家色诺芬那篇同样题为《会饮》的对话录。首先，我们知道会饮的场所是在卡里阿斯家，目的是庆祝他的同性恋人奥托吕克获得竞技胜利，同时奥托吕克的父亲也在场。然后，色诺芬又提到一些著名人物间同性相爱的例子，比如阿喀琉斯和帕特罗克洛斯（虽然荷马并没有明确地说明这一点）、奥勒斯特和皮拉底、忒修斯和佩里托斯，色诺芬说：

　　　　还有另外许多成双成对像神明一样的英雄，他们做出了许多伟大的壮举，也都不是因为他们曾经相拥而眠，而只是出自他们之间相互的欣赏。

（《会饮》VIII. 31）

　　据说，雅典最富有的贵族之一卡里阿斯和年轻的自由式摔跤冠军奥托吕克是一对情人，苏格拉底的追随者之一克里托布洛斯和克里尼阿斯也是一对情侣。据公元前 4 世纪的记载，克里特岛还存在一种抢亲的习俗，只不过被抢的不是新娘，而是青年男子。抢亲者则是成年的男性公民。此外，在许多城邦中，法律也都并不禁止男性之间的相爱。

　　可见，在希腊，男子间的同性之爱是相当普遍的。对于古希腊贵族中的这种风气，我们没有用"同性恋"而是用"同性之爱"来称谓，是因为它与当今社会中的同性恋行为有很大的不同之处。实际上，男子间的同性之爱不仅是古代希腊贵族社会中一种流行的时尚，而且是希腊社会的显著特征之一。包萨尼亚就说：

　　　　在我们的城邦中，做情人和做爱人都是很光荣的事。

（柏拉图：《会饮篇》183D）

有上行为的人并不被人们视为越轨者、堕落者或倒错者，社会对此不仅是宽容的，甚至是鼓励的，包萨尼亚说：

> 人们对于情人都加以极大的鼓励，不认为他在做不体面的事；人们把追求爱情的胜利看作光荣，失败看作羞耻。为着争取胜利，他可以做出种种离奇的事，习俗给了他这种自由……我们的习俗给了他这种自由，毫不加以谴责，以为他所要达到的目的是非常高尚的。

（柏拉图：《会饮篇》182E–183B）

与之相反，对同性之爱的禁止却被视作蛮族专制的标志之一，包萨尼亚说：

> 蛮夷的专制政体把钟爱少年男子、爱哲学和爱体育都看成坏事，因为统治者不愿被统治者培养高尚的思想，也不愿他们之中有坚强的友谊和亲密的社交，而这一切却正是爱情所产生的……从此可知，凡是一个地方把接受情人的宠爱当作丑事的，那地方人的道德标准一定很低，才定出这样法律，它所表现的是统治者的专横和被统治者的懦弱。

（柏拉图：《会饮篇》182C–D）

希腊人将成年男子对少年的爱与爱智慧和爱体育联系在一起，这恰好体现了它作为一种贵族生活方式的特点之所在。关于后者，我们随后便会论及。而关于这种关系所具有的教育功能，我们在前文中已有提及，还可以再从亚西比德对苏格拉底的赞美中进一步感受，亚西比德说：

> 我可以向你们发誓来声明他的言辞对我产生过怎样稀奇的影响，这

影响就连现在我还能感觉到。我每逢听他说话，心就狂跳起来……他的
话一进到我的耳里，眼泪就会夺眶而出……我生平从来不在人前感到羞
愧，他是唯一的人使我对他感到羞愧，这是出人意料的。向他领教的时
候，我对他劝我怎样立身处世的话一句也不能反驳，可是一离开了他，
我还是不免逢迎世俗。我老是逃避他，但是一见到他的面，想到从前对
他的诺言，就感到羞愧。

（《柏拉图：《会饮篇》215E—216B）

从理论层面上说，对于爱情，无论是苏格拉底还是柏拉图都强调了"追
求"，他们把爱情作为一个动态的过程来理解。苏格拉底以女巫第俄提玛
（Diotima）之口说：

先从人世间个别的美的事物开始，逐渐提升到最高境界的美，好像
升梯，逐步上进，从一个美形体到两个美形体，从两个美形体到全体的
美形体；再从美的形体到美的行为制度，从美的行为制度到美的学问知
识，最后再从各种美的学问知识一直到只以美本身为对象的那种学问，
彻悟美的本体。

（柏拉图：《会饮篇》210B—D）

因此，我们也可以将哲学家所颂赞的爱情理解为一种因理念世界的至美
而产生的、对于理念的全然的寻求，至于性，则只是肉体的一种权宜之计。
这种升华了的爱，其追寻过程虽也热烈，不过毕竟仍是一种理性活动的形式。
因此，亚西比德称赞苏格拉底丝毫不为他的年轻美貌所动，他说：

我惊赞他的性格，他的节制和他的镇静，我从来没有碰见一个人像

他那样有理性，那样坚定。

（柏拉图：《会饮篇》219E）

可见，在哲学家看来，最崇高的爱是精神上的，是爱的双方对真实和美德的共同追求。从这篇对话中，我们还可以看出，柏拉图所推崇的这种以精神追求为基础的爱情完全是同性之爱，而且只是发生在男子间。

然而，作为一种社会时尚，男人之间的同性之爱固然包含了哲学意义上的精神追求，但同时也免不了其世俗的色彩。在现实生活中，除了酒会以外，体育运动和竞赛也提供了许多使男性彼此身体接触的机会，使人难免产生某种肉本的迷恋。这从希腊的艺术作品可以看出。也许是由于表现手段的限制，艺术作品（特别是瓶画）中大多数直接描写身体的接触和性爱的情景，往往表现为一个年长的男子主动向一个年轻的男子求欢，而后者却被描绘得被动和矜持。这种关系是十分明显的，因为希腊人习惯于以面带胡须来表示年长者，而没有胡子则被作为年轻的象征。因此，古风时代不仅是爱情诗的繁荣时代，而且在艺术上，也被称作彩陶装饰画的"性爱时代"。许多表现同性之爱的彩陶上还可能有简短的铭文，以表现爱恋之意。最为常见的铭文是某某"非常俊美"，题献的名字多是贵族子弟常用的名字。

此外，"神人同形同性"的观念使得希腊人崇尚外表迷人、身材健美的人，而并不特别在意性别。因此，许多美少年成为酒会上的宠儿，也是成年男子竞相宠爱的对象。请看苏格拉底在去赴阿伽通（Agathon）宴会的路上对人说的话：

我打扮得漂亮，就是因为阿伽通是一个漂亮少年，去他那里就得漂亮一点。

（柏拉图：《会饮篇》174A）

瓶画中的情爱主题（©Louvre Museum）

　　总的来说，希腊哲人们的这种同性相爱的倾向并不是出于偶然，而是有其特定的社会和文化背景的。在古代，雅典以及其他希腊城邦都是以男性为中心的社会，妇女处于受支配的被动地位，而且大部分都没有受过教育，很自然，男人几乎无法与她们进行对等的精神沟通，更谈不上追求彼此在思想与心性上的契合，上层社会的贵族们尤其如此。再加上爱情在哲学家那里被视作一种对于至善至美的寻求过程，而人又被认为是灵魂肉体的二元组成，柏拉图式的爱情便成了爱情的至高境界。此外，这种年龄悬殊的同性之爱还带有教化的功能，就更为社会所承认和鼓励。而与宗教观念的契合又为这种行为提供了一个合法性的理由（关于这一点，我们将在接下来的内容中进一步涉及）。

　　可见，希腊社会特定的政治社会背景、文化背景以及审美观、宗教观是同性之爱成为时尚的根本原因。所以我们认为，希腊同性之爱的盛行，与其他任何历史现象一样，都不是突然之间孤立地产生、发展的，它与当时希腊历史中的一切因素都息息相关。作为贵族生活方式的一种变形，古希腊男子之间的同性之爱是一种建立在不同于现代思想的有关阶级、男女、教育、爱情以及宗教观念基础上的特殊形式。福柯认为这种爱不在我们的伦理范畴之内，他将其称为"另一种风格"。

　　现代社会对于同性恋的界定，有生理学角度的、伦理学角度的、社会学角度的，也有宗教意义上的评判，等等。然而，古代希腊的同性之爱，却是先于这一切定义的一种客观存在。在此，我们并不是要为希腊的这种现象做出一个所谓科学意义上或者道德意义上的评价，只是想揭示这种现象的社会及文化的背景，从而还原一种历史与人性的真实与可能性。

二、体育竞技

19 世纪末，德国哲学家尼采认为，古希腊人已达到了人所能达到的最高境界，他希望德国人能够按照古希腊人的方向努力，不但要在精神文化和价值取向上成为古希腊人，也要在"身体"上成为古希腊人。可见，尽管自中世纪以来的基督教传统将肉身视为肮脏而罪恶的，但是，古希腊人所设想的完美身材已经在很大程度上占据了西方人的想象，成为许多人潜意识中对于人体美的标准，从而使他们推崇运动使人健美的理念。房龙说："希腊人是最早懂得欣赏人体美的人。"[1] 但实际上，这种对人体的欣赏并不等同于现代意义上的"审美"，古代希腊的体育竞技也并非现代意义上的体育运动，它更主要的是一种宗教活动，参与者也并非大众，而主要是贵族。换言之，体育竞技也是希腊贵族生活的重要方式之一。

1. 锻炼的习惯与竞赛的精神

希腊人也许是世界上最早对体育表现出热爱的民族，对希腊人而言，具有一副强壮而矫健的身体无疑是莫大的光荣。对人的自然形体的热爱和赞美，使希腊的贵族青年将大量的时间都耗费在练身场和运动场上。[2] 在希腊，每个城邦都建有练身场（gymnasium）、体育场（stadium）和摔跤场（palestra）等运动场所。据说，雅典最早的练身场建于公元前 700 年，在梭伦当政时有三个大规模的体育场，此外还有许多小型的体育场馆。通常，练身场是一块广阔

1　（美）房龙：《人类的艺术》，衣成信译，中国文联出版公司，1989 年，第 102 页。
2　有学者认为，希腊人对体育的热爱不仅与其对自身的形体之美与神祇的崇拜相关联，也与希腊人的性、性别乃至爱欲密切相关。参见（美）托马斯·斯坎伦：《爱欲与古希腊竞技》，肖洒译，华东师范大学出版社，2016 年。

绘有圣火传递情景的陶画（©British Museum）

的正方形或长方形场地，运动场地的四周建有回廊和走道，里面陈列着神像或运动员的塑像，附近总有一处泉水或一条小河，可用于运动后的洗浴。公民可以随意进入练身场，跑道的四周设有座位，供人休息和观看青年人的练习。据说苏格拉底就很喜欢在练身场观看青年人运动，并与他们交谈。贵族青年们经年累月地在这些练身场上勤修苦练，参加各种体育竞技活动，如角斗、跳跃、拳击、赛跑、掷铁饼等，仿佛培养完美的身体便是人生的主要目标，而夺取体育赛会的冠军则是至高的荣誉。其实，希腊人这种对体育的热爱并非仅仅出于强健身体、健美体格的想法，而是出于某种对于神的渴望。"因为希腊的神明，也很注意自己的仪表，他们也参加赛跑，参加游泳比赛，参加驾驭烈马的比赛。"[1]

由于希腊人相信神人同形同性，故希腊的神都尚未脱离形体，而只是拥有比人更优美、更完善的形体；诸神也不比凡人更高尚、更有德行，而只是比人更有力量且长生不死。可见，希腊诸神远非某种抽象的精神，也不具有纯粹的神性。这些感性的特点不仅构成了希腊诸神的魅力和可亲近性，使他们为希腊人所爱慕、所向往。而且，人在外貌上与神的相似也形象地表达了希腊人对于神灵的看法：神是俊美的、青春的、优雅的、有力量的，而人的外貌美则正好架设了一条使人趋近神性的通道。于是，为了在形体上最大限度地接近神，希腊人以一种极大的热情投身于体育锻炼之中。在他们的心目中，体育锻炼、比赛夺冠并不是一种游戏，也并不以创造纪录为目的，而是一件庄严神圣的事情，是一种为了接近神并成为神所喜爱的人而从事的活动。

法国著名艺术史家丹纳（Taine）说得好："群众和艺术家，除了对于受过锻炼的肉体的完美感觉特别深刻之外，还有一种特殊的宗教情绪，一种现在

1　（美）房龙：《人类的艺术》，第 102 页。

已经泯灭无存的世界观，一种设想，尊敬、崇拜自然力与神力的特殊方式。"[1]
的确，只有明白了古代希腊人对于神祇的这种独特的情绪及其感受方式，我
们才能理解体育竞技在希腊人生活中的重要性。

因为所有的赛会都是为了祭祀某个特定的神灵而举办的，所以赛会的第
一天多举行庄严的祭神仪式，第二天才开始竞赛活动。而运动会上的许多竞
技项目最初也只是祭神活动中的一种仪式，如火炬赛跑原先就是传递圣火的
一种仪式，之后希腊人便将之保留下来，在一些祭神的场合里举行，其目的
仍然是为了：

求神的嘉惠。

（希罗多德：《历史》VI. 105）

实际上，从泛义上讲，所有的竞技都是为了争获神的宠爱而进行的活动。
诗人品达说："神明都喜爱竞技。"因此，对于希腊人而言，敬神最好的方式
之一就是请众神观看体育竞技。

从人们对优胜者的态度中，我们还可以进一步感受到在希腊人心目中体
育竞技的神圣性和崇高感。如果说，荷马时代的体育竞技还能给优胜者立时
带来丰厚的奖品和益处的话，[2]那么，城邦时代的体育运动给优胜者所带来的更
多的则是荣誉和自豪，因为各项比赛的冠军所获得的奖品都是象征性的，多
是由橄榄树枝等植物枝条编成的冠冕。比如，奥运会冠军的奖品就是橄榄枝
编成的冠冕，皮提亚运动会冠军将头戴桂树枝编成的桂冠，地峡运动会的冠
军将获得松树枝编织而成的冠冕，尼米亚运动会冠军则会被授予由野生芹科

1　（法）丹纳：《艺术哲学》，傅雷译，人民文学出版社，1963年，第320页。
2　（古希腊）荷马：《伊利亚特》XXIII.262-897。

植物编成的花冠。因为在古代希腊，一些树木被视为圣地的标志，是神圣的
象征，而能获得这些圣树枝条编织而成的桂冠，是得到神喜爱的体现。获此
荣誉者，在其城邦中将受到英雄凯旋式的欢迎，成为诗人赞美、吟唱的对象，
还会被塑像纪念，塑像将立于城邦的中心广场之上。我们知道，希腊独立雕
像的两大题材，一类是诸神，另一类就是运动员。正是由于希腊人对于神圣
的感觉是建立在不朽的美丽和不衰的强壮基础之上的，完美的肉体被视作神
明的特性，因此希腊人才会给那些比例匀称、身手矫捷、结实健美的运动员
以如此崇高的荣誉。请看诗人品达对那些优胜者的赞美：

> 请你快来欢迎这位奥林匹亚的胜利者，
>
> 为美惠女神们而来欢迎这支庆祝队伍，
>
> 这队伍象征一种强大力量的不朽光辉，
>
> 这队伍来庆祝普骚米斯的赛车，他头戴橄榄枝冠，
>
> 一心为卡玛里那城争光。愿天神慈悲，
>
> 照顾他的祈求，因为我所称颂的人
>
> 热心培养骏马，
>
> 喜欢接纳四方的宾客，
>
> 他纯洁的心集中于热爱城邦的和平。
>
> ……
>
> 他穿上铠甲赛跑获得胜利，
>
> 他戴上花冠对许西庇说：
>
> "瞧，我跑得最快，心和手都跟得上。"
>
> （《献给卡玛里那城的普骚米斯的颂歌》，
>
> 引自水建馥译《古希腊抒情诗选》，第 193—195 页）

由于奥运会是献给宙斯的一次盛大赛会，因此在希腊人的心目中，获得奥运会冠军称号的人就是宙斯最喜爱的人，是全希腊最优秀的公民，古代奥运会的颁奖台设在天神宙斯像前。优胜者站在用黄金和象牙制成的颁奖台上，被授予用野橄榄叶编成的桂冠，裁判员则头戴月桂花环，身着绛红色礼服，手持棕榈树枝，用高亢而庄严的声调向公众宣布优胜者的姓名、个人阅历、父母姓名、所属城邦国家的名称，以及他们在本届运动会上获胜的项目。随后，冠军被观众簇拥着参加各种庆祝活动，成千上万只鸽子腾空而起，直上云霄，把奥林匹亚竞技优胜者的英名和功绩传报四方。橄榄枝编成的桂冠成为古代奥运会的至高奖品，获得它是最高的荣誉。返回家乡的优胜者会受到隆重的欢迎，城邦政府还要给优胜者以丰厚的待遇，比如免除一切赋税、终身由国家供养、在剧场为其保留最好的位置等。因此，所有参加奥运会的竞技者都认为比赛的目的就是获得冠军。为了永久纪念优胜者，奥运会还决定为获得过三次冠军的优胜者在奥林匹亚塑像。而为优胜者塑像的艺术家，不少都是古希腊最杰出、最伟大的雕塑家。可见，获得冠军，不仅给优胜者本人，而且也将给他的父母和他所在的城邦带来极大的荣誉。

希腊人在祭祀神祇的活动中举行体育比赛，比赛是裸体进行的。这是为了向众神及观众展示他们健美的身体，因为在他们眼中，再没有什么比健美的身体更趋近于神并讨神的喜爱了。雅斯贝尔斯说："在那些时代里，体育运动可以说是非凡的人对其神的来源的一种间接分享，而在今天已不再有这种观念"。[1] 这种"对神的来源的间接分享"，才是希腊体育运动的真正理念所在。因此在古代希腊，作为"非人"的奴隶，由于其本质上是无法与神接近的，自然也就没有资格参加体育运动。梭伦立法时，就曾明文规定：

1　（德）卡尔·雅斯贝斯：《时代的精神状况》，王德峰译，上海译文出版社，1997年，第60页。

不许奴隶做体育锻炼。

（普鲁塔克：《希腊罗马名人传·梭伦传》1）

可见，在希腊人心目中，能否参加体育锻炼也是人之为人的重要标准之一。于是，为了接近神，体育锻炼也就成了公民生活中的一个重要部分。几乎每一位希腊的自由公民都会前往运动场所去进行体育锻炼，尤其是贵族，他们认为只有在练身场上受过训练的人，才算是有教养的人，否则就只是手艺人或出身低微的人，因为忙于生计的平民是无暇从事运动的。可见，体育运动与日常劳作是区分开来的。这种观念早在荷马的史诗中就有所表现了，请看在阿尔基诺奥斯国王的宫殿中，一个当地的贵族与奥德修斯之间的对话：

> 欧律阿洛斯立即回答，讥讽地责备说：
> "客人，我看你不像是精于竞赛之人，
> 虽然世人中这样的竞技花样颇繁多，
> 你倒像是经常乘坐多桨船往来航行，
> 一群航行于海上的货之人的首领，
> 心里只想运货，保护船上的装载
> 和你向往的获益，与竞技家毫不相干。"
>
> 足智多谋的奥德修斯侧目回答说：
> 陌生人，你出言不逊，像个放肆之人。
> ……
> 你刚才使我胸中的心灵充满怒火，
> 说话太鲁莽无礼。我并非不知竞技，
> 如你所揣度，我想我也会名列前茅，

……

我的心灵向所有其他人发出挑战，

请他来竞赛，既然你们把我激怒。

拳击、角力或者赛跑，我都愿意奉陪。

（《奥德赛》VIII. 158-164）

作为一种贵族的生活方式，体育竞技与酒会一样带有很强的竞赛性质以及对妇女的排斥。公元前 561 年，古希腊哲学家为古代奥运会起草的竞赛章程中首先就强调了竞技赛会的组织者并非任何人都能胜任，而必须由贵族来具体负责；然后又指出参加竞技者必须是希腊人，且必须在道德上、宗教上、法律上没有污点，其身份也必须得到裁判员的证明；最后明确规定女子不能参加和观看比赛，违者处死。

我们知道，现代奥林匹克的精神之一是"重在参与"，强调民众参与的广泛性，但是，在希腊，体育运动是贵族生活的方式之一，贵族主要是想通过体育竞技，一方面，向神灵表明他们的虔诚与尊敬，以此来邀宠于神；另一方面，则是要向公众展示贵族阶层的高贵品质，反映贵族阶层的价值观念。因此，在竞技场上，运动员们都是以"只争第一"的拼搏精神竭尽全力。因为希腊人认为，胜利者只有一个，那唯一的冠军才是强者，他会被认为是得神恩宠的人，并由此获得无上光荣。而失败者，哪怕是第二名，都不会得到任何人的赞美、安慰或同情。希腊的竞技场上只有冠军，没有亚军。可见，在古希腊的赛场上，胜利并非主要的着眼点，而是唯一的着眼点。那么，失败者会怎样？他们只能垂头丧气地溜回家。这种竞争精神是贵族价值观的一个重要方面。这些竞赛对抗性强、竞争激烈，有的项目甚至会出现伤亡事故，但是，包括奥运会在内的所有希腊的竞技运动，都不仅仅是以这些竞技来体现勇敢、强壮和健美，更是要以此来体现对神的敬意和对卓越的追求。这被瑞士文化史学家布克哈特（Jacob Burckhardt）称为一种"竞赛的精神"。[1]

至于古代奥运会章程的最后一条，则使得已婚女子不能参加或观看体育比赛，违者要受法律制裁，甚至处以死刑。这样，不仅运动会的参赛者是男性，观众也都是男性。当然，赛场里也不是一个女人都没有——处女和女祭司是例外的。作为贵族男子的一项活动，与酒会一样，妇女是被排斥在外的。一旦发现有偷看者，人们就将其从悬崖绝壁上推下摔死，或是沉于河中溺死。不过，也有例外的情况。在公元前396年的第96届奥运会上，一位拳击世家出身的妇女卡莉帕捷里娅女扮男装混入赛场，观看儿子的比赛。当儿子获得冠军后，她欣喜若狂地跑入赛场热烈地拥抱亲吻儿子，结果暴露了自己真实的身份。于是，她被逮捕并被判死刑。但是，由于她的父亲是第79届奥运会的拳击冠军，现在儿子又是新一届的拳击冠军，拥有这样的殊荣，再加上长老的说情，最后她才免于一死，成为有历史记载的古奥运会上妇女违禁而得以生还的罕见事例。

而在斯巴达，由于斯巴达人相信坚韧、强壮的母亲才能生育出优秀的战士，因此，他们鼓励妇女参加体育锻炼，斯巴达妇女似乎也一直和男子一样从事相同的运动。然而，这并不意味着在斯巴达，体育竞技不是贵族重要的生活方式之一；也不代表斯巴达妇女能够进入男子的世界，与男人平起平坐。普鲁塔克在提到吕库古的各项措施时曾提及此事，他的话向人们表明了斯巴达人鼓励妇女进行体育活动的目的，他说：

> 他让少女们锻炼身体：跑步、摔跤、扔铁饼、掷标枪，为了使她们将来的腹中婴儿在壮健的身躯里打下壮健的底子并更好地发育成熟，也是为了使她们自己健壮结实，怀胎足月，能够顺利地、轻易地对付分娩

1　参见（瑞士）雅各布·布克哈特：《希腊人和希腊文明》，王大庆译，上海人民出版社，2008年。

时的阵痛。

（《希腊罗马名人传·吕库古传》14）

可见，斯巴达妇女进行体育锻炼的目的与贵族的体育竞技有着本质的不同。

2. 体育赛会的由来及其内容

根据现有的资料来看，葬礼运动会是最早的体育赛会，希腊人在为死者（特别是当死者是位英雄时）举行过葬礼之后，便开始进行赛跑、摔跤、掷铁饼、拳击、马拉战车比赛等各种体育运动，并授予优胜者丰厚的奖品。荷马在《伊利亚特》中用长达 635 行的诗句为我们详细描述了帕特罗克洛斯葬礼运动会上的盛况，读起来让人身临其境：

> 他首先为战车竞赛优胜者提出奖励：
> 把一个精于各种手工的妇女和一只
> 能盛二十二升的带耳三脚鼎奖给第一名；
> 奖给第二名的奖品是一匹六龄母马，
> ……
> 车手们站成一排，阿喀琉斯向他们指明
> 远处平原上的路标，委派他父亲的侍从、
> 神样的福尼克斯在路标旁专司督察，
> 观察竞赛，真实地向他禀报情况。
>
> 参赛者同时向他们的马匹扬起响鞭，

抖动缰绳，威严地向它们大声吆喝，
催促起跑，马匹迅速奔上平原，
把船舶远远抛在后面，飞扬的尘土
在胸下盘旋，有如云团，有如迷雾，
鬃毛向后飞扬，顺着急速的风流。
辆辆战车一会儿接触丰饶的大地，
一会儿蹦跳空中如飞，御者在车上
稳稳站立，胸中的心脏蹦跳不停，
渴望胜利；他们不停地吆喝马匹，
快马扬起滚滚尘埃在平原上飞驰。
……

（《伊利亚特》XXIII. 262-372）

　　据说，亚历山大大帝东征波斯，途经小亚细亚时，曾在阿喀琉斯的墓前与同伴裸体竞走，以表示对古代英雄的敬仰之情。

　　此外，在迎接宾客的欢迎会等重大场合，人们也会举行竞技比赛，以表达对当事人的崇敬之情。奥德修斯在漂泊中途经费埃克斯人居住的岛屿，国王阿尔基诺奥斯便举办了运动会来款待他，诗歌吟唱结束后，国王对他身边的贵族们说：

现在让我们到外面去进行各种竞技，
等到我们的客人回到他的家乡后，
也好对他的亲人们说起，我们如何在
拳击、角力、跳远和赛跑上超越他人。

（《奥德赛》VIII. 100-103）

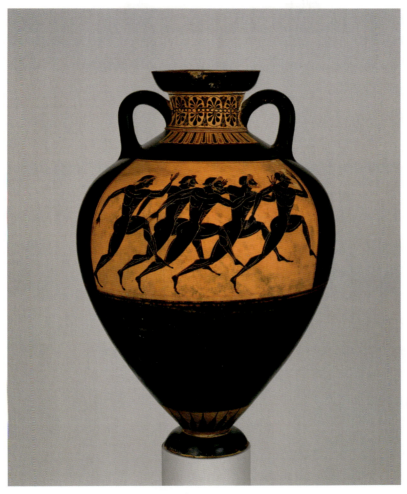

《跑步运动员》（©Metropolitan Museum of Art）

　　进入城邦时代后，一些定期的运动赛会逐渐取代了非定期的葬礼运动会和竞技比赛。始于公元前 776 年的奥林匹亚赛会就是有文字记载的最早的定期运动会，这一年也成为希腊纪年的开始。除了奥林匹亚赛会以外，希腊世界还有三大运动会：创始于公元前 582 年的皮提亚运动会（Pythian Games），在圣地德尔斐举办，与奥林匹亚赛会同样是四年一届，它是献给阿波罗神的。
而在科林斯举办的地峡运动会（Isthmian Games）和在尼米亚举办的尼米亚运
动会（Nemean Games）则分别创始于公元前 581 年和公元前 573 年，均为两
年一届，是分别为祭祀波塞冬和宙斯而举办的。这样，每年都会举行一次泛
希腊的重大赛会，由此看来，希腊人对体育竞技热爱的程度恐怕连今人都难
以企及。由于每个赛会还都与某一个泛希腊的神祇崇拜中心联系在一起，因
此它们的影响遍及全希腊。除了泛希腊的运动会以外，各城邦还有自己的运
动会，其中一些如雅典城邦的泛雅典娜节运动会同样声名远播。

参加运动会的运动员多是贵族，比赛也只是个人与个人之间的竞技，禁
止团体与团体之间进行竞赛，因此泛希腊的四大体育赛会都没有集体项目。
各大运动会的比赛项目基本相同，主要有五大赛事：

首先是赛跑，其中包括短跑、中跑和长跑。在以上各项赛跑中，运动员
都是裸体光脚跑，跑姿与今天大体相同。

此外还有武装赛跑，早期参赛者都身着铠甲，头戴盔帽，腿裹皮护膝，
左手持盾牌，后演变为赤身裸体手持盾牌参赛，其场面壮观、争夺激烈，带
有明显的军事色彩。

第二类是五项竞技，包括赛跑、跳远、掷铁饼、掷标枪和摔跤。只要赢
得其中三项便成为该项目的冠军。

第三类是拳击。比赛不分局，不受时间限制，也不按体重分级，抽签决
定对手，直到其中一方被打倒昏迷或举起右手表示认输为止。胜者之间再抽
签进行拳斗，直到剩下最后一人。

第四类是作为单独项目进行的摔跤比赛，分为古典式摔跤和自由式摔跤
两种。虽然危险性不如拳击那么大，但也时常会出现选手受伤的事情。

第五类是马拉战车比赛。赛车场面十分激烈，车翻人伤的事故时有发生，
跑完全程者通常不及半数。此项目尤其是一项有钱人之间的比赛，车和马的

奥林匹亚遗址（©George E. Koronaios）

主人往往都是富有的大贵族。他们既想夺取冠军，又担心受伤身亡，所以常常出钱令人代为驾车，如果得胜，橄榄花冠是戴在车主头上，而真正参与竞技的人只能得到车主微薄的赏赐。

此外，还有一些其他竞技项目，比如，从公元前632年的第37届古奥运会开始，逐渐出现了少年竞技项目，如少年赛跑、摔跤、拳击等，其规则要求与动作难度均低于成年人。从公元前444年起，古奥运会上还出现了艺术比赛，有许多著名的学者、历史学家、诗人、戏剧家和艺术家都曾在奥运会上参加比赛，奥运会不仅推动了体育的发展，也促进了文化交流。

3. 奥运会：从神圣到世俗

古代奥林匹亚赛会是泛希腊的四大赛会中最著名的，也是全希腊最负盛名的大型庆节。其举办地是南希腊伯罗奔尼撒半岛西部伊利斯的奥林匹亚，距雅典 370 公里。这里气候宜人，景色优美，到处都是繁茂的橄榄树和葡萄树。

按四年一次的周期算，从公元前 776 年到公元 394 年，总共是 1 170 年，应该一共举办 293 届奥运会，但实际上召开的次数要少得多。不过，古代奥运会有规定，一个奥林匹亚为一届，不管举行与否，次数照算。

到公元前 2 世纪，因为罗马征服了希腊，闻名于世的古代奥运会开始走向全面衰落。公元 4 世纪末，统治希腊的罗马皇帝狄奥多西一世宣布立基督教为国教，因此把祭祀宙斯的古代奥运会当作异教活动。为了维护罗马对希腊的统治，巩固基督教的地位，公元 394 年，狄奥多西一世下令终止了古代奥运会，历时一千多年的古代奥运会从此消失了。

1892 年 11 月 25 日，法国人顾拜旦（Pierre de Coubertin，1863—1937）在"法国体育联合会"成立三周年的纪念大会上，发表了题为《复兴奥林匹克》的演说，第一次正式提出了创办现代奥运会的倡议。1896 年，第一届现代奥运会在希腊首都雅典举行。

2004 年 8 月，源于古代希腊的奥运会再次重返希腊。主会场被特意安排在古代雅典运动场的原址上。为此，雅典人采用同样质地的上好帕罗斯岛大理石，按原样修复了运动场。由此，它也成为所有现代奥运会中最有特色、最为优雅的主会场。同时，从第一次真正意义上的全球火炬传递（传递奥运圣火的飞机被命名为"宙斯"），到开幕式上的希腊神话、悲剧表演、模拟的蔚蓝色大海，再到冠军头上的橄榄花环，等等，这一切更使人联想起古代希腊的辉煌及奥运会的盛况，不由令人发出些许思古之幽情。然而，事实上，

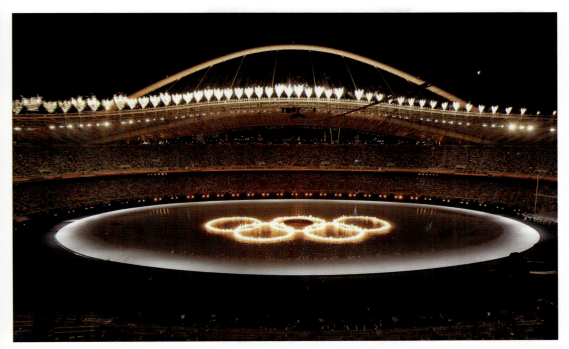

200= 千雅典奥运会主会场

　　除去这些表面的形式，今日之奥运与古时之奥运在精神实质上已相去甚远。

　　始于公元前 776 年的奥林匹亚赛会是人类有文字记载的最早的定期运动会，据说是由英雄赫拉克勒斯为祭祀众神之王宙斯而创办的。举办的地点奥林匹亚远离几大主要城市，既不是政治权力的中心，也不是经贸集散地，但它却是全希腊最重要的宙斯崇拜中心，也是最为盛大的体育运动会的举办地。奥林匹亚赛会吸引了希腊世界最优秀的运动员前往参加，包括从遥远的岛屿和殖民地赶来的运动员。为了保证奥运会的顺利进行，希腊人签下了一个神圣和约：奥运会期间，即使是正处于交战状态的各邦也应暂时休战，遵守停战期限的规定以确保所有的参赛者安全地往返于奥林匹亚及其城邦之间。

　　每逢奥运会年，伊利斯城邦就会派出 3 名使者，头戴橄榄枝编就的桂冠，手持节杖前往各城邦，宣告奥运会即将举行，"神圣休战"开始，并邀请人们参加奥运会。他们在所到之处均受到热烈欢迎。"神圣休战"一经宣布，整个伊利斯城邦便成为宗教圣地，禁止任何军事行动，也禁止人们带武器进入，通往奥林匹亚的所有道路畅通无阻，任何人不得拦阻他人赴会。违背"神圣休战"的人和城邦都会受到严厉制裁。凡阻止他人参加庆典者，剥夺其祭神的权利。最初，"神圣休战"的期限为 1 个月，后因地中海沿岸的希腊殖民城邦也参加奥运会，便延长到了 3 个月。由此，在希腊，虽然战争并不会因奥运会而完全停止，但至少在此期间，各邦运动员的生命安全是能够得到保障的。

在过去的十几年间，国际奥委会一直努力试图恢复这一传统，并且取得了联合国的支持。2003 年 11 月 3 日，除伊拉克以外的所有联合国成员国共同签署了由希腊倡导的"奥运休战协议"，敦促冲突地区各方在运动会期间和前后停火。当天，一面奥林匹克休战旗在联合国的广场上升起，孩子们唱起《让世界充满和平》的歌曲。然而就在第 28 届奥运会即将开始之际，美国国务卿鲍威尔却表示，休战的想法是好的，但美国不会因为奥运会而停止在伊拉克的军事行动。2004 年 8 月 14 日，美国奥运代表团团长老布什拒绝出席雅典奥运会的休战签名仪式。更有甚者，英、美及以色列等国都正式或非正式地获得了携带枪支进入雅典保护本国运动员的许可（虽然在今日之乱世，我们几乎可以认为其理由是无可厚非的）。奥运期间的雅典也如戒备森严的堡垒一般，受到来自海陆空三方武装力量的立体保护。据统计，此次奥运会上保安人员与运动员的比例为 7∶1，为防止出现意外情况而投入的武装力量及其物质准备更是相当于一场小型的现代战争。

现代奥运为何不能中止战争，反而几乎使之成为一场所谓的反恐战争？今日之奥运休战协议为何只能是一纸空文，而不再对人们的行为具有约束力？究其原因是奥运本身丧失了其神圣性。现代的奥运已从一种祭神的仪式变成了为争夺奖牌及其背后巨大物质利益而进行的一场争强好胜的世俗比赛。而在古代希腊，包括奥运在内的著名的四大运动会都是为了祭祀某位神灵而举办的。每个赛会还都与某一处泛希腊的神祇崇拜中心联系在一起，因此它们的影响遍及全希腊。赛会的第一天多举行庄严的祭神仪式，第二天才开始竞赛活动。而运动会上的许多竞技项目最初也只是祭神活动中的一种仪式，比如我们之前提到的火炬赛跑，原先就是传递圣火的一种仪式，之后才成为一项体育赛事。

而今，奥运比赛的目的在很大程度上为利益所驱使。虽然，雅典奥运会赛前，希腊新闻部副部长西提立斯说："奥林匹克运动在100多年之后回到诞生地，这对希腊整个国家的意义非常重大。正是因为这一点，我们希望本届奥运会追求纯粹奥林匹克精神的回归，不要充斥着过分的商业气味，例如我们提出的'休战奥运'和'文化奥运'的理念。"但各国为了刺激运动员夺冠、拿奖杯，纷纷直接提出各种物质性的奖励。为了能在比赛中超过对手，运动员们也不惜男扮女装、服食兴奋剂、贿赂裁判、集体作假，可以说是想尽了种种办法，使尽了种种解数。体育比赛早已失却了当年的神圣感。第28届奥运会举办期间，在央视的一档奥运专题片中，主持人与嘉宾虽然都不断提及奥运优胜者所获得荣誉的至高性，然而最后得出的结论却是"获得奥运金牌就如同得到了终身福利一样"。我们不敢妄评这是主持人浅薄，反而应该说主持人一语中的，因为这样的结论恰恰符合了现代奥运所传递给人的信息。

奥运的精神何在？体育运动的意义何在？

古代的奥运会也是没有硝烟的战场，赛场上的竞争非常激烈，有时甚至可以说是残酷的，那是因为大家都在争先恐后地证明自己是最接近神灵的那个人。但是，因为奥运会的冠军能给个人及其城邦带来巨大的荣誉，所以仍会有个别人铤而走险，为求胜利，不择手段。比如，摔跤手会偷偷在身体上抹油，使对手抓不牢他；长跑者则可能在跑道急转弯处做手脚，例如绊倒对手或抄近路跑。而贿赂则是最为常见的手段。因此，为了比赛的公平、公正，古希腊人拟定了一套系统的比赛程序和规则，比如，开赛前，运动员首先要举行祭祀宙斯的仪式，向神奉献牺牲，以求福佑。然后，全体选手再在神灵前宣誓，誓言中有"永不用不正当的方式从事竞赛"这样的词句，之后才正式开始比赛。当一系列考查合格后，他们的名字就被书写在一块木板上，挂在奥林匹亚最显眼的地方。从这时起，他们便不能以任何理由退出即将到来的比赛。各城邦派出的优秀选手赤身裸体地进入赛场，为夺取冠军奋勇拼搏，这是他们在向神灵和观众展示他们超人的体能、健美的身体和良好的教养。因为，希腊人认为，当一个人充分发挥了他在某一方面的潜能而超越他人时，他就具备了一种令人推崇和欣赏的优秀品质。希腊人欣赏人体的标准，也是从这个角度作为出发点的。在各项运动中表现优秀的人，他在身体方面就具备了一种优秀品质，因而具备了人体的美。当然，古代奥运会也规定了相应的惩罚条例，违规的运动员一旦被发现作弊，便会被立即取消比赛资格，并处以罚金，他必须出钱铸造一个宙斯的铜像，放在通往竞技场的路旁，以示惩戒。据文献记载，奥运会的运动场入口上，就有 16 个用惩治违规者的罚金建造的宙斯铜像。

事实上，体育竞技与酒会一样，作为希腊贵族生活的重要方式，它们都反映了贵族阶层的价值观念，即竞争和竞赛的精神，并将这种精神蕴含在对于青少年的教育之中，贵族通过体育竞赛和酒会上的言谈举止，将个人的高贵品德、卓越才能表现出来，展现在公众面前。这对于整个社会而言，便起到了一种示范性的作用。

而如今的奥运会从神圣到世俗的蜕变过程，实际上也正是其神圣感消解的过程。世俗化进程加快、神圣感逐渐缺失是现代社会的一种趋势，我们不想螳臂当车，更无意做自绝于时代的人，但我们是否应该在奥运会重返希腊又已来到过中国之后，对奥运精神的变化所反映的人类精神面貌的变化重新做一番思考？那曾是一种神圣仪式和一种高贵生活方式的体育竞技赛会是否在提醒我们：人类为所谓的进步付出的代价是否过于高昂？我们在同时是否也丢失了太多？由于人类生活是一种社会生活，因而其必然是一种伦理生活，任何社会若要保持某种稳定和连续，都必须保证一些最起码的社会行为要求和必要的神圣性的存在。这种神圣性不仅仅是在特定的空间及时间内具有效力，同时也会为日常生活中的行为提供根据及证明。在体育饱受商业渗透和兴奋剂困扰，在奥运会不断受到恐怖活动威胁的今天，当体育运动从贵族那里逐渐走向了一群专业运动员时，人们所失去的不仅是一种对神圣者表达敬意的机会，以及对自我卓越表现的荣誉追求，更缺失了一种对人类和平以及个人精神追求的向往，这是奥林匹克精神的异化，也是人性与教育的淡化。

第十一章

会呼吸的大理石与普通人的艺术品

我们都是爱美的人。

——伯里克利

应该说，真正意义上的欧洲艺术始于古希腊。雕刻是希腊艺术中最为重要的部分，集中地体现了希腊人对美的理想，以及他们非凡的艺术才华和对人体的精深研究。千百年来无数雕刻家、画家都曾受到希腊雕刻的启示和影响，它所独具的内在生命力和艺术魅力，至今仍散发着灿烂的光辉。不过，令人惋惜的是，希腊艺术品的大部分原作，或被战乱和灾变所破坏，或消失在历史变迁的漫长岁月中。而目前世界各地博物馆中保存的古希腊雕像大多并非原作，我们所能见到的都只不过是一些极不完整的残存遗迹和后人仿造的复制品而已。但从这些遗迹和仿制品中，我们仍能看到古代希腊艺术的大致面貌和它们所达到的艺术高度。对于后人而言，它们不仅仅是精美的艺术作品，更是古希腊人的艺术历程和古希腊文化的缩影。

此外，古代希腊还有一种我们今天视作艺术品的陶瓶装饰画。但在当时，那些陶瓶却是希腊人日常所用的水瓶、油罐、酒壶、香水瓶等容器而已。不过，希腊人在陶瓶上烧制的图案不仅是我们了解希腊绘画成就的重要载体，还为我们展现了希腊人思想与生活的生动图景，加之其制作工艺精美、保存完好、色泽鲜艳，确实堪称佳品。

一、青出于蓝而胜于蓝的希腊雕塑

在希腊，与神庙建设几乎同步发展的是神像雕塑。希腊人自己认为，最早的神祇崇拜是没有偶像的。事实上，在克里特–迈锡尼文明时期，对宙斯、波塞冬等神的崇拜确实是不设神像的，考古学已经为我们证实了这一点。

然而，随着神人同形同性的观念逐渐为人接受，为神雕像的可能性也就逐渐产生了。而当奥林波斯诸神成了各城邦主要祭祀活动的对象时，诸神便纷纷拥有了各自独立的神庙，这为神像的安置提供了场所。不过，公元前 7 世纪中叶以前的雕像都比较小，且多为木制。到了公元前 650 年前后，才开始出现与人等高或超高的大型雕像和浮雕，这意味着真正的希腊雕刻时代的到来。

希腊人用于神像雕刻的材料主要是石头、青铜、陶土、黄金和象牙等。随着岁月的流逝，在这些数量巨大的雕刻作品中，木制作品因希脂湿润的气候早已腐朽，黄金与象牙制品因价值不菲而不知去向，青铜作品则多遭熔铸的厄运，唯有石制雕像得以幸存下来。

希腊雕刻的全部发展时期长达 1 000 年，与希腊主要的历史分期相符合，可划分为古风时代、古典时代和希腊化时代三个阶段。古代希腊人在雕刻方面，最初是模仿埃及人，经过一两百年的自我探索之后，希腊雕刻才有了非常大的改变，不再像古埃及雕塑那样呆板，而是具有了极大的生气，并逐渐形成了希腊雕刻所独有的那种庄严沉静、优雅健美的风格，这种风格被 18 世纪的艺术史家温克尔曼（Johann Joachim Winckelmann）概括为"高贵的单纯，静穆的伟大"。这种说法尽管有夸大之嫌，但用于表现希腊诸神虽与凡人同形同性，却比凡人更加高大俊美，而且具有长生不死的特性，应该说是再适当不过的了。这些"立在神庙里用来表现神的大型祭祀雕像，在城邦的注视下

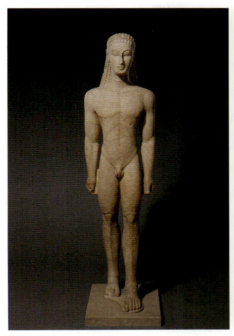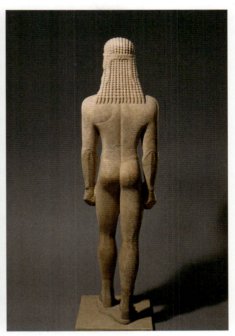

库罗斯雕像的正面与背面（©Metropolitan Museum of Art）

成为一种景观，一种'关于神的教育'"[1]。

1. 古风式的微笑

　　在荷马时代，希腊雕刻艺术仅有一些小雕像。真正意义上的希腊雕刻的历史应该从古风时代算起，因为古希腊雕刻中最突出的人体雕刻就是在这一时期得以奠定基础。

　　古风时代的雕刻，其造型在很大程度上受到古埃及雕像"正面性法则"

1　（法）韦尔南:《希腊思想的起源》，第 42 页。

的影响，人物总是取正面直立的姿态，重心在两腿之间，双手笔直下垂，脚微微前伸，一方面令人觉得僵硬呆板，但同时也显得朴实无华。这一时期的男子人像雕刻主要是青年全身裸体直立的形象，希腊人将男像称为"库罗斯"（Kouros，意为"小伙子"），女像则称为"科雷"（Kore，也有译作"柯拉"的）。这两种类型是古风时期的雕塑中最具代表性的。这些雕像虽然在人体各个部分之间还缺乏有机的联系，肋部也仅用线条来表现，但是在身体比例和肌肉质感方面已经比较接近真实的人体。而且，雕像的面部表情也开始生动起来，浮现出浅浅的笑容，给人一种宁静、安详的印象。因为公元前6世纪的希腊雕像几乎都有这种千篇一律的笑容，这成为古风时代雕像的突出标志。因此，后人把这种具有古朴稚拙之美的统一艺术风格称为"古风式的微笑"。

这一时期常见的库罗斯雕像，几乎是一样的姿势、一样的面貌，反映出一种严格的正面法则，虽然是立体的造型，却产生了一种平面的效果：全正面的立姿，方板状、宽肩窄髋的体形，左腿微微前伸，双手握拳垂于身体两侧，头发梳成辫式，垂在颈部两边，嘴角微微挑起，似在微笑。应该说，这些塑像在人体结构的比例上基本是正确的，只是缺乏生动性，步态呆板，臂姿单调。这不由让人联想到古埃及的人像雕塑，而且这些塑像在脸部的刻画、脸形和发式的处理方面，也带有明显的西亚雕刻风格的影响。

古风时代的女性雕像数量不多，都是立像，姿势比较古拙，而且都是着装的。可以推测，希腊女性裸体雕像的出现要比男性裸体雕像更晚。现藏于巴黎卢浮宫的一件女性雕像《科雷》（大约创作于公元前650年），其女性正面站立，双足并拢，右手下垂，左手弯曲，头部两边垂下厚重对称的发辫，身穿无袖上衣，下着长裙，腰间束带。这一作品简练概括，观者透过富有质感的衣服能隐约感觉到女性的人体美。虽然发式仍带有古代埃及装饰程式化的痕迹，但整体的人物造型自然优美且富有柔软的质感。

要提醒大家的是，这些古风时代的雕像原本全都是五颜六色的，只是由

雕塑《科雷》（©Louvre Museum ）　　　　　　　萨摩斯岛雕像《赫拉》（©Louvre Museum ）

于年代久远，经历了风雨阳光的洗礼，到今天才只留下了石料的本色。

到公元前 6 世纪，希腊雕刻的艺术技巧有了明显的进步，在人体和动态的表现上都更为自由而富有生气。如在萨摩斯岛发现的《赫拉》（大约创作于公元前 550 年），雕像高约 2 米，头部已不复存在，右手垂在身旁，左手放在胸前，衣褶自然下垂。粗看有些单调，但细细看来，流畅的波状衣纹仍能很好地表现出婀娜多姿的女性体态。

在男性雕像方面，请看 473 页左图这尊出土于阿纳维索斯的青年男子雕像，它高约 1.93 米，大约创作于公元前 525 年，是大理石雕像，现收藏于希腊雅典国立考古博物馆。雕像保存十分完整，为正面裸体立像，该男子头部昂然挺直，双肩宽阔，肌肉发达，双腿前后分开，双臂自然下垂。整个作品虽然与其他库罗斯相同，在姿态上还受到古埃及"正面性法则"的束缚，但在人体的比例和肌肉的质感上已经有了很大的进步。同时，雕刻家已能熟练地使用圆雕手法，使雕像具有很强的立体感。雕像的脸部表情十分生动，嘴角挂着浅浅的微笑。总之，作品体现了古风时代后期的希腊雕塑正在逐渐摆脱埃及僵硬模式的限制，雕塑家开始以体现更多的真实感与生命感作为追求。

这一时期的青年立像《阿波罗》也仍然保存有埃及风格的造型程式，但青年低头的姿态和手势已趋生活化，他向下而视，两臂向前伸出，似有接物之意，看得出人物姿态已从直立僵化向生活化迈进了一步，雕塑家已经能够比较巧妙地处理人体的重心，但总的来说，造型手法还比较生硬，仍然未能完全打破僵直的模式。

其实，无论古风时代希腊的雕塑在风格上与埃及雕塑有多么相像，但在用途上，希腊雕塑却与埃及雕塑存在着根本的不同。埃及的雕塑主要用来保存死者的灵魂和他生前的面貌，以求得灵魂的永生乃至肉体的复活。它们通常被放置在封闭的陵墓或神庙中，只有法老和少数祭司才有资格瞻仰，因而具有神圣性和秘密性。而希腊的雕塑则是用来表现神灵外在的人类形象，或

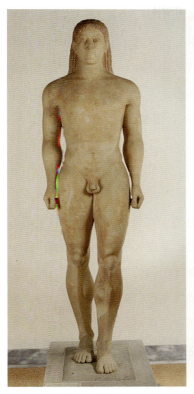

阿纳维索斯青年男子雕像   雕像《阿波罗》（©Archaeological Museum of Piraeus）
（©National Archaeological Museum of Athens）

是作为美好的贡品以奉献给神灵，又或是作为纪念碑安置在死者的坟墓前。
这些雕塑常常耸立在全体公民视线所及的公共领域（如市政广场）中，这使
希腊的雕塑家在他们所继承的埃及程式之外，不得不加入另一种要素。这种
要素便是某种真实的眼光，这使他们雕刻的作品显得真实而自然。正因如此，
希腊艺术才迈出了有别于埃及艺术的关键一步。

　　经过一个复杂的发展阶段，希腊艺术在吸收东方艺术中的积极成果后，
逐渐开始摆脱东方艺术的影响。希腊雕像从静态转向了力求表现运动，甚至
堪称激烈的动态，人物雕塑的姿态一反过去呆板的直立模式而变得自然灵活，

从过去只表现人物的正面发展到表现人物的多个角度、方位，一些雕像即使仍保留着正面式的风格，但身体的两侧不再对称，头部和身体的上部微微转动，两条腿表现出身负重物的姿态。雕刻的技巧也更加熟练，逐渐形成一种比例匀称、结构准确、形体明晰的"团块"体系，并产生出一种端庄优雅的风格。公元前 500 年以后，古风式的笑容逐渐从希腊雕像中消失了。

2. 古典艺术的理想与法则

强健的体魄、昂扬的精神和典雅优美的造型，这是古典时代希腊雕塑的共同特色。当时希腊刚刚经历了一场著名的反抗波斯入侵的希波战争，战争的胜利激发了希腊人强烈的爱国主义情感和奋发图强的精神。于是，雕刻艺术中也出现了战斗的场面，以及歌颂英雄业绩的主题，同时也形成了与此相应的关于美的规范。无论雕塑主题是取自神话还是现实题材，这一时期的希腊雕像都与古风时代的作品不同，在艺术风格上也与"古风式的微笑"形成鲜明对照。

相对于古风时代生硬、拘谨、程式化的造型，古典时期的艺术家们更注重塑造写实而理想的人体，力图表现出那些战士、胜利者、运动健将和自由公民的活力与尊严，彰显自由和蓬勃向上的时代精神。这个转变在时代的大背景下自然而然地发生了，新的艺术风格在公元前 5 世纪中期逐渐趋于成熟。特别是对人体雕像的重心和动态的处理，使古典时代的雕塑产生了革命性的变革。事实上，从公元前 7 世纪希腊人学习埃及雕刻开始，他们就始终在探索解决这个问题的途径。希腊人不满足于古老的既定程式，总希望创造出更完美、更富于动感又符合多样统一原则的完美人体。经过 200 余年的尝试，这种理想化的人体姿态终于诞生了。雕塑家在人体直立的基础上将人体的重心移至一足，使另一足自然地表现出动态，以反映现实生活中人物的运动姿态。

　　古典时代较早的一件重要作品，是《德尔斐的御者》青铜雕像。这是一组已散逸的群像中的一尊，大约创作于公元前 470 年，现收藏于希腊德尔斐考古博物馆。御者像高约 1.8 米，雕塑形象是一位英姿焕发的青年人，他身体直立，身穿中袖长袍，腰间束带，仿佛站在一辆战车上，双脚并立，右手伸出拉着缰绳，炯炯有神的双眼注视着前方，表情坚定而庄严。虽然直立的姿势与古风时代相似，但它基本已没有古风时期雕塑刻板呆滞的不足，人物臂

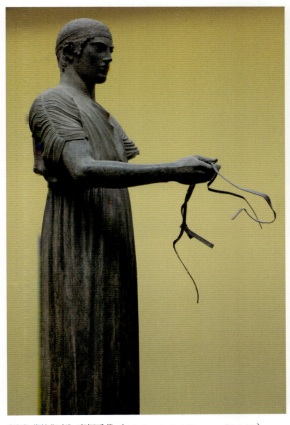

《德尔斐的御者》青铜雕像（©Archaeological Museum of Delphi）

优卑亚的波塞冬铜像（©National Archaeological Museum of Athens ）

膀上发达的肌肉以及长袍上那些自然、优美而细致的衣褶，都充分显示出雕塑家高超的造型技艺。

　　另一件著名的铜像是在优卑亚附近海中发现的海神波塞冬的铜像（也有人认为是宙斯像），此像制作年代略晚于御者像，大约是在公元前 460 年至公元前 450 年间。铜像为一壮年男子，高约 2 米，裸体，动作开张，肌肉强劲，饱含旺盛的精力，有一种先声夺人的英雄气势。

1972 年人们在意大利莱焦海中打捞出的束发男子铜像（©National Museum of Magna Graecia）

　　而近几十年的考古发掘更是从海底打捞起几尊几近完美的原作。如 1972
年人们在意大利南部的莱焦海边发现的两尊希腊铜像。它们的制作年代都在
公元前 5 世纪中期，时间与御者铜像和波塞冬铜像相近，据推测是当时由希
腊运往意大利时落入海中的。两座铜像都是有胡子的裸体壮年男子，一尊束
发，一尊戴头盔。根据希腊运动员不留胡须也不戴头盔的习俗，再从其伟岸
的身躯和堂堂威仪来看，它们似乎不是一般的战士或运动员，而像是两个军
事指挥员或英雄人物的铸像，很有可能是为纪念战争胜利而制作的。请看 477
页这尊束发的铜像：其牙齿和眼圈是用银镶的，嘴唇、头发等是用铜镶贴，
眼球是用象牙制成，铸造工艺十分高超。人体雕塑造型精美，技巧娴熟，这
不仅表现在雕像的整体形象中，也表现在雕像的每一处局部，这是在其他古
典雕刻残片上难以窥见的。如此完整无损的古希腊铜像真迹重新面世，轰动
了全球艺术界，它因此被西方学者称为"近 500 年来最伟大的考古发现"。至
于雕像出自哪一位大师之手，则说法不一。

　　古典时代，希腊雕塑中的人像或神像通常都没有眼珠和面部表情，一切
艺术的意蕴均体现在充满生机和动感的躯体中。雕像突出的不是紧蹙的眉头
或忧伤的眼神，不是痛苦不堪的精神，而是发达的肌肉、结实的躯干、迸发
的力度以及洋溢在肉体的自我陶醉之中的欢愉心情。

　　值得一提的是，古典时代，艺术家开始得到应有的重视，雕塑家可以在
作品上留下自己的名字，这使后世能够知道那些卓越作品是出自何人之手。
当时，一些城邦的统治者也成为艺术的倡导者，最著名的当数伯里克利，他
积极提倡文化艺术，将雅典发展为全希腊的艺术和教育中心。许多希腊艺术
家都是伯里克利的座上宾，伟大的雕塑家菲狄亚斯就是其中之一，他在伯里
克利当政时期，主持修整了雄伟的雅典卫城，建造了堪为希腊古典艺术最高
典范的帕特农神庙。

　　古典时代，希腊著名的雕刻家有三位：米隆（Myron，活跃于公元前 475

年—公元前 450 年），波吕克利特（Polyclitus，活跃于公元前 5 世纪后半期）
和菲狄亚斯（Pheidias，大约公元前 490 年—公元前 430 年）。

雕塑家米隆是古典时代相对早期的代表人物，他的主要活动年代是公元
前 5 世纪中叶。米隆对人体解剖学有着深刻的认识和理解，所以他能够准确
地描绘人物的骨骼和肌肉运动，通过静止的人像表现出逼真的动感，正是他
使古希腊雕刻艺术进入了成熟阶段。米隆的创作包括神像和各种人物的雕像，
并善于雕刻动物，其作品均为青铜制品。不过，他的原作都没有保存下来，
只有几件确定为他所制作的青铜像的摹制品流传于世，其中最著名的是《掷
铁饼者》。这尊雕像的复制品以大理石雕琢而成，高约 152 厘米，罗马国立博
物馆、梵蒂冈博物馆均有收藏，米隆原作的青铜像大约于公元前 450 年完成。
雕塑选取了运动员手持铁饼摆回到最高点、即将抛出的一刹那，将掷铁饼的
强烈动感与雕像的稳定感出色地结合在一起。雕像的重心落在右腿上，因此
右腿既成了使整个雕像身体自由屈伸和旋转的轴心，又保持了雕像的稳定性。
掷铁饼者张开的双臂像一张拉满弦的弓，带动了身体的屈折，呈现出不稳定
的状态，但高举的铁饼又把人体的全部运动统一起来，使人们体会到暂时的
平衡。艺术家把握住了从一种状态转换到另一种状态的关键环节，使观众在
心理上感受到"运动感"的效果。他突破了时间和空间的局限性，把人体的
和谐、健美和青春的力量表现得淋漓尽致。这尊雕像表明，古典时期的希腊
艺术家不仅在艺术技巧上，同时也在艺术思想和表现力上取得了质的飞跃。
这尊雕像被认为是"空间中凝固的永恒"，直到今天仍然是代表体育运动的最
佳标志。

来自阿尔戈斯的波吕克利特最擅长表现年轻运动员的形象，他所使用的
雕塑材料也都是青铜，现存于世的则是大理石复制品。他被称为"人的雕刻
家"。受哲学家毕达哥拉斯的影响，波吕克利特致力于研究人体表现的比例
法则，他著有《法则》一书，专门论述人体比例。他认为人体的比例要依靠

《掷铁饼者》大理石复制品（©Palazzo Massimo alle Terme, National Roman Museum）

"数"的关系，最理想的数字是头与全身的比例为 1：7，这实际上是艺术发展到成熟阶段时会出现的程式化现象。其代表作为《执矛者》，如 482 页图，这尊大理石的复制品，高约 198 厘米，波吕克利特的青铜像原作大约完成于公元前 440 年至公元前 430 年间。

雕像表现的是一位肩负长矛迈步向前的青年战士形象，他体格健壮，肌肉发达，充满朝气。雕像左手持矛，右腿站立，身体的重心落在右腿上；右手下垂，左腿则稍稍向后弯曲着地。从人体的结构上，明显可以看出艺术家对人体动态的深入研究：人体的重心都落在右脚上，左脚因此获得了解放，躯干向左倾，头向右转，全身近似于一个优美的"S"，给人将动未动的感觉。整个人体的动态统一和谐。可以说，波吕克利特的雕像从力学上探索并解决了人体重心与各种动态之间的关系。这种人体构型能使静立的雕像产生很强的动感，所以在后来广泛地被雕塑家们采纳，几乎成了一种固定模式。这尊雕像的复制品有好几件，其中一尊收藏于意大利那不勒斯国立考古博物馆的复制品被认为最忠实于原作，并长期被奉为人体雕塑的楷模，它出土于庞贝古城遗址。

如果我们要用一个名字来概括古代希腊雕刻艺术，那就是菲狄亚斯。他是雅典著名的民主派执政官伯里克利的好友，也是他的艺术总监。菲狄亚斯受伯里克利委托，主持雅典卫城的重建工作，这一工程无论是在建筑还是雕刻上，都达到极其完美的境界，历来被人们尊为集中代表了古典艺术成就的不朽作品。菲狄亚斯的作品是古典时代希腊艺术最高成就的表现，后人评价他的雕像风格是姿态宁静而高贵，表情肃穆而温雅。

菲狄亚斯以制作富丽堂皇的雅典娜神像和宙斯神像著称于世，这些雕像多采用黄金、象牙等贵重材料做成，体形巨大，在当时被奉为最尊贵的神像，他也因此被人们称作"神的雕塑家"。遗憾的是，菲狄亚斯的原作已全部被毁，我们仅能从一些钱币图案和小型复制品上看到一点大略的模样。

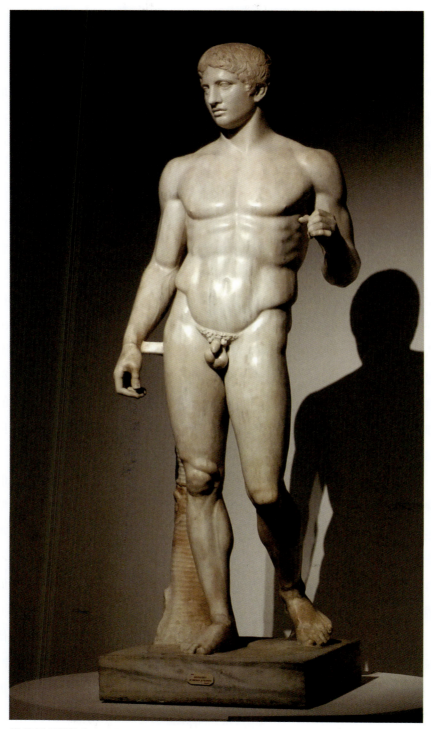

《执矛者》复制品 （©Naples National Archaeological Museum）

　　菲狄亚斯毕生最重要的成就便是帕特农神庙的雕刻。那一大批圆雕和浮雕虽不可能全部都是菲狄亚斯亲自制作的，但肯定是在他总体构思和指导之下完成的，是菲狄亚斯艺术思想和创作风格的体现。其中最具代表性的就是菲狄亚斯所制作的雅典娜神像:《帕特农神庙的雅典娜神像》，又名《戎装的雅典娜》。

　　原作为黄金象牙雕像，菲狄亚斯创作于大约公元前 438 年，它用木料做胎，饰以黄金和象牙，极其奢侈华贵，据说仅雅典娜身上所穿的希腊式长衫就消耗了 2 500 多磅[1]黄金。该雕像后来毁于拜占庭帝国时代，现存大理石复制品，高 105 厘米，收藏于雅典国立考古博物馆。雕像雅典娜一身戎装，威风凛凛，头戴战盔，身披甲胄，右手托着胜利女神，左手扶着刻有浮雕的盾牌，盾牌内还有一条巨蛇。雅典娜体态丰满健壮，右腿直立，左腿微曲，长衫的雕刻厚重有力、自然生动。女神的面部造型均匀端正，眉宇清朗，鼻梁挺直，嘴唇微闭，双目炯炯有神，显示出传说中神的崇高和严肃。但同时，她的神情又给人一种平静安详的印象。我们可以想象，雕像尚存之时，灿烂的阳光透过宏伟的神庙大门投射到这尊金光闪闪的巨像上，是何等辉煌和壮丽。这正是雅典"黄金时代"的真实写照。这尊雕像也代表着古希腊雕刻艺术的高峰。有人认为，菲狄亚斯胜过一切希腊雕刻家并被后人怀念和赞美的原因，就是他身上体现了希腊艺术的精髓:既忠实于自然，同时又善于净化自然;模仿自然，同时又善于在模仿中驰骋想象力，表现理想。菲狄亚斯代表的古典风格一直支配着希腊雕塑艺术。

　　总的说来，在古典时代盛期，希腊雕塑最显著的特点就是较少表现挣扎苦斗，而是富有独特的平静与安宁。通过艺术家的创作，古典时代的希腊人展现了自己的物质和精神世界。他们充满自信，在生活中处处追求完美。他

---

1 磅 =0.4535924 千克。——编者注

菲狄亚斯的《帕特农神庙的雅典娜神像》，又名《戎装的雅典娜》（©Archaeological Museum of Athens）

们健康、自然、乐观、优雅，既崇尚力量，又善于思考。这正是我们心目中希腊人的典型形象。

古典时代前期的雕塑作品渗透着对于人体美的极大欣赏，这是一种圣洁的美。这种美庄重而宁静，并不使人产生情欲。它所表现的人是理性与感性的统一，世俗与神圣的统一，力与柔美的统一。而从毕加索开始的西方现代艺术似乎已经不再是关于人的艺术了。在现代艺术中，人的身影已然消失，剩下的只是抽象的概念符号，或是被扭曲了的人，以及被扭曲了的世界，在这背后则是被扭曲了的心灵。我们不能不说，在现代艺术之中，希腊精神早已死亡。

到了古典时代后期，雅典和斯巴达等城邦之间旷日持久的战争，致使民困财匮，内部矛盾加剧，雅典的黄金时代随之逝去，人们对神的崇敬也渐趋淡薄。这在艺术方面的反映便是，那种庄严崇高、均衡和谐的理想化风格逐渐被更加世俗化、个性化的表现所取代。除了现实主义表现技法越来越成熟之外，雕刻家也开始注意表现情绪的变化，例如愤怒、绝望、悲痛等过激的感情在古典盛期是不予强调的，而此时这一禁忌则被打破。在雕像取材方面，这时长突破是开始流行女性裸体雕像，主题以阿佛罗狄忒女神为主。在作品中，雕塑家本人的感情色彩越来越浓，艺术家个人风格的差异也更为明显。这个时期最杰出的雕刻家是斯科巴斯、普拉克西特列斯和利西普斯。

斯科巴斯（Scopas，约公元前 4 世纪中期）善于表现悲壮的情感，他最著名的作品是《垂死的尼俄柏》。486 页图是该作品的一尊大理石复制品，高149 厘米，现藏于乌菲齐美术馆。《垂死的尼俄柏》是取材于希腊神话的雕塑作品，也是当时较为少见的悲剧性题材作品，创作于公元前 340 年前后。

在希腊神话中，尼俄柏（Niobe）是底比斯的王后，因为生有七子七女而自豪，并因此傲慢地嘲笑太阳神阿波罗的母亲、女神勒托只生了一儿一女，还阻止底比斯人向勒托奉献祭品。勒托女神因此大怒，命令儿子阿波罗射死尼俄柏的所有儿子，还命女儿阿耳忒弥斯射杀尼俄柏的所有女儿。这尊雕像

《垂死的尼俄柏》（©Uffizi Gallery）

表现的就是尼俄柏拼命保护她那即将被射杀的最后一个女儿的悲剧性瞬间。母亲弯着身体，左手揪起衣服来掩护跪在身前的幼女，面容中流露出极度的恐惧和痛苦。那幼小的女童虽然背对观众，但从那高举着的小手，我们可以想象她极度恐惧的心理，她紧紧靠在母亲身边，似乎想避开即将毁灭她的毒箭。母女二人的体态形成了一个整体，静中有动，恰如其分地反映出恐怖和哀求的情绪。母亲的神情尤其突出，她脸上充满了绝望、哀求和悲愤的复杂情感，这构成一种强烈的悲剧效果，以至于"尼俄柏"一词在后来西方文艺作品中变成了痛苦和悲伤的代名词。作品成功地通过人物外在的动作和表情揭示出了内在的情感，并通过高度写实的技巧表达出来，给人留下了深刻的印象。这件作品堪称古典时期现实主义艺术的典范之一，同时，雕像体现出来的那种强烈的激动感，也是斯科巴斯典型的艺术特色。其作品在一定程度上反映了城邦危机期间公民的思想感情。

与斯科巴斯激烈的动感恰成对比，普拉克西特列斯（约公元前 380 年—约公元前 320 年）的雕刻作品大都神情潇洒，体态俊美，特别是他创作的女神像，将女性的柔和秀美表现得极为突出。他充分发挥了大理石质地细腻的特点，努力追求对人体肌肉的细腻变化和美妙含蓄线条的刻画，使雕塑整体具有女性肌肤丰满浑圆的美感。评论希腊雕刻时，人们往往把帕特农神庙的雕刻比作壮丽的史诗，而把普拉克西特列斯雕刻的那些男女裸体像喻为迷人的抒情诗。在他所有的作品中，审美价值最高、最迷人的是阿佛罗狄忒雕像，其中最著名的作品是《尼多斯的阿佛罗狄忒》，此像是为小亚细亚尼多斯神庙所制作，因此而得名。

这件作品很可能是希腊雕像中第一个完全裸体的女神雕像，在当时曾被誉为最完美的杰作。可惜原作已失，现存梵蒂冈博物馆的一尊是罗马时期的复制品，高 230 厘米。另一尊收藏于德国慕尼黑雕刻陈列馆，高 205 厘米。原作大约创作于公元前 350 年。据说，这一雕像是雕塑家以他的情人弗里涅

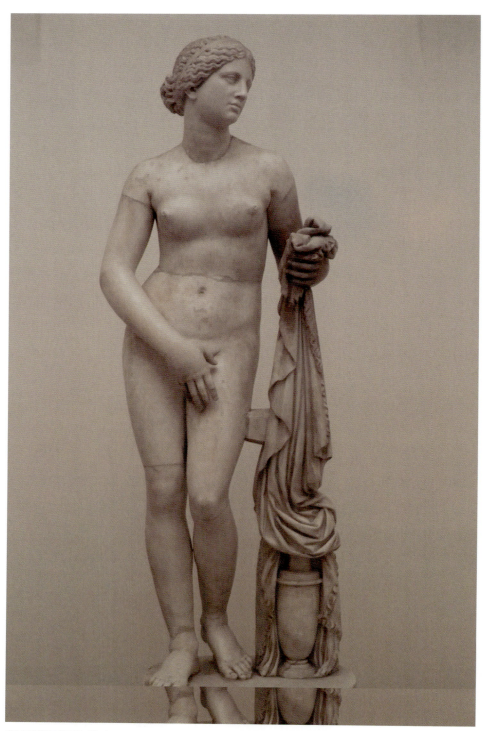

《尼多斯的阿佛罗狄忒》（©Palazzo Altemps，National Roman Museum）

为模特创作的，表现的是女神正准备下海沐浴的情景。裸体的阿佛罗狄忒把脱下的衣服放在一旁的瓶子上，身体的重心则放在右腿，上身前倾。左腿微曲，眼睛注视着近处的水面，全身曲线极其优美，女神似欲行又止，略显羞怯之态。雕像将女性的温存和娇美表现得淋漓尽致。后人在赞叹的同时竞相仿制，所以后来出土的许多爱神雕像，大多是这尊雕像的模仿之作。

利西普斯（Lysippus，约公元前 4 世纪）是古典时期最后一位重要的雕刻家，他擅长青铜雕刻，艺术活动主要集中于公元前 370 年至公元前 312 年间，传说他一平创作了 1 500 余件作品，但没有一件原作得以流传至今，后世的复制品也并不多。他继承并发展了古典时代的人体比例理论，将人的头部与全身的比例定为 1∶8，使人物形体看上去更为修长，有细长轻捷之感。利西普斯还是一位大胆的革新者，他善于处理空间，精于把握瞬息变化的运动姿态，表达人物的个性。他的名作是《刮汗污的运动员》，这一作品的复制品现藏于梵蒂冈博物馆。雕塑家描绘的是刚刚结束了一场激烈比赛的年轻运动员，正在用刮板刮去手臂上汗污的情景。雕塑呈歇站的姿态，重心集中在左腿上，右腿放松，两手向前伸出，正在刮去汗污。他略显倦怠的面容，及其全身尚未完全放松的肌肉，都显得那么逼真。运动员一头蓬松的头发，透露出自然奔放的气质。修长优雅的体形是这尊雕像的另一特点，无论从哪个角度去观赏，都堪称无懈可击，所以它也被公认为是古希腊雕刻中第一件真正的圆雕。利西普斯的人体美学观念在这尊雕像中得到了完美的体现，这尊雕塑也成为 1∶8 的人体比例典型代表作。

此外，利西普斯还有《竞技优胜者》和《休息的赫拉克勒斯》等作品。值得一提的是，在《休息的赫拉克勒斯》中，艺术家把赫拉克勒斯——这位希腊神话中的大英雄——巨人般的体格和精神上的疲惫结合在了一起，打破了通常表现英雄人物时，肉体与精神和谐均衡的模式。雕像中的人体呈曲线形，左腿支撑着身体的重量，左臂倚在支柱上，右臂背到身后。人物虽然处

《刮汗污的运动员》（©Vatican Museum）

利西普斯《休息的赫拉克勒斯》（©Naples National Archaeological Museum）

在放松状态，但仍然极为健硕，雕像中肌肉的刻画十分夸张，不论是肌肉的体积还是其表现出的力量感，都让人产生这样的感觉：仿佛这尊人像随时会爆发出巨大的能量。491 页图上的这尊依据青铜原作所制的大理石复制品高3.1 米，现收藏于意大利那不勒斯国立美术馆。利西普斯在后期受到马其顿王亚历山大的礼遇，曾为亚历山大及其身边随他征战四方的将领创作过雕像。从所存不多的复制品中，我们可以看到，他的确是古典时代和希腊化时代之间一位承前启后的重要雕刻家。

3. 希腊化时代的雕像

希腊雕刻经过古典时代的发展高峰，到希腊化时代，其中心便转移到小亚细亚的西部和爱琴海的部分岛屿。在这一时期，希腊人已很少建造宏伟的神庙，那种庄严崇高的气氛在雕刻作品中也渐趋淡薄，而世俗化的倾向则有所增强。同古典时代的雕刻相比，希腊化时代的艺术风格多样，既有同古典艺术接近的风格，如《米洛斯的阿佛罗狄忒》等一系列女神雕像；也有体现这一时期生死搏斗、美丑相争、掺入悲剧性风格的《拉奥孔》群雕等；还有表现市井众生相的《小孩与鹅》；等等。

希腊化时代，希腊本土的雕刻艺术主要继承了古典时代的雕刻风格，追求理想美的表现。同时，人们对于艺术的兴趣也转向更多有关艺术本身的问题，比如怎样表现一种情绪或动态，以达到形体的完美和雅致等。其中《米洛斯的阿佛罗狄忒》和《胜利女神像》最引人入胜。

《米洛斯的阿佛罗狄忒》就是后世人们通常所称的《维纳斯雕像》或《米洛斯的维纳斯》，又或是《断臂的维纳斯》。该雕像的名称得自它的发现地，希腊的米洛斯岛（Melos），1820 年，一位耕地的农民发现了它。这尊雕像出土时就失去了双臂，总高 204 厘米。据信，它是亚历山德罗斯（Alexandros）

《米洛斯的维纳斯》（©Louvre Museum）

创作于公元前 150 年前后的作品，现收藏于法国巴黎卢浮宫，是卢浮宫的三大镇馆之宝中的一件。从雕像被发现的第一天起，它就被公认为迄今为止所发现的希腊女性雕像中最美的一尊。阿佛罗狄忒女神上身裸露，下半身围着衣裙，身材不仅端庄秀丽，也不失健硕丰满；美丽的椭圆形面庞、希腊式挺直的鼻梁、平坦的前额和丰满的下巴，以及娴静的面容，无不流露出从希腊雕塑艺术鼎盛时期沿袭下来的理想化传统。整座雕像既稳定又略显倾斜，沉静中不乏变化，具备了多维的欣赏效果，无论观赏者站在哪一个方位都能得到美的享受。女神匀称的身体和衣裙用洗练而概括的手法雕刻而成，综合了所有的女性美，显得既丰满优美，又纯洁典雅，毫无媚俗之感。雕塑的双臂虽已残断，但那雕刻得栩栩如生的身躯，仍然给人以浑然完美之感，以至于后世雕刻家们竞相制作的复原双臂的仿制品都有画蛇添足之感。这残缺的断臂似乎更诱发出人们的美好想象，增强了人们的欣赏趣味。而那没有多余表情的面部则在端庄中透露出崇高与含蓄。这种庄重和谐的格调正是希腊人所追求的古典主义的理想美。因此，该雕像被视为表现爱神的典范之作。

希腊化时代的阿佛罗狄忒雕像还有许多件，均只留有不完整的复制品。不过，我们从这些雕像中仍可得知，制作裸体的女神像在那一时期已成为一种风尚，人们不再将这种艺术品仅仅作为偶像来崇拜，还希求得到美的享受，而雕刻家正顺应了这种潮流。

巴黎卢浮宫的三件镇馆之宝的另一件便是《萨莫色雷斯的胜利女神》，这是一尊大理石雕像，高 328 厘米，大约创作于公元前 200 年，作者已不可考。1836 年，一支法国探险队在爱琴海东北部萨莫色雷斯岛上发现了它，它也因而得名。遗憾的是，像许多古希腊和古罗马时代的雕像一样，它的头部和手臂都已经缺失了。这是希腊化时代留存下来的著名杰作，被奉为稀世珍宝。这一作品又名为《萨莫色雷斯的尼凯》。尼凯（Nike）是希腊神话中的胜利女神，传说她曾协助宙斯战胜提坦巨神，给人们带来了胜利，在西方艺术中常

《萨莫色雷斯的胜利女神》（©Louvre Museum）

以身生双翼、携带橄榄枝的形象出现。虽然女神的头和手臂都已缺失，但它仍被认为是现存希腊雕塑中最精美的作品之一，不论从哪个角度，观赏者都能领略到胜利女神展翅欲飞的英姿。雕像屹立海边山崖之巅，女神的上身略向前倾，身躯健壮丰腴、姿态优美，双翼张开，海风似乎正从她的正面吹来，衣裙贴着身体，女神那丰满而富有弹性的身体隐约可见，衣裙的褶纹营造出疏密有致、生动流畅的运动感，艺术家仿佛赋予了冰冷的石头生机勃勃的生命活力，使得海风吹拂下的雕像即使有所残缺，也显得灵动鲜活，后人在面对这尊高度现实主义和浪漫主义结合的杰作时也不禁发出由衷的慨叹。

在希腊化时代，位于如今的埃及和利比亚地区的托勒密王国，在艺术方面深受希腊文化的影响，而这里本身也是一个拥有悠久、深厚艺术传统的地区，所以，它的艺术风格在一定程度上也保留了自身的特点。其中，雕塑是最能体现托勒密王国风格的艺术形式，在当时，表现日常生活场面和普通人的雕刻作品普遍流行，这些作品的创作几乎触及生活的各方面，许多雕塑形象生动，表现手法丰富多彩，个性鲜明。《小孩与鹅》就是其中较为著名的代表作，这一作品又被称作《戏鹅的儿童》，497 页图这尊基于青铜原作所制的大理石复制品，高约 84 厘米，原作由波厄多斯（Boethos）创作于大约公元前200 年。雕像描绘了一个天真活泼的孩童与一只大鹅嬉戏的情景。艺术家对于儿童形象的刻画十分生动有趣，幼童使劲想把往前走的鹅扳回来，而那只鹅则直蹬着叉开的双腿，张开嘴来拼命与小孩抗衡。孩子的体态、动作和细腻的皮肤雕刻得十分真实、自然，那顽皮而执拗的动作表现了孩子天真活泼的本性，而他头顶上的小发卷也越发显得可爱逗趣。整个雕像刻画细腻，动感十足。

此外，位于小亚细亚西北沿海的小王国帕加马（Pergamum）也是希腊化时代的另一个重要的艺术中心。公元前 3 世纪后期，这里的统治者阿塔鲁斯一世（Attalus I）打败了多次入侵的高卢人，为了纪念这一胜利，阿塔鲁斯聘

《小孩与鹅》（©Sculpture Gallery, Munich）

　　请了一批一流的希腊雕刻家、建筑师来制作纪念性的建筑和雕刻。这些雕刻的青铜原作都已不复存在，现在只能见到一部分大理石的复制品，其中不乏杰作。如《垂死的高卢人》，这一作品高约 93 厘米，现收藏于罗马卡庇托利博物馆，原作为青铜，大约创作于公元前 2 世纪。雕塑表现了一个受伤的高卢战士坐在地上，他低垂着头，虽然受了伤，但神情中仍有不屈的坚毅。雕塑家并没有将这位失败者的形象描绘得猥琐不堪、满脸惊恐，正好相反，呈现在我们眼前的，分明是一尊勇敢的战士雕像。

　　再请看《自杀的高卢人》，雕塑家以纯熟的写实手法刻画了高卢人失败时的悲剧性形象，以及宁死不降的英雄气概。为什么希腊人要这样美化自己的

《垂死的高卢人》(ⒸCapitoline Museum)

《自杀的高卢人》（©Palazzo Altemps, National Roman Museum）

敌人呢？那是因为，希猎人认为，如此英勇的敌人都被自己打败了，这便更能衬托出自身的勇敢。这表明一个有自尊的民族也会尊敬自己的对手，因为贬低对手就是贬低自己。

　　希腊化时代的最后一件重要的雕刻作品是《拉奥孔》群像，这是一组大理石群雕，高约 184 厘米，由阿格桑德罗斯（Agesandros）等人创作于大约公

《拉奥孔》群像（©Vatican Museum）

元前 2 世纪末或公元前 1 世纪中期，现收藏于罗马梵蒂冈美术馆。群像所描绘的是希腊神话中特洛伊的祭司拉奥孔（Laocoon）和他的儿子们被毒蛇缠住痛不欲生的惨状。在神话故事中，他因劝阻特洛伊人把希腊联军留下的木马拖进城内，激怒了祖护希腊人的海神，海神派遣两条大蛇把他和他的两个儿子绞缠至死。雕塑在写实技巧上达到相当的水平，能够看到，那种因被毒蛇绞缠而极度痛苦的表情不仅表现在拉奥孔的脸上，而且还表现在他身体的肌肉和筋络的扭曲之中，然而这种痛苦并没有使拉奥孔发出可怕的悲吼，他忍受着，从雕像的嘴形看，他只是发出了一声畏怯的叹息。

关于拉奥孔的这一悲剧形象，德国启蒙运动时期的文艺批评家莱辛（Gotthold Ephraim Lessing）曾以此为主题创作了一部著名的美学著作，书名就叫《拉奥孔》。但是，也有人认为，这座群雕只是在表面上强调了肉体的痛苦，缺少崇高庄严的精神力量和丰富的内涵，从艺术品格来说，显然算不得是上乘之作。诚然，这恰恰反映了整个希腊雕刻经过初期、盛期和晚期的发展历程，其生命已到衰竭之时了。

4. 建筑雕塑

除了个体雕塑以外，希腊雕塑中的建筑雕塑也是值得人们注意的。

古风时代，希腊雕塑最突出的成就在于建筑雕塑，尤其是神庙山墙上的群体雕塑。在前文中我们提到，在古代希腊神庙的正上方，一般都有一堵被称为"山墙"的三角形墙面，它是整个神庙外部最引人注目的地方，往往以人物雕像为装饰。这里成了艺术家充分表现自己个人风格的地方。也正是在这里，雕塑人物的动感和活力表现得最为突出。神话故事是建筑雕塑中自然的主题。神庙建筑东西两侧上方的三角形山墙上，通常有一组以神灵为主题的雕塑（多为高浮雕或圆雕），现存较早的这类雕刻作品是科孚岛的阿耳忒弥

斯神庙西山墙的高浮雕。这座神庙大约建于公元前 600 年，其山墙雕刻已残
缺不全，现存部分的中部是一个模样夸张古怪的女人正跃步向前，腰间有两
条蛇扭缠在一起，她被认为是希腊神话中 3 个戈耳工女怪之一的美杜莎，在
她的两侧各有一只庞大的狮形兽。至于为什么要将美杜莎的形象刻在山墙中
央，有人认为是为了驱邪（传说美杜莎的目光能将活物变成石头），至于是否
另有某种特定的含义则还有待进一步的研究考证。从这组雕刻中可以发现，
扇形山墙的形制大致在公元前 6 世纪末到公元前 5 世纪初形成，并由此向更
高的水平发展。

　　建筑雕塑的另一重要形式是壁带浮雕，这种壁带的位置一般是在神庙周
围的柱廊内墙上方，也有些会出现在外墙之上。古风时期的壁带浮雕中较有
代表性的是德尔斐的锡夫诺斯宝库壁带，这是装在外侧山墙下面并向两侧连
接的一条浮雕带，大约创作于公元前 6 世纪晚期。其内容表现了希腊诸神与
巨人的战斗情景，它在艺术技巧上的特色是打破了浮雕单一平面的局限，通

锡夫诺斯宝库壁带

过不同的高度和层次来表现纵深的空间，使浮雕的表现力更为丰富，其中对人物、狮子、战车的刻画都相当真实，堪为古典时代壁带浮雕之先驱。

古风时代最后的重要作品是埃伊纳神庙的雕塑。这座神庙建于公元前490年前后，当时正是古风时代向古典时代过渡的时期。埃伊纳位于靠近雅典的海湾中　岛上的神庙是为祀奉雅典娜女神而建，神庙的东西两侧的山墙上各有一组雕塑，大部分已损毁。现存慕尼黑的《赫拉克勒斯和受伤的战士》等雕塑是属于东侧山墙的雕像。这些作品已达到较高的写实水平，虽然在手法上仍可见到古风时代的某些特点，如战士脸上还保留着那种古风式的笑容，人体细节的刻画仍较为古拙等，但对受伤战士的体形比例和肌肉的刻画都已变得准确而简练，扭曲的躯体、双臂和腿的动态也都能充分地表现伤重倒下的痛苦，从整体上看，确为古风时代向古典时代过渡的典型作品。

希腊雕塑艺术在希波战争以后有了很大的发展。经历了马拉松战役和萨拉米斯海战胜利的希腊人，在爱国热情的鼓舞之下要求艺术家塑造理想的英雄形象，因此，以雅典为主的希腊各城邦，在战后都新建了不少神庙、纪念碑和纪念雕像，其中无不体现着既高度写实又充满理想加工的古典风格。

整个雅典卫城的建筑雕塑，尤其是帕特农神庙上的装饰雕塑，便体现了希腊古典盛期的雕塑成就，它标志着希腊古典雕塑的高峰。普鲁塔克说：

> 一座座建筑拔地而起，显得异常宏伟，外观优美得难以模拟……每一件工程都十分完美，立刻成为古迹，但是又万古常新，直到今天仍像刚刚建成一样。它像是永世开放的鲜花，看来永远不受时间的触动，仿佛这些作品都被注入了永不衰竭的气息和永不衰老的灵魂。
>
> （《希腊罗马名人传·伯里克利传》12）

帕特农神庙的雕塑的确是希腊艺术的最高成就，它表现了古代希腊人全

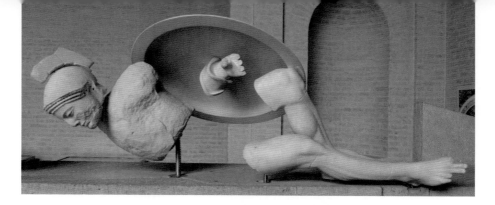

《赫拉克勒斯和受伤的战士》（©Sculpture Gallery, Munich）

帕特农神庙东山墙群雕复原图（©Guerinf）

盛时期昂扬焕发的精神，体现了希腊人对美的理想，因此在古代，人们就把帕特农神庙誉为雅典的王冠。实际上，它也是整个希腊艺术的冠冕和艺术史上最伟大的作品之一。

帕特农神庙东侧山墙上的一组雕刻所表现的是雅典娜诞生时的故事，神话中的雅典娜是从众神之首宙斯的头脑中生出的。根据法国画家卡莱于1674年摹绘的图样（该图上中间几个雕刻已损坏）推测，这组雕刻的中央部分可能是宙斯、雅典娜和尼凯，左边则是神的使者伊里斯在宣告雅典娜的诞生。伊里斯的身侧坐着德墨忒耳与她的女儿珀耳塞福涅两位女神，再之后是顺着山墙的斜线背向中心半卧的酒神狄奥尼索斯。最左端则是架着双马车从海中奔驰而出的太阳神阿波罗。右侧靠近中心的是被称为命运三女神的一组坐像。最右端则是夜之女神塞勒涅驾车没入海中，象征着事件的终结。这组雕刻的比例均稍大于真人，现存较完整的一个形象是狄奥尼索斯，除手足已残外，其头部和身躯基本完好，他似乎正从睡梦中醒来，强健的躯体蕴藏着无穷的精力。可惜其他雕像的头部都已失去，中间的尼凯像健美的身段和迎风飘拂的衣纹，极其出色地表现了昂扬飞跃的动态。伊里斯的身体则向左侧倾斜，衣裙舒展飘逸，姿态优美洒脱。

还是让我们来仔细地看一看《命运三女神》的雕像吧，这是一组大理石雕塑，由菲狄亚斯主持创作于公元前447年—公元前438年，现收藏于伦敦大英博物馆。它描绘了希腊神话中的阿特洛波斯（Atropos）、克罗托（Clotho）

《命运三女神》雕像（©British Museum）

和拉刻西斯（Lachesis）三女神。这组雕像虽然头部都已受到了损坏，但仍然
生动地展示了希腊古典时代雕刻艺术所达到的高超的艺术水准，令人叹为观
止。三位女神顺着山墙的斜线自然地倚靠在一起，她们穿着质地很薄的希腊
式宽大长袍，衣褶纤细而又繁复，随着人体的结构起伏，极其生动地体现了

女性优美的曲线，其丰腴圆润的身形透过富有节奏感的衣纹显露出来，而她们富有弹性的身体仿佛正随着呼吸而微微起伏，让人真切地感受到女神体内的无限生机和活力，而几乎忘记了这是冷冰冰的大理石。

帕特农神庙西侧山墙的雕塑则表现了雅典娜和海神波塞冬争做雅典城邦

守护神的故事。这组雕像的破损更为严重，仅存的几个雕像都已残缺不全。

在希腊化时代，最壮观的建筑是帕加马规模宏大的宙斯祭坛，祭坛的装饰壁带体现了当时建筑雕塑方面最辉煌的成就。宙斯祭坛是为纪念帕加马国王攸美尼斯二世（Eumenes II）第二次战胜高卢人而于公元前 180 年前后建造的。祭坛的基座四周，装饰着高约 2.3 米、全长约 120 米的大理石装饰性浮雕，祭坛壁带浮雕的宏伟气势和艺术水平堪与帕特农神庙的壁带相媲美，二者可同列为希腊雕刻艺术的最高成就。其区别在于，帕特农神庙的壁带好比是庄严壮丽的颂歌，而帕加马浮雕则是具有强烈悲剧色彩的激动人心的战斗诗篇。浮雕的内容是希腊神话中众神与巨人战斗的故事，以此映射帕加马人对高卢人的胜利。其中保存较好的一幅所表现的内容是雅典娜与一个巨人战斗的场面，浮雕的创作者没有得到确实的记载，但应该是出自当时希腊最杰出的雕刻家之手。整个祭坛建筑早已坍毁，在地下沉埋多年，在 1878—1886 年由德国考古学者进行了发掘，出土的石雕残片被运往柏林，德国学者根据碎片复原了整个宙斯祭坛，现收藏于德国柏林帕加马博物馆。在这一组浮雕中，可以看到，雅典娜的右手抓住巨人的头发，一条蛇则紧紧咬住巨人的胸膛，巨人那深陷的眼睛露出痛苦和绝望的表情；巨人的母亲，即大地女神该亚正举起双手向众神哀告，为她的儿子求取宽恕；与此同时，胜利女神正飞过来为雅典娜戴上胜利的花环。这一组浮雕对人物的刻画十分准确传神，且主次分明，具有强烈的戏剧性效果，表现了当时的艺术家高超的雕塑艺术技巧。

至此，我们对希腊雕塑的介绍便已告一段落。古代希腊的雕塑之所以能够如此繁盛，产生出如此众多的精品，与其自然及人文历史的背景是分不开的：贸易与航海造就了希腊人坚强的意志、机智勇敢和勇于探索的性格；城邦制度要求公民有健壮的体格与完美的心灵；温和的气候使得运动员得以裸体竞赛，从而使艺术家对人体美有较早的领悟；"神人同形同性"的观念则是艺

《雅典娜与巨人搏斗》，出自帕加马浮雕（©Pergamon Museum）

术的土壤；同时，由于希腊人的各种重要活动，从政治活动、司法判决、战争媾和到节日庆典、竞技比赛、戏剧表演等大都是在神像前举行的，神像大量出现，并成了希腊城邦时代诸多公共活动的历史见证。我们看到，希腊雕塑的发展与希腊主要的社会发展以及历史背景密切相关，雕塑的兴起、繁荣以及题材的改变都与时代的变化相对应。因此，我们在理解、欣赏希腊雕塑时一定要与其相应的历史场景联系在一起。而希腊雕塑家的表达方式则简洁、明晰、自然，他们抛开纷繁琐碎的细枝末节，清晰、朴素、不加雕琢地把握他们要表达的事物。今天，人们在面对希腊雕像时，无不感到赏心悦目，这种愉悦感与目睹一切美丽的事物所产生的触动一样。而这正是希腊艺术最基本的特点。

二、彩陶艺术

在古希腊，陶瓶艺术的历史比建筑、雕刻更为久远。希腊陶瓶上涂有一种特殊的黑漆，不仅富有光泽，而且耐寒耐热，不易变色干裂，使得陶瓶经过几千年的风吹雨打，依然鲜亮如初。古代希腊的陶瓶以其别致的器形、优美的装饰纹样和多姿多彩的绘画，在世人面前呈现出一种璀璨夺目的光华。而且，因为希腊人几乎没有为我们留下其他形式的绘画资料，所以陶瓶上的图案装饰还成了后世了解希腊绘画的重要载体。通过这种绘在陶制器皿上被称为希腊瓶画（vase painting）的大量的陶瓶绘画，我们可以对希腊绘画形成一番生动的认识。[1]

1. 作为日常用品的希腊陶器

与雕塑不同，在古代希腊人的眼中，这些烧制精美的彩陶并不是什么艺术品，无论多么精美，它们都是实用物品。希腊人用这些陶器来存放食物、美酒、油、水或者香料。当时陶瓶主要有三大用途：（1）食品物资的贮存器物。那些巨大的双耳或三耳陶罐，多用于储藏食物、葡萄酒、橄榄油和水。（2）祭祀用品。以此作为用途的陶器种类很多，因祭祀的场合及对象不同而有所不同。（3）酒会上的酒具，多为调酒的阔口酒缸，长柄的陶瓶是酒壶，还有各式各样的酒杯。此外，还有一些小型陶瓶，主要是用来装药膏，以及

---

[1]　瓶画研究一直是古典学研究中的一个重要领域。近年来，相关的中译本可参见（美）琼斯·默腾斯：《如何解读希腊陶瓶》，汪瑞译，湖南美术出版社，2019 年。

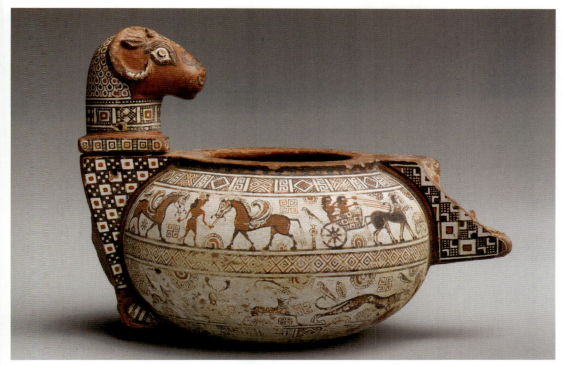

盛放化妆用品的陶瓶（©Metropolitan Museum of Art）

装香水、香油等供妇女化妆时所用之物的小瓶子。

可见，希腊的陶器具有纯粹实用的功能，作为装饰品只是其附带的功用。因此，陶瓶的形状与它们的实际用途也相当一致。也正因为是实用品，其生产规模多半较大，价格更是相对低廉。又因为生产规模大，使用广泛，所以保存下来的陶器也就特别多。

正如中国乡村的农民画通常都和人们的日常生活联系紧密一样，希腊人也从那些家喻户晓的神话和身边的日常生活中选取主题，他们将自己所熟悉的神话故事、英雄传说、体育竞技以及生活中的各种场景都绘制在各式各样的陶瓶上，而陶瓶的使用则遍及希腊人生活的方方面面。于是，这些原本只是作为日常所用，却造型精美、色彩鲜艳的陶瓶，一方面为后人提供了关于希腊绘画的概念，使我们得以认识希腊艺术家及匠人对线条、轮廓和构图的感受能力；而另一方面也成了后世了解古代希腊人生活的一种重要且十分生

动的资料，为我们解释了许多古代的习俗。留存至今的这些陶瓶的出土地多
是在神庙、坟墓和私人住宅。

2. 几何风格与东方风格

在本书的第二章中我们曾经讲到，克里特-迈锡尼文明衰落后，希腊进入
了所谓的"黑暗时代"，文明在总体上有所退步，艺术自然也不例外。好在这
一时期的文化艺术也并非全然是一片黑暗，比如，制陶工艺便在公元前 10 世
纪得以恢复和发展，在公元前 9 世纪—公元前 8 世纪已具有相当的规模。

这一阶段因陶器瓶体上的装饰都为几何形的图案，人和动物的形象也
是几何化的，故通称为"几何风格时期"，其兴盛的时间大约是公元前 1000
年—公元前 700 年。从公元前 9 世纪起，回形花纹的样式得以面世。随后在
公元前 8 世纪，便出现了最初的图像描绘，这是一种纯平面的绘画，换句话
说，是一种放弃立体性和空间性的二维的图像形式。因此，一直到公元前 6
世纪中叶，希腊的陶瓶绘画都是用毛笔在浅红色的陶土上涂绘。这可能表明
了希腊人是把绘画视为一种独立的、与雕塑完全不同的艺术形式。这种几何
图形的陶器强调一种抽象有序的风格和严谨的构图形式，整个陶器上布满了
连环的菱形、三角形、椭圆形、平行线、回形纹、棋盘纹、万字纹。后来又
出现了几何形纹路与一些几何形人物相结合的情景。这种几何图形的特点是
纯粹的平面化，没有透视和短缩，以致正面图和侧面图都被拼合在了一起，
也看不出前后远近的距离。

几何图形的陶器多是一些体积硕大的陶罐，有的高 4 英尺多，多采用表
现狩猎、航海、打仗及丧葬等希腊人日常生活中的画面，如后文中表现葬礼
场景的公元前 8 世纪的几何图形陶罐，其画面是：死者躺在尸架上，周围是
哀悼的人，还有送葬的行列，等等。此陶器现存于美国大都会博物馆。

回形纹陶器 (©Metropolitan Museum of Art)

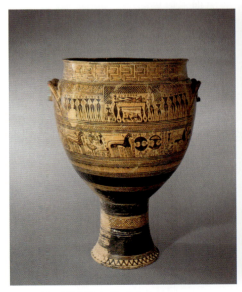

绘有葬礼场景的陶罐正面与反面 (©Metropolitan Museum of Art)

几何风格在古希腊延续了相当长的一段时间，到公元前 8 世纪末、公元前 7 世纪初，由于希腊人同埃及、亚述和小亚细亚等地的交往不断增多，受其影响，几何图形的陶瓶艺术开始逐渐发生变化，希腊陶瓶在装饰艺术上出现了所谓的"东方风格"（又称"前阿提卡式"）。这种风格的特点是人物和牛羊、狮兽、禽鸟等动物的形象取代了陶器上原有的几何图案，占据了主要地位，还出现了一些花卉的题材。绘画的表现手法也趋于写实，并逐步确定了叙事的风格，其主题多采自神话或日常生活，带有一定的故事情节。保存至今的也多是一些大容积的圆罐、水罐和双耳罐。它们表面积宽大，为大型构图留下了充分的空间。工匠将含有大量氧化铁的陶土碾碎，以水调和，用笔画在黄褐色的素胚上，主要使用红色、黄色、棕色这三种颜料，以及深褐色的规格线条或连续图案，加上抽象的人或动物，再以炉火烧成陶器。成品十分精美，且具有明显的东方风格。

其实，在古风时代早期，东方风格的出现不只局限于瓶画一个领域，毋宁说它是希腊建筑、雕塑等艺术中的一个普遍现象。

3. 黑绘陶与红绘陶

在古风时代的最后一个世纪里，希腊的彩陶艺术发展到极盛，并分出了黑绘陶和红绘陶两种工艺形式。

公元前 6 世纪是希腊瓶画艺术的一个重要发展时期，其中心是雅典周边的阿提卡地区。这时首先出现的是所谓黑绘陶工艺（black-figure technique），它是在橘红色的陶土坯件上绘出物体的轮廓，轮廓内部再添以黑色的涂料，这时，刻笔代替了原来一直使用的毛笔。工匠们用刻笔将物体的细部刻画出来，人物形象虽然仍带有古埃及绘画的影子，但已经开始摆脱"正面律"的原则，躯干不再是正面的。这种方式能勾画出一种更为分明且洁净的轮廓，

弗朗索瓦陶罐（©Archaeological Museum of Florence）

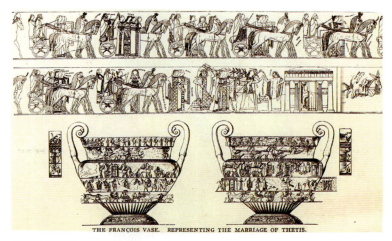

弗朗索瓦陶罐图案示意图

从而使平面的特点表现得更为清楚。烧成后，器物为红赭色底，衬托出乌黑的人物等各种形象，给人以浑厚凝重之感的同时，还具有斑斓的光泽。这些陶器上所绘制的形象往往是侧面影像，有如剪影一般，画法比较简单。

　　比如，现藏于佛罗伦萨考古博物馆的在意大利埃特鲁斯坎古墓中发现的弗朗索瓦陶罐，便是一件较早的珍品，这一作品大约制作于公元前 570 年，高 66 厘米，上有制作者艾尔戈蒂莫斯（Ergotimos）和绘画者克利蒂亚斯（Kleitias）的署名。上面装饰着两百多个描画精巧、生机盎然的形象，共分为六排，故事情节清晰可见。人物造型虽然仍稍显古拙，但具有节奏优美的装饰效果，并与整个器具形成了很好的协调，这标志着陶瓶艺术成熟期的到来。

　　公元前 6 世纪中期，黑绘风格的陶器已彻底摆脱了几何风格的影响，进入了盛期。其杰出的代表人物是雅典的艾克赛基亚斯（Exekias），他既是陶工又是画家，活跃于公元前 6 世纪的中后期，他的作品富有生动的情趣和优美的诗意。其代表作品是《阿喀琉斯和埃阿斯玩骰子》陶瓶。这是一件造型完美的双耳酒

《阿喀琉斯和埃阿斯玩骰子》（©Vatican Museum）

器，虽是用单纯的黑色画成，却给人以丰富的联想。酒器的一面表现的是特洛
伊战争的间隙，阿喀琉斯和埃阿斯在玩骰子以打发时光，但武器仍放在身边。
酒器的另一面描绘的则是宙斯与勒托所生的儿子卡斯托尔正要出发的情景。

　　艾克赛基亚斯的另一著名作品是画在一个陶盘底部的《狄奥尼索斯在舟
中》，现存于德国慕尼黑古代美术馆，其圆形的构图安排得十分巧妙，鱼形的

《狄奥尼索斯在舟中》（©State Collections of Antiquities, Munich）

船身、满海风的船帆，长长的葡萄藤上挂满了晶莹饱满的果实，神情坦然的酒神倚坐在船舱中，四周则是惊慌失措的海豚……此外，阿马西斯（Amasis）、普克夏斯等人也都留下了一些署名作品，上面还有"由我装饰并制作"的字样，这些陶瓶均为黑绘陶的典型作品。

公元前 6 世纪末，出现了一种用新的画法绘制的陶瓶，即红绘陶工艺（red-figure technique），它与黑绘陶正好相反，是在坯件上用黑色线条勾画出轮廓和细部，再把图像以外的底面涂成黑色，而人物等形象中间则留出原本的底色，烧制后，图像以红赭色从黑釉的瓶体中显现出来。这种方法能够更为自由地描绘图像，画面真实感也得到了加强，因而风行于整个公元前 5 世纪。采用这种方法绘制的陶瓶拥有极为生动的线条走向，使人物衣褶的飘动和体形的活泼都得到了清晰的表现，却又没有损害画的平面特点。红描并非在底色上画红线条，而是把人物或主题的背景全部抹黑，剩下主题部分不涂，使主题呈现出陶器原有底色。由于雅典一带的陶器底色格外红艳迷人，经过处理的陶画更显独特而且亮丽，尤其是主题的部分，可以同时用黑色细线勾出细节，比以前用刀刻出白色细纹更容易且更精准。例如画衣服的细纹以及质感，以前用黑描方式来做不容易达成，现在用红描技法，就能得心应手了。此时期的作品既繁复又华丽，瓶型也变化多端，有的盛水，有的装油，有的供祭祀用，有的供喜宴用，瓶画的内容也更有趣，有的描绘风俗民情，也有的表现神话传说。

较早开始制作红绘陶的艺术家是安多基德斯（Andokides），他主要活动于公元前 6 世纪末，是由黑绘陶向红绘陶过渡的知名画家，实现了绘画风格与形式的转变。不过，安多基德斯有时也会把两种画法并用在一个器物上，如《就餐的赫拉克勒斯》，陶瓶的两面各有一幅画面，画的都是赫拉克勒斯懒散地躺在床上，侍者给他端来食物，构图大致相同，但一面是用黑绘法，另一面则是用红绘法。他的另一件作品《赫拉克勒斯与阿波罗争夺神鼎》陶瓶，

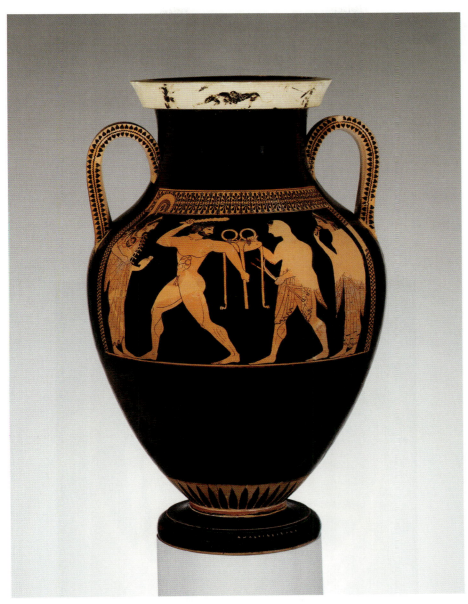

《赫拉克勒斯与阿波罗争夺神鼎》（©Metropolitan Museum of Art）

则全部用红绘法画成，表现两个人正在争夺一只三足神鼎，其互不相让的夸张动作与前一作品的悠闲气氛恰成对照。

欧夫罗尼奥斯（Euphronios）是公元前 6 世纪末、公元前 5 世纪初重要的红绘陶画家，他的作品以笔致细腻、情调优雅为特色。他最有吸引力的作品是一只陶瓶上画的一位年轻的贵族骑手，其画面十分华丽，现存于德国慕尼黑古物馆。

同一时期，与欧夫罗尼奥斯并称的是欧西米德斯（Euthymides），其画风与前者相近，而线条的装饰意味却更重。这一时期的另外一位画家多里斯（Douris）则以抒情风格见长，如他所创作的《厄俄斯扶持门农的尸体》陶盘

《厄俄斯扶持门农的尸体》（©Louvre Museum）

（现存卢浮宫博物馆），表现了黎明女神厄俄斯（Eos）扶起战死的儿子门农（Memnon）时的哀伤之情，有人将此画与圣母马利亚悲痛地抱着耶稣尸体的画面相比较。

　　公元前 5 世纪晚期的克里奥封（Kleophon）的《战士出征》陶瓶描绘了一个士兵整装出征时父母依依送别之情，瓶画上一位即将出征的青年战士正在准备披挂上阵，站在其身侧的是他的父母。父亲拄着拐杖，似乎在对儿子

克里奥封《战士出征》（©Hermitage Museum）

做最后的叮咛，而母亲则默默地为他把头盔准备好。简练的线条把一幅战士离家出征的图景勾画得真切动人，同时又与器物的造型很好地协调在一起。此图画以黑色的陶釉为底，人物由橘红色描绘，辅以黑色的线条，色彩单纯、浑厚而富有装饰性。

公元前 5 世纪前期，另一些陶画作者的作品也描绘了富有生活气息的画面，如《春燕图》陶瓶画，画面上，3 位不同年龄的男子抬头看着一只报春

《春燕图》（©Hermitage Museum）

的飞燕，画面充满春天来临时清新喜悦的气氛。《萨堤罗斯和荡秋千少女》陶罐，也是一件有着轻松幽默情绪的作品。

在红绘陶盛行的公元前 5 世纪中期，还出现了一种新的画法，即在浅色陶土上用线条和色彩作画，称为白地彩绘陶。其笔法大都较为简略，如写意画一般，有一种轻盈淡雅的意趣，与浑厚工整的黑绘陶、红绘陶颇不相同。此类作品多画于随葬用的小口瓶上，如《献祭的少女》，还有《弹里拉琴的少女》等，均为传世佳作。

总之，公元前 6 世纪至公元前 5 世纪是希腊彩陶艺术的繁荣时期，这时的陶器作品逐渐摆脱了外来的影响，形成了自己的风格。内容除了神话故事以外，还有宴饮、竞技、歌舞等场面，以及神像或人像造型。陶瓶上除了有画家

《萨堤罗斯和荡秋千少女》（©State Collections of Antiquities, Munich）

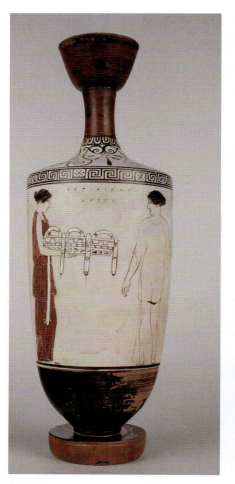

《献祭的少女》

（©National Archaeological Museum of Spain）

《弹里拉琴的少女》

（©State Collections of Antiquities, Munich）

或陶工的署名外，还有一些题词，如"向您致敬"，或注有"其某人很美"等字样，可见爱美的希腊人自古就有公开赞扬他人的习惯。有不少器物由于埋藏在地下而完整地保存了下来，为今天鉴赏和研究当时的绘画和工艺，了解当时的社会风貌提供了丰富的资料。到公元前 4 世纪以后，由于金属制品的增多和其他有待考查的原因，彩陶艺术渐趋衰落，出土的遗物也就很少了。

第十二章

文化的交汇与思想的碰撞：希腊化时代

> 希腊人名称不再是种族的象征，而是一种外在的标
> 志，这种标志是赋予那些分享我们文化而不是血液的
> 人们的。
>
> ——伊索克拉底

从公元前 323 年亚历山大大帝逝世，至公元前 30 年罗马灭掉由亚历山大大帝的部将建立并由其后裔统治的埃及托勒密王朝的这段历史，称希腊化时代。而所谓的希腊化国家，则主要是指这一时期的马其顿的安提柯王朝、埃及的托勒密王朝、西亚的塞琉古王国、小亚细亚的帕加马王国和本都王国，除此之外还有一些接受希腊文化的小国和地区。

以往，西方人往往认为，希腊化时代所呈现的是希腊文化向东方传播并在东方影响下逐渐衰败的过程，因此，希腊化文化不过是希腊文明颓废的结果而已。但自 20 世纪以来，越来越多的研究证明，历史事实并非如此。一方面，希腊化时代的文化成就，如果缺少了希腊人在理性思维方面的贡献，当然不可能形成；但是，另一方面，如果缺少了埃及、巴比伦等东方古国长期积累的数理和天文知识，同样也是不可想象的。在希腊化时期，希腊人和东方人杂居在一起，双方都发生了复杂的社会和文化变革。地中海沿岸的各民族，通过彼此观念的相互交流，调整与融合出了一种新的文明。可以说，希腊化时代的文化是对古典希腊文化的总结和发展，也是对东方文化的吸收和

利用。作为东西方文明大交流的时代，这一时期也是人类观念急剧转变的时代。这是人类历史上第一个文化大碰撞、大会合的时代，希腊化时代的文化也对后来罗马文化乃至近代欧洲文化产生了极其深刻的影响。

一、东西汇通的新时代

自 19 世纪上半期以来，因马其顿人的征服与亚历山大帝国的分裂而形成的希腊化世界，一直是学者们关注的焦点之一。然而，学者们对其的认识却不尽相同，同样使用古典文献进行研究的西方学者就大致可分为两派：一派几乎赋予了希腊化诸国统治者以传播希腊文化、在亚洲广泛建立希腊式城邦的传教士般的崇高使命。在他们的笔下，希腊人在东方的统治是给被统治地区带去文明的善举。而另一派的观点则与上述解读大相径庭，在他们看来，希腊—马其顿人对被征服地区的统治就是殖民和剥削，二者之间存在的只有敌意，根本谈不上亲善与融合。20 世纪 80 年代中期以来，古代近东研究的学者开始加入希腊化研究的队伍，他们认为，所谓统一的希腊化文化并不存在。被征服地区虽有部分上层分子接受希腊文化，希腊人在亚洲建立的城市也确实是希腊文化的中心，但是，在近东的广大地区，尤其是农村，仍然保持着原有的文化传统。他们呼吁改变从希腊、罗马人的角度看近东历史的做法，强调应该更多地注意近东自身的传统在希腊化时代所发挥的影响。

然而，无论学者们持何种观点，其实都只是角度与侧重点的不同而已，不能否认的是：公元前 334 年亚历山大东征以后所建立的地跨欧亚非三洲的帝国，第一次统一了地中海东部和西亚地区。亚历山大帝国几乎包括了当时人类的主要文明——波斯文明、埃及文明、犹太文明甚至印度文明，仅有中华文明例外。整个欧亚大陆的交通被打通，工商业得到了发展，技术有所提高，文化方面也取得了不少成就。由于各地区在政治、经济和文化方面的发展不平衡，各地区、各民族在社会结构、生活方式、语言文化、风俗习惯诸方面也都存在许多不同之处，在历史上又都有各自独立的传统。因此，在爱琴海地区的希腊文化与亚非等地的新王朝的希腊式文化之间存在差异，实际上是十分正常的。不过，正是这种东西混杂、汇通的局面的出现，才使得希腊化时代空前地成为人类历史上第一个多元文化相互交错、彼此影响的时代。

1. 希腊化世界的形成

地处希腊北部边陲的马其顿（Macedonia）地区，在兴起之前，被希腊人视为蛮荒之地，从而被排除在希腊世界之外。实际上，马其顿人是希腊人的近亲，应该属于多利亚人，其文明发展相对较晚。他们称自己的祖先是希腊人，马其顿的宫廷也一直使用阿提卡方言。到公元前 4 世纪中叶，马其顿国王腓力二世（Phillip Ⅱ，公元前 359 年—公元前 336 年在位）执政，这个国家才正式登上历史舞台。

腓力二世是一位极富才干的国王，他年轻时曾在底比斯做人质，住在伊帕密达侬的家中。他谙熟政务和军务，并勤奋学习希腊文化。即位以后，他励精图治，进行了巩固王权、富国强兵的改革：政治上，他加强王权，限制贵族议会的权力；经济上，他改革币制以利于贸易，铺设道路，迁都海边；军事上，他设立由国王直接指挥的常备军，并在底比斯方阵的基础上，创立了以长矛和盾牌为主要兵器、攻防兼备的马其顿方阵。随后他通过连年的征战，最终统一了马其顿全境。内部整顿完毕之后，腓力二世初试锋芒，首先征服了边邻伊利里亚、色雷斯，使马其顿拥有了稳固的后方。公元前 349 年，腓力二世率大军南下，问鼎希腊的雄心昭然若揭。

印有腓力二世头像的钱币

    值此多事之秋，希腊本土各城邦由于连绵不断的长期战争，已经困顿不堪，古典城邦制度陷入了危机之中。这为马其顿的入侵提供了有利条件。当时的希腊各邦中都出现了反马其顿派与亲马其顿派，双方互不相让。公元前340年，雅典、麦加拉、科林斯、加斯等城邦组成了反马其顿同盟。公元前338年，马其顿大军与希腊同盟军会战于中希腊，随即爆发了著名的喀罗尼亚（Chaeronea）战役，以希腊同盟的失败告终。马其顿大军主力乘势南下伯罗奔尼撒半岛，使斯巴达完全孤立。公元前337年，腓力二世在科林斯召集全希腊会议（仅斯巴达缺席），会议决定维持现存法律及秩序，成立马其顿—希腊的永久性同盟，盟主当然是马其顿，并决定东征波斯。自此，马其顿基本上实现了对希腊世界的征服。科林斯会议标志着希腊城邦时代的结束。据说，当时已年届九十八高龄、原本是亲马其顿派的领袖——伊索克拉底在终于认识到腓力二世将奴役整个希腊的实质之后，绝食而亡。他的自杀与他的老对手、反马其顿派领袖——德谟斯提尼为捍卫希腊自由而进行的战斗殊途同归，二人在伊索克拉底临终前所达成的共识，构成了希腊悲剧的最后一幕。

在短短的二十年时间里，腓力二世就从一个蛮荒落后的小邦首领，变成了整个希腊世界的霸主，他堪称是古代世界的一位杰出帝王。然而，就在他踌躇满志准备东征的前夕，却因家族争端，于公元前 336 年在女儿的婚礼上被他的卫士杀死。不过，他身后留下的不再是一个濒于崩溃的蛮夷小邦，而是当时欧洲最强大的国家。

腓力二世死后，其子亚历山大（Alexander，公元前 336 年—公元前 323 年在位）继位，史称亚历山大大帝（Alexander the Great）。

亚历山大天赋超群，他 13 岁师从亚里士多德学习，受到希腊古典文化的良好熏陶。同时，他又勇武过人，处事果断，极富军事才能。亚历山大 16 岁时就跟随父亲出征。喀罗尼亚战役中，18 岁的亚历山大任骑兵司令并掌管左翼。在右翼被希腊联军突破的情形下，他指挥若定，带领左翼取得了决定性的胜利，显示出了卓越的军事天才。腓力二世遇刺后，面对马其顿宫廷的骚乱与希腊各邦蜂起的起义，刚刚 20 岁的他首先迅速平定了马其顿贵族的谋叛，巩固了王位，然后挥师南下，采取分化瓦解的策略，或打或拉，迫使雅典遣使求和，承认他为希腊的霸主。

公元前 334 年春天，亚历山大继承其父遗志，挥师东征。由 30 000 步兵、5 000 骑兵、160 艘战舰组成的东征军在亚历山大的率领下，渡过赫勒斯滂海峡，踏上了波斯帝国的亚洲领土，在格拉尼库斯（Granicus）河畔与波斯大军交锋，一举击败波斯骑兵，声威大震，一时间小亚细亚沿岸的希腊各城邦纷纷献城归顺，从此打开了通向小亚细亚的道路。公元前 333 年秋，大流士三世亲率波斯大军与亚历山大会战于叙利亚的伊苏斯（Issus）城郊（今土

亚历山大大帝（©Naples National Archaeological Museum）

耳其伊斯肯德伦附近），结果遭遇重创，大流士侥幸逃脱，这就是著名的伊苏斯战役。随后，亚历山大挥师南下，公元前 332 年，他兵不血刃地进入了埃及。次年，他回师西亚，攻入美索不达米亚，并最终彻底击溃了大流士的军队，突入波斯腹地，攻占巴比伦、苏萨等城。公元前 330 年，他占领波斯首都波斯波利斯（Persepolis，今伊朗设拉子东北），大肆劫掠之后，将其付之一炬。公元前 329 年，亚历山大又出兵中亚，虽遭顽强抵抗，但终将其镇压下去。离开中亚后，公元前 327 年，亚历山大继续南下，经开伯尔山口，进入印度河流域。次年春，与印度土王普鲁斯（Porus）在海法西斯河（Hyphasis，今比亚斯河）激战，击败了印度人的象兵、战车兵。之后，野心勃勃的亚历山大还想进一步深入恒河流域，但其部下水土不服、思乡心切，且军中又流行瘟疫，亚历山大被迫收兵，于公元前 324 年春回到苏萨，翌年再抵巴比伦，历时十年的亚历山大东征终于结束。

　　亚历山大远征的直接结果，就是在欧亚非三洲辽阔的土地上，建立了一个前所未有的庞大帝国，他定都巴比伦，其势力范围西起希腊、马其顿，东至印度河流域，南临尼罗河第一瀑布，北界多瑙河与药杀水（今锡尔河）。经过亚历山大的这一番天翻地覆的征战，希腊古典文明被希腊士兵、官吏和商人传播到欧、亚、非三洲的广大地区，从而诞生了一种混合希腊和东方的全新文明，希腊历史进入了希腊化时代。

纵观亚历山大的一生，可以说是极富传奇色彩。他经历无数的险恶征战，几乎无一败绩，铁蹄踏遍三大洲，所向披靡。他将分散的希腊各城邦统一起来，并把希腊文化传播到东方。亚历山大在征战中还带着工程师、哲学家、地理学家、测量师等专门人才，他们沿途收集资料，绘制地图，与当地哲人交往，使得文化的交流在战事中就已经开始了。此外，他极力想要实现东西方的融合，为谋求希腊人与被入侵的东方各民族间的和解，亚历山大戏剧性地导演了所谓的"欧亚大联姻"，他首先迎娶了埃及和波斯王室的女子为妻，并鼓励其将士与东方显贵之女成婚，一时间约有万余希腊将士与东方女子结婚，可谓空前绝后。

然而，他所发动的这场战争也极其残酷而无人性可言的，亚历山大统治的晚期要求人们像对待神灵一样来崇拜他，这又使得人们将他视若暴君。这两种截然不同的评价一直以来就各有其拥戴者，这使得几千年来亚历山大依然魅力无穷，各种文学作品都将他作为描写的对象。客观和公正地说，我们既要看到亚历山大远征所带来的破坏性，又要承认他的行为及其结果所具有的积极性作用。总之，亚历山大既是一个运筹帷幄的谋略家、勇冠三军的将军、满怀热情的理想主义者，同时也是一个残暴且有极强权力欲的政治家、奢华而自大的君主。

然而，传奇与辉煌却都是短暂的。公元前 323 年，年仅 33 岁的亚历山大因患恶性疟疾在巴比伦突然病逝。他死后两个月，王后罗克珊娜生下一子，群臣将其拥立为亚历山大四世。但是，这个婴儿连同他的母亲很快就成为群臣众将争权夺利的牺牲品，数年之后皆被杀害。经过近 20 年的混战，亚历山大的部将逐渐形成三支各据一方的势力，亚历山大的帝国被瓜分。公元前 305 年，占据埃及的大将托勒密（Ptolemy）与占据中亚、西亚的塞琉古（Seleucus）皆自立为王，分别建成了埃及的托勒密王朝和统治中、西亚的塞琉古王国。马其顿和希腊则在卡山德（Cassander）的控制之下，他是原任留守的安提帕特（Antipater）之子。占据小亚细亚和部分马其顿的原亚历山大部将安提柯（Antigonus），一度想效法亚历山大重建帝国，却于公元前 301 年为塞琉古和卡山德所败，分裂之势遂成定局。

除了以托勒密王国、塞琉古王国、马其顿王国为主的一批希腊化国家以外，希腊化时代的多数希腊城邦均在不同程度上成了国王或僭主统治下的保有一定自治权利的地方自治单位。公元前 299 年罗马势力开始侵入巴尔干半岛。公元前 168 年，马其顿王国被征服。公元前 146 年，科林斯陷落，希腊被并入罗马版图。公元前 30 年，罗马灭亡了最后一个希腊化国家——统治埃及的托勒密王朝，古代希腊的历史随之宣告结束。

2. 希腊化时代的城市

希腊化时代也许是人类历史上所经历的第一个城市成倍增长的时期。这一过程开始于亚历山大东征之时。在远征中，为了保障供给、防止当地人的叛乱，希腊远征军建立了一系列的要塞，这些堡垒后来就变成了希腊式的城市。亚历山大还以自己的名字命名了许多城市，据普鲁塔克记载，这些城市的数量达 70 座之多，其中最伟大的是公元前 331 年在尼罗河河口建立的亚历山大里亚（Alexandria）。在亚历山大之后，他的继承者们也承袭了他的做法，继续创建希腊式的城市。最初，这些城市的主要居民是希腊雇佣兵，后来希腊人也开始向东移民并定居在亚历山大及其继承者所建立的新兴城市里。

　　希腊人建立这些城市的目的是更好地统治他们的新王国。而这些希腊式城市建立的过程，实际上也是希腊文化在东方传播并与当地文化相交融的过程，由此它们也成了希腊化时代的文化集聚地。这些城市大都人口众多、规模较大，都拥有宽敞的街道、宏伟的庙宇、大型的体育馆和剧院，以及博物馆和图书馆等公共建筑。当然，城中同时也存在大批的流氓无产者，他们被隔绝在丰富而华丽的都市生活之外。这些希腊化城市多集中在欧亚非交界之地，这使得希腊文化与当地文化相会，形成了别具一格的希腊化文化，并辐射到周围地区。

　　这时，地中海世界的文化中心已由伯里克利时代的雅典转移到了东方各地，当时作为希腊化世界最著名的文化中心的重要城市有 4 个：尼罗河口的亚历山大里亚、小亚细亚的帕加马、叙利亚的安条克（Antioch）和罗得岛（Rhodes）。在以后的数个世纪里，这些地方一直是欧亚非文明的汇聚地。

　　地处小亚细亚海岸外的罗得岛是东西方商路的要冲，强大的经济实力使其成为以"太阳神巨像"而著名的文化中心。

　　叙利亚奥龙特斯河畔的安条克是塞琉古王国的都城，它的人口在一个世纪里增加了四倍，是一个有好几十万居民的古代大都市。

　　小亚细亚的帕加马城作为城市中的后起之秀，其文化以雕刻艺术最为著名。城内宙斯神庙前的祭坛上由浮雕所描绘的"众神与巨人之战"，被视为希腊化时代雕刻的代表作之一。而城中的图书馆则仅次于亚历山大里亚的图书馆。

　　而希腊化世界中最著名的城市当数公元前 331 年亚历山大在尼罗河的入海口处所建立的亚历山大里亚。在亚历山大去世 9 年以后，亚历山大里亚开始繁荣起来。据统计，它的居民人口数量在 50 万以上，最多时可能达到了100 万人。城中聚居着多个民族的居民，他们中间不仅有埃及人、希腊人，还有波斯人、犹太人、腓尼基人、阿拉伯人、罗马人等，这对于文化、科学的传播和发展都起到了极大的助益。事实上，这里也的确成了当时文化、科学和艺术人才的荟萃之地。各地有名的学者几乎都曾前往这里进行研究活动。这时的雅典，虽然仍不失为一个重要的文化城市，但这座昔日"希腊的学校"，其文化的至尊地位已被亚历山大里亚所取代，我们若是将这时的亚历山大里亚称作"希腊化世界的学校"，是丝毫也不为过的。

亚历山大里亚作为整个希腊化时代世界上最大的城市，也是地中海和东方各国文化、科学、艺术以及教育交流的中心，几乎整个地中海世界的学者、艺术家都纷至沓来，在这里竞芳斗艳，各显才华。而希腊化时代的文化巨人、文化成就也多从这里诞生。比如，在自然科学方面，有实测子午线的埃拉托色尼、提出"太阳中心说"的天文学家阿里斯塔克、著"数学圣经"《几何原本》的欧几里得、被誉为"古代爱迪生"的阿基米德，还有被称为"古代最伟大的解剖家"的赫罗菲鲁斯。在文学方面，有伟大的诗人罗得岛的阿波罗尼乌斯、亚历山大里亚的卡里马科斯，以及田园诗的代表提奥克里图斯，等等。正因为如此，甚至有人把"希腊化时代"又称为"亚历山大里亚时代"。在这里，希腊后期的文化、科学、教育都得到发展，并达到极大的繁荣。

亚历山大里亚城内还有一座著名的缪斯宫（Museum，今日博物馆一词的来源），是当时最大的学术中心，多少有些类似今天的大学城，博物园内有图书馆、动植物园、天文馆、研究院等部门，汇集了当时地中海周边地区各个文明中的哲学、数学、科学、医学、文学和历史等各方面的知识。

其中最有名、对后世影响最大的，恐怕要算它的图书馆了。公元前306年，亚历山大的继承人"救世主"托勒密一世（Ptolemy I Soter，公元前323年—公元前283年在位）想要建立一个能与雅典的亚里士多德图书馆相媲美的图书馆，于是从公元前295年开始组织建设，据说，这座图书馆的收藏也正是从亚里士多德的作品开始收集的。以后几代的托勒密国王之中，也不乏图书馆的资助人、藏书迷。同时，当时那些才高八斗的著名学者，比如古希腊地理学家、天文学家、数学家和诗人埃拉托色尼，以及古希腊文献学家阿里斯塔克（Aristarchus）等不少历史名人，也都曾出任过亚历山大图书馆的馆长。

在王室的大力支持下，图书馆的建造者公开宣布：要拥有"世界上所有的书籍""所有国家的著述"。当时的法律规定，凡是进入这个国家的每一本书都要复制一份放进图书馆，于是停泊在亚历山大里亚港口的所有船只都要接受检查。有时他们甚至不惜采用武力的方式来获取图书，可谓"取之尽锱铢"。他们竭尽全力地收集当时所能收集到的所有文字抄本，无论是买来的、偷来的还是复制过来的，都可以。通过各种正当或不正当的手段，亚历山大图书馆迅速成为人类早期历史上最伟大的图书馆，无论是规模还是气势，它都超过了雅典的亚里士多德图书馆。当然，其中伪造的古籍也很多，甚至有亚里士多德从未问世的"新作"。图书馆藏有包括希腊文、希伯来文、波斯文等各种文字的书籍及手稿，然而至今，没有人确切地知道当时的亚历山大图书馆里到底有过多少藏书。在诸多的猜测中，保守估计当时的藏书至少在 20 万卷以上，也可能达到了 70 万卷，而比较能够令人接受的说法是 50 万卷。其实，无论具体的数字是多少，亚历山大图书馆的藏书量在当时无疑是相当巨大的。而且图书馆一开始就具有国际性，不仅囊括了古代希腊的各种著作，还有不少东方的典籍。当时的学者们也已着手将许多地中海、中东和印度语言的书籍翻译成希腊语。

亚历山大图书馆的馆藏和名气吸引了当时许多远道而来的求学者，以至于四方学者纷纷云集于此，许多著名的科学家、哲学家、思想家和艺术家，如阿基米德、阿里斯塔克、欧几里得、狄奥尼修斯、赫罗菲鲁斯、斐洛（Philo of Alexandria）、提奥克里图斯、埃拉托色尼等人，纷纷来到这里，进行研究、讲学、著书立说和从事其他学术交流活动。图书馆创立的前三百年一直是它的黄金时代，如果说雅典思想家在哲学上有耀眼的成就，那么亚历山大学派的学者们则在科学上更有建树，这为以后的科学革命埋下了伏笔。古老的图书馆注解、翻译、抄录和保存了大量的知识，并将之予以发展，如果没有当时对知识的收集和传播，我们今天的知识生活也许会贫乏得多。

然而，到了公元前 2 世纪以后，亚历山大里亚作为学术中心的领先地位开始下滑。随着埃及逐渐失去在海外的统治，它几乎失去了领先于各个领域的优秀人才，在当地也没有培养出可以替代的后继人才。而图书馆的焚毁则是最致命的打击。有人估计，由于亚历山大图书馆遭到烧毁，西方科学技术的发展至少迟滞了几百年。不过，也有学者认为，即使图书没有被烧毁，科学的风光也不会再现。但无论如何，大量图书的毁坏都是人类文化史上一场无法弥补的浩劫。

历史上，亚历山大图书馆曾几次被烧毁，又几次被重建，但没有任何一次烧毁的原因是得到公认的。因此，我们常常会看到一些混乱的甚至相互矛盾的说法。现在比较通行的说法是图书馆先后毁于两场大火。关于第一场大火，许多人认为，是发生在公元前 48 年罗马人征服埃及的第一场战争期间，当时罗马统帅恺撒在法萨卢斯战役获胜后追击庞培进入埃及，进而帮助当时的女王克娄巴特拉七世争夺王位，并在与其兄弟作战时放火焚烧敌军的舰队和港口。这场大火蔓延到了亚历山大里亚，致使图书馆遭殃，馆内过半数的珍藏被烧毁。这一说法流行甚广，但怀疑此事的声音也从来没有消失过，也有人认为这场大火很可能事出意外。无论是不是恺撒，这一年，兴旺了约 250 年的古代图书馆受到了第一场大火的劫难。一些幸存下来的古卷流传到了公元 4 世纪，甚至 7 世纪。

在那以后，图书馆得到一定修复，手稿被重新收集起来，但是，最终还是成了反"异教"倾轧的牺牲品。公元 642 年，阿拉伯将领阿慕尔进入亚历山大里亚，因图书馆收藏的大部分书籍与伊斯兰教义不符合，那些逃过第一场大火的典籍被运到一个公共浴室当作燃料烧掉，据说，整个过程持续了约

6 个月之久。几十万卷的藏书不存于世，人类历史上最伟大的图书馆也由此陨落。1798 年，当拿破仑的大军来到亚历山大里亚时，发现它已经衰微成一个仅有 700 人的渔村，古代的功绩早已湮没于大海和泥沙之中。

现今的亚历山大图书馆是在 1995 年后重建的，图书馆主体建筑为圆柱体，顶部是半圆形穹顶，会议厅是金字塔形。占地 4 万平方米，馆藏 800 万册书、1 500 种期刊，还有大量世界各国的古币，以及 20 多万卷微型电影和光盘类的视听资料。新的亚历山大图书馆不仅是埃及的重点建设项目，也是联合国教科文组织在世界范围内的重大科研和建筑项目。在图书馆外围花岗岩质的文化墙上，镌刻着包括汉字在内的世界上最古老的 50 种语言的文字、字母和符号，凸显了文明的蕴含。其实，新图书馆的诞生本身就既代表着对过去的回忆，也体现了对未来的追求。

二、希腊化时代的文化与思想

在希腊化时代，希腊文化作为一种珍贵的身份象征，是一种属于特权阶级的证明，希腊人和非希腊人都急切地追求希腊文化，而希腊式的教育则有助于加强希腊文化在希腊化世界的传播和盛行。整个希腊化世界到处可见亚历山大的希腊裔继承者。在文化交流方面，从地中海世界到印度边界，希腊文化都处于垄断性的官方地位。在任何地方，希腊语都是官方语言、文化语言。希腊伟大思想家的思想及其著作都被认为是再也无法复制和超越的完美境界，受到人们的争相学习，于是希腊的知识分子和希腊化了的知识分子便共同享有大众对他们的尊敬。

当然，这种希腊化世界中文化生活的希腊化并不完全是统一的。因为在

广袤无垠的希腊化世界除了三大君主国——马其顿、塞琉古和埃及以外，还
有 100 多个在很大程度上相对独立的城市国家和地区。这些地区的文化与希
腊文化有着本质上的不同。对希腊的思想家和艺术家而言，在欧洲和爱琴海
地区，作为一种故乡家园文化的希腊文化可以任由他们从中撷取自己所需要
的主题和主旨。而身处亚洲的思想家和艺术家则不能分享这种传统。虽然，
正式的政府形式和官方思想是希腊式的，但由于希腊化世界中的大多数居民
都是非希腊的当地人，他们便无法完全地接受希腊文化。因此，西方的希腊
文化与东方的固有文化之间的相互冲突、交融势必形成一种不同于以往的崭
新的文化，即所谓的"希腊化文化"。这一时期的文化也的确有着其自身独有
的特征，让我们从以下几个方面来看一看：

1. 博杂的白银时代

有人称，希腊化时代是博学时代而不是行动的时代，是总结的时代而不
是原创的时代，是深入钻研并把知识加以分类的时代，是编撰者与注释者的
时代。在希腊化时代，科学探索逐渐与哲学分离并趋于专业的精细分类，由
此，地理学、医学、天文学、数学、植物学、解剖学、物理学等学科都有了
重大发展。同时，这一时期的学者对过去典籍的整理也取得了重大成就。

的确，随着文化中心从希腊本土转移至亚历山大里亚、安条克、帕加马
和罗得岛等地区，希腊化时代的一大文化特点便是博杂。一方面，希腊化时
代的文化继承了希腊古典文化的某些传统要素，另一方面又融合了希腊化世
界各民族，尤其是东方民族的色彩。这的确是一个承前启后的时代，却不是
一个大师辈出、经典涌现的时代。相对于鼎盛的黄金时代而言，它只是一个
博而杂的白银时代。

首先，从语言文字方面来看。希腊语作为希腊移民和入侵者的母语，自

然也就成为希腊化世界正式的官方语言，同时也是东方其他民族中受过教育的阶层及权贵阶层所使用的语言。此时，在帝国境内，从事贸易、文化以及教育活动，大都以希腊语作为共同语言。但这种希腊化世界的通用语言，并不是纯正的希腊语，其中还吸收了其他语种的某些成分和词汇，同时，这种国际化的语言也对当时东方的其他语言产生了一定的影响。此外，对这种通用希腊语的流行范围也不宜过于夸大，应该看到，真正使用它的人主要还是局限在上层社会，对于广大的民众而言，各自的方言土语才是他们通常所用的。

其次，从文学方面来看。希腊化时代的文学是很能体现希腊化文明特点的，即作家和作品的数量都很多，我们今天已知的作家名字就不少于 1 100个，然而，这一时期大多数的文学作品都比较缺乏思想深度与原创性，许多作品就如同今天媚俗的地摊文学一样水准不高、粗俗无聊，只有少数作品具有较高水准。

希腊化时代文学的主要类型是戏剧、田园诗和滑稽剧。这时的戏剧几乎全是喜剧，而不再有古典时代那种震撼人心的悲剧了。最著名的剧作家是米南德。但他的喜剧与阿里斯托芬的喜剧已完全不同，不再讽刺时政、抨击权贵，而是关心日常生活的黑暗面、普通人的苦与乐。最伟大的田园诗人是被誉为"牧歌之父"的叙拉古诗人提奥克里图斯（Theocritus，约公元前 310 年—公元前 240 年），他的诗歌称颂简单的田园生活，并将其理想化。而希腊化时代的滑稽剧则多以富于色彩的对话来描写城市有产者之间的争吵、野心及各种活动，它不受任何宗教教条的约束，十分直白，甚至有些粗俗。

此外，值得一提的是，这时还出现了散文和小说。在散文方面，两个政论性人物的演说词最具代表性。一位是伊索克拉底（公元前 436 年—公元前338 年），他经历了从伯罗奔尼撒战争到腓力二世征服希腊这一漫长的历史时期。他曾在高尔吉亚的门下学习修辞学，后来自己也开办过修辞学校。他流传下来的作品有大约 20 篇演说词和几封书信，其中最著名的是《泛希腊集会辞》，充满了对希腊的赞美。我们且不论他的政见如何，但其文风精致工整，备受后人称赞，对后世欧洲的散文产生过很大的影响。另一位人物是德谟斯提尼（公元前 384 年—公元前 322 年），据说他早年曾有口吃的毛病，后经刻苦磨炼，终于克服了这一缺陷，成为一位伟大的演说家，他流传至今的演说词有三四十篇，其中最著名的是《第三篇反腓力辞》，揭露了马其顿国王腓力二世想要奴役希腊的野心。德谟斯提尼的演说词不仅展示了他的政治抱负，也颇具雄辩的技巧，很有说服力，他的语言简练晓畅、自然生动，带有强烈的感情色彩，成为古代演说词的典范之作，也被后世西方公认为古代希腊散文中的杰作。而作为一种新的文学体裁的小说，很有可能是当时最为流行的通俗作品，它是一种将神话、游记与色情对话混合在一起的产物，受到普通市民阶层的欢迎。

　　总的说来，希腊化时代的文学作品已不再起到教化民众的作用，市井之气较重，个人色彩浓厚，丧失了积极参与政治和社会生活的自觉意识，转而注重描写恬静的田园、优雅的家庭生活以及爱情故事，讲究辞藻的华丽，矫饰多于率真。

　　第三，从史学方面看。这一时期史学的特点之一便是出现了相当多样化的历史叙述，其中主要有以下几大类：一、异域历史。对非希腊地区及民族的记载，如尼阿库斯（Nearchus，公元前 360 年—公元前 300 年）的《航海记》、卡利斯提尼（Callisthenes，公元前 360 年—公元前 327 年）的《波斯志》、麦加斯提尼（Megasthenes，公元前 350 年—公元前 290 年）的《印度志》和曼涅托（Manetho）的《埃及史》等。二、传记史学。希腊化时代的传记史学因描写亚历山大大帝的传奇人生而兴盛起来，各种版本的传奇故事使后人对亚历山大大帝的认识亦真亦假。除亚历山大大帝之外，也有为其他政治家、军事家、哲学家、诗人作传的，甚至还出现了妓女传记。三、考据历史。希腊化时代是一个总结、整理前人思想的时代，因而这一时期的许多历史学家多将精力放在对不同古代著作抄本的比较、核对和注释的工作上，现存的古希腊著作大多是经由他们整理、分卷后流传下来的。四、地方志。当时地方志的写作主要强调各地神话和宗教仪式的起源，按年代排列，文字大多比较简单，有别于正统的历史著作。

这一时期还出现了一位集大成的历史学家波里比阿，他的史学思想中带有明显的希腊化特征：他认为任何一种单一的政体都包含着自我毁灭的因素，从而主张实行一种混合政体，既有君主制的原则、贵族制的实质，又有民主制度中的民众大会和保民官。三方中的任何一方都会对其他两者形成一定的约束与制约。他开始以一种通史的眼光来看待历史和当时所知的世界，因此，他在写作中所要处理的题材就不只是罗马人的历史，而是当时人们所知的"整个世界的历史"。

第四，这一时期的艺术也有了新的变化。造型艺术的中心从希腊本土转移至小亚细亚西部沿岸各城市，并从小亚细亚向东传播到东方各国，向西影响到古代罗马的艺术。公元前4世纪中叶以后，表现世俗事物的雕塑和人物肖像雕刻大量出现，其现实主义的色彩更加浓厚，对日常生活的描绘也逐渐增多，艺术家从雕塑神像转向了对现实生活的反映，如《拔刺的小孩》《小孩与鹅》《市场上的老妇人》等都是描绘普通人的雕刻作品。另一方面，雕塑艺术的热潮正在衰退，雕塑作品出现了纯肉感表现的倾向，重形式而轻内在。当然也留下了一些杰作，如前面我们提到的《拉奥孔》群像、《垂死的高卢人》和《米洛斯的维纳斯》。希腊化时代的雕塑艺术的另一个特点就是出现了大量希腊古典时代雕塑的仿制品，特别是在罗马人征服了整个希腊后，将大量的雕刻作品运抵罗马，对希腊雕像的复制一时间蔚然成风，流传至今的许多希腊原作的复制品都是在这个时期制作而成的。

第五，从建筑方面来看。这时的人们对城市的建筑有了初步的总体规划意识，东方的建筑艺术风格也得到了应用。希腊城邦时代简朴的多利亚式和爱奥尼亚式的神庙建筑，现在已让位给了象征着权力与财富的王宫官邸，以及大型豪华的公共建筑和纪念碑。其中最具代表性的便是作为古代世界七大奇迹之一的亚历山大里亚的灯塔，它高约 135 米，在 40 公里之外便可看见其闪烁的灯光。灯塔建于公元前 280 年，历经数次地震，于 1435 年完全毁坏。

最后，从教育方面来看。由于希腊入侵者所占的主导地位，加上希腊语是希腊化时代的官方语言，因此，这时教育的主要内容便是对希腊语及希腊文化的传授。不过，希腊化时代的教育，也体现着希腊式教育与东方式教育相结合的过程。在这一过程中，原本的教育模式无论是在形式上或内容上都有较大的改变。在原有和新建的许多城市中，仿照希腊设立了各种学校，如文法学校、修辞学校等。这些学校除教授希腊的"三艺""四艺"外，也把已经发展和分离出来的自然科学列入了学校的教学科目之中。原来主要用于体育训练的体育馆，这时已发展成为一种综合性的教育机构。学生体育操练的时间减少了，军事训练因失去原有的意义而逐渐被取消。主要的学习课程有语言、文学、音乐和自然科学。各个哲学学校和修辞学校的学习年限逐渐从两年延长到六年，这些学校渐趋合并，最后在公元前 200 年形成雅典学院（Academy）。这所学院延续了好几百年，直到公元 529 年才被东罗马帝国的查士丁尼皇帝关闭。在它存续的时间里，许多希腊和西亚各地的青年都相继到这里学习。

2. 西方第一个伟大的科学时代

希腊化时代最显著的文化成就是在自然科学方面，这一时期的自然科学，摆脱了早期希腊科学纯粹思辨的倾向，也被视作 17 世纪以前西方科学史上最辉煌的时代。假如没有当时许多科学家的发现，现代的许多成就便难以问世。这第一个科学时代产生的原因可能有两个方面：其一是亚历山大本人对科学研究的支持和财政上的鼓励；其二是西方的逻辑思维方法与东方古老而丰富的经验观察和资料积累相结合，而后者也许更为重要。此外，对实际知识的要求，也极大地促使人们去改善他们对现状的不满。

具体来说，希腊化时代最重要的科学成就是在天文学、数学、地理学、物理学和医学等方面。

此时出现较早的天文学家是萨摩斯岛的阿里斯塔克（公元前 310 年—公元前 230 年），他提出了"太阳中心说"，认为地球和其他行星都围绕着太阳运行。这种理论与当时人们的人类中心思想不相符合，从而未能得到时人的认同，影响不大，但他却因此被后人誉为"希腊化时代的哥白尼"。

当时人们普遍接受的是希帕库斯（Hipparchus，约公元前 190 年—约公元前 120 年）等人提出的地球中心说，该学说解释了比如物体为何总是落向地面等现象。作为希腊化时代最重要的天文学家之一，希帕库斯建立了天文台，还发明了天文仪，并比较准确地计算出了月球的直径以及地月之间的距离。此外，他也是希腊化时代最早的数学家，奠定了平面的和球形的三角学的基础。

托勒密（Claudius Ptolemy，约公元 100 年—约公元 170 年）是希腊化时代的最后一位天文学家，虽无多少创新发明，但他善于综合总结前人的研究成果，并将其系统化，因此，他所著的《天文大全》一书，成为古代天文学的经典之作，在哥白尼和开普勒的时代以前，一直是标准的论著。

希腊化时代最有名望的数学家是欧几里得（约公元前 330 年—公元前 275 年），他所著的《几何原本》（也译作《几何学原理》）在西方直到近代仍被作为教科书使用，他因此被认为是几何学之父。《几何原本》于明朝末年被徐光启等人译成中文，成为最早被介绍到中国来的西方名著之一。

这一时期著名的地理学家是出生于北非昔兰尼的埃拉托色尼（约公元前 276 年—公元前 195 年），他曾长年担任亚历山大图书馆的馆长。他首次采用了"地理学"这一名称，由此被后人尊为真正的"地理学之父"。[1] 他相信地圆学说，计算出来的地球周长与实际数值仅差 300 公里左右，他还绘制出了当时最准确的地图，他认为所有的海洋实际上只是一个而已，因此他首先提出，从欧洲向西航行可以到达印度。

物理学以叙拉古的阿基米德（公元前 287 年—公元前 212 年）的成就最为显著，正是他使得物理学成了一门独立的实验科学。他发现了杠杆原理、斜面定律、浮力定律等物理规则，还发明了滑轮组、螺旋吸水器等实用工具。此外，他在数学、工程学等领域也卓有建树，他计算出圆周率在 $3\frac{10}{70}$ 与 $3\frac{10}{71}$ 之间，这在古代应该说已相当精确。他最著名的关于物体比重的"阿基米德定律"与其称量黄金王冠的传说联系在一起。他的名言是：

> 给我一个支点，我将推动地球。

希腊化时代在科学方面上最具革命性意义的发展当属医学上的进步。卡尔塞敦的赫罗菲鲁斯（约公元前 335 年—公元前 280 年）是第一个进行人体解剖的先行者，因此被称为"解剖学之父"。他已经开始尝试区别大脑不同部分的功能，他还发现动脉中只有血液，而不是如亚里士多德所说的是血和空气的混合物，这为后世的血液循环理论奠定了基础。他所描绘、命名的十二指肠和前列腺等器官的名称在西方医学界沿用至今。

稍后于赫罗菲鲁斯的埃拉斯特拉塔斯（Erasistratus，约公元前 304 年—公元前 245 年）不仅进行过人体解剖，而且以研究人体循环系统和神经系统著称，他已能区分感觉神经与运动神经，由此被后人看作生理学的创始人。他

1　前文中提到的赫卡泰乌斯虽然也被后人视为地理学的创始人，但一方面他的著作并未完整地流传下来，另一方面从残篇中也看不到更多且系统的地理学科的知识，因而，并不与埃拉托色尼作为"地理学之父"的身份相冲突。

可能还是世界上首位确认癌症的医学家，据说他正是发现自己得了这种不治之症，因而自杀身亡。

3. 理性、怀疑与信仰的时代

与古典时代相比，希腊化时代的思想表现为两种倾向的同时存在：一种倾向是仍以理性作为解决人类问题的关键，其主要代表有斯多葛主义和伊壁鸠鲁主义；另一种倾向则倒向怀疑主义和神秘主义，否认能够依靠理性最终认识真理，这在哲学流派上的体现主要是怀疑论派和犬儒学派，在宗教上则表现为秘教和秘仪的盛行，以及新的信仰的出现。

当时，由于战争频繁，社会动乱不安，哲学讨论的重点也更多地从宇宙的起源转移到了社会伦理方面，主要探讨人生的目的是什么、幸福是什么等问题。这一时期主要的哲学流派都分别对这些问题做出了自己不同的回答。

希腊化时代最早的哲学学派是犬儒学派（Cynics）。这个学派可追溯到苏格拉底的学生安提斯泰尼（Antisthenes，公元前 445 年—公元前 360 年）。他主张不要政府，不要私有财产，不要婚姻，不要宗教，并鄙弃奢侈和一切感官快乐。他的弟子第欧根尼（Diogenes，公元前 412 年—公元前 322 年）更是将他的思想发扬到了极致，第欧根尼一生都过着艰苦朴素的生活，他甚至拒绝居室和服饰，彻底摒弃一切舒适和享受，认为人应当回到原始的自然状态，通过最简单的方法获得幸福和满足。据说他自己便是住在一个大木桶里，请看希腊诗人笔下的第欧根尼：

行囊、斗篷、冷水泡胀的大麦粑粑，

倚在脚前的棍子、陶土的杯子，

这明哲的犬儒把这些当作生活必需品，

但其中一件却是多余之物，

他看见一个耕田人用掌心舀水来喝，

便对陶杯说："我为何白白背着你？"

（安提菲洛斯：《咏第欧根尼》，引自《罗念生全集》第六卷，第 7 页）

因为犬儒学派的许多人常常衣衫褴褛、蓬头垢面，以打破常规、反对一切权贵而自得，所以有人将他们与现代社会的嬉皮士运动和颓废派运动相比较，认为它们之间有些相似之处，即都以自我的不振作和某种破坏性行为来表达对社会的不满。实际上，犬儒学派并非玩世不恭，只是他们对"德行"有着一种比常人更为炽热的情感，而将物质生活方面的"自足"精神作为他们的主要目标。显然，犬儒学派的学说和主张是有明显的遁世色彩，反映了当时社会上的失意和绝望。

另一种带有东方神秘主义色彩的哲学流派是怀疑论派。它的创始人是埃利斯的皮浪（Pyrrho of Elis，公元前 360 年—公元前 272 年）。该派的思想主要源于智者运动，认为一切知识都来自感官的理解，因而必定是有限的和相对的，由此而推演出的结论是：人不能证明任何东西，甚至不能肯定它们究竟是存在还是不存在，因而也就没有任何确定的真理。诗人尤利阿诺斯为皮浪写的墓志铭很能体现怀疑论派的思想，他写道：

你死了没死，皮浪？

我怀疑。

命数已尽，还怀疑吗？

我怀疑。

这坟墓会埋葬怀疑。

（尤利阿诺斯：《墓碑》，引自《罗念生全集》第六卷，第 8 页）

因此，对于怀疑论派的思想家来说，明智的做法就是停止判断，对一切保持不肯定的态度，只有这样才能获得幸福。如果一个人放弃对于绝对真理的寻求，并且不再为此而烦忧，他就会达到一种心灵的宁静，而这才是生命所能给予的最高满足。因此，怀疑论者既不关心政治也不关心社会，由此他们便使自己从那既不能理解也无法改造的世界中逃脱出来了。而怀疑论质疑一切的作风也影响了以后西方的哲学和思想。

希腊化时期带有希腊理性倾向的重要哲学派别则是伊壁鸠鲁派和斯多葛学派。

伊壁鸠鲁（Epicurus，公元前 342 年—公元前 270 年）生于萨摩斯岛，父母是雅典人，他以德谟克利特的学说为研究对象，并信奉原子论。公元前 306 年，他在雅典创办了一座学校，学生中很多人来自社会的底层。他的哲学除了以原子论为核心的自然哲学之外，主要内容便是伦理学，其核心是快乐，认为快乐是生活的目的，而快乐就是善。但是，伊壁鸠鲁所说的快乐并非放纵情欲，而是指身体的健康和精神的宁静，认为肉体的无痛苦和精神上的无烦忧才是真正的快乐和幸福。他说：

快乐是幸福生活的开始和目的。因为我们认为幸福是我们天生的最高的善，我们的一切取舍都从快乐出发，我们的最终目的乃是得到快乐……当我们说快乐是终极的目标时，并不是指放荡的快乐和肉体之乐，我们认为快乐就是身体无痛苦和灵魂的不受干扰。构成快乐生活的不是无休止的狂欢、美色、鱼肉以及其他餐桌上的佳肴，而是清晰地推理、寻求选择和避免的原因、排除那些使灵魂不得安宁的观念。

（《致美诺益凯的信》，

见第欧根尼·拉尔修：《名哲言行录》X. 128–129、131–132）

他认为知识是获得快乐的保证，美德是获得快乐的手段。伊壁鸠鲁主张，人无须对死亡和神灵感到恐惧，因为神灵远在不可知的世界里，对人事和自然并无干涉，而人死之后，肌体消失，灵魂也就不复存在了。据说，伊壁鸠鲁死前坐在一个注满温水的铜澡盆里，请人斟了一杯酒并一饮而尽，接着他勉励朋友们谨记他的学说，然后就死去了。他以这种方式真正实践了他的快乐理论。伊壁鸠鲁的哲学传播广泛，在当时及后世影响都很大，但他的后继者常常将他的学说庸俗化，将之发展成为一种纵欲的理论。

与伊壁鸠鲁派同时的另一个影响深远的哲学派别是斯多葛主义，又称廊下学派。它的创始人是基蒂翁的芝诺（Zeno of Citium，约公元前 335 年—公元前 263 年）。芝诺年轻时移居雅典，据说他长期在雅典市场北部的柱廊讲学，此学派由此得名。其早期的代表人物除了芝诺，还有克利安提斯（Cleanthes）、克里斯普斯（Chrysippus）等人。他们的学说分为自然哲学、伦理学和逻辑学三部分，其中伦理学最重要。他们认为，世界的本原是贯穿万物的永存不朽的"宇宙理性"，认为自然界的一切发展和变化都是有规律的，因此也是符合理性的，人类及其社会因为也是自然的产物，所以也是有规律的。斯多葛学派由此推导出两个重要理论：第一，顺应自然的生活就是至善；第二，人皆由最高理性生成，因而天生就是平等的。尽管斯多葛学派的这种自然法理论并不完整，且带有消极的性质，但它所包含的人生而平等、天赋人权及世界国家的思想理论对以后西方的政治法律制度及价值观念产生了难以估量的影响。斯多葛学派在社会人生方面宣扬克己修身、恬淡寡欲，认为人生真正的幸福就是服从命运的安排，顺应自然地生活，反对追求快乐，主张克制一切欲望，甚至可以放弃自己的生命，而唯一的善就是德行。第欧根尼·拉尔修在谈及该学派时说：

他们认为只有道德上的美是善。他们坚持德行以及分有德行的事物

正在于此：说所有善的都是美的与说"善"与"美"具有相同的力量是
等值的，说的是同一件事情。"由于一件事物是善的，所以它是美的；它
是美的，所以它是善的。"

（第欧根尼·拉尔修《名哲言行录·芝诺》Ⅶ. 45）

斯多葛主义是希腊化时代最有影响力的哲学思潮，也是古代哲学流派中
流传最广泛、延续时间最长的一个派别，一直流行到公元 6 世纪，其历史长
达 500 多年。当然，在流传发展期间，斯多葛主义的内容不断出现演变，前
后思想也多有变化，但其贯穿始终的主题是寻求人类生活的秩序，相信人应
该遵循自然的方式生活，其中宿命论色彩一直十分浓厚。

而希腊化思想中的非理性倾向，在犹太思想家亚历山大里亚的斐洛的哲
学与新毕达哥拉斯哲学中表现得尤为显著。

作为犹太神秘主义哲学家，斐洛（Philo of Alexandria，约公元前 30 年—
公元 50 年）坚信自己的宗教是一种普世的宗教，他认为宗教的启示是最高的
权威，希腊哲学中的精华都源出于此。斐洛企图将犹太神学与希腊哲学，特
别是柏拉图以及斯多葛学派的哲学相融合。他还认为各种哲学之间存在共同
的思想基础，那就是来自上帝的真理，宗教的启示以象征来表示，而哲学则
用概念来表示。

新毕达哥拉斯主义则将毕达哥拉斯学派中的神秘主义思想同柏拉图的理
念论结合，并对两者都做了很大的改动，他们将"数"和"理念"变成了上
帝的思想，强调摆脱肉欲的纯洁生活和对上帝的真正崇拜，宣扬逃避现实的
禁欲主义。其结果是神灵的启示成为最高的知识源泉，进而将整个宇宙都作
为精神的产物来理解，因此，自然本身只不过是上帝（神）精神的外化而已。

总之，无论是斐洛还是新毕达哥拉斯主义者，他们都认为真理既不来自
科学，也不来自理性，而是来自启示。这两种哲学都相信有一个超凡无比的

上帝，而生命的终极目的就是要完成与神的神秘结合。这两种哲学思想都对基督教神学产生了重大影响。

　　希腊化时代宗教的特征是官方宗教与不同民族的传统宗教、神秘宗教交织在一起。在希腊化的城邦时代，希腊人的公民宗教此时几乎完全看不到了。古典时代后期，希腊各城邦的正统宗教、正统仪式已不能满足人们精神上的追求，渐渐失去了往昔对人们的全权控制。在各个希腊化的国家中，对保护神和国王（前期只是针对死去国王，后来也加上了现任的国王）的崇拜都属于官方宗教。与此同时，东方传统的宗教观念，对普通人也极具吸引力。除了埃及的传统宗教以外，安纳托利亚和亚述的神灵也很受欢迎。在民间，旨在拯救个人的秘教和秘仪由于不对参与者的身份加以限制，再加之对死后幸福的承诺，而呈现出兴盛的势头，参加者日众。希腊化时代的神秘崇拜主要有希腊的奥尔菲斯教及其崇拜、埃及母神埃西斯崇拜、迦勒底人的星灵宗教及其占星术，而最有影响力的则是来自琐罗亚斯德教的支派——密特拉教和诺斯替教，它们都具有对此世的鄙视和有关赎罪的观念，并以来世的种种幸福向信徒许诺。这些来自伊朗、巴比伦和埃及等东方传统的因素互相交织，又同希腊观念以一种非常自由的形式混合在一起，形成了希腊化时代所独有的宗教特色。但其中也存在一个例外，那便是犹太人的宗教信仰。与希腊化世界中的其他民族不同，犹太人所信奉的是一神教，这种区别成为日后他们与所居住地的其他民族，以及再以后的罗马人发生冲突的重要原因之一。

　　总之，希腊化时代的宗教具有两大鲜明的特点：一是古老的宗教观念与神灵崇拜在渐渐消亡或改变，同时新的宗教思想和运动正在逐步发展；二是东西方思想观念中的宗教因素既相互冲突又彼此融合，并在各自的消长之中都发生了变化。

三、世界主义的精神

通过以上描述，我们可以得出这样的结论：希腊化时代的思想文化最重要的特征就是在东西汇通、彼此交融的基础上，首次产生了人类是一个整体的模糊意识。亚历山大所建立的帝国打破了城邦狭窄的视野，在客观上促进了希腊和东方各民族之间在经济与文化方面的交流。那些希腊化时代的城市就像是一座座"大熔炉"，在这些熔炉之中，希腊文化和非希腊文化、希腊人和非希腊人相遇、融合在一起，从而产生出一种新的世界性的文化。正如美国学者斯塔夫里阿诺斯所说："希腊化时代的历史意义在于：它打破了历史上形成的东西方各自独立的模型，使它们合二为一。现在，人们首次想到把整个文明世界当作一个单位——一个文化高度发达的核心区。起先，埃及人和马其顿人是以征服者和统治者的身份去东方的，他们强制推行希腊化模式。但是，在这个过程中，他们自己也发生了变化，使随后产生的希腊化文明成为一个混合物，而不是来自其他地区的移植物。"[1]

新的时代改变了人们的生活，也改变了人们的精神观念，在充满多元文化的希腊化世界，世界主义（cosmopolitanism）对民族主义的取代，也就成了一种必然的趋势。

在这样的大背景下，希腊人对于世界的认识首先发生了变化，他们开始将整个世界看作一个统一的单位。希腊人的胸怀开始超越了地中海世界，中亚、西亚、印度均已进入了希腊人的视野之中。这种世界主义的精神体现在思想观念上是开始摒弃希腊人与野蛮人之间的敌对意识，而出现了合作共存的意识。如雅典著名的演说家伊索克拉底所说：

---

1 （美）斯塔夫里阿诺斯：《全球通史》（上），吴象婴、梁赤民译，上海社会科学出版社，1988年，第226页。

　　"希腊人"一词则是用来称呼受过我们的教养的人的，而不是用来称
呼同种族的人的。

（《泛希腊集会辞》，引自《罗念生全集》第六卷，第 235 页）

　　从历史编纂来看，这一时期，一方面是希腊史家进入异域著述，另一方
面是非希腊的史家也使用希腊语进行写作。人们的观念在交互影响。著名史
家波里比阿的《通史》便是这种时代精神的产物。"他是第一个把历史学设想
为一种具有普遍价值的思想形式的人。"[1] 他说：

　　在今天这个时代，历史可说已成为一个有机整体，意大利和利比亚
的局势与亚洲和希腊的局势密切相关，所有各种事情，最终只归于一个
结局。

（《通史》I. 3）

　　这种世界主义的精神最广泛的表现是在语言上，一种吸收了其他语种的
因素同时被简化了的通俗的希腊语成为希腊化世界通用的国际语言。这种通
用希腊语（Koine）与阿提卡希腊语之间有着很大的不同，它的语言结构得到
了简化，比如长元音与短元音之间的区别不再存在，送气音也不再发音，等
等。更重要的变化则在于此时的希腊语采纳了一些外来的词汇，主要是来自
希伯来语和拉丁语的要素。总之，这种希腊化时代的国际语言与本地的阿提
卡语在语法、词汇以及发音方面都有所不同。而在希腊化世界最伟大的图书
馆亚历山大图书馆中，不仅有许多希腊语的著作，还收藏了大量非希腊语的
书籍。

1　陈恒：《希腊化研究》，商务印书馆，2006 年，第 199 页。

在当时的哲学思想中也可看到这种世界主义的精神。犬儒学派的鼻祖安提斯泰尼首次宣称"我是一个世界公民"。斯多葛主义和伊壁鸠鲁主义也都认为，实际上希腊人和野蛮人之间没有区别。请看普鲁塔克是怎样评论芝诺的：

> 斯多葛学派的创始人芝诺或许用这种方法总结一个主要原则：我们应该认为全人类是一个公共体和一种政策，对于我们来说应该过同一种生活，有着同一种秩序，就像羊群在分享同一块草地一样。
>
> （《道德论丛·论亚历山大的命运》329A-B）

还有希腊化时代各个国家中多种多样的政府形式，也使得当时的政治外观呈现出一种世界性的景象。

总之，正如吴于廑先生曾经指出的那样，希腊化时代的文化是"东西方历史会合下的文化"[1]。它既非希腊文化的单纯传播，也非东方因素起决定性作用的文化，而是以希腊化文化为主体，在适应新时代的要求下与其他各种文化会合形成的一种既多元又统一的文化。应该说，两者间的交融，既超越了古代东方，也超越了古典希腊。由此而形成的希腊化文化并不是一种简单的"合并"，双方是在互动的基础上，形成了一种新型的相互包容的、堪称世界主义的文化模式。这种前所未有的文化模式首次揭开了欧亚非大陆间文化交流、会合的序幕，在世界文化发展史上具有承前启后、继往开来的意义。

1　吴于廑：《吴于廑文选》，武汉大学出版社，2007年，第372页。

结束语

作为一种典范的 "希腊精神"

"我们都是希腊人。"

——雪莱

"一提到希腊这个名字，在有教养的欧洲人心中，自
然会引起一种家园之感。"

——黑格尔

今天，尽管随着岁月迁流，制度变异，西方的面貌已发生了很大的改变，但是，若要谈及西方文化的某一方面，向古代希腊的回溯仿佛总是不可避免的，古代希腊的思想与文化早已成为后世西方世界重要的精神支柱之一。几千年来，欧洲人一直努力地从伟大的古典作品中感悟何谓 "美好的事物"，从伟大的古典哲人那里学习何谓 "高贵的美德"。雪莱和黑格尔的话不仅代表了后世西方人对于古代希腊文明所怀有的浪漫情怀与向往，更表明了一种精神上的认同。

那么，究竟何谓 "希腊精神"？它是古代希腊文明的真正核心，还是后人的臆想和溢美？对此，我们恐怕也很难给出一个令人信服的回答。因为，什么是 "希腊精神"，这既是一个关于希腊文明的关键性问题，同时也是一个产生了各种讨论，仁者见仁、智者见智的问题。简单地说，作为一种时代精神或一个民族的精神面貌，希腊精神应该主要是指公元前 8 世纪到公元前 4 世纪的希腊人所体现出来的共同的价值取向和精神要素。但从严格意义上而言，

那些为数众多、大小不等的希腊城邦所具有的社会面貌并非同等划一的，其中必然会存在差别。而今天一般所说的作为西方文明传统的"希腊精神"主要是以雅典为代表，这种希腊精神被理想化地总结为：理性、民主和人本主义。这三点也成为后世西方人引以为自豪的根本理念，并成为西方价值的核心所在。有关这方面的论述举不胜举，但凡有些人文知识的人都能说出一些来。

在此，我们只想举一个例子，即是那本颇富激情，也是自 20 世纪 80 年代以来最为中国几代学子学人所熟悉的著作——美国学者伊迪丝·汉密尔顿所著的《希腊方式——通向西方文明的源流》，其原著的英文书名是 *The Greek Way*，当直译为《希腊之路》，而中译者很好地把握住了作者想要表达的核心思想，因此，第一位中译者先是将其译作《希腊方式》，第二位中译者则干脆把它译作《希腊精神》，可谓是得其要旨。此书的作者从开篇至结尾，都饱含激情地向读者描述了一个"从一开始就没有古代社会影子"的希腊，"他们是最早的西方人，现代的精神，是希腊的创建，希腊人是属于现代社会的"，"希腊的神庙是精神力量照耀下的理性活动的完美的创造物"，等等。[1] 换言之，在作者看来，希腊之所以伟大，不仅在于希腊人在科学、哲学和艺术上所取得的伟大成就，更在于他们在遥远的古代，在地中海沿岸那样一个狭小的地域范围内便史无前例地、空前独立地创造出了一种精神，而这种精神恰恰是一种后来西方人所以为的真正的现代精神，这才是奇迹之所在。

然而，我们却不能不说，作者向我们描述的这种"希腊精神"之中虽保留了古代希腊原初的许多精神元素，但更带有后人在不同境况下对它的想象、溢美、附会和误解。也就是说，这种"希腊精神"已不仅仅是古代希腊人所创造的内容，而是西方经过了千百年、数十代的文人、学者、思想家的共同

1　（美）依迪丝·汉密尔顿著：《希腊精神——西方文明的源泉》，第 16、4、38 页。

"创作"而产生的，并最终得以成为一种典范。

　　只是，那种由古代希腊人与后世西方的精英分子共同创造并为大众所普遍接受且已成为一种典范的"希腊精神"，在我们想要将其还原到古代希腊的历史语境中时，却发现其并不完全适宜。而仅仅将希腊精神概括为理性、民主与人本主义，也并非完全无懈可击。

　　其实，每一种应特定的时代、特定的民族、特定的文化所产生的思想，都必然地带有那个特定时代、特定民族、特定文化的特定烙印，相对于其他时代、其他民族和其他文化，也就必然地具有其局限性，不可能成为放之四海而皆准的真理及范式。当然，那些特定的思想之所以能够流传于后世，千百年来为自己的后人和其他民族的人们所称道，则又必然有其超越其时代、民族及文化的方面。对于这样的一种说法，可能大多数人在理论上都能够同意。然而，当我们在面对某个特定对象时，却往往又难免会犯下评价过高或过低的错误。

　　具体到希腊文明、希腊思想而言，对绝大多数中国人和相当一部分受过教育的西方人来说，所谓的古代希腊，实际上只是指古典时代巴尔干半岛上以雅典和斯巴达为首的少数城邦而已。他们对于同属希腊本土地区的如科林斯、阿尔戈斯等其他城邦的文化成就则缺少基本的了解，更不用说小亚细亚、意大利、北非地区希腊人的成就了。从时间范围和内容上来说，大多数人所以为的希腊思想和文化也主要局限在希腊古典时代的雕刻、建筑与各种文学和哲学作品方面，偶尔会涉及希腊化时代的一些成就，对于较早时代的文明状况则多一带而过。然而，古代希腊人的历史实际上长达几千年，而古典时代前后不过二百年，即使加上希腊化时代，也不过五百年。从全面认识历史发展进程的角度来说，这样的认识不免失之片面。因为，从历史发展连续性的角度考虑，古典时代的文化来自古风与荷马时代文化的延续与发展，绝不只是希腊人突发灵感而凭空创造出来的。从文化发展的基础而言，流传至今的那些著作主要涉及的则多是精英阶层的文化与思想，而对于广大希腊民众的心灵和思想状态，不免付之阙如。

除了这些以偏概全的理解以外，在理解希腊文明时，给我们带来困扰的另一个更主要的原因是，出于对希腊古典文明的热爱而产生的情不自禁甚或是有意而为的夸大与溢美。

举一个最为常见的例子：谈及古希腊政治的特征时，人们总是说它的民主政治极富特色，当代自由主义思想家波普尔甚至说："雅典的民主政治以仁爱之心对待奴隶……已非常接近于废除奴隶制度。"[1] 这实在是不了解历史的言过其实。对此，我们在前面的章节中已多有论及，以雅典城邦为代表的希腊式民主制实际上根本不具备民主这个词语在现代意义上的人文内核。不像在现代社会之中，民主、平等与自由几乎必然共同出现，并作为衡量一个社会正义程度的标准。

首先，希腊各城邦并不弘扬平等，当时的社会本身就是奴隶制社会。同时，所有的妇女也都被排除在社会和其他政治生活之外。当时法律认为，妇女不适合自主行动，必须有男子作为监护人，年轻时是由父兄监护，成婚后是由丈夫监护，在晚年时还要由儿子监护。父亲要负责教育儿子参与城市的公众生活（因为在古希腊，个人积极地参与城邦生活被认为是一种至善的优良的生活方式），女儿则不许出门，她们只能从事家务活动，为男子准备饭食。

其次，希腊的自由也是另一种意义上的自由，它是建立在城邦制度之上的自由，它更多的是一种超越了个人主义的群体的自由。具体来说，这种自由是相对于外邦人和奴隶而言的自由，是不受外国奴役的自由，是遵守城邦法律和道德秩序的自由，是一种参与和付出的自由。这与其说是一种权利，

1　（英）卡尔·波普尔:《开放社会及其敌人》，陆衡等译，中国社会科学出版社，1999 年，第 89 页。

还不如说是一种强制义务。而自由主义作为西方近代、现代乃至当代最重要的政治思潮之一，它所强调的是一种个人的自由和权利。法国思想家贡斯当指出："古代人的目标是在有相同祖国的公民中间分享社会权力：这就是他们所称谓的自由。而现代人的目标则是享受有保障的私人快乐；他们把对这些私人快乐的制度保障称作自由。"[1] 他将前者称为"政治自由"，而将后者称为"个人自由"。贡斯当对这两种自由的洞见被自由主义大师以赛亚·伯林进一步加以发挥，从而将古代人的自由称为"积极自由"，而将现代人的自由称为"消极自由"。

再次，雅典的民主是一种人人参与城邦政治生活的直接民主，它的前提是在公民集团内部人人平等，且每个人都是完全投入到政治事务中的"全职的公民"。雅典人参与政治生活的目的是一致的，即追求公共的共同利益，而绝对要摒弃个人的或者小集团的利益，因此这种民主带有相当强烈的不宽容性。雅典发生过数次流放或监禁不信神的知识分子的事件。这与现代西方建立在代议制基础上的间接民主不同，后者的前提是个人权利，这种民主承认每个人都有自己的权利，有自己的不同利益和不同追求，它不是要求人们服从同样的普遍模式，而是在人们的利害关系相互冲突时，提供协商、对话和妥协的程序性机制。换言之，如果直接民主关心的是"谁来统治"的话，那么间接民主所关心的则是"如何来统治"，这种对统治程序的关注必然涉及对国家权力的限制，而在直接民主中，我们看不到任何对权力的限制，因此，它才可能导致托克维尔所说的"多数人的暴政"，而事实上雅典的民主政治到了后期也正是如此。

雅典城邦之所以经过短暂的辉煌便迅速走向了衰落，其中一个重要的原因或许就在于雅典人对于直接民主的过分迷恋。这使他们无法看到强大的民

---

1 （法）邦雅曼·贡斯当：《古代人的自由与现代人的自由》，阎克文等译，商务印书馆，1999 年，第 314 页。

主背后所潜藏的多数人暴政的可能性，从而忽视了制约与平衡的必要。于是，他们虽然得以摆脱君主专政的阴影，却又以更快的速度走向了一种多数人的专政，有人将之称为"集体僭主"。这种专制的权力通过公民大会被放大了数倍，它渗透到了社会生活的每一个角落，可以调动一切能够调动的力量，在需要的时候，它以绝对真理的面目向少数派和少数意见呼啸着压过去，轰然一声，使得后者连呻吟都一并被埋没在尘土之中了。更为可怕的是，雅典的公民本身既是立法者，又是司法者，他们遵循自己的意愿作为最高准则。他们沉醉在对权力的巨大享受中，在自己的权力范围内任意行事而免受任何道德或规则的约束。如果说他们还愿意相信宪法，完全是因为这宪法说：公民权利高于一切。今天，我们知道，公共生活的价值并不能淹没个人权利的存在，在任何时候权力都应该受到制约，不论它是掌握在专制者的手中还是公众的手中，否则只会败坏民主，导致暴政。而在雅典，权力最终使民众丧失了理智，他们用全民公决的方式处死了苏格拉底，以全民公决的方式使对邻邦发起的掠夺战争具有了绝对的合法性，又以同一方式指挥战争并输掉了战争。在当时，雅典的一些杰出人士，如修昔底德、欧里庇德斯、阿里斯托芬、柏拉图等，就已经对雅典民主制度提出过种种的讽刺和批判。

在雅典的最后时刻，雅典人也许已经意识到他们一直引以为豪的民主制度的失败，也曾经试图对民主做出一点限制，但在强大的民族政治记忆的惯性面前，他们始终无法真正地反思，为什么他们的民主会导向反民主，为什么对于法律的尊崇反而构成了对于法治最大的践踏和曲解。

然而，更加可悲的是，后世很多对雅典的民主制度赞赏有加的人也没有注意到身为雅典人的先贤对其城邦的种种批评。近代以来，由于民主制被神化，许多西方的政治家和学者在谈起民主制时总显得颇为虔诚，以至于丝毫不理会雅典民主制产生的实际背景及其局限性。实际上，正如萨托利所说："今天的民主概念与公元前 5 世纪发明出来时的这个概念，即使还有什么相似之处，也只是极其微小的相似。我们在使用同一个名词的时候，很容易误以为是在谈论同样的或类似的事情。"[1] 客观地说，在那个时代，民主制本身并不能保正其比贵族寡头制甚至比僭主制更少犯错误。其实，只要我们不再把雅典的民主制必然地和"文明的进步""思想的精髓"等赞誉联系到一起，我们的评判也许就会变得更为客观，也更能接近历史的真相。

总之，尽管希腊精神与近代西方文化之间确有思想上的渊源，但是，我们却不能高估它对西方文明的实际影响。应该说，希腊的思想与文化只是为近代西方提供了理论思考的角度，却不可能主导西方文明的形成和发展方向，近代的西方文化是在其自身的历史中不断演化和调整之中所形成的。希腊古典文明和现代西方并不是同一民族和同一文化之间一脉相承的关系。西方文明之所以宣称自己是建筑在希腊古典文明基础之上的，除了希腊在地理上归属欧洲，而它又是欧洲最早出现文明形式的地区以外，更主要的是欧洲文艺复兴运动以来，西方人在文化上主动认亲、主动选择的结果。希腊思想能够成为西方文明的一条主线也只是近代以后的事情，当欧洲最初的人文主义者、启蒙思想家准备书写自己时代的精神时，他们惊喜地发现，可以直接从希腊哲人们的思想中汲取大量的养料。近代西方文明之所以把古典文明作为自己的基础，是因为古典文明中的某些特质符合了西方人的需要，并成为西方最重要的文化原动力之一。

不过，事实上，现代有关民主法治、理性人本的思想虽然并非直接来自古希腊，但是古代希腊人那些闪光的智慧和深刻的洞见，仍给后世的西方人以灵感和启发。古希腊的艺术风格和样式，也早已成为一种最高的典范。更为重要的是，希腊的文化风格和精神气质的确为后来整个西方文明的发展奠定了基调，并在事实中成为西方文明一次次由颓唐迷失中觉醒、振作起来的

---

1 （美）乔·萨托利：《民主新论》，东方出版社，1998 年，**第 281 页**。

根本的精神源泉。德国哲学史家策勒尔认为："希腊哲学和其他的希腊精神产品一样，是一种始创性的创造品，并在西方文明的整个发展过程中具有根本性的重要意义。"[1] 它们赢得了一种超越时间的特性。美国哲学史家梯利则说："希腊人不仅奠定了一切后来的西方思想体系的基础，而且几乎提出和提供了两千年来欧洲文明所探究的所有的问题和答案。"[2] 他们的这些评价可以被视为近代以后西方社会对古希腊思想的主流意见。

可见，希腊之所以成为理想的原型，一方面固然与它所取得的成就分不开，另一方面则是出于现实对过去的需要。由于现实是从过去脱胎而来的，始终与过去存在着紧密的继承与变异的联系，因此，某种程度的误读是不可避免的，也是可以允许和理解的。更何况，一个民族的理想是其自身特性的一个重要的组成部分。随着希腊文化与思想得到一再的弘扬与重建，希腊文明的价值和意义也得到了一次又一次的追寻与再创造。也正是在这个意义上，认识希腊古典文明才具有了更为现实的意义，即它能为我们深刻认识现代西方文明提供一种思想的基础。可以这样说，倘若我们不了解希腊文化与思想，就在很大程度上失去了认识现代西方文明的机缘。

西方人对希腊文明的认同，是一种文化上的寻根，他们将希腊文明视为自身的文化源头。因而，西方学者言必称希腊，是可以理解的。错误的则是鼓吹欧洲中心主义，轻视或抹杀世界上其他民族的文化与思想，以及在文化幌子下进行的意识形态争夺，和在这种争夺之下所产生的利益冲突。

作为古代希腊文化的他者，一方面，我们应该对后世西方人为其祖先的辉煌所表现出来的骄傲乃至溢美表示出一种同情的理解，毕竟一个民族对其自身的文化和历史的温情与自豪往往是一种自然情绪的流露，只要不在其中

1　（德）E. 策勒尔：《古希腊哲学史纲》，第 2 页。
2　（美）梯利：《西方哲学史》，葛力译，商务印书馆，1995 年，第 3 页。

显露出刻意贬低他者文化的意味便无可厚非。另一方面，我们也要对那个时代的人类能够创造出如此灿烂的文明怀抱有一种崇高的敬意，希腊古典文明虽然只存在了短短数几百年时光，却具有跨越时空的文明意义。就文化本身而言，古代希腊作为一个古代的文明单元，同古代中国、古代印度、古代埃及和古代巴比伦一样，对整个人类文明的历史贡献是不可磨灭的。在这个意义上说，希腊文化并不只属于西方，而是属于全人类的。受惠于它的，绝不仅仅是近现代的西方人，今天的中国人乃至全世界无数的人都在它的滋润之下。因此，为它赋予一个相应的崇高位置是并不为过的。毕竟它也是人类共同的财富，是我们今天仍能从中吸取养分的精神资源。应该说，希腊文明在整个西方文明乃至世界文明中都具有无可替代的位置。

最后，想以拜伦在《恰尔德·哈洛尔德游记》中的两句诗来结束我们对于希腊的叙述：

美丽的希腊！一度灿烂之凄凉的遗迹！

你消失了，然而不朽；倾圮了，然而伟大。

后记

　　本书力图以一种并非完全学院化的文字将本人这些年来关于古代希腊思想与文化的一些思考呈现出来。笔者一直以为，以通俗的笔法写作经典的思想与文化，本该出自大师的手笔，以后学之愚拙，妄以匠人之笔勉强效颦，难免戒惶诚恐。因此，在整个写作过程中，一直迟疑于形式与内容的统一，学术与通俗的交融，实在难以做到举重若轻、雅俗共赏。由此，致使书稿的完成比原定的时间滞后了许多。作者力所能及的，只是一方面尽可能多地引用古典文献，让读者直接面对、切身感受希腊人的观念和想法；另一方面则尝试着容纳和穿插尽可能多的视角与层次，去开启一扇了解古代希腊思想与文化的窗户，启发和帮助那些对希腊文明有兴趣的读者更好地理解古人，并从中发现和还原一种尽可能全面而真实的历史文化。多蒙张广智先生的提携与推荐，本书才得以面世，在此深表感谢。

吴晓群

2009 年仲夏于沪上莱园小屋

修订版后记

时间飞逝，转眼之间，拙作《希腊思想与文化》的出版已超过十年。当初，从未曾想过，这样一本普及古希腊文化的轻学术著作，能够在十余年内不断重印再版。如今，修订此书，回顾过往，想来原因或许有二：

本书最初的写作是在授课讲义的基础上进行的。我曾在华东师范大学和复旦大学教授过七八年的古代希腊史课程，课程的设置、讲授，同学们的问题以及即时的反馈都是我构思时的实际考量，也成为写作过程中重要的参考指标。虽然，拙作出版不久，我便不再上通史类的课程，转而进行专题性的研究和讲授，但通史的思路却一直都是我教学与研究的基本出发点。

体现在本书中，便是通史的关照、专题的写法。具体而言，就是将古希腊看作一个整体，而不是将其思想、文化与政治、经济、社会、战争等方面分割开来，力图不忘整体与各部分之间的关系，还注意将所叙之事的分析放在特定的历史语境中。因此，在写作时，既讲述事件，但又不以纯粹的事件为主要的叙述对象，而是更希望能在事件史的基础上，聚焦事件背后的思想活动及其对当时和之后所产生的影响；既注意希腊思想文化传播与传承的时间线索，篇章的安排兼顾了时间的脉络，但同时又是专题式的讲解、具体的分析。这样的写作初衷，既是顺应本书所覆盖之内容广阔、时间跨度大的客观要求，也是出于对一种治学方式的理解。中国史学一贯重视贯通，由博而约，钱穆、吕思勉二位先生当数这一治史风格的代表。后学不才，但仍有仰慕学习之心。也因为观今日学术之风气，一方面学术分化越来越重，专精的研究越来越细；另一方面，综合研究、整合性研究则越做越大。这两种倾向固有其学术层面的合理考量，但都远离了普通人的读史需要，因此，我在教学之余，便想在自己的专业知识范围内，尽可能在全面细致的史料阅读基础上，从总体上把握，从细节上突破，并以此展现出对于古代希腊文化的一种贯通性的理解。这样的一种学术思考，或许恰好符合了当代人读史的基本需求。

第二个原因恐怕应归于时代之功。自 20 世纪 80 年代中后期以来，随着国门的打开，越来越多的中国人，不仅想要更深入地懂得自己、懂得中国，还希望能够更广泛地了解他人、了解世界，于是，对遥远而又古老的希腊产生了兴趣，至今不衰，且读者面也是越来越广。这就要求一门专业的学科既要培养专门的学科人才，也需要面对大众读者推出一些通俗的学术著作。欣喜的是，近年来，国内有越来越多的学者在从事这种具有学术性但又不过于学究化的写作，以服务于大众。这种公共的史学教育，并不只限于大学校园，还有着培养"有思想力的公民"的目标在其中。因此，这一类的历史读物既不能是纯粹专业知识的传授，也不能一味地为了追求可读性牺牲了历史的复杂性，而是要在提供准确专业知识的基础上，以易懂的文字、晓畅的笔调，赋予解说的对象以意义，并让读者在阅读之时，能够使书中的内容与自身发生关联，进而产生某种思想上的互动。这实在不是件容易的事情，却是这个时代的要求。这种面向公众的历史写作，于我个人而言，目前仍处于摸索的阶段，希望新版能听到更多读者的反馈。

具体需要说明的是，此番再版，修订的最重要部分是增加了大量精美的图片，这圆了我当年的一个心愿。十多年前，因考虑到出版经费问题，拙作并未配图。然而，事实上，在我的课堂讲授中，始终都是配有图片的，这样做并不只是为了增加趣味性，而是为了使学生更加生动形象地理解所听讲的内容，可况古希腊的确为后世留下了丰富的图像学资料，这些都是一手的宝贵史料，可以让人们通过视觉直观的方式去感受和品味古代希腊人的世界。此次再版能够增添图片，要感谢中信出版社新思文化编室的张益主编，是他的眼光和对此书的理解，使得配图一开始就成为修订版的题中之义。此外，还要感谢新思的编辑瞿泽嫚女士。

在文字方面，本书的前三版除了与出版方续签了合同外，未做任何改动，可以说都是对第一版的重印。这次修订，原本想将这十年来新近研究的内容补充进去，但从公共史学教育的角度来看，这十来年，学术界除了对一些精细的专题研究有了更为细致的考察外，于古代希腊思想与文化的总体认识并无大的变化，拙作的框架及表述仍是适合的。加之考虑到目前本人正在希腊悲剧、仪式、史学以及生死观和比较研究等方面撰写相关专著，不宜重复出现。因而，最终没有对本书进行大规模的修改，只是个别地方做了必要的增补，将一些外文术语改为目前学界更通用的译法，并在文字上进行了一些修订与润色。

再版的文字修订及校对工作得到我的研究生阿慧、白珊珊和何炜三位同学的协助，在此表示由衷的感谢！除了以上具体的人士以外，我还想要感谢的是所有上过我课的同学，是你们让我始终保持着为人之师的初心。

最后，想说的是，新版之际的惶恐一如初版。因为，作为一个文化的他者，要对古希腊的文明遗产——这样一个长久以来占据着西方文化核心位置的阐释对象——做出一番别样的解释来，不能不说是一个巨大的挑战。但是，既然法国著名古典学家韦尔南的研究成果都被称作"法国式的希腊"，这说明任何后世和他人的解读，都不可避免地带有自身文化的意蕴。那么，这本当代对古希腊文明的中国式解读，或许也可有其存在的一席之地吧。事实上，全书中，我不断有意识地加入一种"别处看希腊"的眼光，就是希望能由此引发读者关自我意识和反思对观。在我看来，一种文化与一个民族只有参照另一种文化和另一个民族，才可能更深刻地了解自身，而对他者和他文化的学习，既是一个消化吸纳的过程，同时也是一个观察自身、体悟内心的过程。当今，在这个你中有我、我中有你的世界里，我们更需要通过对彼此的凝视来达成互相的理解。

吴晓群
于 2020 年初秋